KB214633

7대 명절의 축복을 받으라(상)

사람은 명절을 통하여 복을 받기를 원합니다.

그리고 그 명절 안에는 보이지 않는 신과 사람을 연결하는 어떤 의미가 담겨있습니다.

전 세계에서 복을 가장 세게 받은 민족은 단언컨대 유대인일 것입니다.

무려 2000년 동안 없어졌던 나라를 회복시켜내고, 오늘날 전 세계의 부와 명예를 틀어쥔 유대인의 비밀은 7대 명절에 있습니다.

유대인이 나라를 잃고 헤매던 2천여년 동안에도 하나님께서 직접 주신 이 7개의 명절을 목숨 걸고 지켰더니 2000년 동안 없어졌던 나라와 자기의 말을 회복하는 기적을 넘어, 세계, 정치, 경제, 사회, 군사, 외교 등 모든 분야를 장악한 최고의 민족이 되었습니다.

하나님께서 직접 주신 명절.

이 속에는 놀라운 비밀이 들어 있습니다.

지금 대한민국에 하나님께서 이 놀라운 비밀을 열어주시고 계십니다.

유대인은 이 비밀을 모르고도 목숨 걸고 지킨 결과 세계적인 복을 받은 것을 보건대, 오늘날 하나님께서 대한민국을 향하여 얼마나 복을 부어주시고 싶어하시는지 알 수 있습니다.

하나님께서는 이 시대에 틀림없이 대한민국을 통하여 무슨 일을 하시려고 하십니다.

그 놀라운 복의 비밀과 하나님의 마음이 이 책을 읽는 모든 분들에게 공유가 되길 기대합니다.

그리하여 유대인에게 임했던 복이 갑절로 여러분의 삶 속에 실현되고, 더 나아가 대한민국을 향한 하나님의 뜻이 이루어지길 기원합니다.

2024년 2월 28일
전광훈 목사

　할렐루야! 전광훈 목사님 첫 설교집 『7대 명절의 축복을 받으라』(상), (하) 권이 출간되어 세상에 빛을 보게 되었으니 우리 주 하나님께 감사와 찬양을 돌려보냅니다.

　'모세가 쓰고 바울이 해석한 성경'이 성경 기록 이후로 2000년 동안 닫혀 있다가 전광훈 목사님을 통해 그 성경의 원색적 의미가 드디어 열리게 되었습니다. 전 목사님께 성경을 열어주신 주 하나님을 찬양합니다. 성경은 성령의 감동으로 기록된 것입니다. 주님께서 성경을 기록하실 때 우리에게 말씀하시고자 한 목적이 있습니다. 그것은 바로 '내 아들 예수를 알아달라'는 것입니다. (요20:31)

　전 목사님이 늘 설교하시는 대로 성경은 온통 '예수' 이야기입니다. 성경 전체가 복음입니다. 복음은 우리 예수님의 별명입니다. 복음은 7대 단추로 구성되어 있습니다. 복음의 7대 단추는 바로 예수께서 이 땅에 오셔서 하실 7대 구속 사역을 말합니다. '나를 위해 이 땅에 오시리라.' '나를 위해 고난받으시리라.' '나를 위해 십자가에 죽으시리라.' '나를 위해 부활하시리라.' '나를 위해 승천하시리라.' '나를 위해 재림하

5

시리라.''나를 위해 천년왕국을 이루시리라.'

이 7대 복음이 성경의 핵심입니다. 그리고 이 7대 복음이 한 사건 안에 완벽하게 녹아들어 있는 것이 바로 '7대 명절'입니다. 예수는 유월절 어린 양으로 날짜도 어김없이 죽으셨습니다. 무교절 3일 동안 무덤에 계셨습니다. 초실절인 주일 아침 부활의 첫 열매로 부활하셨습니다. 부활 후 40일 동안 제자들을 가르치시다가 승천하시고 10일이 지난 오순절 날 약속하신 대로 성령세례를 베풀어주셨습니다. 그리고 장차 나팔절에 천사장의 나팔 소리와 함께 재림하십니다. 속죄절에 주님의 피로 사신 알곡 성도들을 거두어 나라를 하나님께 바치십니다. 그리고 장막절에 천년왕국을 이루십니다. 전 목사님의 첫 설교집 『7대 명절의 축복을 받으라』는 이토록 복음의 7대 단추가 완벽하게 녹아들어 있는 '7대 명절'을 통해 성경의 모든 주제와 내용이 예수 즉 복음임을 명백하게 풀어내고 있습니다. (요 5:39; 눅 24:27)

7대 명절은 첫째, 구약의 하나님의 백성 유대인에게 주신 명절입니다. 둘째, 예수께서 이 땅에 오셔서 하실 7대 구속 사역을 예행 연습시키신 것입니다. 셋째, 신약의 하나님의 백성인 우리 성도들에게 임할 7대 축복 - 구원, 성화, 부활, 성령세례, 재림을 고대, 죄를 빨리 회개하는 능력, 그리고 천년왕국을 이 땅에서 미리 맛보는 축복을 말합니다.

국부 이승만 대통령을 통하여 자유대한민국을 건국하신

우리 주님께서 동방의 이스라엘인 우리 한국인에게 맡기신 사명은 특별합니다. 예수한국 복음통일을 이루어 선교한국의 사명을 감당해야 합니다. 즉 주님 재림하시기 전 이방인의 대대적 회개가 일어날 터인데 그때 우리 자유대한민국이 제사장 국가로서의 사명을 감당해야 합니다. 그 사명 감당의 한 통로가 이『7대 명절의 축복을 받으라』설교집과 이후 계속될 '전광훈 목사 설교 시리즈'가 될 수 있기를 주님의 이름으로 축원합니다. 할렐루야.

2024년 2월 28일 홍은동에서
'전광훈 목사 설교 시리즈' 구성·편집인 **류금주**

차례_상권

06

무교절①
선악과의 정체   205

07

무교절②
선악과를 반납하자   247

10 초실절①
부활의 첫 열매이신 예수   379

11 초실절②
최후의 초실절   408

15

오순절③
방언의 중요성   113

16

오순절④
오순절의 능력을 받자   151

17

오순절⑤
오순절 언어로 변화되자   178

題目: 七대 명절로 나타난 그리스도

[본문: 히브리서 10장 1절]
[본문: 고린도전서 5장 6~8절]

1. 율법(구약)은 장차 오는 좋은 일의 그림자요 참형상이 아니므로 해마다 늘 드리는바 같은 제사로는 나아오는 자들을 언제든지 온전케 할 수 없느니라

6. 너희는 자랑하는 것이 옳지 아니하도다 적은 누룩이 온 덩어리에 퍼지는 것을 알지 못하느냐
7. 너희는 누룩 없는 자인데 새 덩어리가 되기 위하여 묵은 누룩을 내어버리라 우리의 유월절 양 곧 그리스도께서 희생이 되셨느니라
8. 이러므로 우리가 명절을 지키되 묵은 누룩도 말고 괴악하고 악독한 누룩으로 말고 오직 순전함과 진실함의 누룩 없는 떡으로 하자

	유월절	무교절	초실절	오순절	나팔절	속죄절	장막절
	πασχα 파스카 / חספ 페사흐	αζυμος 아쥐모스 / תוצמ 마쪼트	αρχη θερισμου 아르케이 데리스무 / תישאר רצק 오메르 레이쉬트	πεντηκοστη 펜테코스테 / תועובש 샤부오트	ο πρωτος του ετου 호 프로토스 투 에투 / םויה מγραυ 트루아	ημερα εξιλασμου 헤메라 엑시라스무 / רופכ םוי 욤 키푸르	σκηνη 스케네 / תוכס 수코트
<구약> 유대인	<일시> 1월 14일 <명칭> 과월절 <행사내용> 1. 어린양의 죽음 2. 우슬초로 문 인방과 좌우 설주에 피뿌림 <말씀> 레23:4~5/고전5:7~8 신16:1,5~6/출12:6,1 3,21~28	<일시> 1월 15~22일 <명칭> <행사내용> 무교병 온 고난의 떡을 쓴 나물과 아물러 급히 먹음 <말씀> 신16:3/고전5:8 / 마9:3 수5:10/출12:2,17,13:7 신23:6~8	<일시> 유월절 안식일 다음날 <명칭> <행사내용> 처음에 단을 거두어 아문과 앞에서 흔들어 언납되도록 제사장에게 가져감 <말씀> 출23:19/레23:9~14	<일시> 3월 6일 <명칭> 칠칠절,맥추절 <행사내용> 고운가루에 누룩을 섞어 구운 두 덩어리의 떡으로써 제사장은 이것을 흔들었으며... <말씀> 신16:10/레23:15~22	<일시> 7월 1일 <명칭> <행사내용> 1.희생을 소집하며 진을 진행케 함때 2.기쁨의 날과 전쟁의 때에 나팔불음 <말씀> 레23:23~25/ 민10:2/민29:1~6 레25:9	<일시> 7월 10일 <명칭> <행사내용> 피를 휘장 안으로 가지고 들어가 속죄소 앞과 위에 뿌림 <말씀> 레16:30/레23:26~32	<일시> 7월 15~22일 <명칭> 초막절, 수장절 <행사내용> 국식과 포도를 거두어 들이후 8일동안 지킴 <말씀> 출23:16/레23:33~44 /신16:13
J.X구속사	그리스도의 십자가 요 1:29 요 19:32~36	그리스도의 무덤 마 12:38~40	그리스도의 부활 고전 15:20~ 요 20:17	그리스도를 성령을 부어주심 행 2:1~4 욜 2:28	그리스도의 재림 마 24:30~31 고전 15:51 살전 4:16	그리스도의 나라를 바침 단 12:5~13 단 9:23~25 계 5:9~13	그리스도의 천년 왕국 계 21:1~8 고후 5:1~4
성도의 삶에 나타난 복음사건	구원 출 12:1~ 벧전 1:2 계 1:5	성화 자아의파쇄 갈사람처리 고전 5:7~11 요 6:34,52	영의부활 삼의부활 최후의부활 롬8:11 요 5:24~30	성령의세례 성령의세례 부어주심 요7:37	재림신앙 주님의 재림을 사모함 히 10:37	성도를 성결케함 흠도없이 티도없는 성결한성도 계 15:2	하나님의 나라를 이룸 하나님의 나라를 먼저 누림

01

—

7대 명절이란?

설교 일시　2013년 10월 13일(주일) 오전 11시

대　　상　사랑제일교회 주일 3부 예배

성　　경　히브리서 10:1

1 율법은 장차 오는 좋은 일의 그림자요 참 형상이 아니므로 해마다 늘 드리는바 같은 제사로는 나아오는 자들을 언제든지 온전케 할 수 없느니라

Ⅰ.
7대 명절을 주신 하나님

할렐루야! 주님, 우리 여기 왔습니다. 주님, 감사합니다. 아멘.

오늘부터 설교할 말씀의 주제는 〈7대 명절의 축복을 받으라〉입니다. 따라서 하겠습니다. "7대 명절의 축복을 받으라."

우리 한국에도 명절들이 있습니다. 지금 우리 한국의 큰 명절은 두 개입니다. 하나는 구정이고 하나는 추석입니다. 그런데 지금은 명절이 두 개밖에 안 남았지만 원래 한국의 명절이 두 개만 있었던 것은 아닙니다. 정월 초하루, 정월 대보름, 3월은 삼진, 4월은 유두, 5월은 단오입니다. 치마를 펄렁펄렁 하면 동네 총각들이 처녀들 그네 뛰는 데 밑에 가서 요렇게 보려고요. 우리도 어릴 때 장난 많이 했습니다. 또 7월은 칠석, 8월은 추석, 12월 동지 팥죽 다 있습니다. 그런데 지금 우리나라 명절이 남은 것은 구정과 추석 두 가지입니다.

그와 같이 하나님이 자기 백성인 구약 시대 이스라엘 백성에게 명절을 7개 주셨습니다. 그 순서가 이러하니 크게 한번 따라 해보세요. "유월절," 이게 바로 하나님이 주신 명절입니다. "무교절," 하나님이 주신 명절입니다. 아멘. "초실절," 하나님이 주신 명절입니다. "오순절," 하나님이 주신 명절입니다. "나팔절," 하나님 아버지가 주신 명절입니다. "속죄절," 하나님이 주신 명절입니다. 마지막으로 "장막절," 아버지 하나님이 주신 명절입니다. 그러면 다 합하면 몇 개입니까? 다시 한번 따라 해보세요. "유월절, 무교절, 초실절, 오순절, 나팔절, 속죄절, 장막절." 모두 7개입니다.

이 지구촌의 나라와 국가와 민족들도 가지고 있는 모든 명절을 보면, 명절 안에는 뜻이 있습니다. 그 명절의 뜻은 거의 다 보이지 않는 신과 사람과의 어떤 연결을 만들어 주는 의미가 있습니다.

잘 들어보세요. 이 세상 모든 명절은 신과 접촉을 일으키는 겁니다. 우리나라도 보세요. 구정 보세요. 제사 지내잖아요? 그렇죠? 8월 추석도 보세요. 새로 나온 곡식들을 가지고 조상한테 또 절하잖아요?

신과 자꾸 접촉하는 것이 명절의 의미인 것처럼 하나님이 구약 시대에 7가지 명절을 주신 이유가 있습니다. 왜 주셨나요? 여기도 깊은 뜻이 있으니, 오늘 여러분, 이 7대 명절의 말씀을 증거 할 때, 여러분도 이 7대 명절 안으로 쏙 들어가는 놀라운 일이 일어날지어다! 할렐루야.

Ⅱ.
7대 명절의 의미

1. 유대인에게 주신 하나님의 축복

이 7대 명절은 크게 세 가지의 의미가 있습니다. 세 가지입니다.

첫째, 이것은 유대인에게 주신 하나님의 축복입니다. 유대인은 구약 시대 이스라엘 백성입니다. 지금 저 중동 땅에 이스라엘이 있죠? 그 사람들은 이거 7개 지키다가 세계 제일의 복을 받았어요. 보세요. 나라가 없어졌는데, 없어진 지 2000년 만에 자기 나라를 만들었습니다. 2000년 동안 없어진 자기들의 말 히브리어를 다시 복구했어요. 기가 막히죠? 이 유대인들 대단하죠? 미국에도 600만이 사는데, 이 유대인들은 보세요. 세계에서 제일 좋다는 하버드 대학에 교수들 있잖아요? 하버드 대학 학생으로 들어가기도 힘들어요. 그런데 하버드 대학의 교수들이 만 명입니다. 그런데 그 하버드 대학 교수 전체의 1/3이 누구일까요? 바로 유대인입니다. 유대인들은 대단한 민족입니다. 우리나라 사람은 하버드 대학에 교수가 한 세 사람이 있을 겁니다.

참, 그뿐인 줄 아세요? 세계에서 제일 좋은 상 중에 노벨상이 있습니다. 노벨상 수상자 전체 중에 1/3이 유대인입니다. 우리나라는 노벨상 받은 사람 있어요? 없습니다. 내가 볼 때 최초로 노벨상은 우리 교회에서 나올 것 같아요. 최초로 노벨상은 우리 교회에서 나와요. 왜냐하면 우리가 7대 명절을 전하기 때문입니다.

그러면 보세요. 세상에, 아니, 하버드 대학 1/3의 교수가 유대인입니다. 그리고 노벨상 수상자 1/3이 유대인이에요. 그뿐입니까? 세계 돈의 절반은 유대인들이 가지고 있어요. 세계의 돈의 절반을요.

그러나 하나님은 이 시대에 틀림없이 대한민국을 통하여 무슨 일을 하시려고 합니다. 세계 선교를 하려고 하세요. 하나님이 왜 대한민국을 이렇게 사랑하는지 아십니까? 대한민국 안에 복음을 담고 있는 것입니다. 아시아 국가 중에 이런 나라가 없습니다. 아시아 국가 중에 복음을 담고 있는 나라가 없어요. 이 복음 때문에 하나님이 이 나라를 축복하려고 하십니다. 오늘도 이 말씀을 상고하는 중에 큰 은혜 받읍시다.

한 번 따라서 합니다. "유월절, 무교절, 초실절, 오순절, 나팔절, 속죄절, 장막절." 몇 개인가요? 7개입니다. 왜 주셨나요? 이것은 유대인에게 주신 축복입니다.

이스라엘 백성들은 2000년 전에 예수님을 십자가에 못 박은 죄를 지었습니다. "이 죄를 우리와 우리 자손들에게 돌리소서." 예수님을 십자가에 못 박을 때 유대인들이 그랬어요. 그 죄 때문에 로마의 티토스가 와서 예루살렘을 해체해 버렸습니다. 그때부터 유대인들은 전 세계에 뿔뿔이 흩어졌어요. 소련 러시아로부터 남쪽으로 저 아프리카까지 유대인들은 전 세계에 다 흩어졌습니다. 그런데 2000년 흩어진 그 나라가 2000년 후에 자기의 없어진 말을 회복했습니다. 그렇게 될 수 있게 중요한 역할을 한 것이 무엇일까요? 어느 나라가서 어떻게 살든지 그 사람들은 소련에 가서도 독일에 가서도 아프리카에 가서도 2000년 동안 요 7대 명절을 지켰습니다. 요 7대 명절이 유대 나라를 2000년 동안 지켜온 기막힌일을 한 것입니다. 아멘, 할렐루야.

7대 명절입니다. 지금도 저 뉴욕에 유대인들 보면요? 우리

딸 한나가 뉴욕에서 유대인 학교 나왔잖아요? 우리 한나가 학교 다닐 때 내가 가끔 전화해요. "학교 갔다 왔어?" "안 갔어요." "왜 안 갔어?" "오늘 유월절이에요." 유대인들은 이 7대 명절을 지금도 지독하게 지킵니다. 지독하게 지켜요.

2. 예수님이 이 땅에 오셔서 하실 7가지 일을 미리 보여주심

두 번째는 더 중요합니다. 자, 두 번째, 여러분, 잘 들으셔야 해요. 하나님이 왜 7대 명절을 주셨나요? 이것은 울 준비를 해야 해요. 손수건 다 꺼내세요. 눈물 닦을 준비를 해야 해요. 이것은 여러분과 저의 사랑의 대상인 예수 그리스도가 이 세상에 오셔서 무슨 일을 할 것인지 미리 보여주시기 위함입니다.

예수님 사랑하십니까? 아멘! 두 손 들고 아멘! 그 예수님이 이 세상에 오시기 전에 7대 명절을 주셨습니다. 예수님은 이 세상을 만드신 바로 그 주인입니다. 예수님을 오해하지 마세요. 예수님은 이 세상에 오시기 전에, 이 세상을 만드신 창세기 1장의 바로 그분입니다. 그분이 사람으로 이 땅에 오시기 전에, 예수 그리스도가 이 세상에 사람으로 오시면, 예수님이 이 땅에 오시면, 무슨 일을 할 것인지 보여주기 위하여 예수님이 오시기 전에, 벌써 수천 년 전에, 하나님의 아들 예수가 이 땅에 오면 이와 같은 일을 하리라, 예수님이 이 땅에 와서 하실 7가지 사건, 이것을 먼저 보여주기 위해서 7대 명절을 먼저 만들어 놓고 이스라엘 백성들에게 예행연습을 시킨 것입니다. 예행연습이요. 믿습니까?

그럼 유월절은 뭐냐? 이렇게 죽으리라는 거예요. 예수가 이 땅에 오면 이렇게 죽는다는 거예요. 예수님의 십자가 사건을 설명하기 위해서 나타난 것이 유월절입니다. 성경은 참 기가 막힌 책입니다. 성경은요, 여러분, 우리는 성경의 오묘함에 대하여 놀라지 않을 수 없습니다.

그다음에 무교절은 뭐냐? 이것은 예수님이 이 땅에 오시면 십자가에 못 박혀 죽고, 죽은 뒤에 3일 동안 예수님의 시체가 무덤에 있으리라는 것입니다. 따라서 해보세요. "무덤에 있으리라." 그래서 무교절 날 유대인들은 이렇게 합니다. 보세요. 무교절이 되면 이스라엘 백성들이 무교병이란 떡을 만듭니다. 떡을 만들어서 보자기에 싸서 땅속에다가 3일 동안 묻어놓습니다. 아멘. 땅속에 3일을 묻어놨다가 3일이 지나면 가장이, 가정의 대표가 흙을 헤치고 그 땅속에 들은 떡을 꺼내 가지고 찢어서 먹습니다. 이것이 지금 우리 신약시대 때는 성찬식입니다. 아멘. 이 무교절이 성찬식으로 전래가 된 것입니다. 이렇게 예수님이 땅속에 3일 있을 것을 무교절

7대 명절의 축복을 받으라(상)

로 먼저 예행연습을 한 것입니다.

초실절, 이것은 부활입니다. 따라서 해보세요. "부활." 예수님은 이렇게 부활하리라 하는 거예요. 구약 시대에 초실절이 되면 처음 익은 곡식단을 먼저 제사장에 갖다 바치는 것처럼 예수님은 우리의 부활의 첫 열매입니다.

오순절은 성령강림입니다. 따라서 해요. "성령강림." 성령을 이 땅에 보내 주신다는 것입니다.

나팔절은 재림입니다. 재림이요. 따라서 합니다. "이렇게 예수가 재림하리라."

그리고 속죄절은 예수님이 재림한 후에 천년왕국에 들어가기 전에 대제사장이 알곡과 쭉정이를 가려서 하나님께 드리는 대예식을 말합니다.

장막절이 바로 천년왕국입니다. 천년왕국이요. 와! 따라서 합시다. "성경은 너무너무 신기하다. 기똥차게 신기하다." 저는 이런 성경을 보면서도 예수를 개떡같이 믿는 사람들이 이해가 안 돼요. 이게 어떻게 사람이 만든 거겠습니까? 아멘?

지금 여러분이 다 7대 명절 표 받았지요? 이거 집에 가다 쓰레기통에 버리면 돼요, 안 돼요? 이거 내가 목사님들에게 가르칠 때는 고 한 장당 70만 원입니다. 70만원이요. 그러니까 성경책 속에 잘 넣고 다음 주에도 가지고 와야 해요. 내가 이걸 7주 설교할 거니까요. 7주를요. 아멘.

그래서 이 7대 명절은 하나님이 하나님의 아들 예수님을 이 땅에 보내시기 전에 예수가 사람으로 내려가면 이렇게 사람을 위하여, 여러분과 저를 위하여, 예수님이 이와 같은 일을 하시리라 하고 보여주신 것입니다. 믿습니까?

1) 유월절

그러면 성경을 한 번 확인해봅시다. 자, 유월절에 대해서는 요한복음 1장 29절입니다. 다 찾으셨으면 한목소리로 읽겠습니다. 시작! "이튿날 요한이 예수께서 자기에게 나오심을 보고 가로되 보라 세상 죄를 지고 가는 하나님의 어린 양이로다." 보라, 세상 죄를 지고 가는 하나님의 유월절 양이로다. 보세요. 예수님이 유월절의 어린 양으로 오신 것입니다. 〈주 십자가를 지심으로〉 우리 찬송 불러보겠습니다.

〈찬송가 199장〉 주 십자가를 지심으로

1. 주 십자가를 지심으로 죄인을 구속하셨으니
   그 피를 보고 믿는 자는 주의 진노를 면하겠네

2. 흉악한 죄인 괴수라도 예수는 능히 구원하네
   온몸을 피에 잠글 때에 주의 진노를 면하겠네

3. 심판할 때에 모든 백성 행한 일대로 보응 받네
   죄 있는 자는 피를 믿게 주의 진노를 면하겠네

4. 구주의 사랑 크신 은혜 보혈의 능력 의지하세
   심판의 불이 내릴 때에 주의 진노를 면하겠네

   〈후렴〉 내가 그 피를 유월절 그 양의
   피를 볼 때에 내가 너를 넘어가리라

아멘. 예수님은 유월절의 어린 양으로 오셨어요.

2) 무교절

그다음에 무교절 성경 찾아봐요. 마태복음 12장입니다. 마태복음 12장 38절부터 한목소리로 읽어봐요. 시작! "그때에 서기관과 바리새인 중 몇 사람이 말하되 선생님이여 우리에게 표적 보여주시기를 원하나이다 예수께서 대답하여 가라사대 악하고 음란한 세대가 표적을 구하나 선지자 요나의 표적밖에는 보일 표적이 없느니라." 40절에 뜻이 있어요. 시작! "요나가 밤낮 사흘을 큰 물고기 뱃속에 있었던 것 같이 인자도 밤낮 사흘을 땅속에 있으리라."

이것 봐요. 이것 보세요. 예수님이 이 땅에 계실 때 바리새인, 서기관, 제사장, 나쁜 자들이 예수님께 와서 시험했어요. "예수야, 네가 하나님의 아들이냐?" "그렇다." "그러면 너 하나님의 아들이라는 걸 실력을 한번 보여봐." "어떻게 보일까?" "표적을, 기적을 한번 행해 봐." 그때 예수님이, "이 나쁜 인간들, 내가 너희에게 다른 표적을 보일 것이 없고 내가 너희에게 보일 표적이 하나 있는데 구약 선지자 요나가 밤낮 3일 동안 물고기 뱃속에 있었다." 아멘. "요나가 물고기 뱃속에서 3일 있었던 것처럼 인자도, 나도 땅속에 3일 있으리라." 요나가 물고기 뱃속에 3일 있었던 것은 예수님이 죽어서 땅속에 3일 있을 것에 대한 예표요, 그림자요, 상징입니다. 믿습니까? 그와 같이, 그와 같이, 무교절 날은 예수님이 땅속에 시체가 3일 있는다는 그 뜻입니다.

3) 초실절

다시, 초실절, 부활입니다. 고린도전서 15장 20절 한목소리로 읽어봐요. 시작! "그러나 이제 그리스도께서 죽은 자 가운데서 다시 살아 잠자는 자들의 첫 열매가 되셨도다 사망이 사람으로 말미암았으니 죽은 자의 부활도 사람으로 말미암는도다 아담 안에서 모든 사람이 죽은 것 같이 그리스도 안에서 모든 사람이 삶을 얻으리라 그러나 각각 자기 차례대로 되리니 먼저는 첫 열매인 그리스도요 다음에는 그리스도 강림하실 때에 그에게 붙은 자요 그 후에는 나중이니 저가 모든 정사와". 아멘. 따라서 합시다. "첫 열매인 그리스도요." 이 말은 초실절은, 구약 시대에 처음 익은 곡식을 하나님께 바친다고 하는 것은 예수님이 부활의 첫 열매라는 말입니다. 야, 성경이 너무 심각해요. 아멘.

4) 오순절

오순절은 사도행전 2장 1절입니다. 오순절 보세요. "오순절 날이 이미 이르매." 시작! "오순절 날이 이미 이르매 저희가 다 같이 한곳에 모였더니 홀연히 하늘로부터 급하고 강한 바람 같은 소리가 있어 저희 앉은 온 집에 가득하며 불의 혀 같이 갈라지는 것이 저희에게 보여 각 사람 위에 임하여 있더니 저희가 다 성령의 충만함을 받고 성령이 말하게 하심을 따라 다른 방언으로 말하기를 시작하니라." 아멘. 따라서 합니다. "오순절." 오순절은 예수님이 이 땅에 와서 십자가에 못 박혀 죽어 3일 만에 부활한 뒤에 우리에게 성령을 부어주시리라, 요게 오순절의 의미입니다. 믿습니까?

5) 나팔절

다음은 나팔절입니다. 마태복음 24장 넘겨봐요. 나팔절이요. 또 성경을 읽어야 됩니다. 읽어야 성령이 역사하시고 성경을 읽어야 하늘의 능력이 와요. 소리 내서 읽으세요. 읽어야, 성경을 자꾸 읽어야 해요. 읽어야 성령이 도와주셔요. 마태복음 24장 29절이요. 시작! "그날 환난 후에 즉시 해가 어두워지며 달이 빛을 내지 아니하며 별들이 하늘에서 떨어지며 하늘의 권능들이 흔들리리라 그때에 인자의 징조가 하늘에서 보이겠고 그때에 땅의 모든 족속들이 통곡하며 그들이 인자가 구름을 타고 능력과 큰 영광으로 오는 것을 보리라." 31절 시작. "저가 큰 나팔 소리와 함께 천사들을 보내리니." 아멘. 따라서 하세요. "<u>나팔절.</u>"

구약 시대 제사장들이 양의 뿔을 떼면 양의 뿔이 긴 것은요 내 키의 절반만 합니다. 양 뿔을 길게 빼놓고 끝을 딱 잘라서 그걸로 나팔을 불어요. 뿌우~ 비슷하지요? 그래서 나팔을 불어서 백성들을 모아요. 전쟁할 때 청년들을 모을 때나 사람을 모을 때 나팔을 불어요. 아멘. 이것이 예수 그리스도가 이 땅에 재림하여 오실 때 천사장들이 나팔을 불어 구원받을 백성들을 이 땅 저 끝에서부터 모으리라 하는 거예요. 성경이 이렇게 성경이 대단한 거예요. 아멘. 이런 성경 보면서 여러분 전율이 느껴지지 않습니까? 전율, 전율. 이따가 위대한 강사님을 내가 모시고 들어볼 때 들어봐요. 말씀을 들을 때 전율이 느껴집니다. 아멘. 서정희 사모님이 왔어요. 말씀을 어떻게 들어야 되는지 이따가 들어봐요. 아멘. 전율이요 전율. 아멘 해요. 주님이 이 땅에 재림할 것을 하나님은 벌써 수천 년 전에 나팔절을 통하여 예행연습시켜 놨어요. 예수가 이 땅에 재림할 것 믿으십니까? 확실해요? 아멘이요? 〈하나님의 나팔 소리〉 부르겠습니다. 손뼉 준비!

〈찬송가 168장〉 하나님의 나팔 소리

1. 하나님의 나팔 소리 천지 진동할 때에
   예수 영광 중에 구름 타시고
   천사들을 세계 만국 모든 곳에 보내어
   구원 얻은 성도들을 모으리

2. 무덤 속에 잠자던 자 그때 다시 일어나
   영화로운 부활 승리 얻으리
   주의 택한 모든 성도 구름 타고 올라가
   공중에서 주의 얼굴 뵈오리

3. 주님 다시 오실 날을 우리 알 수 없으니
   항상 기도하고 깨어 있어서
   기쁨으로 보좌 앞에 우리 나가 서도록
   그때까지 참고 기다리겠네

(후렴) 나팔 불 때 나의 이름 나팔 불 때 나의 이름
나팔 불 때 나의 이름 부를 때에 잔치 참여하겠네

아멘. 박수로 하나님께 영광입니다. 따라서 한번 해봐요. "유월절, 무교절, 초실절, 오순절, 나팔절, 속죄절, 장막절."

6) 속죄절

다음은 속죄절입니다. 요한계시록 5장입니다. 9절부터 읽겠습니다. 시작! "새 노래를 노래하여 가로되 책을 가지시고 그 인봉을 떼기에 합당하시도다 일찍 죽임을 당하사 각 족속과 방언과 백성과 나라 가운데서 사람들을 피로 사서 하나님께 드리시고 저희로 우리 하나님 앞에서 나라와 제사장을 삼으셨으니 저희가 땅에서 왕노릇하리로다 하더라 내가 또 보고 들으매 보좌와 생물들과 장로들을 둘러선 많은 천사의 음성이 있으니 그 수가 만만이요 천천이라 큰 음성으로 가로되 죽임을 당하신 어린 양이 능력과 부와 지혜와 힘과 존귀와 영광과 찬송을 받으시기에 합당하도다 하더라." 아멘. 따라서 합니다. "사람들을 피로 사서 하나님께 드리시고."

속죄절은 대제사장 우리 예수님이 구원 농사를 다 지은 이후에 유월절부터 나팔절까지 이 땅에 하나님이 역사하셔서 이 7대 명절을 통하여 구원한 인생들을 총결산하여 하나님께 드리는 예식입니다. 아멘 합시다. 아멘.

7) 장막절

요한계시록 21장 읽어봐요. 자 마지막 성경이요. 요한계시록 21장 1절부터 우리 크게 한번 읽어드려요. 우리 하나님께 읽어서 바쳐 올려 드려요. 시작. "또 내가 새 하늘과 새 땅을 보니 처음 하늘과 처음 땅이 없어졌고 바다도 다시 있지 않더라 또 내가 보매 거룩한 성 새 예루살렘이 하나님께로부터 하늘에서 내려오니 그 예비한 것이 신부가 남편을 위하여 단장한 것 같더라 내가 들으니 보좌에서 큰 음성이 나서 가로되 보라 하나님의 장막이 사람들과 함께 있으매." 아멘. 따라서 합시다. "하나님의 장막이 사람들과 함께 있으매." 그러니까 하나님의 장막이 이 세상으로 내려온다, 그것이 장막절이에요. 천년왕국이라는 거 믿습니까?

그러면 잘 보세요. 이 7대 명절은 무슨 뜻인가요? 하늘의 하나님이 여러분과 저에게 꼭 이것만큼은 알아다오 부탁하는 말씀이 있어요. 하늘의 하나님이 모든 인간들에게 하고 싶은 말을 줄이고 줄이고 또 줄이고 또 줄이고 엑기스로 줄여 가지고 그것을 딱 농축시켜 놓은 것이 뭐냐면 그것이 바로 7대 명절입니다. 그러니까 교회에 나오는 사람은 하나님이 최소한 요거만큼은 확실히 알아달라는 거예요. 그것을 7대 명절로 하나님이 만들어서 성경에다 딱 박아 놓고 수천년 동안 구약 이스라엘 백성들에게 예행연습시켜 온 겁니다.

미국 유학 가서 신학은 공부하고 오만 책은 다 읽는데 하나님이 알아주기를 바라는 핵심 요 복음을 모르는 거예요. 그럼 전광훈 목사는 뭐예요? 나는 다른 거에 대해서는 많이 몰라요. 난 다른 거는 다, 미국 유학도 안 했고, 뭐, 나 공부도 잘 안 했고, 난 다른 데는 잘 몰라요. 그러나 나는 하나님이 알아주기를 바라는 여기에 대해서는 도사예요. 7대 명절에 대해서 내가 도사예요. 이건 지구촌에서 내가 제일 잘 가르쳐요. 그러니까 하나님이 저를 밀어주세요. 여러분도 하나님의 지지를 받기 원해요? 진짜요? 주님의 지지를 받기 원하시는 분들은 주님이 알아주기를 바라는 것을 여러분이 알아주시면 돼요. 그래서 내가 이 7대 명절을 다시 가르치는데, 이번에 이것을 자세히 가르칠 테니까, 요 동그라미 7개가 여러분 속으로 쏙 들어갈지어다. 그러면 하나님이 이렇게 말해요. "오! 쟤는 내가 알아주기를 바라는 내용을 알았구나. 나는 저들을 밀어주리라."

우리의 관심사와 하나님의 관심사는 달라요. 우리의 관심사는요, 첫 번째가 돈입니다. 돈이요. 맞지요? 그렇게 돈 좀 벌어서, '아, 나 정말 돈 1년에 10억만 벌면 좋겠다, 10억,' 그다음에 뭐냐, 죽으나 사나 자식새끼, '아유, 우리 자식 좀 잘됐으면 좋겠다,' 그다음 뭐냐, '건강해서 오래 살았으면 좋겠다,' 이런 게 우리의 관심사지요? 하나님의 관심사는 우리와 전혀 달라요. 하나님의 관심사에 제1호가 뭐냐, 이거 일곱 개예요. 요 7대 명절 일곱 개가 하나님의 관심사예요. 그러니까 여러분들도 나의 관심사를 잠깐 내려놓고 하나님의 관심사를 나의 관심사와 일치시켜요. 그러면 내가 가지고 있는 관심사는 하나님이 다 이루어줘요. 믿습니까? 하나님이 돈 주셔요. 왜요? 하나님의 관심사를 먼저 가지란 말이에요. 하나님이 건강 주셔요. 하나님이 자녀들 축복해 주셔요. 하나님이 알기를 원하는 이 7대 명절을 알아만 드리면 하나님은 그 사람에게 빠져요. 믿습니까? 두 손 들고 아멘. 할렐루야.

그것이 7대 명절로 나타났는데요. 따라서 합니다. "예수가 이렇게 죽으리라, 무덤에 있으리라, 부활하리라, 승천하여 성령을 주시리라, 재림하시리라, 심판하시리라 알곡과 쭉정이로 나누시리라, 천년왕국을 이루시리라." 이거 7개를 알아주기를 하나님은 기다리고 있어요.

그래서 우리 교회는 이번에 이 일곱 주간을 통하여, 내가 7주간 설교할 거예요. 내가 설교할 때 하나님이 "됐다. 내가 알아주기를 원하는 만큼 너희들이 수준이 됐다. 이제는 내가 너희들에게 원하는 소원이 풀렸다," 요렇게 하나님 쪽에서 반응이 오도록 우리가 요 말씀을 잘 먹어야 해요. 내 것을 만들어야 해요. 믿습니까?

3. 성도의 심령 속에 이루어질 7가지 복음 사건

세 번째, 자, 세 번째가 제일 중요해요. 세 번째는 무엇인가요? 첫 번째는 유대인에게 주신 하나님 축복이라 그랬지요? 그런데 유대인들은 뭔 뜻인지도 모르고 했다니까요? 유대인들은 이게 예수 얘기인지를 몰랐어요. 그냥 우리 구정 추석 지키는 것처럼 그냥 자기 나라의 명절인 줄 알고 했다고요. 그런데도 하나님이 복을 주셨어요. 두 번째는 예수님이 이 땅에 와서 하실 사건이라고 내가 위에 다 써놨죠? 여러분이 지금 가지고 있는 표에요? 이번에 이 7주 연속 집회하는 동안에는 여러분들이 메모할 필요도 없어요. 설교 쓸 필요 없어요. 내가 다 써줬어요. 귀찮을까 봐요. 여러분이 귀찮을까 봐요. 내가 다 나눠준 거예요. 알았지요? 쓰레기통에 버리지 말고 성경책에 딱딱 넣어서 잘 가지고 다녀요. 알았지요? 여러분은 복받은 거예요. 여러분, 오늘 이 종이 한 장 받은 게, 이게 복덩어리에요. 복덩어리. 이게 복이요. 진짜 복이요. 믿습니까?

세 번째 봐요. 이 7대 명절은 왜 나타났냐면 세 번째는 이거는 우리에게 신약시대, 지금 우리 시대예요, 우리 시대에 성도들의, 여러분과 나 속에 이루어질 7가지 큰 복음 사건이에요.

7대 명절의 축복을 받으라(상)

그럼 유월절이 우리 성도들에게 임하면 뭐냐? 사람에게 구원의 역사를 일으켜요. 유월절은 구원을 위해서 나타난 거예요. 여러분 속에 유월절이 들어가면 그 사람은 구원받아요. 인간 최고의 축복이 구원이에요. 사랑제일교회 다니는 사람은 100% 구원받아야 해요. 죽어서 지옥 갈 사람은 교회 다닐 필요가 없어요. 교회 다니는 제1의 목적이 뭐냐? 구원입니다. 구원. 다 우리는 천국 가야 해요. 유월절의 원리를 알면 그 사람은 죽으면 천국 가요. 사람의 구원입니다.

그다음에 무교절은 뭐냐? 예수님도 유월절에 죽어서 무덤에 들어간 것처럼 하나님은 유월절을 통하여 구원시킨 사람을 오늘날도, 오늘날도 성도들을 무덤 속에 집어넣어요. 하나님이 오늘날도 우리를 예수님처럼 무덤 속에 쓸어 넣어요. 하나님이 준비한 무덤이 있어요. 따라 해봐요, "물질의 무덤, 질병의 무덤, 자녀의 무덤, 환난의 무덤." 이러한 환경의 무덤 속으로 우리를 집어넣어서 숨도 못 쉬게 만들어요. 성도들을요. 이때 성도들이 교회 다니다가 낙심해요. '처음에 교회 다녔더니 예수님이 십자가에 죽었다고 해서 "주여!" 했더니 기쁨도 오고 방언도 터지고 너무 좋았는데, 왜 갑자기 우리 집에 교회 안 다닐 때도 없었던 일들이 일어날까? 왜 나를 이렇게 하나님이 무덤 속으로 쓸어 넣을까?' 이때 사람이 시험 드는 거예요.

요걸 잘 통과해야 해요. 믿습니까? 그 이유는 우리를 성화시키려고, 우리를 깨끗하게 하려고, 성화시키려고 주님이 우리를 무덤 속으로 집어넣어요. 이 성화 기간이 딱 끝나면 하나님이 초실절의, 부활의 영광을 주셔요. 다 부활해요. 물질의 부활, 자녀의 부활, 가정의 부활, 다 부활! 사랑제일교회도 다 부활해야 해요.

그리고 오순절이 딱 임하면 그 사람에게 성령이 강타하는데 이 성령은 유월절에 역사하는 성령하고 달라요. 오순절의 성령이 강력하게 와 버려요. 여러분이 성령을 세게 받아야 해요. 믿습니까?

그다음에 나팔절이 사람 속에 임하면, 나팔절은요? 여기 오순절까지는 다 이루어졌지요? 오순절까지 네 개가 주님이 성취한 것입니다. 다시 한번 따라서 해봐요. "유월절, 무교절, 초실절, 오순절." 여기까지는 예수님이 이루신 절기예요. 다 완성한 절기예요. 이제 앞으로 뒤에 세 명절이 남았어요.

요것이 나팔절인데, 요건 재림이에요. 재림인데, 나팔절이 우리에게 임하면, 나팔절이 성도들의 가슴에 임하면, 그 사람 속에는 재림 신앙이 임하여 예수님이 너무너무 보고 싶어지고 예수님 보고 싶어서 울어요. 울어. 예수님 빨리 오시라

고 막 울어요. 요게 나팔절이 가슴속에 임하는 사람은 주님
에 대한 기대함이 보통 성도하고는 비교할 수 없어요. 여러
분, 예수님 오시기를 기다리시면 아멘 해봐요. 오시기 겁나
요? 예수님 오시기 겁나지요? 주님이 오시기를 기다리시면
아멘. 두 손 들고 아멘. 이게 나팔절이 임하면 사람이 딱 달
라요. 성도를 보면요. 나팔절 임한 사람은 보면요, 딱 달라져
버려요.

따라서 합시다. "속죄절." 속죄절이 임한 사람은 죄를 회개
하는 능력이 보통 사람하고 달라요. 보통 사람은 교회 다니
다가 양심이 맑아지고 성령 충만 받았는데 신경질 한번 부리
고 혈기 한번 부린 죄를 지고 그거 회개하는 데 1년 걸려요.
1년. 적은 죄 때문에 죄에 눌려서 기쁨도 잃어버리고 히쭈구
리 해가지고 그래요. 속죄절이 임한 사람은 죄를 잘 짓지도
않지만 죄를 지었다가도 죄를 회개하는데 5분도 안 걸려요.
아멘. 방언으로 당장 날라가 버려요. 할렐루야. 아멘이요?
속죄절의 능력이 임할지어다.

따라서 합시다. "장막절." 이거는 천년왕국인데 이 땅에 살
면서 천년왕국을 예행연습하고 미리 당겨서 체험할 수 있어
요. 사랑제일교회 성도들이여, 다 여기 장막절까지 갈지어다.

믿습니까? 그래서 뻥 뚫려야 해요. 뻥. 첫째부터 일곱째까지 뻥 뚫려서 내가 여러분에게 다 종이까지 다 나눠줬으니까 여기서 뻥 뚫려서 이것을 통하여 붙잡고 우리가 후회함이 없는 삶을 살아보자 이거예요. 믿습니까? 〈살아계신 주〉입니다. 손뼉 준비.

〈주 하나님 독생자 예수〉

1. 주 하나님 독생자 예수 날 위하여 오시었네
내 모든 죄 다 사하시고
죽음에서 부활하신 나의 구세주

2. 주 안에서 거듭난 생명 도우시는 주의 사랑
참 기쁨과 확신 가지고
예수님의 도우심을 믿으며 살리

3. 그 언젠가 주 뵐 때까지 주를 위해 싸우리라
승리의 길 멀고 험해도
주님께서 나의 앞길 지켜주시리

(후렴) 살아계신 주 나의 참된 소망 걱정 근심 전혀 없네
사랑의 주 내 갈 길 인도하니
내 모든 삶의 기쁨 늘 충만하네

두 손 높이 들고 "주여!" 삼창하고 합심으로 기도하는데, "하나님, 내게도 7대 명절이 내 가슴속에 들어오게 하여 주세요. 유월절이 들어오게 하여 주세요. 무교절이 들어오게 하여 주세요. 초실절이 들어오게 하여 주세요. 오순절도 들어오게 하여 주세요. 나팔절도 들어오게 하여 주세요. 속죄절도 들어오게 하여 주세요. 장막절까지 내 가슴속에 찍히게 하여 주세요." "주여!" 삼창하며 합심으로 기도하겠습니다.

"주 예수님, 감사합니다. 7대 명절을 우리의 가슴에 안겨주셔서 우리가 어찌하다 이와 같은 축복을 받았는지, 주님, 가슴이 부풉니다. 성령으로 더 자세히 열어주세요. 우리 가슴속에 밀어 넣어주세요. 나는 미련하여 깨닫기가 둔합니다. 성령님이 완전히 우리를 덮어주시옵소서. 예수님 이름으로 기도 드리옵나이다. 아멘." 할렐루야.

The Passover

유월절

유월절①
예수가 십자가에 죽다

설교 일시 2013년 10월 20일(주일) 오전 11시

대   상 사랑제일교회 주일 3부 예배

성   경 히브리서 10:1

1 율법은 장차 오는 좋은 일의 그림자요 참 형상이 아니므로 해마다 늘 드리는바 같은 제사로는 나아오는 자들을 언제든지 온전케 할 수 없느니라

Ⅰ.
7대 명절을 주신 이유

1. 7대 명절을 지키며 유대인이 받은 엄청난 복

아멘. 오늘도 "7대 명절의 축복을 받으라"입니다. 크게 아멘 합시다. 7대 명절의 축복을 받으라. 아멘.

구약 시대에 하나님께서 이스라엘 백성들에게 일곱 가지의 명절을 주셨습니다. 그 순서가 이러하니, 따라서 해봐요. "유월절, 무교절, 초실절, 오순절, 나팔절, 속죄절, 장막절." 모두 몇 개예요? 7개입니다.

우리나라도 모든 민족도 다 명절을 가지고 있습니다. 그리고 그 명절 안에는 뜻이 있어요. 구정 그러면 새로운 한 해를 시작할 때 마음을 새로 가다듬는 것입니다. 추석 그러면 처음 난 곡식 익은 열매를 조상께 드린다는 말입니다.

이와 같이 구약 시대에 하나님이 이스라엘 백성에게도 일곱 가지의 명절을 주셨어요. 자, 한번 다시 따라 해봐요. "유월절, 무교절, 초실절, 오순절, 나팔절, 속죄절, 장막절." 왜 주셨느냐? 일곱 가지 명절을 주신 이유는 크게 세 가지 의미가 있는데, 첫째는 이것이 유대인에게 주신 하나님의 축복입니다. 구약 시대 이스라엘 백성들을 유대인이라 그래요. 바로 지금 저 중동 땅에 사는 사람들이 유대인입니다. 그 유대인에게 주신 하나님 축복인데, 이스라엘 백성들, 유대인들은 이거 7개 지키다가 세계 제일의 복을 받았어요. 이 사람들은 뭔 뜻인지도 모르고 하나님이 하라고 하니까 그냥 한 거예요.

나라가 없어진 지 2000년 동안입니다. 이스라엘 나라가 2000년 전에 로마의 티토스에 의하여 나라가 다 흩어져서, 저 북쪽으로는 러시아 소련까지 유럽 저 동네 구석구석 유대인을 죽이려고 하니까 피하여 구석구석 다 조각이 되어서 2000년을 유랑하고 살았어요. 그러한 유대인들도 2000년 동안 이 7개는 어느 동네에 가든지 어느 나라 가든지 3명, 5명이 모여도 이스라엘 백성들은 이걸 2000년 동안 지켜온 겁니다.

그래서 이스라엘 백성들이 세계 제일의 복을 받았어요. 하버드 대학의 교수의 1/3이 유대인이에요. 기상천외하죠? 그뿐입니까? 모든 면에 다 그래요. 정치, 경제, 사회, 군사, 외교, 이 유대인이 장악하지 않는 곳이 하나도 없어요.

유대인들의 돈이 얼마나 많으냐? 전 세계 돈의 절반이 유대인들 거예요. 절반이 유대인들 겁니다. 그걸 여러분 실감 나게 하기 위해서 보세요. 여러분 지금 가방에 다 카드 있지요? 이 카드 보면 이 밑에 비자라고 쓰였죠? 어떤 거는 빨간 걸로 비씨라고 쓰였죠? 이게 뭔지 압니까? 이 지구촌이, 모든 인간들이, 중국이고 한국이고 일본 사람들 전부, 요 비자카드 다 가지고 있어요. 이 비자카드를 가지고 있는 사람은 외국에 가서 이 카드로 물건을 살 수 있어요. 요것이 없는 사람은 외국 가서 사용 못 해요. 맞죠? 지구촌 어디 가든지 이것만 딱 대면 돈이 흘러나와요. 그런데 요걸 누가 만들었나요? 바로 유대인이 만든 거예요. 그래서 자기들이 만든 요 제도를 써먹으려고 여기에 비자 표시를 해 놨는데 이거 카드 쓰는 것 때문에 1년에 여러분도 모르게 1년에 만 원씩 이것이 전부 미국으로 돈이 자동으로 가게 돼 있어요. 이 카드 가지고 있는 사람은 무조건 연회비가 만 원이에요. 만 원. 그러면 아마 우리 한국 땅에 이 카드가 최소한 1000만 장은 넘을 거라고요. 최소한. 한 사람이 두 개 가지고 있는 사람도 있으니까, 내가 볼 때 한 2000만 명 있을 거예요. 한국에 2000만 명 한번 계산해 봐요. 1년에 2000억씩이 유대인 주머니로 들어가요. 한국만 2000억인데, 세계에 있는 모든 인간들이 이게 뭔 뜻인지 모르고 다 주머니에 넣고 다녀요.

그러니 유대인들 머리가 얼마나 좋습니까? 그것뿐입니까?

할리우드에서 영화 만드는 거 전부 유대인 펀드로 다 만듭니다. 그냥 뭐 유대인들이 장악하지 않는 데가 하나도 없어요.

그 유대인들이 이거 7개 지키다가 대박 났어요. 하나님이 성경에 말했잖아요? 이거 7개만 지키면 내가 세계 제일의 복을 주리라고요. 오늘 이 시간에 사랑제일교회 성도들이여, 이제 유대인들 걸 뺏어와서 우리 교회 걸 만들어봅시다. 여러분 걸 만들자고요. 오늘부터 이 명절이 여러분 것이 될지어다. 그러니까 이게 보통 역사한 게 아니에요.

2. 예수께서 이 땅에 와서 하실 7가지 일을 예행연습 시키시다

두 번째는 이것이 명절이 온 실제 이유인데, 이것은 예수 그리스도가 이 땅에 와서 하실 일을 설명하기 위한 것입니다. 예수님이 누구신가요? 오늘 교회 처음 오신 분들을 위해서 다시 설명할게요.

예수님은 사람이 아니에요. 예수님은 사람같이 생겨도 이 세상을 창조하신 분이에요. 이 세상을 만드신 분이 자기가 만든 세상을 한번 내려가 보자, 내려오는데 이 세상에 내려올 때 하나님으로, 영으로 그대로 내려오면 사람하고 접촉이 불가능해요. 영과 육체니까요. 그래서 눈높이를 우리에게 맞추시려고 이 세상을 만드신 하나님이 사람의 육체의 옷을 입고 이 땅에 오신 분이 예수예요.

그러나 예수님이 이 땅에 계실 때 보라고요. 물 위로 걸어 다니지요? "바람아, 잠잠하라" 하지요? 보리떡 다섯 개, 물고기 두 마리로 오천 명을 먹이지요? 그뿐 아니라 죽은 사람을 살리지요? 왜 그러냐? 예수님이 이 땅에 와서 그렇게 하신 것은 이 세상을 내가 만들었다고 하는 창조주의 시범을 보이신 겁니다. 이해가 돼요?

그러면 예수님은 이 세상을 만드신 하나님이 사람으로 오신 분입니다. 그 예수님이 이 세상에 오시기 전에, 하나님이 사람으로 이 땅에 오시기 전에, 하나님이 사람으로 이 땅에 내려가면, 예수님으로 이 땅에 오시면 무슨 일을 할 것인지 보여주기 위하여 예수님이 이 땅에 오시기 수천 년 전에 이스라엘 백성들에게 이 명절 7개를 명령하여 지키라고 했어요.

그러면 무슨 뜻인가요? 유월절은 예수님이 사람으로 이 땅에 오시면 이렇게 죽으리라는 말씀입니다. 따라서 합니다. "이렇게 죽으리라." 유월절 날 예수님은 어린 양으로서 십자가에 못 박혀 죽는다는 것을, 이것을 예수님이 오시기 전에 벌써 하나님은 명절을 만들어서 이미 예행연습을 시킨 거예요.

그리고 무교절은 뭔가요? 예수님이 죽으신 뒤에 무교절 날 3일 동안 무덤에 계셨어요. 3일 동안 땅속에 있었다고요. 아멘 합시다. 아멘. 우리 한국 사람도 사람이 죽으면 장례식을 며칠 후에 하나요? 3일 후에 하지요. 왜 3일 만에 장례식을 하나요? 이걸 내가 깊이 생각해 보니까요 이게 종교 문화사적으로 전부 성경에서 나오는 거예요. 이스라엘 나라에서 실크로드를 타고 중국 문화를 거쳐서 전 세계에 나온 거예요. 예수님이 죽어서 3일 동안 땅속에 계셨어요. 무덤 속에요. 이해되시면 아멘 합시다. 그것을 기념하기 위하여 만든 것이 바로 무교절입니다.

그다음에 초실절은 뭐냐? 구약 시대에 처음 익은 열매, 첫 익은 열매인 곡식을 사람이 먼저 안 먹어요. 첫 열매를 가지고 와서 제사장에게, 하나님께 바치는 절기예요. 이걸 초실절이라고 해요. 초실절입니다. 할렐루야.

지금 전에녹 우리 아들, 나의 독생자 전에녹이 저기 있는데 다음 주에 군대를 가려고 미국에서 대학 다니다가 이제 군대 가려고 왔어요. 내가 전에녹한테 그랬어요. "야, 인간은 미국서 대학 공부만 하면 안 되는 거야. 인간은 노동을 배워야 해. 노동을." 그래서 내가 돈 벌어 오라고 했어요. "지금까지는 내가 널 먹여 살렸지만 지금부턴 네가 날 먹여 살려. 한 조각의 빵이 네 입에 들어갈 때 이 빵에 흘린 땀의 가치를 알아야 해." 그래서 내가 돈 벌어 오라고 소리쳐서 군대 가기 전에 한 달 전에 이마트에 가서 카트 미는 거 있지요? 카트 미는 거 하면서 한 달 직장 처음 다녔어요. 죽겠대요. 죽겠대요. 하루에 30번 이상을 카트를 밀고 다녀야 하니까요. 그런데 어제 한 달 다 끝나서 처음으로, 인간으로 태어나서 처음으로 돈을 타왔어요. 100만 원 타왔어요. 어제 가져와서 이래요. "아빠, 나이거 돈 벌어 왔어." "이리 줘, 기도하자. 너 인간으로 태어나서 처음 네 손으로 번 돈이니, 이것은 초실절로 가야 해. 이거 하나님께 처음 드려야 하는 거야. 초실절을 지켜." 그래서 오늘 하나님께 드렸어요. 왜 그렇게 했냐 하면 우리 아들 복 받으라고요. 여러분도 여러분 애들이 처음 직장생활에서 대학 졸업하고 돈 벌면 꼴깍 자기가 먹지 말고 하나님께 초실절을 드려라, 이 말입니다. 초실절입니다. 할렐루야!

이 초실절은 왜 나타났나요? 이거는 그리스도의 부활입니다. 부활이요. 따라서 합니다. "부활." 이건 예수님의 부활을 위해서 나타난 것이에요. 이해가 돼요?

오순절은 성령강림입니다. 따라서 합니다. "성령강림." 나팔절은 재림입니다. 재림이요. 예수님이 다시 온다, 재림한다 이거예요. 속죄절은 건너뛰고, 장막절은 뭐냐면 하늘의 장막이 이 땅에 임한다, 다시 말해서, 천년왕국이 이 땅에 이루어진다 이거예요. 할렐루야. 우리 교회 다니는 성도들은 이 천년왕국을 사모해야 해요. 이 천년왕국을 그리워해야 해요.

하나님이 이 세상을 만드실 때 출발도 있지만, 알파와 오메가예요. 하나님이 이 세상을 끝낼 때도 와요. 이 세상이 끝날 때가 온다고요. 이 세상이 계속 지속될 것 같지만 그렇지 않아요. 언젠가는 이 세상이 끝이 날 때가 와요. 성경이 그렇게 말해요. 이게 바로 천년왕국이에요. 천년왕국. 아멘? 천년왕국 이건 틀림없이 이 땅에 나타나게 돼 있어요.

예수 그리스도가 천지를 창조한 것으로부터 시작합니다. 창조주 예수입니다. 따라서 합니다. "창조주 예수." 천지를 창조하는 시작이 예수란 말이에요. 예수입니다. 이게 알파란 말이에요. 알파요.

예수에 의하여 시작된 이 세상은 마지막에 예수에 의하여 끝이라는 것입니다. 시작도 예수고 끝도 예수입니다. 믿습니까? 그러니까 예수님이 이 땅에 와서 마지막 날 천년왕국을 이루신다 이거예요.

그러면 성경이 얼마나 오묘한가 한 번 보십시오. 이런 성경을 듣고도 예수를 말이야 슬슬 믿는 사람은 난 이해를 못 하겠어요. 아니 성경이 얼마나 오묘한가 보세요. 이 7대 명절이 예수님이 이 땅에 오신 뒤에 이루어진 명절이 아니라니까요. 이게 2000년 전에 생긴 게 아닙니다. 이 7대 명절은 예수님이 이 땅에 오시기 전에, 아멘, 1500년 전에 생긴 것입니다.

벌써 예수님이 이 땅에 오시기 전에, 예수 그리스도가 사람으로 이 땅에 내려오시면, 한번 따라서 합시다. "이렇게 죽으리라." 예수님은 이 땅에 오시기 전에 벌써 1500년 전에 예수님이 십자가에 죽을 것에 대한 예행연습을 이스라엘 백성은 하고 있었어요. 따라서 합니다. "무덤에 있으리라." 다시요. "부활하리라." 따라서 합니다. "성령을 부어주시리라. 재림하시리라. 알곡과 쭉정이를 가려서 쭉정이는 불에 태우고 알곡은 하나님께 드리시리라. 천년왕국을 이루시리라." 그러니까 보세요. 얼마나 성경이 오묘한가 보세요, 세상에나!

다시 물어볼게요. 이게 예수님이 온 뒤에 만들어진 거요, 오기 전에 만들어진 거요? 오기 전에 예수님이 이 땅에 태어나기 전에 벌써 예수님이 하실 일을 이렇게 성경에 자세히 명절로 하나님이 만들어 놓고 이스라엘 백성들에게 예행연습을 시킨 것입니다. 참 신기하죠? 그렇죠? 지난주에 제가 나눠드린 거 여러분, 표 다 가져오셨어요? 꺼내 봐요. 다시 꺼내 봐요. 잊어먹은 사람, 쓰레기통에 버린 사람 손들어 봐요. 잊어먹은 사람 다시 달라 그래요. 요걸 꼭 성경책에서 끼워서 넣고 다녀야 해요. 알았죠? 집에 가서도 한 번씩 싹 읽어보세요. 아멘? 자, 그러면, 이 7대 명절이 이것이 기가 막힌 것이 뭐냐 하면 하나님의 아들 독생자 예수가 이 땅에 사람으로 내려가면 이러한 일곱 가지의 일을 진행하리라 하는 것입니다. 따라서 합니다. "진행하리라."

3. 우리 심령 속에 임할 7가지 복음 사건

세 번째, 마지막 세 번째요, 이게 제일 중요해요. 더 중요해요. 이것은 신약시대, 지금 우리 시대입니다. 신약시대에, 성도들의, 바로 여러분과 나의 심령 속에, 우리의 심령 속에 나타날, 우리의 심령 속에 임할 큰 일곱 가지 복음 사건입니다. 일곱 가지 복음 사건이에요.

그러면 유월절이 사람 속에 임하면 무슨 일이 생기냐? 사람 최고의 축복인 구원의 역사가 일어납니다. 구원의 역사요. 인간 최고의 축복은 구원이에요. 죽어서 천국 가는 거예요. 유월절이 사람 속에 들어가면 구원의 역사가 일어납니다. 이번에 여러분이 이 말씀이 증거되는 동안에 유월절에 한 번 젖어보세요. 푹 젖기를 바랍니다. 아멘. 두 손 들고 아멘. 할렐루야! 옆 사람 다 축복해요. "유월절 속으로 들어갑시다. 깊이 들어갑시다." 아멘. 우리 〈주 십자가를 지심으로〉 찬송하겠습니다.

〈찬송가 199장〉 주 십자가를 지심으로

1. 주 십자가를 지심으로 죄인을 구속하셨으니
   그 피를 보고 믿는 자는 주의 진노를 면하겠네

2. 흉악한 죄인 괴수라도 예수는 능히 구원하네
   온몸을 피에 잠글 때에 주의 진노를 면하겠네

3. 심판할 때에 모든 백성 행한 일대로 보응 받네
   죄 있는 자는 피를 믿게 주의 진노를 면하겠네

4. 구주의 사랑 크신 은혜 보혈의 능력 의지하세
   심판의 불이 내릴 때에 주의 진노를 면하겠네

(후렴) 내가 그 피를 유월절 그 양의
피를 볼 때에 내가 너를 넘어가리라

아멘! 유월절이 임할지어다! 여러분 가슴속에 유월절이 깊이 들어가라! 다시 해봐요. "주여, 유월절을 주세요."

그 다음에 무교절입니다. 무교절이요. 따라서 합니다. "무교절." 무교절은 예수님의 무덤이잖아요? 그와 같이 하나님은 구원받은 성도를 유월절을 통하여 구원이 임하면 하나님은 성도들을 성화시키기 위하여 우리를 무덤 속으로 쓸어 넣어요. 무덤 속으로요. 그러면 왜 하나님이 자기 사랑하는 백성들을 왜 하나님이 구원시켜 놨으면 바로 축복을 주시지 왜 무교절의 무덤 속에 집어넣을까요? 여러 가지 무덤을 하나님은 준비해 놨어요. 한 번 해봐요. "물질의 무덤." 다시요. "자녀의 무덤." 다시요. "가정의 무덤, 질병의 무덤." 따라서 해요. "사업의 무덤." 여러 가지 무덤을 만들어 놓고 성도들을 여기다 집어넣어요.

왜 그럴까요? 성도들이 유월절을 통하여 구원은 받아도 아직도 우리 속에는 여러 가지 세상 것, 죄성, 아담의 성분이 남아 있어요. 그래서 우리를 성화시키려고, 우리를 거룩하게 하려고 무덤 속에 집어넣어서 우리를 썩히려고 그래요. 이때 성도들이 시험 드는 거예요. 교회 나오면 처음에는 은혜받고 유월절을 통하여 예수님 구원의 역사가 가슴에 일어나면 구원의 기쁨이 하늘을 닿아요. 너무너무 좋아요. 그러다가 머지않아서 하나님이 우리를 무교절의 무덤 속으로 집어넣으면 그때 사람들이 시험에 드는 거예요. "아니, 교회 다녔더니 좋은 일만 있는 줄 알았더니, 왜 안 좋은 일이 일어나지?" 이렇게 여기서 시험이 든다고요.

여러분은 절대 시험 들지 말지어다. 시험이 올 때는 이렇게 생각하면 돼요. '아, 하나님이 더 큰 축복을 주시려고 하는구나.' 시험은 축복의 전주곡이에요. 축복의 전주곡이요. 그러니까 봐요. 전주곡이 뭐냐 하면, 노래를 부르기 전에 먼저 반주하잖아요? 전주를 하면 그다음에 뭐가 나온다는 거예요? 본 노래죠? 그다음에 우리가 노래 부른다는 거예요. 이와 같이, 이와 같이, 아멘, 앞으로 여러분이 살다가 시험이 있다고 하면 '축복이 오려고 하네,' 이렇게 생각하면 되는 거예요. 말을 합해서 말하면 이 말이에요. 따라서 해봐요. "시험은 축복의 전주곡이다." 전주곡 들어봤지요? 전주곡이 울리면 지금 노래를 하려고 하는구나, 구름이 뜨면 비가 오려고 하는 것처럼 시험이 온다 그러면 하나님이 나에게 큰 축복을 주려고 하는구나, 이렇게 생각하면 되는 거예요.

그러면 하나님이 시험도 주지 말고 바로 축복을 주지, 뭐하러 그냥 시험까지 줘서 축복을 주냐? 그 이유는 하나님이 시험을 통하여 축복을 담을 그릇을 만드는 거예요. 그릇이 시원찮으면 줘봤자 그릇이 깨져버려요. 축복이 담기지를 못하는 거예요. 관리를 못 해요. 관리를요. 그래서 하나님이 우리에게 축복의 그릇을 만들려고 먼저 시험을 주신다 이거예요. 모든 시험이 다 그래요. 교회에서 오는 시험도 마찬가지예요. 아멘? 교회 와봐요. 다 여러분 좋아할 것 같아요? 아니에

7대 명절의 축복을 받으라(상)

요. 어느 날부터 옆에 앉은 그 여자가 째려보고요. 째려보고 말도 틱틱 하면서, 아이고, 별소리 다 해요. 아이고. "뭐, 저런 여자가 교회를 왜 왔어?" 이런다고요. 그러거든 "할렐루야" 그러세요. "축복이 오려고 하는구나," 이렇게 해야 하는 거예요. 알았죠? 그러니 옆에서 누가 뭐라 한다고 또 시험 들어서 말이야, "야! 뭐 너네는 잘났냐?" 붙어 싸우고 말이야 그러면 돼요, 안 돼요? 안 되지. 딱 시험이 올 때는 틀림없어요. 목사님도, 하나님이 저를 이렇게 축복하기 전에 한 단계별로 항상 시험이 와요. 그 시험을 이기면 다음에 역사가 또 일어나요. 여러분도 무교절을 잘 통과 해야해요.

그다음에 초실절입니다. 초실절이요. 따라서 해요. "초실절." 이거는 부활이에요. 하나님이 영을 부활시키지, 물질을 부활시키지, 가정을 부활시키지, 자녀를 부활시켜요. 부활의 역사가 일어날지어다. 아멘!

그다음에 성령강림이에요. 성령이 충만하게 임하는 거예요. 성령이 그냥 머리부터 발끝까지 부어져 버리는 거예요. 앞에 있는 유월절, 무교절, 초실절, 여기에도 성령이 역사해요. 그러나 오순절의 성령은 달라요. 오순절의 성령은 성령의 색깔이 다른 거예요. 그냥 강타해버려요. 강타해요. 아멘! 서세원 목사님에게 온 그런 성령이 온 겁니다. 그런 성령이 부어져 버리는 겁니다. 사랑제일교회 성도들이여, 성령 충만 받을지어다!

그다음에 나팔절입니다. 따라서 해요. "나팔절." 이건 재림 신앙인데, 나팔절이 가슴에 임하면 그날부터 이 사람은 주님의 재림을 기다려요. 예수님을 보고 싶어 하는 것이 일반 성도들과 달라요. 나팔절이 임한 사람은 날마다 울어요. 주님이 보고 싶어서, 아멘, 예수님이 보고 싶어 격통이 일어나요.

다음은 속죄절입니다. 속죄절이 오면 죄를 처리하는 능력이 이게 보통 사람하고 달라요. 자기 죄 더하기 다른 사람의 죄도 쉽게 상담을 해요. 죄 때문에 고통당하지 마세요.

장막절이 오면 어떤 일이 생기냐? 천년왕국을 이 땅에서 먼저 당겨서 천년왕국을 예행연습하고 하늘나라 가요. 그래서 성경에도 보면 한 사람의 신앙의 마지막은 항상 장막절에 마치게 돼 있어요. 다윗도 봐요. 예루살렘의 왕으로 갔지요? 믿습니까? 이게 절정에 간다 이 말이에요. 요셉도 봐요. 애굽에 가서 총리대신이 되지요? 아멘? 다니엘도 봐요. 바벨론에 가서 총리대신이 되지요? 이와 같이 장막절을 이 땅에서 누리고 하늘나라를 간다 이겁니다. 믿습니까?

7대 명절의 축복을 받으라(상)

그런데 이 땅에 있는 수없는 많은 성도가 7대 명절을 다 경험 못 하고 중간에 하늘나라 가버려요. 왜냐하면, 예수를 잘못 믿는 거예요. 어떤 사람은 유월절만 체험하고 천국 가요. 그 사람은 유월절만 체험했기 때문에 구원은 받아요. 그러나 이 땅에서는 별 볼 일 없어요. 그리고 사람이 좀 의심스러워요. 장례식에 가면 목사님을 좀 고민스럽게 만들어요. 뭐냐하면, '진짜 천국 갔을까? 지옥 간 거 아니야?' 이렇게 목사님을 좀 헷갈리게 만들어요. 여러분은 목사님을 헷갈리게 만들지 마세요. 알았지요? 장례식에 가서 장례식 찬송을 불러도, "잠시 세상에 내가 살면서… 만나보자…" '진짜 만날까? 지옥 간 인간을 어떻게 만나, 내가? 만나보자… 만나볼까?…' 이게 장례식에서 목사님들에게 이런 고민이 생기는 거예요. 그러면 안 되지요? 여러분들은 장례식 하는 목사님에게 기쁨을 줘야지요? "천국에서 만나보자!" 할렐루야, 장례식 날 막 기쁨이 일어나고, 아멘, "그날 아침 거기서," 할렐루야, 이렇게 장례식을 하도록 좀 만들어 줘 봐요. 유월절만 임하는 사람은 옆에 있는 사람들이 '저 사람 진짜 구원받았을까? 죽기는 죽었는데 천당 갔을까?' 이렇게 옆 사람을 걱정스럽게 한단 말이에요. 그러니까 우리는 이 명절을 다 삼켜야 해요. 알았지요? 알았지요? 만나보자 한번 불러봐요. 장례식 노래 한 번 불러봐요. 손뼉 준비!

〈찬송가 293장〉 천국에서 만나보자

1. 천국에서 만나보자 그날 아침 거기서
   순례자여 예비하라 늦어지지 않도록

2. 너의 등불 밝혀 있나 기다린다 신랑이
   천국 문에 이를 때에 그가 반겨 맞으리

3. 기다리던 성도들과 그 문에서 만날 때
   참 즐거운 우리 모임 그 얼마나 기쁘랴

〈후렴〉 만나보자 만나보자 저기 뵈는 저 천국 문에서
   만나보자 만나보자 그 날 아침 그 문에서 만나자

자신 있어요? 유월절이 들어와야지요? 장례식 하다 보면 기상천외한 일이 생길 때가 있어요. 특별히 젊은 부부 중에 누구 하나 죽었어요. 그 옆에서 우는 것은 말할 수가 없어요. 난 장례식 하러 가서 젊은 사람이 죽어서 장례식 할 때, 우는 때, 그때 내가 목사 된 것에 대해서 좀 후회했어요. 내가 목사가 왜 돼서 이걸 내가 계속 보고 살아야 되니 말이에요. 그리고 장례식 가서 울고, 장례식 진행 다 해 놓고 한 시간 후에 차 타고 가서 또 결혼식 주례를 해야 하니 이 감정 조절을 어떻게 해야 하나? 이 감정 조절을? 아이고, 아버지! 그리고 또 백일잔치 가야 하고, 또 돌잔치 가야 하고요.

7대 명절의 축복을 받으라(상)

또 이 목사들이 말이에요, 장례식 때 슬피 우는 걸 보면요? 참, 옆에서 보면, 못 봐준단 말이에요. 그러다가 갑자기 정신병자처럼 벌떡 일어나서 찬송을 자기 혼자 부르면서 춤을 추는 이런 여자들이 있어요. 가끔 있어요. 그 순간에 하늘나라가, 환상이 열린 거예요. 장례식 때 열린 경우가 있어요. 열려서 스데반처럼 하늘나라를 보는 거예요. 거기서 죽은 사람이 하늘에서 손짓하는 거예요. 울지 말라고요. 요게 장례식 순간에 이루어지는 것이 가끔 있어요. 가끔요. 참 기상천외하지요? 할렐루야!

여러분은 내가 죽거든 절대 울지 말아요. 진짜 이건 내가 유언이에요. 절대 내가 죽거든 울지 말아요. 울지 말고 이거 손뼉 치면서 불러요. 할렐루야! 이렇게 하란 말이에요. 내가 죽거든요. 알았지요? 히쭈구리 하지 말고요. 그 좋은 천국 가는데 말입니다. 그런데 이 모든 얘기는 다 유월절이 성도들 속에 들어간 후에 그 후에 이런 일이 가능합니다. 믿습니까?

그러니까 사랑제일교회 성도들은 유월절부터 이 장막절까지 이 말씀이 증거될 때에 백 프로 다 이것을 내 것으로 만들어야 해요. 이 일곱 가지 명절이 다 나의 것이 돼야 해요. 이스라엘 백성들은 많이 써먹어서 복을 많이 받았으니까 그만두고 우리가 뺏어서 우리 심령 속에 이루어질지어다!

Ⅱ.
유월절 : 내 문제를 예수께 넘김

1. 구약의 유월절 행사

그러면 유월절은 뭐 하는 절기인가요? 유월절은 예수 그리스도가 십자가에 죽는 것을 말하는 절기입니다. 구약적 방법은 유월절을 어떻게 지키냐? 유월절이 되면 일단 사람들이 양을 한 마리씩 준비해야 해요. 양을요. 양을 준비해서, 돈이 없어 양을 준비 못 하면 비둘기라도 준비해야 해요. 준비해서 제사장 앞으로 가요. 가면 제사장이 물어요. "너는 왜 이 양을 가져왔냐?" 그러면 사람이 자기가 가지고 있는 최고의 문제를 제사장한테 말을 해요. 제1번이 뭐냐면, 죄예요. 죄요. "나는 죄 때문에 왔습니다." 그러면 제사장이 손을 펴서 한 손은 사람 손에 얹고, 사람 머리에, 한 손은 짐승의 손에다 얹어놓고 제사장이 기도해요.

"하나님, 지금 이 사람의 죄가 이 짐승 쪽으로 옮겨지게 하세요. 넘어가게 하세요. 넘어가게 하세요." 아멘. 유월절이라는 말이 넘어간다는 뜻이에요. 옮긴다는 뜻이에요. "옮겨 넘어가게 하세요."

7대 명절의 축복을 받으라(상)

그리고 제사장의 기도가 마치면 사람을 죽이는 게 아니에요. 죄가 사람에게서부터 짐승으로 갔기 때문에 짐승을 제사장 옆에 있는 시퍼런 칼을 빼서 짐승의 목에다 칼을 꽂습니다. 그리고 가죽을 벗겨요. 그리고 불태워요. 그리고 이 사람을 보고 그래요. "네 죄는 없어졌다." 왜요? "네 죄가 이리로 넘어갔다." 아멘! 이렇게 유월절 행사를 했어요.

이것은 무슨 뜻이냐? 이것은 예수 그리스도가 이 땅에 오시면 여러분과 저의 죄를 위하여 십자가에 못 박혀 피 흘려 죽으신다는 말이에요. 죽으실 때에 여러분과 나의 죄를 여러분이 가지고 있는 것이 아니라 이것을 십자가로 옮긴다는 거예요. 예수님 쪽으로 옮긴다는 거예요. 그러한 것을 시행하는 것이 유월절이에요.

그러니까 구약식으로 유월절을 하려면, 여러분, 한 번 하는데 한 달 걸려요. 한 달요. 구약식으로 유월절 한 번 체험하려면, 내 죄를 양으로 넘기려면, 양 한 마리 사야지요? 그리고 또 그것도 바로 하는 게 아니에요. 양을 잘 키워서 깨끗하고 흠도 티도 없이 잘 목욕시켜야지요? 이러고 나면 한 달 걸리는데, 하나님이 신약시대의 유월절은 이렇게 어렵게 안 만들어 놨어요. 이것은 전부 그림자요 예표예요. 구약 시대는 상징이에요.

2. 신약시대의 유월절 지키기

지금 유월절은 어떻게 이루어지느냐? 자, 보십시오. 하나님
이 이렇게 쉽게 만들어 놓은 거예요. 어떻게요? 여러분이 교
회를 오셔서, 아멘, 오셔서 저한테 올 필요도 없어요. 신약시
대는 일대일로 바로 여러분이 하나님과 바로 하게 돼 있어
요. 중간에 제사장이라는 게 필요 없어요. 아멘이요? 천주교
에서는 신부님을 중간에 넣어놨어요. 하도 성도들이 말 안
들으니까 신부님을 중간에 넣어놓고 해요. 개신교는 중간에
안 넣어놓고 여러분이 바로 하나님과 바로 하게 돼 있어요.

어떻게 하느냐면 이렇게 하게 돼 있어요. 교회를 나온 뒤
에 입으로 일단은 주님을 불러야 해요. 따라서 해봐요. "주
여!" 다시 해봐요. "주여!" "주여!"를 부르고 난 뒤에 이어지
는 말이 이런 말이에요. "주여, 지금 내가 죄를 범했습니다.
그런데 이 죄를 내가 가지고 있기를 원치 않고 이 죄를 어린
양 되시는 예수님의 십자가로, 2000년 전에 나를 위해서 십
자가에 흘리신 그 피로 나의 죄를 옮겨주세요." "옮겨주세
요."라는 말 한마디만 하면 여러분의 죄가 여러분에게서부
터 예수님 쪽으로 넘어가요. 믿습니까?

그런데 사람들이 말이에요, 사람들이 그 말 한마디를 하기

싫어서 지옥 가는 거예요. 자존심 때문에 그래요. 여러분, 이 가운데 오신 여러분은 절대 자존심 부리면 안 돼요. 자존심 부릴 걸 부려야지요. 죄진 인간이 자존심을 부려서 어떻게 하겠다는 거예요? 그것도 하나님이 이렇게 쉽게 만들어놨는데요. 어떤 신학자가 이렇게 말했어요. "하나님이 유월절을 체험하는, 죄 용서받는 방법을 너무나 쉽게 만들어 놨기 때문에 사람들이 오히려 하나님의 방법을 무시한다."

여러분에게 만약에 한 가지 죄를 용서해 주는데 돈 100만 원씩 가져오라고 해봐요. 그거는 오히려 가져올 거라고요. 일부러 가져와요. 왜요? 뭐, 대가를 치르면 될 줄 알고요. 하나님은 그렇게 안 만들어 놨어요. 믿습니까? 여러분의 입으로 "주여!"를 한번 부르면 돼요. 따라서 해요. "주여!"

그리고 죄뿐이 아니라 모든 문제가 다 그러는 거예요. 예를 들어서 몸이 아프다 그러면 유월절 양 한 마리를 가져와야 해요. 구약시대는요. 그러면 우슬초를 뿌려요. 우슬초를 뿌려서 정결케 한 뒤에 사람의 병을 짐승으로 옮겨요. 제사장이 똑같이 사람 손에다 손을 얹고 짐승 손에다 손을 얹어서 하나님께 기도해요. "하나님, 이 사람의 병을 짐승으로 옮기세요. 양으로 옮기세요." 그러면 이 사람의 병이 짐승한테로 옮겨지는 거예요. 이게 유월절이요. 병 말고 나머지도 다 똑같아요. 자기가 가지고 있는 문제, 가난, 질병, 모든 문제 단 하나도 빠짐없어요. 인생의 모든 문제 전체예요. 전체를, 나의 문제를, 나의 것을, 사람의 것을 짐승에게로 옮기는 것, 이것이 바로 유월절이에요. 이해가 돼요? 이해가 돼요?

Ⅲ.
"주여!" : 유월절을 경험하는 통로

"

1. 주여!" 부르짖어 내 문제를 예수님께 넘기자

그러니까 여러분들은 오늘 이 자리에서 예수님을 붙잡고 유월절을 경험하세요. 유월절이 뭐냐? 내 것을 예수님 쪽으로 넘기는 거예요. 전체 중에 부정적인 거, 나쁜 거, 죄, 질병, 가난, 저주, 근심, 걱정, 가정 문제, 자녀 문제, 사업 문제, 모든 전체, 인생의 포괄적인 전체 문제를 여러분은 여러분이 가지고 있지 말고 이것을 말로 옮기는 거예요. 말로요. 무엇으로요? 말로 옮기는 거예요.

말로 어떻게 옮겨요? 따라서 합니다. "주여!" "주여!"란 말

한마디에 넘어가는 거예요. 그래서 여러분, 저를 한번 봐요. 내 옆에 있어 본 사람은 다 알지만 나는 항상 삶 속에서, 입에서 "주 예수여! 아버지!" 이 말이 내 입에 그냥 늘 달려 있잖아요? 나는 성경을 관통한 사람이에요. 성경을 깊이 본 사람이에요. 그래서 이것이 초대교회 성도들도 사도행전에 보면, 초대교회, 처음 교회, 성령 받고, 오순절 성령 받은 성도들이 이 원리를 알았기 때문에, "주여!"를 교회에 와서만 하는 게 아니고 삶 속에서 날마다 "주여!"를 불렀어요.

"주여!"를 부르고 난 뒤에 이어지는 문장이 있다고 그랬어요. 따라서 해요. "주여!" 그다음 뒤에 이어지는 문장이 뭐냐? "내가 진 죄를 예수님 쪽으로 옮기세요." 요 말이 뒤에 따라붙는 거예요. 그런데 너무 복잡하니까 뒤의 말은 생략하고 그냥 "주여!"만 하는 거예요.

다시요. "주여!" "하나님, 내가 어려운 물질적 문제를 주님 쪽으로 옮깁니다." 그래서 "주여!" 할 때마다 한 가지씩 문제가 넘어간단 말이에요. 넘어가요. 뒤의 말이 붙어 있는 거예요. 그걸 전제하고 주님을 부른단 말이에요. 그래서 사도바울도 봐요. "예수 믿기 전에 내가 주의 이름을 부르는 자를 잡으러 다메섹으로 갔다," 이렇게 말하지요? 주의 이름을 부르는 자가 기독교인들의 특성이에요. 기독교인들은, 그 특성이 뭐냐면, 그냥 길 가면서도, 그냥 일하면서도, 항상 입에서 주의 이름을 불렀다는 거예요.

여러분도 주의 이름으로 여러분의 문제를 주님께로 옮기세요. 이렇게 쉽게 만들어 놨다니까요? 쉽게요? 아멘. 다시 한번 따라 해 봐요. "주여!"

2. 주여!" 부르짖어 공중 권세를 가르자

그런데 교회에 와서, 처음 교회 오면 "주여!" 말하기가 쉽지 않아요. "주여!"란 첫입이 떨어지는 게 쉽지 않아요. 왜요? 옆 사람을 자꾸 인식해요. "저 사람이 나 흉보면 어떻게 하지?" 하고요. 그래서 "주여!" 하라고 하면 입맛만 다셔요. 그러면 안되고 소리를 탁! 제대로 선포하는 거란 말이에요. 선포요. 다시 해봐요. "주여!" 아멘!

여러분, "주여!"라고 하는 이 '부르짖다'의 히브리어 원어가, 이게 뭐냐 하면은 '찢다'라는 거예요. '공기를 찢다'라는 거예요. 이게 '부르짖다'의 뜻이에요. 하늘에 하나님의 나라가 있지요? 여기 지구에 인간이 있지요? 여기서 내가 "주여!" 하고 부르면, 이 하나님 나라와 인간 사이에는 공중 권세 잡은 마귀가 있어요. 그래서 "주여!"란 말의 히브리어 원어가,

"주여!"를 부르면, "주여!"를 한 사이에 대기를, 공기를 찢는다는 거예요. 공중 권세를 가른다는 거예요. 내가 부르짖어서 나와 하나님 보좌 사이를 막고 있는 어두움의 권세를 가른다는 거예요. 가른다고요. 이게 '부르짖다'의 뜻이에요. 그러니까 살짝 불러야 돼요, 세게 불러야 돼요? 세게 불러야 공기를 찢을 수 있지요? 주의 보좌에 닿을 수 있도록 부르라 이거예요. 다시 해봐요, "주여!"

유월절이 이루어지는 거예요. 여러분 가슴속의 죄가 예수님 쪽으로 넘어가게 된다! 이해가 됐어요? 아멘이요? 두 손 들고 아멘! 할렐루야! 여러분 다 오늘 이 자리에서 유월절이 임할지어다!

Ⅳ.
내 모든 죄 짐을 주께 넘기고
기쁨을 누리자

1. 주여!" 부르면 천국, 주여!" 안 부르면 지옥

그런데 사람들이 교회 와서 주의 이름을 부르는 거, 그게 뭐 대단하다고 자존심 부리면서 안 부른단 말이에요. 그거 안 부르다가 어느 날 교통사고로 갑자기 딱 죽어요. 죽음이라는 게 어디 예고편이 있는 게 아니잖아요? 갑자기 죽으면 지옥에 딱 가요. 그런데 어떤 사람은 봤더니, 같은 교회 다녔는데, 저 별것도 아닌 자가 천당 가 있단 말이에요. 그 차이가 뭐냐면, "주여!" 부른 사람은 천국 가요. "주여!" 안 부른 사람은 지옥 가요. 이렇게 차이가 있어요. 자존심을 버리시고 주님을 부르세요. 믿습니까? 할렐루야? 주님을 부르는 사이에 나의 모든 무거운 짐이 예수님 쪽으로 넘어가는 거예요. 이것이, 넘어간다는 것이, 이게 유월절이에요. 오늘 다 넘길지어다!

옛날에 부흥 강사들이, 내 처음 예수 믿을 때, 40년 전에, 그때 이 넘어가는 이 원리를 가르치기 위해서 재미있는 예화를 했어요. 부흥회 가면 다 해요. 모든 목사님들이 다, 설교하는 목사님들이 다 해요. 요즘은 그게 없어졌어요. 잘 들어 봐요. 옛날 목사님들이 이걸 예수님에게로 넘기는 거에 대해 성도들이 하도 못 깨달으니까 한 말이에요.

봐요. 어떤 선교사가 말이에요 한국에 왔어요. 그때는 사람들이 문화가 100년 앞서지요? 차를 가져왔죠? 선교사들이 차를 몰고 가는데 말이에요. 시골길 비포장도로를 가는데, 어떤 권사님이 5일장을 보고 왕창 사서 무거운 짐을 머리에 이고 가는 걸 보고 선교사가 차를 세웠어요. "어디까지 가시오?" "저 너머 가요, 저 너머." "그래요? 타세요. 차를 타세요." 그러니까 권사님이 차를 탔어요. 권사님 부대들이 탔는데요. 자기 장 본 거 이제 물건 다 가지고 탔어요. 타서, 차를 타고 가는데, "앞에 뭐지?" 하면서 브레이크를 딱 밟았어요. 밟으니까 뒤에 탄 여자들이 와당탕하고 다 넘어졌어요.

그 선교사가 보니까, 이 사람들이 말이에요, 차를 타고도 자기가 진 짐을 차에다 내려놓고 그냥 손으로 딱 차를 붙잡아야 하는데, 차를 타가지고도 무거운 짐을 다 지고 있는 거예요. 그래서 선교사가 물었다고 그러잖아요? "권사님, 차를 타고 짐을 내려놓고 손으로 딱 차를 붙잡고 있어야지, 왜 그걸 말이야, 차를 타고도 짐을 머리에 이고 있어요?" 그랬더니, "나를 태워 준 것만 해도 감사한데 이 무거운 짐까지 어떻게 차에 신세를 지게 하나요?" 이랬다는 거예요. "차를 태워 준 게 감사하니 짐은 내가 계속 지고 가야지," 이렇게 대답했다는 게 옛날 부흥사들의 메들리예요. 지금 웃는 사람은 깨달았어요? 옆 사람 다 손잡고 물어봐요, "너 그 사람이지?" 물어봐요.

예수 앞에 나왔으면 예수님을 믿으면, "주여!"를 부르면, 이미 내 짐은 다 넘어간 거예요. 죄의 짐도 다 넘어갔어요. 나의 문제의 짐도 다 넘어갔어요. 이제는 기뻐 뛰며 주님을 보면 돼요. 그런데 예수 믿으면서 교회에 와서도 계속 자기의 짐을 머리에다 이고 "거 좀 내려놓으시오." 그러면 "아이고, 차 태워주는 것만 해도 감사한데 그걸 또 미안하게 어떻게 무거운 짐을 내려놔요?" 이렇게 말하는 그런 사람이 없을지어다!

2. 자존심을 버리고 모든 죄책감을 주님께 넘기자

이게 기독교인들 90%가 다 유월절이 없으면 그렇게 산단 말이에요. 유월절이 없으면 예수님이 죽은 십자가의 효과를 몰라요. 모르고 계속 자기가 붙잡고 있는 거예요. 자기가 모든 짐은 내가 책임을 져야 하는 것처럼요. 그 모든 죄책감은 주님 쪽으로 넘겨야 해요.

7대 명절의 축복을 받으라(상)

사람은 자기의 부족한 거에 대한 책임감을 가지고 있어요. 책임감이요. 죄를 지면 죄에 대한 책임감을 가져요. 그걸 죄책감이라 그래요. 여러분이 못나면 못난 거에 대한 책임감을 사람이 가지고 있다고요. 돈을 못 벌면 부끄럽게 생각해요. 내가 돈 못 버는 거에 대한 책임감, 여러 가지 무거운 책임감을 사람이 가지고 있단 말이에요. 그런데 그 책임감을 내가 갖지 말고 오늘 예수님 쪽으로 넘기라고요. 넘기기 위해서는 예수님이 2000년 전에 십자가에서 우리의 모든 문제, 따라서 해봐요, "죄, 가정, 사업, 자녀, 돈, 질병," 모든 문제를 예수님은 십자가에서 해결했어요. 그러니까 내가 입으로 넘기기만 하면 되는 거예요.

입으로 넘겨요. 입으로 넘기는 거예요. 다시 해봐요. "주여!" 넘어갔어요. 병도 넘어갔어요. 다시요. "주여!" 돈 문제도 넘어갔어요. 따라서 해봐요. "주여!" 자녀 문제도 넘어갔어요. "주여!"를 불러서 여러분은 내 것을 예수님 쪽으로 넘기세요. 이것이 유월절에 대한 전체적인 포괄적 제목이에요. 아멘? 더 구체적으로 유월절이 어떠한 것을 포함하고 있는지는 내가 다음 주에 오면 또 가르쳐 줄 테니까, 한꺼번에 다 가르치면 여러분이 설사해서 안 돼요. 뭔 말인지도 몰라요. 그러니까 다음 주에 오면 유월절의 깊이를 자세히 가르쳐 줄 테니까 다 넘길지어다! 믿습니까?

유월절이 그 속에 이루어졌나 안 이루어졌나는 뭘 보면 아
냐? 얼굴 보면 알아버려요. 자기의 무거운 짐을 예수님 쪽
으로 넘긴 사람은 벌써 얼굴 표정이 기쁨이 오는 거예요. 왜
요? 넘겼으니까요. 이제는 내 책임 아니니까요. 이해됐지요?
모든 것이 예수님 쪽으로 넘어갔으니까 나는 기뻐 뛰며 부르
는 거예요. 우리 갈 길을 밝히 불러봐요. 손뼉 준비!

<찬송가 313장> 갈 길을 밝히 보이시니

1. 갈 길을 밝히 보이시니 주 앞에 빨리 나갑시다
   우리를 찾는 구주 예수 곧 오라 하시네

2. 우리를 오라 하시는 말 기쁘게 듣고 즐겨하세
   구주를 믿기 지체 말고 속속히 나가세

3. 주 오늘 여기 계시오니 다 와서 주의 말씀 듣세
   듣기도 하며 생각하니 참 이치시로다

(후렴) 죄악 벗은 우리 영혼은 기뻐 뛰며 주를 보겠네
   하늘에 계신 주 예수를 영원히 섬기리

자기가 가지고 있을래요, 넘길래요? 자존심 부리면 안 되
는 거예요. 자존심 부리다가 다 안 되는 거예요. 예수님은 우
리가 가지고 있는 문제를 예수님께 넘기지 않는 것을 예수

님은 책망한단 말이에요. 예수님은 우리와 전혀 달라요. 무거운 짐을 예수님 쪽으로 다 유월절이 넘긴다는 거예요. 넘긴다! 따라서 해봐요. "넘어가다." 아멘! 심판만 넘어가는 게 아니에요. 나의 모든 것을 다 예수님께 넘긴다는 거예요. 넘기는 것을 사람들은, 무거운 짐을 사람한테 자꾸 갖다 맡기면 싫어해요. 뭐, "돈 빌려주세요, 뭐 해주세요." 하면 싫어해요. 예수님은 반대예요. 짐을 자기가 가지고 있는 거에 대해서 예수님은 싫어해요. 예수님께로 넘겨달라 이거예요. 여러분의 모든 문제를 넘겨달라고요. 그러니까 여러분은 넘겨드려야 해요. 가지고 있어야 해요? 뭐 잘났다고 자존심 가지고 자기가 가지고 있으려고 그래요?

잘 들어봐요. 인간들이 얼마나 못됐나 봐요. 태어날 때부터 원죄 때문에 그래요. 애들이 태어나서 4살, 5살 되면 아장아장 걸어 다니지요? 다니면요, 부모가, 예를 들어서, 걔들은 아직 자기의 문제를 해결 못 하니까, 부모가 신발을 신기잖아요? 이제 삐삐 소리 나는 방울 신발, 삑삑 소리 나는 거 신기려고 하면, "자, 발 내. 발 내." 그러면 발만 내면 될 거 아니에요? 그러면 엄마가 신겨 주잖아요? 그런데 인간들은 꼭 그래요. "싫어. 내가 신을 거야. 싫어." 자기가 신어서 오른발 왼발 짝짝이로 신고, 거꾸로 신고요, 여러분도 꼭 그 모양이에요. 주님이 "발 내놔라." 하면 내라고요. 그러면 예수님이

신겨 준다는데 꼭 자기가 신는다고 "싫어. 싫어," 그래서는
안되는 거예요.

3. 주여!"를 불러 유월절의 주인공이 되자

오늘 이 시간, 여러분, 그런 사람 되면 안 되고요. 여기서 마
귀한테 속으면 안 돼요. 모든 짐을 예수님께 내려놓으라고
요. 예수님께 다 던지라고요. 이게 바로 유월절인데, 뭘로 던
져요? 말로요. 말로요. 어떤 말로요? "주여!"로요. "주여!" 부
르면 넘어가는 거예요. 다시요. "주여!" "주여!"를 제대로 안
불러서 병이 안 낫는 거예요. "주여!" 부르면 낫는 거예요. 따
라서 합시다. "주여!" 그러면 물질 문제도 해결되는 거예요.
"주여!" 뒤에 붙은, 암시로 붙은, 거기 뒤에 묵시적 내용이 다
있다 그랬잖아요? "주여!" 한마디만 하지만 "주여!" 하면 뒤
에 말이 붙어있다 그러잖아요? "주여!" "나의 죄를 주님께로
넘깁니다." 다시 한번요. "주여!" "나의 물질 문제도 주님께
로 넘깁니다. 주님이 맡아 주세요." 그 뒤에 말이 붙어있단
말이에요. 우리는 앞에 말만 줄여서 부르는 거예요. 다시 불
러봐요. "주여!"

　두 손 높이 드시고 "주님! 나도 오늘 유월절의 주인공이 되
기를 원합니다. 다 맡아 주시옵소서. 내 것을 주님께로 다 던

집니다. 예수님이 다 가져가세요. 다 가져가세요. 예수님은
나의 짐을 지기를 기뻐하십니다." "주여!"를 세 번 부르시면
서 나의 모든 것을 주님께로 던져버리세요. "주여!" 삼창하
겠습니다.

유월절②
마귀의 손에서 풀려나다

설교 일시　2013년 10월 27일(주일) 오전 11시

대　　상　사랑제일교회 주일 3부 예배

성　　경　에베소서 2:1-2

1 너희의 허물과 죄로 죽었던 너희를 살리셨도다

2 그때에 너희가 그 가운데서 행하여 이 세상 풍속을 좇고 공중의 권세 잡은 자를 따랐으니 곧 지금 불순종의 아들들 가운데서 역사하는 영이라

Ⅰ.
7대 명절의 축복을 받자

1. 7대 명절은 예수의 구속 사역을 예언한 것

7대 명절의 축복을 받으라! 크게 한번 해봐요. "7대 명절의 축복을 받자!" 다시 해봐요. "받자!"

 하나님께서 구약시대 이스라엘 백성들에게 7가지의 명절을 주셨다 그랬어요. 그 순서가 이러하니 첫 번째는 한번 크게 해봐요. "유월절!" 유월절입니다. 유월절의 축복이 크게 임할지어다. 두 번째, 따라서 해요. "무교절!" 무교절의 축복이 크게 임할지어다. 셋째, 따라서 합니다. "초실절!" 초실절의 축복이 크게 임하기 원하시면 두 손 들고 아멘! 따라서 합니다. "오순절!" 말로만 아니라 오순절의 역사가 일어날지어다. 자, 그다음 따라서 합니다. "나팔절!" 나팔절을 어떻게 해야 하는지 오늘 서정희 사모님한테 잘 배워야 해요. 따라서 합시다. "속죄절!" 아멘. 따라서 합시다. "장막절!" 장막절이 임할지어다! 이것이 7가지의 명절이에요. 구약 시대 하나님이 이스라엘 백성에게 주신 명절입니다.

왜 주셨냐? 크게 세 가지 이유가 있다고 했어요. 세 가지입니다. 첫째, 이것은 유대인에게 주신 하나님의 축복이에요. 구약 시대 이스라엘 백성들은 이거 7개 지키다가 세계 제일의 복을 받았어요. 지금도 이스라엘 백성들은 이거 일곱 개를 꼭 붙잡고 있어요. 뭔 뜻인지도 모르고 이게 뭔 뜻인지도 모르고 이스라엘 백성들은 하나님이 하라고 하니까 그냥 율법적으로 한 거예요. 그래도 하나님이 세계 제일의 복을 주셨어요. 그러니까 여러분과 저는 이게 이제 뭔 뜻인지 모르고가 아니라 다 알고 진짜 이 뜻을 알고 우리가 이 명절 안으로 들어가면 얼마나 큰 축복이 오겠냐, 이거예요. 역사가 일어나게 돼 있어요. 믿습니까?

두 번째 이것은 왜 주셨냐 하면 이 세상을 창조하신 하나님이 자기가 만든 세상을 한번 내려가 보자! 그냥 하나님으로 내려오면 사람들이 무서워서 다 도망가 버려요. 그냥 하나님으로 내려오면요. 그래서 인간과 가까워지려고, 인간과 눈높이를 맞추려고 마리아의 배를 빌려서 인간의 육체의 옷을 뒤집어쓰고 오신 분이 예수예요. 그 예수는 우리 사람이 아닌 거예요. 하나님이 사람과 가까워지려고, 하나님으로 그냥 오면 다 사람들이 도망가 버려요. 그래서 인간의 육체의 옷을 입으시고 오신 분을 예수라 그래요. 예수님을 하늘에 있을 때는 하나님이라 불러요. 사람으로 오셨을 때는 예수라

　　　　　　　　7대 명절의 축복을 받으라(상)

고 불러요. 땅의 이름과 하늘의 이름이 있는 거예요. 아멘!
그 예수님이 이 세상에 왜 오셨느냐? 하나님이 하늘나라에
서 그냥 혼자 계속 계시지 뭣 하러 이 더러운 세상에 왜 왔느
냐? 오신 이유, 왜 오셨냐 하면, 예수님이 이 땅에 오셔서 여
러분과 저를 위하여, 구원을 위하여 이루실 큰 7대 구속사입
니다. 구속사요. 예수님이 이 땅에 와서 여러분과 저를 위해
서 이러한 일을 하리라는 거예요.

　그래서 예수님이 이 땅에 오시면 여러분과 나를 위해서 예
수님이 하실 큰 일곱 가지 사건을 예수님이 오시기 전에 이
7대 명절은 예수님이 온 후에 생긴 게 아니고 오시기 전에
이스라엘 백성들에게 하나님이 명절로, 명절로 예수님이 하
실 일을 먼저 설명하기 위하여 주신 것이 7대 명절이에요.
믿습니까? 다시 한번 따라 해봐요. "유월절! 무교절! 초실
절!" 이렇게 따라만 해도 복이 와요. 아까 봐요. 이스라엘 백
성들이, 봐요, 뜻을 모르고 했는데도 복을 줬다 그랬잖아요?
여러분, 입으로, 아무 뜻 모르고 입으로 따라만 해도 하나님
이 복을 주세요. 따라 해봐요. "오순절!" 그래서 갑자기 소리
가 커졌어요. 갑자기 소리가 커졌어요. 따라만 해도 복을 준
다니까 커졌어요. 다시 해봐요. "나팔절! 속죄절! 장막절!"

　그러면 예수님이 이 땅에 오셔서 하실 7가지를 먼저 예행

연습을 시키려고요. 여러분, 잘 보세요. 예수님은 이 땅에 태어나시기 전에 이미 벌써 예수님이 오시면 하실 일을 구약 시대 성경에 하나님이 판에 딱 짜놓고 이스라엘 백성들에게 예행연습까지 시켰다는 거예요. 믿습니까?

무슨 뜻이냐 하면, 예수님이 이 땅에 오시면 유월절을 한다는 거예요. 유월절이 뭐예요? 이렇게 죽으리라, 예수님이 십자가에 죽는다는 거예요. 왜? 여러분과 나의 죄를 위하여. 이것을 먼저 예수님이 이 땅에 오시기 전에 설명을 하려고 유월절을 주신 거예요. 믿습니까? 그다음에, 따라서 합시다. "무교절!" 이것은 왜 왔냐? 예수님이 죽은 뒤에 예수님의 시체가 땅속에서 무덤 속에 3일 있어요. 무덤 속에요. 그것을 먼저 하나님이 보여주려고 하신 거예요. 그래서 무교절 날이 되면 무교병이란 떡을 만들어서 이 떡을 보자기에 싸서 땅속에 3일 동안 묻어둬요. 무교절이 되면 그걸 꺼내 먹어요. 그게 뭔 뜻이냐 하면, 예수가 죽어서 땅속에 3일 있으리라 하는 거예요.

초실절, 부활입니다. 부활이요. 따라서 해요. "부활." 예수님은 부활하리라. 이야! 성경을 보면요, 이 성경이 초과학적이에요. 초과학적입니다. 이 성경이 이렇게 오묘해요.

오순절은 뭐냐 하면, 성령을 주시리라. 따라서 해봅시다. "성령을 주시리라." 오순절 날 성령이 왔잖아요? 이게 성령이 온 뒤에 기록된 명절이 아니에요. 오시기 1500년 전에, 오시기 1500년 전에 하나님은 예수님에 대하여 명절로 설명을 했어요.

따라서 합니다. "나팔절." 이건 그리스도가 재림하리라. 따라서 합니다. "재림하리라." 속죄절은 예수님 재림 후에 인간들을 천년왕국에 들이려고 알곡과 쭉정이를 주님이 타작마당에서 가려서 성결케 하는 거예요. 이미 우리는 죄 용서함을 받아서 성결케 되었지만, 우리 예수님이 천년왕국에 들어갈 때 다시 우리를 깨끗하게 하기 위함입니다. 그리고 장막절은 천년왕국이에요. 천년왕국이요. 할렐루야.

2. 7대 명절의 축복을 실제로 받자

세 번째가 중요해요. 제일 중요한 게 세 번째예요. 유대인들이 이걸 붙잡고 복을 받았든 말든 나하고는 관계없는 거예요. 예수님이 이 일곱 가지를 다 이루셨다, 그것이 나하고 관계없는 거예요. 문제는 세 번째가 중요해요. 이것은 신약시대에, 지금 바로 우리 시대예요. 신약시대에 성도들의, 여러분과 나예요. 성도들의 심령 속에, 여러분과 나의 심령 속에 이루어질, 우리에게 이루어질, 오늘 여러분에게 이루어져야 한다는 거예요. 이루어질 큰 일곱 가지 7대 복음 사건입니다.

그러면 유월절이 사람 속에 들어가면 뭔 일이 생기냐? 인간 최고의 축복인 구원의 역사가 일어나요. 구원의 역사요. 여러분 가슴속에 유월절이 임할지어다. 유월절은 사람의 구원을 위해서 나타난 거예요. 아멘!

그래서 내가 유월절을 자세히 오늘도 설명할 테니까 유월절을 설명하는 순간 여러분 속에 유월절이 들어가야 해요. 다시 따라 해봐요. "주여!" 더 세게 해봐요. "주여, 유월절을 주세요." 할렐루야. 이번에 7대 명절을 다시 자세히 설명할 때에 명절 하나하나마다, 명절 동그라미 7개가 여러분 속으로 쏙 들어갈지어다. 이번에 쏙 들어가야 해요. 한 분도 빠짐없이요. 믿습니까? 자, 〈주 십자가를 지심으로〉, 유월절 노래를 한번 불러봐요.

〈찬송가 199장〉 주 십자가를 지심으로

1. 주 십자가를 지심으로 죄인을 구속하셨으니
   그 피를 보고 믿는 자는 주의 진노를 면하겠네

2. 흉악한 죄인 괴수라도 예수는 능히 구원하네
온몸을 피에 잠글 때에 주의 진노를 면하겠네

3. 심판할 때에 모든 백성 행한 일대로 보응 받네
죄 있는 자는 피를 믿게 주의 진노를 면하겠네

4. 구주의 사랑 크신 은혜 보혈의 능력 의지하세
심판의 불이 내릴 때에 주의 진노를 면하겠네

(후렴) 내가 그 피를 유월절 그 양의
피를 볼 때에 내가 너를 넘어가리라

아멘! 할렐루야! 다시 해봐요, "주여, 유월절을 주세요." 유월절이 가슴속에 들어가야 구원의 역사가 일어나는 거예요. 교회 다닌다고 구원받는 게 아니에요. 교회 다닌다고 천국 가는 게 아니에요. 여기 예배 왔다 갔다 한다고 천국 가는 게 아니에요. 심령 속에 유월절이 들어가야 해요. 어떻게 들어가는가? 그건 잠시 후에 내가 설명할게요.

두 번째가 무교절입니다. 무교절이요. 따라서 해보세요. "무교절." 예수님도 유월절에 죽으셨다가 무교절에 무덤에 들어간 것처럼 하나님은 유월절을 통하여 구원시킨 인간들을, 하나님이 오늘 우리에게도, 우리에게도 무덤 속에, 무교절의 무덤 속으로 우리를 집어넣어요. 왜 그러냐? 구원시킨 성도들을 왜 무덤에다 집어넣느냐? 그 이유는 우리가 유월절 통하여 구원은 받았어도 아직도 우리 속에는 죄, 아담의 성분, 타락한 아담의 성향이 있을까요, 없을까요? 다시요. 말 안 하는 사람도 있을까요, 없을까요? 말 안 하는 사람 속에는 더 많아요. 더 많아요. 그래서 그 상태로 하나님이 사람을 축복을 줄 수 없어요. 초실절의 영광을 줄 수 없는 거예요. 그 사람을 그대로 부활시켜 확대해 버리면 큰일 나요. 온 세상이 다 큰일 나요. 그러니까 하나님은 사람을 부활시키기 전에, 그 사람을 확대하기 전에 하나님은 무교절을 통하여 사람에게 있는 잘못된 것을 다 처리하려고 그래요. 그 사람의 영향력, 그 사람의 축복, 가정, 생의 물질, 모든 걸 하나님이 초실절에 부활시켜요. 이 초실절이 오면요 이게 부활의 역사예요. 부활의 역사요. 그런데 이게 잘못된 걸 부활시켜 봐봐요. 그렇지 않아도 세상이 힘든데 말이에요. 그래서 하나님은 무교절을 통하여 하나님은 사람에게 있는 잘못된 것을 다 처리하려고 그래요. 성화시키려 해요. 성화요. 따라서 합니다. "성화."

그리고 초실절의 부활의 역사를 우리에게 베풀어주시려는 거예요. 한번 따라 해봅시다. "물질의 부활, 자녀의 부활, 가정의 부활, 사업의 부활, 다 부활, 아멘." 여러분, 다 초실절까지 갑시다. 여러분 자녀들도 열심히 공부시킨다고 되는 게 아니에요. 여러분들이 하나님의 7대 명절을 잘 가슴에 담아야 하나님이 부활시켜 줘요. 믿습니까?

우리 전에녹이 지금 이제 미국에서 공부하다가 군대를 가려고요. 이제 내일 가요. 내일 논산훈련소로 전에녹이가 가는데, 우리 전에녹은요 여러분의 기도 때문에 오늘까지 미국 가서 공부 잘하고 왔어요. 이거는 사람의 능력이 아니에요. 여러분, 미국에다 갖다 던져 놓는다고 다 잘될 거 같죠? 70%, 80%가 마약 환자 돼버려요. 지금 강남에 가 봐요. 뭣도 모르고 미국 유학, 그냥 초등학교 때부터 자녀를 보냈던 여자들이 통곡하고 울어요. "차라리 안 보냈으면 마약 환자라도 안 될 텐데," 지금 이래요. 그러니까 미국 유학 가서 공부하고 마약에 안 빠지고 반듯하게 있다는 것은 이거는 하늘의 능력입니다. 여러분이 기도해 줘서 감사해요. 또 군대 생활도 요즘 할 것도 없지만, 갔다 그러면 내일 온다고 해요. 요즘 군대는요. 그런데 그래도 군대는 군대입니다. 군대는 군대인데 잘 갔다 올 수 있도록 여러분이 또 기도 세게 해주세요. 목사님 자녀가 신경이 쓰이면 목회하기 힘들어요. 그러니까 목사님 주위에 있는 사람들이 다 내 목회를 방해 안 놓기 위해서도 잘돼야 해요. 황 장로님도 잘돼야 해요. 아멘? 여러분, 다른 장로들도 잘돼야 해요. 이 장로들이 말이에요 자꾸 막 잘 안 되면 내가 신경 쓰여서 목회하는 데 방해가 돼요. 그러니까 여러분, 장로님들을 위해서도 기도해주세요. 하여튼 부활을 해야 해요. 부활을요. 옆 사람 다 손잡고 해 봐요. "부활합시다." 말로 부활하자 해서 부활하는 게 아닙니다.

오순절은 뭐냐? 성령 충만입니다. 성령 충만이요. 이 성령 충만도 유월절의 성령, 무교절의 성령, 초실절의 성령이 달라요. 이 세 명절도 다 성령이 하시는 거예요. 예수님이 이루신 것을 우리 속에다가 적용시키시는 분은 성령이에요. 이 앞의 세 명절도 성령이 역사하지만, 그러나 오순절의 성령은 그 자체가 달라요. 여러분, 오순절 성령까지 받아야 해요. 믿습니까? 할렐루야!

나팔절, 따라서 합시다. "재림." 이건 그리스도의 재림이에요. 나팔절이 가슴에 임하면, 여기 유월절부터 오순절까지는 예수님이 다 이루신 것이고 나팔절부터 앞으로 3개는 예수님이 이루실 절기에요. 오순절까지는 과거에 이루신 거예요. 주님이 다 하신 거예요. 오순절 날 성령이 왔잖아요? 오순절 날 다 성취된 거예요. 이렇게 성경이 오묘해요, 이렇게. 아멘? 따라 해요. "성경은 기똥 차게 오묘하다." 아멘!

제가 여러분에게 이 7대 명절 다 인쇄해서 드렸죠? 가지고 오셨어요? 잃어버린 사람은 다시 달라 그래요. 잃어버린 사람은 다시 줄 테니까요. 그리고 한 장이 더 필요한 사람은 또 줄게요. 세 장 필요한 사람도 또 줄게요. 여러분이 7대 명절을 집에다가 어디다 붙여놓냐면 문에, 문에다 붙여야 해요. 그래야 매일 문 열고 나올 때 보니까요. 문에다 붙여놓고 안에 하나 붙이고 바깥 문에 또 붙여요. 들어갈 때 또 보고 해서 7대 명절에 대해서는 이번에 여러분 가슴에 푹 젖어야 해요. 믿습니까? 다시 따라 해요. "주여, 주시옵소서."

그러니까 나팔절이 사람에게 임하면 주님을 기다림이, 주님의 재림을 기다림이 보통 사람하고 달라요. 이거는 이따 서정희 전도사님한테 들어보면 돼요. 아니 그런데 서정희 전도사님은 나한테 강의도 안 들었는데 어떻게 그 본능적으로 어떻게 그렇게 했을까요? 참, 도대체 말이에요. 그러니까 성령 받으면요, 이게 다 이심전심으로 그게 돼요. 아멘!

따라서 해요. "속죄절." 이거는 죄를 다스리는 능력이 보통 사람하고 다른 거예요. 속죄절이 안 온 사람은요 죄를 질질 끌고 다녀요. 구원받아가지고도 죄를 딱 못 끊어요. 질질 죄를 끌고 다녀요. 질질요. 그러나 속죄절이 딱 임한 사람은 죄를 다스리는 게 딱 끊어요. 딱. 말해봐요. "딱!" 지혜를 딱! 속죄절이 온 사람, 안 온 사람은 딱 보면 달라요.

따라서 해요. "장막절." 이거는 천년왕국을, 나중에 주님이 천년왕국에 임하면 그때 가서 천년왕국을 체험하는 게 아니고 이 세상에 있을 때 천년왕국을 먼저 경험을 해요. 예행연습을 한다고요. 거기까지 갈지어다! 성경에 보면 여기까지 간 사람이 두 사람의 대표적인 사람이 있어요. 첫째가 다윗이에요. 다윗이요. 이 다윗이 바로 여기 장막절까지 간 사람입니다. 다윗이 예루살렘의 왕이 됐잖아요? 예루살렘요? 베들레헴에서 출발해서 골리앗을 잡고 그리고 사울 왕에게 쫓겨 다녀서 그리고 아둘람 굴속에 들어갔다가 그다음에 헤브론에서 7년 왕을 하다가 예루살렘의 왕이 됐잖아요? 이 다윗이 바로 장막절까지 간 거예요. 우리도 여기까지 가야 해요. 그다음에 누구냐? 요셉이에요. 요셉이요. 요셉이 형들의 미움을 받아서 구덩이에 빠졌다가 다시 나와서 애굽의 감방에 들어갔다가 다시 부활해서 초실절이 와서 부활해서 애굽의 총리 대신이 되어서 버금 수레를 타고 요셉이 한번 "여봐라!" 하고 행차하면, 이게 요셉의 천년왕국을 재현시키는 거예요. "여봐라!" 따라 해봐요. "여봐라!" 그러면요, 백성들이 머리를 처박고 전부 다 엎드려 요셉에게 절을 하고요. 왜요? 요셉에게 장막절이 왔기 때문에요. 이따, 여러분, 예배 마치고 나가면서 "여봐라!" 그래 봐요. 세상 사람이 머리 처박고 "예!" 그러는지. 그렇게 하는 사람은 천년왕국이 온 거예요. 그런데 여러분들 지금 나가봤자 앞에 있는 차도 안 비켜줘요. 천년왕국이 안 와서 그런 거예요. 천년왕국의 능력이 임할지어다! 임해야 해요. 임해야 해요. 주여, 주시옵소서. 할렐루야. 임하기 원하시면, 아멘! 두 손 들고 아멘!

Ⅱ.
7대 명절에서 가장 중요한 유월절

1. 구약의 유월절 : 바로의 손에서 해방된 날

1) 이스라엘 백성을 탄압한 바로

할렐루야! 제일 중요한 것이, 이 7대 명절 중에 제일 중요한 것이 유월절이에요. 유월절 첫 번째 절기가 제일 중요해요. 오늘 이 자리에 오신 여러분 중에도 다른 뒤의 명절도 다 임하기를 바라지만, 이 7개가 다 들어오면 더 좋아요. 그렇지만 첫 번째 명절, 이 유월절 첫 단추를 잘 끼워야 해요. 유월절만큼은 분명하게 임해야 해요. 아멘! 할렐루야!

유월절은 뭐냐? 지난주에 제가 유월절을 처음 설명했어요. 오늘은 유월절에 관해, 유월절만 내가 세 번, 네 번 설명해야 해요. 유월절을 잘 모르면 안 되는 겁니다. 유월절은 원래가, 오늘 유월절 제2탄이요, 유월절은요, 지난주에는 내가 유월절에서 이렇게 말씀드렸어요. 유월절은 어린 양이 죽는 날이라고요. 어린 양이요. 어린 양이 죽는 날이라고 하는 것은 어린 양이 사람의 모든 죄, 따라서 해봐요, "죄, 허물, 질병, 문제," 인간이 가지고 있는 모든 연약함을 어린 양이 대신 뒤집어쓰고 사람에게 있는 걸 어린 양으로 다 옮기는 것이 그리고 어린 양을 죽여서 인간 대신 어린 양을 처형하여 사람이 당해야 할 모든 고난을 어린 양으로 전가하는 요것이 유월절이라고 지난 주일에 제가 2시간 설교했어요. 2시간이요. 잊어먹었어요? 기억해요? 잊어먹었어요? 잊어먹은 사람은 인터넷 들어가서 다시 한번 잘 봐요. 어떻게 사람 것이 어린 양으로 넘어가는가? 그 원리를 지난주에 가르쳤다고요. 눈동자 보니까요, 다 잊어먹었어요. 눈동자 보니까, "그게 뭔 말이에요?" 그러는 것 같아요. 뭔 말이냐고요? 지난주에 그랬잖아요? 구약 시대는 사람의 모든 죄, 허물, 질병, 문제의 모든 전체를 어린 양으로 옮겨서 어린 양을 불살라 태워 죽인다고요. 그런데 그것을 신약시대도 그대로 놔두면 우리가 하기가 얼마나 힘드냐고요? 그런데 신약시대는 그렇게 복잡하지 않고 어린 양 되는 예수에게 우리의 모든 것을 다 넘긴다, 넘기는 원리가 양을 잡고 피를 흘리고 죽이고 가죽을 벗겨 불태운다, 이렇게 하는 게 아니라, 우리가 교회 와서 입으로,

입으로, 입으로 한다고 그랬어요. 입으로요. 다시 해 봐요. "주여!" "주여"라는 말로 옮긴다고요. 이제 기억났어요? 그래서 "주여"를 부른다고요. 다시 해 봐요. "주여!" 아주 중요한 거예요. 아주 중요한 겁니다. 할렐루야!

오늘은 2탄, 2탄이에요. 유월절에 대한 2탄이요. 오늘은 유월절이 처음으로 이루어진 것이 이것이 모세가 만든 거예요. 모세요. 모세가 유월절을 처음 시작했는데 왜 시작했냐? 이스라엘 백성들이 아브라함의 후손이란 말이에요. 아브라함의 후손이요. 아브라함이 이삭을 낳았어요. 이삭이 야곱을 낳았어요. 그래서 요 아브라함, 이삭하고 3대 자손을 통하여 나타난 것이 70명으로 자손들이 번졌어요. 70명. 70명으로 늘어났을 때 가나안 땅에 흉년이 왔단 말이에요. 흉년이요. 흉년이 오니까 먹고 살길이 없어서 애굽 땅으로, 애굽 땅으로 양식을 구하려고 70명이 내려갔어요. 그래서 애굽 땅으로 흉년을 피하여 갔던 이스라엘 백성들이 애굽 땅에서 400년을 살게 됐어요. 400년이요. 400년 사는 동안에 몇 명으로 늘어났냐? 70명이 내려가서 400년 동안 어린이 빼고 여자 빼고 노인들 빼고 전쟁을 담당할 수 있는 장년, 전쟁을 할 수 있는 청년들만 몇 명이었냐? 60만 명으로 늘어났어요. 60만 명이요.

그때에, 잘 들어봐요, 그때에 애굽의 바로라는 왕이, 바로, 애굽의 바로라는 왕이 "여봐라! 이스라엘 백성들이 주먹만 한 자들이 우리나라에 와서 살면서 저 사람들은 밤낮으로 하는 일이 애 낳는 일만 하고 앉았다. 애굽 사람들은 애 하나 낳으려면 일 년에 하나밖에 안 낳는데 이스라엘 백성 이 자들은 토끼 새끼들처럼, 토끼 새끼들처럼 눈만 감으면 애를 펑펑 낳으니 도대체 유대인들은, 유대 여자들은 일 년에 애를 몇 번이나 낳냐?" 토끼 새끼들은 한 달에 한 번씩 낳거든요. 쥐새끼들도 한 달에 한 번씩 낳고요. 그래서 60만 명으로 늘어나니까 애굽의 바로 왕이 겁이 난 거예요. 왜요? 전쟁이 나면 내부의 적이 무서운 거예요. 내부의 적이요. 전쟁 나면 바깥의 적보다 더 무서운 게 항상 내부의 적이에요. 이해가 돼요? 어느 시대든지 항상 그래요. 내부의 적이 무서운 거예요. 월남이 망한 것도 미국의 무기가 적어서 월남이 진 게 아니에요. 월남이 그 월맹한테 공산주의한테 진 이유가 월남 안에 있는 빨갱이들 때문에 진 거예요. 빨갱이들 때문에요.

그러니까 애굽에 그와 같은 일이 일어난 거예요. 이스라엘 백성들이, 남의 나라 백성들이 처음에 불러올 때는 70명이 왔다고요. 70명이요. 70명 왔는데 400년 살면서 몇 명으로 늘어났다고요? 60만 명! 늘어나니까 바로가 "아, 안 되겠다," 이거예요. 이대로 뒀다가는 외부에서 전쟁이 나면 이스라엘

7대 명절의 축복을 받으라(상)

백성들이 전쟁에서 적의 편을 들면 우리나라 망한다, 이거예요. 그때부터 탄압하기 시작하는데요. 바로가 이스라엘 백성들을 탄압하는 제1호가 뭐냐면 남자를 못 낳게 하라는 거예요. 남자요. 남자를 못 낳게 하라는 거예요. 남자가 나면, 남자를 낳으면 다 죽이라는 거예요. 남자를 낳으면 다 죽이라고 했어요. 왜? 이스라엘 백성들을 없애버리려고요. 그리고 이스라엘 백성들에게 무거운 일을 시키라는 거예요. "토성을 쌓고 무거운 일을 시켜서 이 백성들의 숫자를 10분의 1로 줄여라," 이렇게 바로가 탄압을 했다고요. 아멘? 이해가 돼요?

2) 모세에게 유월절을 명령하신 하나님

그때 하늘의 하나님이 모세를 불렀어요. "모세야, 모세야, 너희 백성 이스라엘 백성들이 바로에게 탄압당하여 고생하는 걸 네가 듣지 못하느냐?"

지금 우리나라로 말하면 북한에 있는 백성들하고 똑같은 거예요. 지금 이 음성을 우리는 들어야 해요. "모세야, 모세야"가 아니라 "남조선에 있는 기독교인들이여, 북한에 있는 영혼들이 김일성, 김정일, 김정은에게 저렇게 인간으로서 짐승 같은 탄압을 받는 것을 너희들이 듣지 못하느냐?" 이 말을 교회 다니는 사람은 들어야 하는 거예요. 아멘이요? 아멘 해봐요. "아멘!" 그래서 우리 교회는 중국에 있는 30만 명의 탈북자, 그야말로 지구촌에서 인류 역사상, 인류 역사상 저렇게 탄압받아본 적이 없어요, 30만 명의 우리 그 모든 탈북자를 우리가 한국으로 다 데려오기 위하여 우리가 구원 운동을 시작했어요. 한 사람 데려오는데 200만 원씩 드는데, 전국의 교회가 한 교회가 한 명씩 맡기로 했어요. 아멘! 우리 교단은 내가 부총회장이에요. 우리 교단 차원에서 우리 교단에 있는 모든 교회, 모든 교회, 2500 교회는 탈북자 한 명씩을 다 책임지고 200만 원의 그 모든 돈을 감당하기로 총회에서 다 결의 했어요. 아멘. 아멘. 다른 교단으로도 계속 이제 번져나가고 있고 특별히 우리가 추진하는, 내가 추진하는 청교도영성훈련원에서 이 일을 진행했기 때문에, 벌써요, 시작도 안 했는데 벌써 이미 돈을 많이 부친 사람이 있어요. 목사님들이 뭘 부쳤다고요? 빨리하자고요. 빨리하자고요. 아멘!

우리 교회는, 우리 교회 한 교회가 200만 원에 대해서, 우리 교회는 한 교회가 한 명 맡는 것으로 안 돼요. 우리 교회는 이걸 주도하는 교회가 우리 교회니까 우리 교회는 개인이 일대일로, 개인이 일대일로 해야 해요. 인간으로 태어나서 여러분이 한 일이 뭐 있어요? 인간으로 태어나서, 여러분, 오늘 당장 죽어봐요. 한 일이 뭐 있어요? 하나님 심판대 앞에서 봐요. "너 뭐 하다 왔어?" 그러면 "먹고, 싸고, 그리고 자다가 왔습니다." 그거 외에는 다를 게 있냐고요?

옛날에 목사님들이 설교하는 예화집에 보면요. 내가 어릴 때 부흥 강사들이 그거 많이 했어요. 유럽에서 큰 부자가 이제 죽었어요. 죽으니까 그 아들이 막 아버지 무덤을 안고 막 슬피 울어요. 부자예요. 돈 많은 부자인데 슬피 울면서 장례식을 하고 앞에다가 비석을 세워야 해요. 비석에다가 글을 써야 해요. 그래서 아버지 친구한테 찾아갔어요. "아버님 친구님, 우리 아버지 돌아가신 거 아시죠?" "알지. 내가 그날 장례식도 갔다 왔지." "그런데요, 무덤에 비석을 세우는데요, 글을 쓰려니까요, 내가 글을 못 쓰니 아버지 친구로서 무슨 문장을 써야 할지 좀 가르쳐 주세요."하고 아버지 친구한테 사정했더니 써줬어요. 비석에 비문을 "먹고 싸고 자다 죽었다," 그렇게 써줬어요. 그래서 아들이 "이걸 어떻게 붙여요?" 그러니까 "그거 외에는 자네 아버지에 대해서 쓸 것이 없다." 고 대답했어요. 여러분도 죽은 무덤에 그거 외에는 쓸 게 없어요. 먹다가 자다가 싸다가 죽었다고 무덤에 그것만 쓰면 돼요, 안 돼요?

아예 여러분들은 그것까지도 쓸 게 없으니까, 요즘 묘비에 보면 글이 없어요. 한국 사람들 죽은 무덤에 묘비 보면 읽을 내용이 하나도 없어요. 전광훈 목사 죽어 봐요. 쓸 내용이 많아요. 나는 죽으면 쓸 내용이 너무 많아요. 진짜 많아요. 뭔지 알아요? 사랑제일교회를 개척하여 사랑제일교회 당회장, 왜 아멘 안 해요? 사실인데요. 서미영의 남편, 전에녹의 아버지, 사랑제일교회 목자, 지구촌 기독교 2000년 역사 동안 밝히지 못했던 성경을 연 사람, 나는 쓸 게 많아요. 그리고 봐요. 중국의 30만 명 탈북자를 데려온 사람, 이건 노벨상감 아니에요? 이건 노벨상감이에요. 30만 중국의 탈북자 다 데려왔는데요. 나는 노벨상 같은 건 생각도 안 해요. 하늘 가면 더 좋은 상 주는데 무슨 노벨상 타면 그거 뭐 하겠어요?

3) 7대 명절과 복음은 같은 말이다

무슨 목사가 세상 사람한테 상을 타요? 아버지! 어제그저께 내가 정근모 박사님하고 점심을 먹는데, 미국에서 오신 어떤 목사님이 같이 점심 먹는데, 내가, 여러분이 지금 하는 이 7대 명절 표 있잖아요? 나눠준 거 있죠? 그걸 내가 가져갔어요. 정근모 박사님이라고 유명한 분이 있어요. 과학기술부장관하고 하여튼 대단한 사람이에요. 그런데 내가 이번에 밥 먹으면서 어제 또 충격스러운 얘기를 들었어요. 아이고! 박사님이 신앙생활 잘한다는 건 내가 너무 잘 알아요. 그러니까 미국에, 60년도에 미국에 유학 가서 그 당시에 핵물리학을 전공했어요. 그리고 내가 어제 가서 또 놀란 게 뭐냐면 지금 내가 이승만 영화 만들고 있잖아요? 이승만 영화? 근데 이승만이 나는 우리나라에 국가만 세운 줄 알았더니, 나머지 과학 기술 이런 건 다 박정희 대통령인 줄 알았더니 아니더라고요. 그것까지도 시작을 이승만이 했더라고요. 나는요, 저 대덕단지 과학 기술, 이거 다 박정희가 한 줄 알았더니, 정근모 박사를 이승만 대통령이 미국에 유학을 시켰더라고요. 이야! 그래서 프린스턴하고 MIT, 그 당시에 MIT에 공부를 시킨 사람이 이승만이에요. 이승만이요. 아멘!

이승만이 그만두고 난 뒤에 박정희한테로 인계되어서 우리나라 과학 기술을 일으킨 사람이 정근모 장로예요. 정근모 장로님인데 왜 내가 놀랐냐? 밥 먹으면서 세상에 이렇게 말하는 거예요. "교회를 다녀도, 목사님, 성령세례 안 받은 인간들은 기독교인이라고 하면 안 됩니다." 오오! 주로 미국 가서 유학하고 미국에서 예수 믿어 온 사람들은 다 세련된 예수 믿어요. "주여!" 삼창하거나 방언하거나 성령세례 이건 싫어해요. 그래서 내가 "아니, 장로님 입에서 성령세례라는 말이 나옵니까?" 그러니까 자기 아들이 하도 몸이 아파서 미국에서 아들 병 고치려고 기도하다가 성령 받았대요. 여러분, 성령 못 받는 사람은 애들이 아파야 해요. 애들이 아파야 바짝바짝 달아올라서 성령세례를 받지요. 아멘이요?

그래서 내가 소문을 이미 듣고 정근모 박사가 신앙이 좋고 성령을 깊이 사모한다는 말을 듣고 여러분에게 나눠 드린 이 7대 명절 표 있잖아요? 이거, 이거, 여러분, 지금 가지고 있는 게 보통 중요한 게 아니에요. 100년만 가지고 있어 봐요, 여러분! 골동품으로 팔아도 1억은 받아요. 여러분이 100년만 가지고 있으면요. 그것을 제가 복사해서 가져갔어요. 세상에, 세상에, 7대 명절, 여러분이 듣는 지금 이거란 말이에요. 아멘?

그러니까 옆에 있던 미국에서 온 목사님이 시기 질투가 나서 "저한테도 한 장 주세요," 하는 거예요. 그래서 내가 줬더니, 한눈에 딱 보더니, 목사님이, 난 그런 소리를 한두 번 들은 게 아니에요, "내가 미국에 돌아가자마자 미국의 아이비리그 대학을 찾아다니면서 전광훈 목사 명예박사학위 주라고 박사학위 운동을 하겠다."고 진짜 그랬어요. 그래서 내가 그랬어요. "목사님, 난 박사학위 같은 거 안 합니다." "아니, 이거는, 이거는 세계적인 박사학위 감이에요." 이거 한 장만 보고도 저렇게 난리에요. 그럼 내가 이걸 한 500장을 새로운 테마를 다 갖다주면 난 박사학위 500개 받아요. 이렇게 중요한 것이 7대 명절이다, 이거예요. 이 말을 왜 하냐? 목사님 잘났다고 하는 게 아니고 여러분이 들어도 가치를 알고 들으라는 거예요.

7대 명절의 축복을 받으라(상)

하나님이 사람에게 많은 말씀을 하고 싶어 해요. 여러분이 가지고 있는 이 성경이 다 하나님이 하고 싶은 말이에요. 창세기부터 요한계시록 이게 전부 하나님이 사람한테, 인간에게 하고 싶은 말이에요. 아멘이요? 이렇게 하나님이 사람에게 하고 싶은 말이 이렇게 많아도 실제로 하나님이 사람에게 정말로 하고 싶은 말이 7대 명절, 이 동그라미 일곱 개예요. 하나님은 사람에게 이 7대 명절을 말하고 싶어 하세요. 이 것을 다른 말로 복음이라 그래요. 복음이요. 따라서 합니다. "복음." 이것을 다른 말로 복음이라 그런다 이거예요. 믿습니까? 그러므로 여러분, 7대 명절이 뻥 뚫리기를 바랍니다. 두 손 들고 아멘! 할렐루야!

4) 어린 양의 피를 보고 죽음의 천사가 지나감

그러면 그중에 유월절이 왜 중요하냐? 봐요. 유월절을 처음에 만든 모세는 이스라엘 백성들이 애굽 땅에서 바로에게 식민지 생활하고 붙잡혀서 종살이할 때, 종살이할 때, 하나님이 모세에게 "모세야, 너희 백성, 이스라엘 백성들이 집집마다 다 어린 양 한 마리를 준비해라." 어린 양 한 마리를 준비했어요. "잡아라." 잡았어요. "피를 가지고 문설주에 발라라." 아멘! "그리고 너희들은 그 피를 바른 집 안에 방 안에 저녁에 하루를 숨어 있어라. 그때 내가 하늘의 천사를 보내서 피를 발린 문 그 집 말고 다른 방에 사는 모든 이스라

백성들의 첫 장자를 내가 다 죽일 테니까. 피를 발라놓은 집만 내가 보호하여 주리라." 그래서 이스라엘 백성들이 모세가 시킨 대로 어린 양을 잡아서 피를 가지고 문설주에 발랐어요. 하늘의 천사가 내려와서 죽일지 안 죽일지 집을 고르는 표시가 뭐냐면 어린 양의 피예요. 믿습니까?

2. 신약의 유월절 : 사탄의 손에서 해방된 날

이것이 바로 무슨 뜻이냐? 이것이 구약에 비유로 나타난, 역사적으로 나타난 유월절인데, 이것은 신약시대에 무엇을 가리키는지 잘 들어봐요.

이스라엘 백성들이 400년 동안 애굽 땅에서, 애굽에서 바로에게 종살이하는 것처럼 이 땅에 태어난 모든 인간은 다 태어날 때부터 사탄의 종이라는 거예요. 사탄의 종이요. 잘 들어야 해요. 사람은 이 땅에 태어나면서부터 사탄이 사람을 딱 틀어쥐고 있는 거예요. 그리고 인간들이 얼마나 비참하냐? 마귀가 사람을 틀어쥐고 있음에도 불구하고 인간들이 마귀에게 붙잡혀 있는 줄 모르고 살아요. 마귀는 독가스예요. 독가스요. 저기 세상 사람들 봐요. 세상 사람들한테, "당신, 마귀가 당신을 틀어쥐고 있어," 그러면 벌컥 화를 낸다고요. "내가 왜 마귀한테 붙잡혔냐?"고요. 이게 인간의 연약함입니다.

7대 명절의 축복을 받으라(상)

성경은 말하기를, 사도 바울은 이렇게 말했어요. 모든 인간은 태어나면서 사탄의 지배하에서 태어난다고요. 에베소서 2장 1절이요. 시작! "너희의 허물과 죄로 죽었던 너희를 살리셨도다. 그때에 너희가 그 가운데서 행하여 이 세상 풍속을 쫓고 공중에 권세 잡은 자를 따랐으니 곧 지금 불순종의 아들들 가운데서 역사하는 영이라." 아멘! 요것을 내가 다음 주에 자세하게 설명해 드릴게요.

그러면 마지막 결론으로 보세요. 자, 오늘 이 시간에 우리가 딱 붙잡고 설교를 길게 안 해도 핵심을 잡으면 돼요. 핵심이요. 따라서 해요. "핵심." 핵심을 잘 잡아요. 봐요, 유월절이 이스라엘 백성들에게는 애굽의 바로의 손에서부터 해방된 날, 신약시대 우리에게는 유월절이 뭐냐 하면 마귀의 손에서 풀려나는 날이에요. 됐어요? 설교는 이렇게 간단하게 해야지 뭘 설교를 길게 하게 해요? 설교 못 하는 사람이 설교를 길게 해요. 권투선수들 봐요. 권투선수들이 잘하는 사람은요, 딱 1회에 그냥 한방에 딱 K.O 시켜요. 못하는 사람이 15회전까지 붙잡고 있잖아요. 설교를 간단하게 해도 딱 붙잡아야 해요.

다시 봐요. 유월절이 이스라엘 백성들에게는 애굽에서 바로의 손에서 해방된 날, 바로가 백성들을 풀어준 날, 엑소더스(Exodus), 탈출, 출애굽입니다. 아멘? 신약시대 우리에게는 마귀로부터 풀려난 날이에요. 그럼 바로가 이스라엘 백성들을 한번 틀어쥐고 절대 안 풀어준다고 그래서 열 가지 재앙을 퍼부어도 안 된다고 그래요. 그러다가 유월절이 선포되어서 어린 양의 피를 딱 발라놓으니까 바로가 "데리고 나가! 데리고 나가라니까! 야, 너희들, 빨리 가! 꼴도 보기 싫어! 너희들이 여기 있다가 우리 애들 다 죽게 생겼다!" 바로가 앞발, 뒷발까지 다 들었어요.

그게 뭔 뜻이냐? 오늘날 우리도 똑같아요. 여러분 입에서 예수의 피를 부르면요? 따라서 해봐요. "피!" "예수 피," 딱 불러봐요. 사탄이요, 여러분 붙잡고 있다가 "틀렸다. 피 좀 부르지 마! 안 돼!" 피, 따라서 해요. "피!" 예수의 피를 부르면 사탄이 사람을 붙잡고 있다가 풀어주는 거예요. "너는 하나님께로 가라. 무서워서 더 이상 못 붙잡고 있겠다." 이것이 유월절이에요. 믿습니까 이해되시면, 아멘! 할렐루야! 〈구주의 십자가 보혈〉이요. 손뼉 준비!

〈찬송가 182장〉 구주의 십자가 보혈로

1. 구주의 십자가 보혈로 죄 씻음 받기를 원하네
   내 죄를 씻으신 주 이름 찬송합시다

2. 죄악을 속하여 주신 주 내 속에 들어와 계시네
   십자가 앞에서 주 이름 찬송합시다

3. 주 앞에 흐르는 생명수 날 씻어 정하게 하시네
   내 기쁜 정성을 다하여 찬송합시다

4. 내 주께 회개한 양심은 생명수 가운데 젖었네
   흠 없고 순전한 주 이름 찬송합시다

   (후렴) 찬송합시다 찬송합시다
   내 죄를 씻으신 주 이름 찬송합시다 아멘

주의 보혈 주의 보혈 능력 있도다. 주의 피 믿으오.
주의 보혈 그 어린 양의 매우 귀중한 피로다.

　두 손 높이 들고 "주여!" 삼창하며 기도합니다. "하나님, 나는 마귀에게 더이상 붙잡혀 있을 수 없습니다. 마귀야, 나를 풀어라. 나는 마귀 너한테 붙잡혀 있을 수 없다. 예수의 피의 능력으로 사탄은 떠나가라. 사탄은 물러가라." "주여!" 삼창하며 기도하겠습니다.

04

유월절③
피

설교 일시 2013년 11월 3일(주일) 오전 11시

대   상 사랑제일교회 주일 3부 예배

성   경 출애굽기 12:1-4

1 여호와께서 애굽 땅에서 모세와 아론에게 일러 가라사대

2 이달로 너희에게 달의 시작 곧 해의 첫 달이 되게 하고

3 너희는 이스라엘 회중에게 고하여 이르라 이달 열흘에 너희 매인이 어린 양을 취할찌니 각 가족대로 그 식구를 위하여 어린 양을 취하되

4 그 어린 양에 대하여 식구가 너무 적으면 그 집에 이웃과 함께 인수를 따라서 하나를 취하며 각 사람의 식량을 따라서 너희 어린 양을 계산할 것이며

Ⅰ.
4천 년 전에 예언된 예수님의 구속 사역

1. 구약에 그대로 예언된 예수님의 구속 사역

1) 예언대로 임하신 예수님

할렐루야! 7대 명절의 축복을 받읍시다. 구약시대 하나님이 이스라엘 백성들에게 7가지 명절을 주셨습니다. 그 순서가 이러하니, 한 번 따라서 해봐요. "유월절, 무교절, 초실절, 오순절, 나팔절, 속죄절, 장막절." 7대 명절의 축복이 세게 임할지어다. 두 손 들고 아멘 합시다. 아멘. 무슨 말인지 몰라도 아멘 해봐요. 아멘 하다 보면 와요. 아멘 하다 보면 뭔지도 모르지만 아멘 하다 보면 온다고요. 왜 주셨나? 이것은 크게 3가지 의미가 있어요.

첫째, 구약시대 하나님의 백성인 유대인에게 주신 하나님의 축복입니다. 구약시대 이스라엘 백성들은 요거 7개 지키다가 세계 제일의 복을 받았어요. 지금도 그래요. 지금도요. 아멘! 지금도 이스라엘 백성들은 이걸 그대로 해요. 구약 방법 그대로 한단 말이에요. 다시 한번 해 봐요. "유월절, 무교절, 초실절, 오순절, 나팔절, 속죄절, 장막절." 그러니까 이스라엘 백성들, 구약 백성들은 이게 뭔 뜻인지도 모르고 하나님이 하라고 하니까 한 거예요. 뜻도 모르고 했는데도 복을 주셨어요.

두 번째 이것은 예수 그리스도가, 이 세상을 창조하신 하나님이 사람의 육체의 옷을 입기 위하여 마리아의 배를 빌려서 오신 분이 예수예요. 그 예수 그리스도가, 이 세상을 창조하신 예수 그리스도가, 창세기 1장의 주인, "빛이 있으라" 하셨던 바로 그 주인이 이 세상에 사람들하고 눈높이를 같이 하려고, 하나님으로 그냥 내려오면 하나님과 사람하고는 대화가 안 돼요. 그러니까 인간의 눈높이를 맞추기 위하여 이 땅에 오신 분이 예수님이에요. 이 7대 명절은 예수님이 오셔서 여러분과 저를 위하여 하실 큰 7가지의 복음 사건이에요. 7가지 복음 사건이요. 아멘!

그 유월절은 뭐냐 하면, 이렇게 죽으리라는 거예요. 예수님은 이 세상에 오셔서 로마의 정치범으로 잡혀서 이스라엘 백성, 유대인들이 고소하고 충돌해서 십자가에 죽으셨는데, 예수님은 이 세상에 오시기 전에 이미 벌써 요렇게 죽기로 성경에 수천 번 수만 번이 예언돼 있어요. 그러니까 예수님에 관해서는 어느 날 우연히 주님이 세상에 오신 게 아니에요. 4천 년 동안, 4천 년 동안 예수님에 대하여 성경 구석구

7대 명절의 축복을 받으라(상)

석, 처녀의 몸에서 아들을 낳으리라, 심지어 예수님이 십자가 못 박혔을 때 예수님이 피를 많이 흘렸잖아요? 많이 흘렸는데 피를 많이 흘리면 목이 마른단 말이에요? 피가 많이 빠져나갔으니까요. 그때 이 혀가, 입속에 있는 혀 있잖아요? 이 혀가 말라서 이 이들 사이에 끼었다, 이것까지도 시편에 예언이 돼 있어요. 곧 주님의 입 안에, 입안에 있는 걸 어떻게 알겠어요? 입안에 있는 혀의 모양, 혀의 모양까지도 성경에 미리 쓰여 있어요. 야! 이 성경이, 이게 보통 사건이 아니에요. 아멘! 죽은 뒤에 누구의 무덤을 빌려 쓸 것인가? 그것도 거기 쓰여 있어요. 부자의 무덤과 함께하리라! 아리마대 요셉의 무덤을 빌려서 예수님이 거기에 장례식을 한다는 거예요. 다예요. 다 예언돼 있어요.

그중에서 유월절은 뭐 하는 것이냐? 유월절은 예수님이 십자가에 죽는 이 모습을 먼저 예행연습을 시키기 위하여 나타난 것입니다. 그래서 예수님이 유월절에 어린 양으로 십자가에 죽으셨어요. 이따가 더 자세하게 성경을 한번 보자고요.

한번 따라서 합니다. "무교절." 3일 동안 무덤에 있으리라. 따라서 해요. "무덤에 있으리라." 그래서 무교절 행사를 이렇게 해요. 이스라엘 백성들이 무교병이라고 하는 누룩이 들어가지 않은 떡을 만들어서 요걸 보자기에다 싸요. 싸서 요것을 땅속에 3일을 묻어둬요. 아멘! 땅속에 3일을 묻어 뒀다가 초실절 날, 요게 부활이란 말이에요? 주님의 부활? 흙을 맨 위에 있는 흙을 이렇게 헤쳐요. 헤치면 보자기가 처음 보이잖아요? 눈에 보자기가 첫눈에 딱 보일 때 그 보자기가 드러났다는 거예요. '드러났다'는 히브리어 원어가 부활의 용어와 동일한 거예요. 이야! 따라 해봐요. "이야!" 여러분, 다시 해봐요. 감동이 안 되냐고요?

2) 성령의 계시로 내게 임한 7대 명절

나는요 7대 명절이 이것이 성령의 계시로 내게 임할 때 나는 그때를 지금도 생생하게 기억해요. 제가 여러분에게 가르치는 이 모든 말씀은, 이것은 이따가 서정희 사모님 나와서 또 강의하겠습니다만, 기독교 2000년 역사에, 책에도 없고 주석에도 없고, 이거는 성령으로 내게 임한 거예요. 성령으로 임해서 이것이 나에게 성령으로 처음 이 말씀이 임할 때 이 성경은 성령으로 기록된 거예요. 성령으로 기록된 거예요. 사람의 지혜로 기록된 게 아니에요. 성령으로 기록된 거예요. 이 말씀이 처음 내게 임할 때 나는 너무너무 너무 경이로워서 온몸이 마치 모세가 시내산에 있을 때 같은 그런 현상이 방에서 말이에요 온몸이 부들부들 떨리면서 막 성령이 덮어 버렸어요. 아멘! 이 말씀들이 내게 임할 때 말이에요. 여러분도 세게 임할지어다! 성령으로 말씀이 임해야 해요.

따라서 합시다. "초실절." 이건 예수님의 부활이에요. 부활입니다. 따라서 합시다. "오순절." 이건 성령강림입니다. 성령강림이요. 아멘! 나팔절, 따라서 합시다. "재림." 요건 예수님의 재림을 위하여 나타난 절기예요. 속죄절, 요것은 재림한 후에 알곡과 쭉정이를 예수님이 가려서 장막절인 천년왕국으로 데려가려고 그래요. 천년왕국입니다. 믿습니까?

3) 날짜도 틀리지 않고 그대로 이루어지다

요것이 7대 명절이에요. 그러니까 예수 그리스도가 이 땅에 오셔서 여러분과 저를 위하여 하실 그 사건을 구약 성경에 하나님이 명절로 먼저 만들어서 이스라엘 백성들에게 예행연습을 시킨 거예요. 이런 일이 있을 수 있냐고요? 이런 일이 어떻게 이런 일이 있을 수 있냐고요? 이거는요 성경을 보면서도 예수를 안 믿는 사람들을 난 도저히 이해 못 하겠어요. 아니 이걸 어떻게, 이게 어떻게 이런 일이 있을 수 있냐고요? 예수님이 이 땅에 오시기 전에 예수님이 하실 일을 이스라엘 4000년 동안 하나님이 예행연습을 시켜 놨어요. 이 명절 위에 예수님이 오신 거예요. 오셔서 그대로 진행한 거예요. 그대로요.

날짜도 안 틀렸어요. 날짜도요. 예수님은 유월절 날 십자가에 죽은 거예요. 날짜도 안 틀렸어요. 날짜도요. 아멘! 무교절 날, 예수님이 3일 동안, 날짜도 안 틀렸어요. 이스라엘 백성들이 해온 그 날짜 있잖아요? 무교절, 그 날 그대로, 그대로 땅속에 있었어요. 초실절 날 부활했어요. 초실절 날에요. 아멘! 이런 일이 있을 수 있냐고요? 이게 어찌 우연의 일치가 되겠어요?

오순절 날 성령이 오셨어요. 날짜도 안 틀렸어요. 날짜도요. 아멘! 사도행전 2장 1절 한번 읽어봐요. 오순절 날 성령이 왔다고 돼 있죠, 오순절 날? 성경이 어쩌면 이렇게, 성경이 말이에요. 2장 1절이에요. "오순절 날이 이미 이르매 저희가 다 같이 한곳에 모였더니 홀연히 하늘로부터 급하고 강한 바람 같은 소리가 있어 저희 앉은 온 집에 가득하며 불의 혀같이 갈라지는 것이 저희에게 보여 각 사람 위에 임하여 있더니 저희가 다 성령의 충만함을 받고 성령이 말하게 하심을 따라 다른 방언으로 말하기를 시작하니라." 아멘!

2. 7대 명절은 우리에게 주시는 하나님의 축복

세 번째 제일 중요한 거예요. 세 번째요. 첫째 구약 시대 이스라엘 백성에게 주신 하나님의 축복은 우리하고 관계없어요. 지금도 저 중동 땅 이스라엘 백성들은 이걸 그대로 지켜요. 그대로, 그대로 지키고 있어요. 둘째는 예수님이 이루실

7가지 복음 사건이지요. 그러나 제일 중요한 세 번째 이거는 신약시대에, 지금 여러분과 저한테 해당하는 거예요. 성도들의, 여러분과 나의 심령 속에 나타날 큰 7가지 복음의 축복이에요

그러면 유월절이 사람에게 임하면 뭔 일이 생기냐면 인간 최고의 축복인 구원의 역사가 일어나요. 사람이 교회를 다니는 제일의 목적은 구원이에요. 죽어서 천국 가는 거, 그것이 교회 다니는 제일의 목적이라고요. 그러니까 인간으로서 체험할 수 있는 제일 큰 축복이 바로 구원의 축복인데 이 구원이 유월절을 통하여 우리에게 임해요. 이따가 내가 유월절을 다시 설명할 테니까, 세 주째 설명하는 거예요, 세 주째. 아멘! 세 주째 설명할 때 여러분 가슴속에 유월절이 그냥 그대로 들어가서 유월절이 임해야 하는 거예요. 믿습니까?

그다음에 무교절은 뭐냐 하면, 예수님이 무교절에 무덤에 들어간 것처럼 하나님은 구원받은 성도를 오늘날도 하나님은 무교절에 무덤 속에 집어넣어요. 하나님은 이 시대도 여러 가지 무덤을 준비해 놨어요. 한번 따라 해봐요. "물질의 무덤, 질병의 무덤, 가정의 무덤, 사업의 무덤." 하나님이 구원받은 성도를 처음부터 좋은 거 안 주고 무덤 속으로 집어넣어요. 왜 그럴까요? 우리를 성화시키려고요. 유월절을 통

하여 구원은 받았어도 아직도 우리가 아담의 사람이 그대로 남아 있다고요. 그래서는, 이 상태를 가지고는 하나님이 초실절의 부활을 줄 수가 없어요. 그러니까 우리에게 남아 있는 옛날 세상의 습관, 잘못된 것, 죄, 이걸 다 이 무교절의 무덤에서 우리를 하나님이 처리하려고 그래요. 믿습니까? 이거는 이제 다음에 내가 설명할 테니까, 무교절을 통하여 우리의 옛 성품이 다 없어져야 해요.

그러면 이제 초실절이 나타나요. 이건 부활이에요. 부활요. 초실절이 나타나면 하나님이 모든 걸 다 부활시켜 줘요. 물질도 부활시켜 주서요. 할렐루야! 여러분의 가정도 부활, 자녀도 부활, 하시는 일도 부활, 다 부활, 최후의 부활까지요. 신난다! 신난다! 신난다! 아멘!

따라서 해봐요. "오순절." 성령이 강타하는데 오순절의 성령과 유월절, 무교절, 초실절의 성령은 달라요. 성령이 두 분인 게 아니라 역사하는 것이 달라요. 오순절의 성령이 역사하면 난리가 나요. 방언이 터지고 기적이 나타나고 병든 자가 고쳐지고요. 원색적인 오순절의 역사가 일어날지어다! 따라 해봐요. "주여! 주여! 주시옵소서."

따라서 해요. "나팔절!" 오순절까지는 주님이 다 이루신 절기예요. 예수님이 완성하셨어요. 앞으로 예수님이 이루실 절기가 뭐냐 하면 요것이 나팔절, 재림입니다. 이제 나팔절을 우리는 앞에 두고 있는 거예요. 그 나팔절이 성도들의 가슴에 임하면 주님을 기다립니다. 주님을 기다려요. 주님을 기다림이 남들하고 달라요. 서정희 사모님처럼 예수님 재림하면 입고 나갈 드레스를 미리 맞춰놓고요. 저 정도 돼야 나팔절이 임한 거예요. 얼마나 기다렸으면 예수님이 재림하면 입고 갈 그 드레스를 맞춰놓고 말이에요. 마네킹에다 걸어놓고 말이에요. 문 앞에다 걸어놓고 살았다 그러잖아요? 여러분은 주님이 올까 봐 겁나지요? 겁날 거예요. '아, 나, 주님 오면 큰일 나는데.' 이건 나팔절 준비가 안 된 거예요. 우리는 항상 주님이 와도 "할렐루야!" 할 수 있어요. 할렐루야! "주님! 기다린 나의 신랑 예수여, 어서 오시옵소서!" 아멘!

따라서 합시다. "속죄절." 이것은 죄를, 속죄절이 임한 사람은 죄를 다스리는 능력이 보통 사람하고 달라요. 죄에 대해서요. 아멘? 속죄절이 임하면 죄를 처리하는 능력이 달라요.

장막절은 뭐냐? 천년왕국을 먼저 당겨서, 천년왕국을 먼저 당겨서 이 땅에서 예행연습하는 거예요. 여러분, 천년왕국을 이 땅에서 예행연습합시다, 예행연습! 천년왕국을 예행연습! 할렐루야! 〈세상 모든 수고 끝나〉를 불러봐요. 손뼉 준비!

⟨찬송가 223장⟩ 세상 모든 수고 끝나

1. 세상 모든 수고 끝나 우리 장막 벗고서
   모든 근심 걱정 사라진 뒤에
   주를 뵙고 성도 함께 면류관을 쓰리라
   새 예루살렘에서

2. 가는 길이 외로워도 주 날 붙드시리니
   시험 환난 근심 걱정 없으며
   주를 믿고 따라가면 주의 뜻을 알리라
   새 예루살렘에서

3. 내가 세상 작별하고 눈물 흔적 거둔 뒤
   주의 찬란하신 영광 비칠 때
   나를 구속하신 주를 기쁨으로 뵈오리
   새 예루살렘에서

4. 아름다운 그곳에서 구속받은 성도와
   사랑하는 주를 만나 뵈올 때
   주의 영광 노래하며 영원토록 살리라
   새 예루살렘에서

(후렴) 성도들이 함께 올 때 기뻐 노래하리라
   새 예루살렘 새 예루살렘
   호산나를 높이 불러 왕의 왕을 맞으리
   새 예루살렘에서

7대 명절의 축복을 받으라(상)

우리 모두 장막절의 주인공이 되자! 새 예루살렘의 주인공
이 되자! 아멘!

Ⅱ.
7대 명절의 첫 단추 유월절

1. 우리 모든 문제를 예수께 넘기자

그런데 제일 중요한 것은 유월절이 잘돼야 해요. 이게 첫 단
추란 말이에요. 유월절이 가슴속에 분명할 때 그다음 뒤의
명절로 이어지는 거예요. 그 유월절은 뭐냐? 지금부터 유월
절이 뭔지에 대해서 다시 설명할 테니까 잘 들으시고, 오늘
은 여러분의 가슴속에 유월절이 쏙 들어가야 해요. 따라서
합시다. "주여! 유월절을 주세요!" 할렐루야.

유월절, 이것은 지금까지 내가 상고한 말씀 첫 시간에 뭐라
그랬냐? 어린 양이 죽는 날이라서 했어요. 어린 양이요. 어
린 양이 죽는다는 것은 뭐냐? 어린 양이, 이게 예수 그리스도
를 상징하는 거예요. 어린 양에게 인간의 모든 죄, 허물, 문

제, 연약함을 어린 양에게 다 넘기는 거예요. 구약 시대는 어린 양이지만 신약시대는 예수님에게, 이것이 바로 유월절이라는 거예요.

여러분의 가슴속에 유월절이 임하여 있으면 우리에게 일어난 죄, 허물, 문제, 질병, 연약함, 이 모든 것을 다 예수님께로 넘겨야 해요. 나 대신 예수님께로 다 넘기자는 것입니다. 넘기자! 넘기자! 따라서 해요. "넘기자!" 오늘도 예수님께로 넘겨주세요. 날마다 우리의 죄를, 짐을 져 주시는, 우리의 짐을 대신 져 주시기를 좋아하시는 예수님께로 우리의 모든 것을 넘기자는 거예요. 믿습니까? 그것이 유월절이다, 이거예요. 오늘 여러분 가슴속에 유월절이 임하는 사람은 나의 문제를 내가 붙잡고 있지 않고 이걸 전부 다 예수님께로 넘긴단 말이에요. 오늘도 예수님께로 넘기는 능력이 나타날지어다! 할렐루야! <죄 짐 맡은 우리 구주>를 부르겠습니다.

<찬송가 487장> 죄 짐 맡은 우리 구주

1. 죄 짐 맡은 우리 구주 어찌 좋은 친군지
   걱정 근심 무거운 짐 우리 주께 맡기세
   주께 고함 없는 고로 복을 얻지 못하네
   사람들이 어찌하여 아뢸 줄을 모를까

3. 근심 걱정 무거운 짐 아니 진 자 누군가
피난처는 우리 예수 주께 기도드리세
세상 친구 멸시하고 너를 조롱하여도
예수 품에 안기어서 참된 위로 받겠네 아멘

그러니까 구약 시대에 제사장들이 앞에 서서 백성들이 제사장들에게 오면 "너는 무엇 때문에 왔냐?" 이렇게 물어봐요. "나는 죄 때문에 왔어요." "너는?" "나는 병 때문에요." "너는?" "나는요 이웃집에 어떤 사람이 살고 있는데 그 자가 자꾸 시비 걸어서 왔어요." "너는?" 각자에게 문제를 다 물어봐요. 아멘? "너는 왜 왔어?" "나는요 남편이 있는데 그 남편이 날마다 날 때려요." "아, 그래?"

이 모든 인생의 애환을 제사장이 다 듣고 해결책을 쓰는 거예요. "그래? 그럼 너 양을 한 마리 가져와." 가져오면 양을 세워 놓고 그 사람 머리에 손을 얹고 그다음에 양에다 손을 얹고 양쪽에다 손을 얹고 기도를 해요. "하나님, 이 사람의 모든 문제를 양에게 넘겨주세요." 그리고 양을 죽이는 거예요. 불태우는 거예요. 양을 심판하는 거예요. 그러면 이 사람의 모든 죄, 또 질병, 모든 문제, 인생의 모든 애환이, 사람 것이 짐승으로, 양에게로 전가된다는 거예요. 전가요. 아멘!

이것이 유월절입니다.

그러니까 여러분도 오늘 신약적 방법으로 오늘 이 가운데 유월절이 이루어질지어다! 그러니까 구약 시대는 안수를 하여 제사장이 이 사람의 머리에 그리고 이 사람이 가져온 짐승에게 안수하여 옮기지만 신약시대는 그렇게 하는 게 아니고 만인 제사장입니다. 여러분 자신이요. 아멘! 중간에 없어요. 가톨릭 신부님들처럼 중간에 없어요. 개신교는 중간에 없는 제도를 선택했어요. 아멘? 천주교 가면 지금도 구약적 방법을 절반 가미해요. 지금도 천주교는 구약적 방법을 절반 가미하는 거예요. 가미해서 신부님에게 말을 먼저 다 하게 돼 있어요. 아멘이요?

신약시대는, 우리는, 개신교는 그렇게 하지 않아요. 만인 제사장입니다. 여러분이 예수님께로 바로 넘기는 거예요. 무엇으로요? 입으로요. 무엇으로요? 말로요. 그러니까 복잡하지 않아요. 구약 시대처럼 "양을 가져와라," 이렇게 복잡하지 않아요. 천주교처럼, "신부님이 있어야 한다," 이렇게 복잡하지 않아요. 개신교는 여러분이 예수님께로 바로 넘기도록 되어 있어요. 우리 기독교는요. 아멘!

여러분은 제일 쉬운 자리에 와 있는 거예요. 구약 시대에 태어나 봐요? 여러분, 일주일에 양 한 마리, 양 새끼 끌고 가려고, "따라와! 이 새끼야. 너 오늘 나를 위해서 죽어. 이 새끼야, 죽어! 죽어!" 이게 얼마나 힘들어요? 천주교 신부님들한테 한번 가 봐요. 아이고! 창피하고요. 뭐든 간에 다 토해내요. 그냥 커튼 앞에서요. "신부님, 나 어젯밤에 그 여자하고 잤습니다. 안 자려고 하는데 그 여자가 자꾸 가자 그래서요." 야, 이 개망신, 개망신!

우리는 없어요. 바로 여러분이 예수님께 바로 넘기는 거예요. 우리의 어린 양 되신 예수님께로 바로 오늘 넘기는 거예요. 목사님한테도 죄를 고백할 필요 없어요. 그냥 여러분은 바로 넘기게 돼 있어요. 아멘?

이것이 바로 유월절이에요. 두 손 높이 드시고 넘기는 시간을 갖겠습니다. 통성기도 하면서 "주여!" 삼창하며 "주님! 나의 이 모든 것들을 주님께로 넘깁니다." 말하면 넘어가요. 말하면 넘어가요. 아멘! "주님 나의 질병을 넘깁니다. 나의 문제도 넘깁니다. 내 가정도 넘깁니다. 물질 문제도 넘깁니다. 나의 모든 사건도 넘깁니다." "주여!" 삼창하며 기도하겠습니다.

"살아계신 주님! 오늘 이 자리, 신약시대에 유월절이 이루어졌습니다. 나의 모든 것을 어린 양 예수님께로 다 넘겼습니다. 죄도, 질병도, 문제도, 환난도, 하나도 빠짐없이 나 대신 져 주시는 어린 양 예수님 감사함을 드리옵나이다. 전체를 책임 맡아 주시옵소서. 예수님 이름으로 기도 드리옵나이다. 아멘." 우린 예수님께로 넘겼습니다.

2. 유월절이 임해야 마귀에게서 풀려난다

그다음에 두 번째로 유월절의 의미는 지난주에는 이렇게 말씀을 드렸어요. 유월절이 시작된 그 동기가 모세가 이스라엘 백성들을 바로의 손에서, 애굽의 바로의 손에서 꺼낼 때 그 꺼내는 행사가 유월절이에요. 이것이 신약시대에 무엇을 상징하느냐? 구약 시대 유월절은 이스라엘 백성들이 이게 8월 15일이란 말이에요. 8월 15일이요. 우리 한국으로 말하면 일본으로부터 해방된 날이에요. 유월절이 이스라엘 백성들이 애굽 땅에서 해방된 날 빠져나온 날입니다. 누구의 손에서요? 바로의 손에서요. 우리가 일본 천황에게서 벗어난 날이 8. 15인 것처럼요.

유월절은 이스라엘 백성들이 바로의 식민지에서, 바로의 종에서부터 빠져나온 날이 유월절입니다. 그런데 왜 이스라엘 백성들이 애굽의 바로에게서 빠져나오는 기념식이 유월절로 돼 있나요? 그 이유는 신약시대에 이루어질 것을 이것도 상징적으로 예행연습한 거예요.

이게 뭐냐? 오늘 우리를 하나님이 바로 같은 마귀의 손에서, 마귀의 손에서 우리를 해방시키시고 마귀의 손에서 우리를 꺼내는 날이 유월절이에요. 그러니까 어린 양의 피를 부르고 우리 가슴에 유월절이 임하면 원수 마귀 사탄이 사람들을 풀어줘요. "가라" 이거예요. "넌 하나님께로 가라!" 이거예요. "난 무서워서 이제 더 이상 내가 너를 붙잡고 있을 수 없다." 이렇게 중요한 것이 유월절이에요. 유월절이 여러분의 가슴에 임하면 마귀가 풀어주는 거예요. 사람을 풀어준단 말입니다.

그런데 이 땅에 태어난 모든 인간은 다 사탄에게 포로 된 상태라고, 제가 〈메시야의 기자회견〉 설교하고 또 서세원 목사님이 그때 설교할 때 다 가르쳐 드렸어요. 아멘? 인간은 이 땅에 태어날 때 자기도 모르게 인간은 사탄에게 이미 붙잡혀서 이 사탄에게 포로로 태어나는데 이것을 풀어줄 자는 어린 양 예수밖에 없어요. 여러분과 제가 입으로 예수님을 부르기만 하면, 예수님의 피를 부르면 돼요. 따라서 해봐요. "예수님," 따라서 해요. "보혈의 능력! 예수 피!" 이러면 사탄이 그 사람을 풀어주는 거예요.

풀어주면 그 사람의 귀도 열리고 눈도 열리고요. 그렇게 똑같은 설교를 같은 자리에서 그렇게 들어도 설교가 귀에 안 들려요. 왜요? 사탄이 이 귀에다가 말뚝을 박아 놨어요. 말 뚝을요. 양쪽에다가, 양쪽 귀에다 말뚝을 쳐 놨기 때문에 세상의 강의나 세상 말은 굉장히 똑똑하게 잘 알아들으면서 교회에 갖다 놓으면 다 맹해요. 맹순이, 맹돌이에요. 교회에 들어오면 목사님 설교는 하나도 못 알아들어요. 그것도 세상에서 뭐 공부를 못하거나 좀 지식수준이 낮은 사람이 아니고 세상에서 교수님들이잖아요? 교수님들? 우리 강 교수님하고 옆에 교수님들 계시지만 교수님들이 얼마나 똑똑해요? TV 종편에서 그 저기 시사평론하는 거 한 번 보세요, 얼마나 잘 하는가? 그렇지요? 송하성 교수님 보세요. 얼마나 대단해요? 불란서 뭐 소르본 대학의 법학박사, 미국의 이승만이 나온 학교보다 더 좋은 학교, 조지타운 대학 그러니까 아이비리그 거기서 법학박사, 얼마나 똑똑해요? 그런데 그런 교수님들도 교회에 갖다 놓으면 맹해요. 설교를 못 알아듣는 거예요, 설교를. 그러다가 어느 날 가슴에 유월절이 오면 딱 귀가 열려요. 오! 귀가 열려요. 귀가 열리는 날이 있다니까요. 유월절이 임하면 귀가 열려요. 아멘?

언어에 대해서, 언어에 대해서 봐요. 미국에 유학 가거나 미국에 공부하러 가면 한국에서 책으로 영어를 달달 했었다는 사람도 귀로는 못 알아듣는 거예요. 전부 그 말이에요. 전부 똑같은 말로 들려요. 그러다가 주로 제일 빨리 열리는 사람이 다섯 달이에요. 다섯 달, 5개월이요. 조금 긴 사람은 7개월이 딱 되면 귀가 서서히 열리는 게 아니고 갑자기 펑 열리는데, 나는 아직도 영어가 안 열려서 몰라요. 갑자기 방송이 들리기 시작하는 거예요. 방송이 들린다는 게, 봐요, 그 사람들의 말이 이해된다는 말이 아니에요. 이해된다는 말이 아니에요. 이걸 어떻게 설명해야 할까? 옛날에 한 번 설명했는데 다시 또 잘 들어봐요. 그 사람들이 무슨 말을 하는지 이해되는 게 아니에요.

예를 들면, 봐요. 자, 여기에 초등학교 1학년짜리, 7살짜리가 있단 말이에요. 우리 엘리야처럼 7살짜리가 어른들이 하는 말을 다 이해해요? 못하죠? 내가, 예를 들어서, 조선일보를 읽으면, 엘리야가 "오늘 좋은 기사가 났구먼." 하고 이해 못 하죠? 이해를 못 한단 말이에요. 그러나 그 말의 발음은 알아들어요. 예를 들어서, "박근혜 대통령께서 유럽 순방을 위하여 영종도 공항에서 비행기를 출발했습니다," 이렇게 말을 들으면 이 어린애들은 박근혜가 누군지 유럽이 뭔지 이유(EU)가 뭔지 그 뜻은 몰라도 그 말을 "입으로 해보라," 그러면 언어의, 그 단어의 음색을 이해했기 때문에 그대로 말을 하는 거예요. "조금 전에 내가 뭐라 그랬어?" "박근혜 대통령께서 유럽 순방을 위하여 출발했습니다." 요것이 뭐냐면 귀가 열렸다는 거예요. 그런데 영어도 마찬가지예요. 이해가 됐어요? 눈치 보니까 아직 이해 안 된 거 같아요. 어떻게 표현해야 할지 모르겠네요. 송 교수님, 그 설명 좀 한번 해줘 봐요. 송 교수님, 영어 처음에 열릴 때 어떻게 열렸어요? 어떻게 열렸어요? 알아듣는 게 일정 기간이 지나니까, 일정 기간이 지나니까 말이 들리지요? 야, 그런데 말이 들어와도 그 뜻이 다 이해되는 건 아니잖아요? 그렇죠? 이해가 안 되지요?

그와 같이, 그와 같이 어느 날 교회에 앉아 있다 보면, 5개월, 7개월이 지나면 어느 날 귀가 열리는 거예요. '아하! 저 목사님이 하는 말이 무슨 말이구나!' 그날이 유월절입니다. 여러분의 가슴에도 유월절이 임할지어다! 아멘! <주 십자가를 지심으로>입니다. 손뼉 준비! 유월절이 임해야 해요. 그날이 와야 해요. 그날이요. 그날이 있어요. 그날이에요.

<찬송가 199장> 주 십자가를 지심으로

1. 주 십자가를 지심으로 죄인을 구속하셨으니
   그 피를 보고 믿는 자는 주의 진노를 면하겠네

2. 흉악한 죄인 괴수라도 예수는 능히 구원하네
   온몸을 피에 잠글 때에 주의 진노를 면하겠네

3. 심판할 때에 모든 백성 행한 일대로 보응 받네
   죄 있는 자는 피를 믿게 주의 진노를 면하겠네

4. 구주의 사랑 크신 은혜 보혈의 능력 의지하세
   심판의 불이 내릴 때에 주의 진노를 면하겠네

(후렴) 내가 그 피를 유월절 그 양의
피를 볼 때에 내가 너를 넘어가리라

유월절이 임할지어다! 그냥 교회 와서 종교 행사하고 돌아가면 안 돼요. 종교 행사, 기념식 한 번 가는 것이 아니고 성령으로 인해서 내 가슴에 어두운 영이 물러가야 해요. 악령이 풀어줘야 해요.

악령이 사람을 풀어주는 날이 유월절입니다. 우리가 악령에게 붙잡혀 있으면 돼요, 안 돼요? 그런데 악령에게 붙잡혀 있는 사람의 특징이 뭔지 아세요? 악령에게 붙잡혀 있는 사람의 특징이 뭐냐? 내가 악령에게 붙잡혀 있다는 사실을 모르는 거예요. 그게 악령에 붙잡힌 거예요.

마귀의 최고의 전술은 마귀 자신을 은폐하는 거라고요. 아멘? 북조선에서 온 간첩들이 대낮에 "나 간첩이야. 간첩이야," 이러고 돌아다니는 거, 봤어요, 못 봤어요? 못 봤지요? 자기를 최대한 더 숨기는 거예요. 사탄도 마찬가지예요. 사탄이 사람 속에 들어오면 최대한으로 자기 정체를 숨겨요. 자기가 사탄이란 소리를 안 해요.

그런데 어느 날 유월절이 임하면, 그날이 임하면, 그날 아는 거예요. "사탄이 빠져나갔어. 마귀가 조금 전에 내 속에서 나갔어." 따라서 해요. "나갔어." 그날이 유월절이에요. 자기한테서 마귀가 나간 것을 못 느낀 사람 있죠? 그 사람은 아직 마귀한테 붙잡혀 있는 거예요. 그게, 마귀가 자기한테서 나갔다 하는 것을 모르는 사람 있죠? 그 사람은 유월절이 안 온 거예요. 유월절이 안 왔어요. 유월절이 온 사람은 자기의 과거의 상태에 대해서 알고 큰 충격을 받아요. 바울도 마찬가지예요. "내가 어두움에 있을 때 내가 나를 알지 못하였더니 내가 빛 가운데로 나오니 내가 나를 알게 되었노라." 아멘!

그러니까 여러분들은 오늘 하여튼 폐일언하고 주일날 예배 시간 여기 있다고 하면 이 자리가 유월절의 현장이 되어서 마귀로부터 자유 하게 돼요. 사탄이 떠나가요. 이것이 바로 애굽에서 나오는 모세의 유월절 기념식이 주는 의미입니다. 의미요. 믿습니까?

사랑제일교회 성도들이여, 사탄의 종이 되지 말고 사탄이 풀어주는 일이 일어나야 합니다. 사탄은 누굴 풀어줘요? 입으로 피를 부르는 사람입니다. 따라서 해요. "피!" 예수의 피를 부르는 사람을 마귀는 풀어줍니다.

III.
유월절의 핵심 - 피

1. 유월절은 하나님께 인정받는 출발이다

오늘은 세 번째 유월절 시간입니다. 잘 들어보세요. 오늘은 이제 굉장히 유월절의 중심에 왔어요. 앞의 두 주 동안 한 것은 외곽이고, 오늘 유월절의 본질 속으로 우리는 들어왔어요. 유월절의 본질은 피입니다. 피예요. 피에 핵심이 있어요. 예수님의 유월절 피에 대해서 제가 설명을 하려고 그럽니다.

자, 우선 출애굽기 12장 한번 넘겨서 성경부터 살짝 앞에 한 번 검토해 봐요. 출애굽기 12장을 1절부터 한목소리로 읽어봐요. 시작!

"여호와께서 애굽 땅에서 모세와 아론에게 일러 가라사대 이달로 너희에게 달의 시작 곧 해의 첫 달이 되게 하고 너희는 이스라엘 회중에게 고하여 이르라." "유월절을 해의 첫 달이 되게 하라." 따라서 합시다. "<u>출발이 되게 하라.</u>"

이게 무슨 뜻인가요? 굉장히 중요한 겁니다. 유월절부터 해의 시작의, 첫 달이 되게 하라! 이 말은 하나님은 유월절이 오지 않는 사람은 그 사람을 인간으로 생각 안 하는 거예요. 짐승으로 생각하는 거예요. 다시 말해서 그 사람의 살았던 모든 삶이 무효인 거예요. 하나님에게 나이는 언제부터 시작되냐? 내 가슴에 유월절이 오면 그날부터 그 사람을 사람으로, 그날부터 그 사람을 인간으로 삶의 나이를 그때부터 세기 시작하는 거예요. 믿습니까?

하늘나라를 가면, 천국을 가면 두 책이 있어요. 하늘나라 가면, 천국 가면 책이 있단 말이에요. 책이 있는데, 하나의 책을 생명책이라 그래요. 생명책입니다. 또 하나의 책을 행위록이라고 해요. 행위록입니다. 하늘나라 가면 책들이 있단 말이에요. 그런데 천국 가면 이 책이 어떻게 작용할까요? 성경 요한계시록 20장 읽어봐요. 무엇이 쓰여있나 한번 봐요. 요한계시록 20장 다 찾으셨으면, 아멘. 11절부터 읽어봐요. 시작! "또 내가 크고 흰 보좌와 그 위에 앉으신 자를 보니

7대 명절의 축복을 받으라(상)

땅과 하늘이 그 앞에서 피하여 간 데 없더라 또 내가 보니 죽은 자들이 무론대소하고 그 보좌 앞에 섰는데 책들이 펴있고 또 다른 책이 펴졌으니." 자, 보세요. 책들이 뭐 하여 있다고요? "책들이 펴있고." "책들이 펴있고," 요게 행위록입니다. 행위록이요. "또 다른 책이 펴졌으니," 곧 무슨 책이에요? 생명책입니다.

그럼 생명책은 뭐냐? 생명책은 예수 그리스도를 영접하고 유월절이 가슴에 임하여 하나님의 자녀가 된 출발을 한, 구원받은 사람들이 써지는 책이 생명책이에요. 이 생명책 안에 구원받은 성도들의 이름, 그다음에 여러분이 착한 일한 거, 예수 믿고 착한 일 한 것이 쓰여있어요. 예수 믿기 전에 착한 일한 것은 하나도 기록이 안 돼요. 그러니까 천국은 도덕적 선을 선으로 취급하지 않아요. 천국은요 주님께부터 오는 관계적 선만 선으로 취급해요. 이 땅에서의 인간의 도덕적 선은 선으로 계산 안 해버려요. 아예 기록도 안 한다니까요. 그건 아예 그리고 그 모든 예수 믿지 않는 사람들의 기록은 다 행위록이에요. 불신자의 책이에요.

여러분과 저는 생명책에 많이 기록이 돼야 해요. 예수 안 믿는, 구원받지 못한, 유월절이 임하지 않는 사람은 생명책에는 아무 내용이 없어요. 아무 내용이 없어요. 큰일 나는 거죠. 생명책에 기록되지 않는 사람은 지옥 갑니다. 지옥이요. 선한 일이고 자시고 그걸 떠나서 일단 지옥 가버려요. 아멘? 여러분들은 다 생명책에 기록될지어다!

그 생명책에 기록되는 날이 언제냐? 시작이 언제냐? 유월절이에요. 그래서 "달의 시작 곧 첫 시작이 되게 하라." 이러한 것을 머지않아서, 머지않아서 올해가 다 가기 전에, 하늘나라에 직접 가서 천국 지옥을 보고 온 사람을 내가 다시 데려올 거예요. 아멘! 우리 교회 몇 번 왔다 갔지만 다시 데려와서 인터뷰를 내가 직접 할 테니까 한번 보라니까요? 여러분들이 실감을 못하는데요? 아멘? 내가 데려와서 인터뷰를 직접 할 테니까, 여러분도 직접 다 물어봐요. 손들고 물어봐요. 천국, 지옥이 가보니까 어떻게 되어 있는가 한 번 다 물어보란 말이에요. 아멘? 인터뷰할 때 들어보라고요.

그러니까 하늘나라 가면, 하늘나라 가면 생명책이 있는 거예요. 이 생명책의 출발이 유월절부터 시작이 돼요. 믿습니까? 그래서 유월절은 그 사람이 하나님께로부터 인정받는 시작의 첫 순간이 유월절입니다. 여러분에게 유월절이 임할지어다! 세게 임할지어다! 아멘! 유월절이 세게 임해야 해요. 세게요. 아멘!

2. 구원은 일대일, 자기가 믿어야 한다

그다음입니다. 그다음 말씀 읽어봐요. 출애굽기 제12장 3 절부터 한번 읽어 보시면, 시작! "너희는 이스라엘 회중에 게 고하여 이르라 이달 열흘에 너희 매인이 어린 양을 취할 찌니 각 가족대로 그 식구를 위하여 어린 양을 취하되 그 어 린 양에 대하여 식구가 너무 적으면 그 집에 이웃과 함께 인 수를 따라서 하나를 취하며 각 사람의 식량을 따라서 너희 어린 양을 계산할 것이며." 여기서 보면 유월절의 특징이 뭐 냐? 각각입니다. 각각이요. 어린 양을 먹되 각각 먹어라, 이 말은 구원은, 구원은 일대일이라는 거예요. 내가 구원받기를 원하면 내가 어린 양을 먹어야 돼요. 그 어린 양이 예수예요. 누가 가정을 대표하여 한 사람이 예수 잘 믿는다고 보너스로 그 가족 식구들이 다 구원받는 게 아니에요. 대표성이 아니 에요. 아멘?

절대 알아야 해요. 대표성이 아니라 구원은 일대일이에요. 내가 배가 고프면 누가 밥을 먹어야 해요? "여러분! 배고프 지? 기다려. 내가 대신 먹고 올 테니까." 말이 안 되지요? 그 와 똑같은 거예요. 구원은 일대일이에요.

각자예요, 각자. 아무리 마누라가 예수 잘 믿어도 남편이 구원받는 일이 없어요. 그러나 한 가지 유익한 것은 뭐냐? 가까운 데 예수 믿는 사람이 있으면, 가족이 잘 믿으면, 그 사람의 도움은 받을 수 있어요. 결국 구원은 자기가 믿어야 하는 거예요. 아멘?

3. 피는 느끼는 게 아니고 믿음으로 받아들이는 것

그다음에 이제 드디어 오늘의 최고의 주제인 피예요. 피요. 유월절의 피가 어떻게 쓰여 있는지 잘 보세요. 그다음 성경 읽어 봐요. 유월절의 피에 대한 사용법을 읽어 보라고요. 시작!

"너희 어린 양은 흠 없고 일 년 된 수컷으로 하되 양이나 염소 중에서 취하고 이달 십사일까지 간직하였다가 해 질 때에 이스라엘 회중이 그 양을 잡고 그 피로 양을 먹을 집 문 좌우 설주와 그 인방에 바르고." 자, 그 피에 대한 사용법을 보란 말이에요. 예수님의 피를 상징하는 어린 양의 피를, 피를, 어린 양의 피를 받아서 그 피를 어디에 바르느냐? 사람이 들어가는 문 인방에, 문 위에, 밑에, 좌우 문설주, 문 인방 거기에 바르는데, 이것을 방 안에서 바르지 말고, 방 안에 들어간 구원의 당사자는 그 피가 보이지 않게 하라는 거예요. 바깥에서 보이게 하라는 거예요. 이 말은 잘 들어야 해요.

       7대 명절의 축복을 받으라(상)

이게 피의 핵심이란 말이에요. 잘 들어봐요. 이 말은 뭐냐하면, 예수 그리스도 어린 양의 보혈의 피는요. 구원의 당사자는 여러분과 저잖아요? 그런데 이 피는 우리에게는 안 보이게 돼 있어요. 구약 때부터 이미 벌써 신약에 이루어질 사건을 성경이 기록할 때 어린 양의 피를 문 안에 있는 사람이, 방 안에 있는 사람이 보이도록 방에서 바르지 않고 바깥에 있는 사람이 피가 보이도록 바르고 구원의 당사자인 방 안에 들어간 사람은 피를 봐도 안 보이는 거예요.

이 말은 뭐냐? 예수 그리스도의 보혈의 피는 여러분과 제가 태어나기 전에, 2000년 전에 일어난 일이에요. 십자가에서요. 여러분과 저는 그것을 본 적이 있어요, 없어요? 이걸 말하는 거예요. 우리는 그 사건을 볼 수가 없는 거예요. 2000년 전에 있었기 때문에 우리는 그것을 믿는 믿음으로 들어가는 거예요. 믿습니까? 잘 들어야 해요. 그러니까 예수 그리스도의 보혈의 피는 성도들이 가슴으로 느끼는 게 아니고 믿음으로 받아들이는 거예요.

그런데 이 시대 많은 사람들이 예수님의 피에 대하여 가슴으로 느끼려고 하다가 다 실패하는 거예요. 느낀다는 게 뭐겠어요? 이렇게 말합니다. 예를 들면, "목사님!" "왜 그래요?" "나요, 죄를 지었어요. 그래서 너무 가슴이 답답해요." "죄 지니까 가슴 답답하지." "어떻게 하면 돼요?" "저 2층 성전에 올라가서 부르짖어. 하나님께 '주여' 한 번 해봐. '주여! 주여! 잘못했습니다. 내 죄를 용서해 주세요. 잘못했습니다.'" 기도하고 당회장실로 내려왔어요. "그래서 회개했어?" "회개했어요." "어떻게?" "제가 잘못했습니다. 입으로 다 토했어요." 그러면 목사님들이 괜히 성경에도 없는 말을 물어봐요. "가슴이 시원하나요?" 물어봐요. 그럼 그 사람이 그래요. "더 답답한데요." "다시 올라가. 다시 올라가. 다시 올라가서 또 소리질러." "주여! 주여!" 또 내려왔어요. "어떻게 했어?" "부르짖었어요." "가슴이 시원하나요?" "지금도 답답한데요."

이것은 죽을 때까지 주님 재림할 때까지 해도 가슴이 시원한 일이 없어요. 순서에서 마귀한테 진 거예요. 원수 마귀 사탄이 다른 성경도 비틀지만, 원수 마귀 사탄은 예수님 보혈의 피에 대하여, 원수 마귀는 그 피의 방법, 가치, 뜻을 우리가 사실대로 알까 봐 사탄은 벌벌 벌벌 떨고 있어요. 그래서 사탄이 제일 성경을 비틀고 왜곡시키는 핵심이 예수님의 피예요. 예수님의 피에 대해서 마귀가 총 승부를 건다고요. 우리는 마귀와의 싸움에서 피에 대해서 이겨야 해요. 이것은 뭔 말이냐? 피는 느끼는 게 아니에요. 예수님 피는 느끼는 게 아니고 사실을 사실대로 받아들이는 거예요. 느낌은 그 후에 오는 거예요. 순서가 바뀌면 안 돼요. 느낌이 오고 난 뒤

7대 명절의 축복을 받으라(상)

에 사실을 인정하는 게 아니고, 사실을 받아들인 뒤에 느낌이 뒤따라오는 거예요.

기쁨도 마찬가지요, 평강도 마찬가지예요. 아멘! 모든 속죄를 통하여 나에게 일어나는 체험은 사실을 받아들인 뒤에 일어나는 거예요. 뭘 받아들이라는 얘기냐? 이거예요, 보세요, 잘 보란 말이에요. 핵심이란 말이에요. 성경의 피에 대해서 잘 보란 말이에요. 잘 보란 말이에요.

4. 예수의 피를 불러 은혜계약의 혜택을 누리자

하나님이, 삼위일체 하나님이, 따라서 합니다. "성부 하나님, 성자 하나님, 성령 하나님." 삼위일체 하나님이 천국에서 이 땅에 오시기 전에, 예수님 이 땅에 오시기 전에 회의를 했어요. 회의요. 천국에서도 회의를 해요. 욥기서에도 봐요. 하늘의 천상 회의를 했다고 그러잖아요?

회의를 할 때에 그때 예수님이, 삼위일체 하나님의 제2 인격인 예수님이 이렇게 말했어요. "하나님 아버지!" 예수님도 하나님이에요. 같은 하나님이에요. 아멘! 따라서 해요. "성부 하나님, 성자 하나님, 성령 하나님." 그래서 예수님이 성령 하나님, 성부 하나님에게 내가 이 세상에 사람으로 내려가서, 사람으로 여자의 배를 빌려서 내려가서, 십자가에, 십자가에 피를 흘려 죽을 테니까, 아멘, 이 내가 흘린 그 피의 가치, 피의 가치, 따라서 해요. "뜻, 가치." 그 피의 가치와 뜻을 그 도움을 받기를 원하는 자, 그 피의 도움을 받기를 요청하는 자, 요청하는 자는 어떤 죄든지, 죄의 종류, 죄의 양, 죄의 해소와 관계없이 예수 그리스도의 보혈의 피의 가치를 인정하고 그 도움을 요청하는 자는 모든 죄를 다 사해주기로 하나님이 예수님이 이 땅에 오시기 전에 계약서를 쓰고 왔잖아요? 계약서요? 그래서 저 봉천동 어디 가다 보면 신학교 이름이 계약신학교라고 되어 있지요? 미국은 많아요. 계약신학교가요. 테스트먼트(testament)라고 그래요. 테스트먼트, 계약, 우리 성경으로 말하면 언약이에요. 언약이요. 언약을 맺고 약속을 맺고 내려왔단 말이에요.

그래서 예수님이 이 땅에 와서 십자가에 죽을 때 마지막 하신 말씀이 뭐라고 했어요? 봐요, 다 뭐했다고요? 다 이루었다! 계약의 당사자인 예수님 쪽에서 할 일을 다 했다 이거예요. 이제는 계약에 묶인 분은 누구냐? 하나님이에요. 하나님은 예수님의 계약에 묶여서 예수님은 계약서대로 십자가에서 다 이루었다, 따라서 해요, "다 이루었다." 우리는 왜 예수님이 십자가에서 다 이루었다고 말을 하는지 우리는 몰랐어요. 뭐라고 다 이루었다고 하는지를요. "하나님, 내가 이 땅

7대 명절의 축복을 받으라(상)

에 오기 전에 하늘나라에서 나하고 회의할 때에 그때 약속한 계약서, 그 계약서를 나는 지금 다 이루었습니다." 그것이, 뒤의 말이 깔려 있는 거예요.

그러니까 이제부터는 모든 주도권이 예수님 쪽으로 넘어간 거예요. 넘어갔기 때문에 예수님의 피에 도움을 요청하는 사람은 다 용서하기로 한 거예요. 아멘!

그런데 예수님의 피에 도움을 요청하는데 구약시대는 어떻게 요청했냐? 예수님이 오시기 전이니까 그림자를 통하여 죄 용서받았는데, 아까 말한 대로 사람의 죄를 양으로 옮겨서 복잡하게 돼 있어요. 신약시대는요 복잡하게 안 돼 있고 예수님의 계약서 안으로 들어가는 것이, 싸인(sign)하는 것이 간단해요. 인감도장 찍고 올 것 없어요. 입으로 하게 되어 있어요. 입으로요. 내 입으로 이렇게 말하면 돼요. "주님, 예수의 피로 나의 죄를 씻어주세요." 그 말 한마디 못 하냐고요?

그런데 사람들이 이 말을 입으로 안 하려고 그래요. 안 하는 이유는 사람들이 인간의 이성적 이해의 폭으로 이해가 안 되는 거예요. "아니, 내 죄를 내가 아는데, 얼마나 큰지 내가 아는데, 나는 내가 봐도 인간도 아닌데, 난 짐승인데, 나같이 이런 큰 죄가 말로 한다고 이 모든 게 없어질까?" 이렇게 하나님이 만들어 놓은 제도를 업신여기는 거예요.

만약에 사람들이 이렇게 하면 오히려 더 빨리 저 회개할지 몰라요. 죄 한 가지 당 회개하는 돈 100만 원씩 그래서 자기 것을 꼭 지불하고, 자기의 몸을 학대하고, 안 그러면 죄 한 가지 짓는 사람은 손가락 한 개 자른다든지, 죄 한 가지 있는 사람은 허벅지에다가 칼을 찌른다든지, 이렇게 해서 자기한테 무슨 죄에 대한 학대를 해서, 그러면 죄가 없어진다 이러면 사람들이 믿을 거라고요.

그러나 하나님은 그렇게 안 만들어 놓고 너무 쉽게 만들어 놨어요. 입술로요. 따라서 해요. "주여!" 그 말을 못 하냐고요? 입으로 내 죄를 자복하면 요한일서 1장 9절 한번 읽어봐요. 이렇게 쉽게 만들어 놨단 말이에요. 쉽게요. 시작! "만일 우리가 우리 죄를 자백하면 저는 미쁘시고 의로우사 우리 죄를 사하시며 모든 불의에서 우리를 깨끗케 하실 것이요." 아멘! 그러니까 예수님의 피가 내게 역사하게 하려면 우리는 마음으로 믿어 입으로 시인하여, 입으로 예수님의 피를 불러야 하는 거예요. 믿습니까?

5. 예수의 피가 역사하는 3대 방향

1) 예수의 피는 하나님의 공의를 잠재운다

그다음에 예수님 피의 적용 범위예요. 예수님 피의 적용 범위는 죄에만 적용하는 것이 아니에요. 우리의 삶의 공간 전체에다 예수의 피를 뿌려야 해요.

예수의 피가 역사하는, 예수님 피가 역사하는 3대 방향입니다. 보세요. 첫째는 하나님의 공의의 역사입니다. 하나님의 공의예요. 하나님의 공의는, 여러분, 죄에 대해서 나타납니다. 죄지은 사람에게 무조건 심판으로 나타나요. 이게 공의의 하나님이에요. 그런데 하나님의 공의에 대해선 나아갈 길이 없어요. 그때 우리가 불러야 할 것은 예수의 피를 불러야 해요. 피를 부르면 하나님의 공의가 해결돼요. 우리를 죽이려고 달려들다가도 우리 입에서 피를 부르면요. 아멘! 성경에 어떻게 묘사가 되어 있나요? 수도 없이 묘사되어 있습니다.

유월절 날 예수의 피를 상징하는 어린 양의 피를 문설주에, 바깥에 바르니까 죽음의 사자들이 심판하러 왔다가 그 집 안에 있는 사람이 뭔 짓 하는 것을 천사들이 보지 않았어요. 부부 싸움을 하고 있는지, 여자가 막 남편 넥타이를 잡고 막 흔들고 있는지, 할퀴고 있는지, 막 이렇게 하고 있는지, 천사가 그걸 안 살피고, 딱 보고, 피를 보고 넘어가요. 피 있으면 그 안에서 뭔 발광을 떨어도 괜찮은 거예요. 피 없는 집, 피 없는 집은 그냥 심판으로 나타나요. 이와 같이 어린 양 예수의 피는 하나님의 공의를 잠재우는 능력이 있어요.

2) 예수의 피는 인간의 양심을 잠재운다

그다음에 예수의 피는 인간의 양심을 잠재우는 것입니다. 인간의 양심이요. 여러분, 죄지은 거 다 알잖아요? 스스로 양심이 다 알잖아요? 이 양심을 달랠 길이 없어요. 왜? 자기는 자기를 아니까요. 이것을 대항할 수 있는 유일한 길이 예수의 피예요.

3) 예수의 피는 사탄의 참소를 잠재운다

그다음에 사탄의 참소입니다. 두 번째가 양심이고 세 번째는 사탄의 참소라는 말이에요. 사탄의 참소입니다. 원수 마귀 사탄이 자꾸 우리한테 죄를 자꾸 생각나게 하고 고자질을 해요. "너, 죄지었지? 너 같은 자는 예배드릴 자격도 없어. 네가 무슨 교회를 다녀? 야, 인마, 너 교회 다니는 것 때문에 오히려 예수가 욕먹어. 야, 양심이 있어야지, 그만두라고, 그만둬!" 이렇게 마귀가 참소해요.

참소할 때 우리는 예수의 피를 들고 가야 해요. 따라서 해요. "사탄아 물러가라." 예수 믿을 때는 좀 뻔뻔해야 해요. 사탄한테 담대해야 해요. 이렇게 사탄이 자꾸 우리에게 내 죄를 생각나게 하거든 이렇게 대하면 돼요. "사탄아, 내가 죄지은 거 너도 잘 아는구나. 나도 알아. 그런데 넌 떠들지 마. 입 닥쳐. 내가 왜 죄를 자주 짓는지 아냐? 내가 죄를 안 지으면 예수님 피가 써먹을 데가 없을까 봐. 그래서 내가 가끔 죄를 지어 주는 거야. 알았냐?" 이렇게 뻔뻔해야 해요. 사탄한테는 담대해야 해요. 아멘? 그래야지? 사탄이 자꾸 참소하면서 "너 죄지었지?" 그러면 이제 기가 죽어서 "그래. 맞아. 그래." "너 자살해서, 넌 죽어야 해. 네가 인간이야?" "그래. 맞아. 그렇지 않아도 죽으려고 생각했어." 이러면 안 되는 거예요. 이러면 안 되는 거예요. 마귀에 대하여 주님 피를 가지고 주장해야 해요. 믿습니까? 아멘? 〈구주의 십자가 보혈로〉 부르겠습니다.

〈찬송가 182장〉 구주의 십자가 보혈로

1. 구주의 십자가 보혈로 죄 씻음 받기를 원하네
   내 죄를 씻으신 주 이름 찬송합시다

2. 죄악을 속하여 주신 주 내 속에 들어와 계시네
   십자가 앞에서 주 이름 찬송합시다

3. 주 앞에 흐르는 생명수 날 씻어 정하게 하시네
   내 기쁜 정성을 다하여 찬송합시다

4. 내 주께 회개한 양심은 생명수 가운데 젖었네
흠 없고 순전한 주 이름 찬송합시다

(후렴) 찬송합시다 찬송합시다
내 죄를 씻으신 주 이름 찬송합시다아멘

6. 삶의 모든 분야에서 예수 피를 불러 혜택을 받자

할렐루야! 이 예수의 피는 죄에만 적용하는 게 아니고 모든 삶의 공간에 다 예수 피가 적용돼요. 봐요. 모세가 애굽 땅에 자기 백성을 구원하러 가는데, 구원하는데, 예수의 피를 모르고 가는 거예요. 모세가 그러니까 하나님이 죽이려고 했어요. 모세를 보내 놓고도 죽이려고 해요. 그러니까 옆에 있던 십보라가, 모세의 부인이 금방 입으로부터, 입으로 "이는 나의 피 남편이니라. 보혈이오." 그랬더니 금방 하나님의 심판이 없어진 거예요. 봐요. 말 한마디 해서 죽고 살잖아요? 그 입에서 피를 부르니까요. 피요. 따라서 합시다. "피."

이와 같이 죄에만 적용된 게 아니라 질병, 몸이 아프다 그러면 예수의 피로 대항해야 해요. 몸 아프면 무조건 목사님한테 안수기도 받으려고 하지 말고 예수의 피로 여러분의 병을 대항하라고요. 몸이 아프면 따라 해봐요, "예수의 피로 명하노니 병마야 나가라! 고쳐져라!" 아멘! 몸이 아프거나 몸이 안 아파도 여러분 피곤할 때 있죠? 아주 몸이 피곤하고 너무 가라앉을 때도 피를 한번 써봐요. 금방 상쾌해져요. 따라서 해봐요. "예수 피! 예수 피!" 여러분의 사업이 잘 안된다 그러면 예수 피를 동원해요. 여러분의 자녀들에게도 피를 동원해요. 모든 삶 속에 예수의 피를 우리는 백분 활용해야 해요. 믿습니까?

예수 피를 우리가 쓰는 범위가 너무 좁아요. 꼭 죄 용서하는 데만 예수 피를 사용하는데, 그러지 말고 우리의 모든 사건, 우리의 모든 가정, 삶 전체에 적용해야 해요. 구약 성경에 봐요. 피를 바르는 부분이 얼마나 많은가 봐요. 그냥 성막에도 보면 시작부터 지성소까지예요. 피예요. 피입니다. 다 피예요.

우리 사랑하는, 우리 모든 사랑제일교회 성도들은 피를, 예수의 피를 백분 활용하여 무조건 뭐 말하면, 피! 피! 피! 따라서 해요, "예수 피!" 이것으로 승리할지어다! 이렇게 말하면 여러분들이 "아이고, 목사님, 꼭 유치원 애들 놓고 하는 소리 같이, 목사님, 아이고, 말을 좀 이해되도록 해주세요. 피를 말한다고 뭐 사업이 잘되고, 피를 말한다고 뭐 문제가 해결되고, 피를 말한다고 병이 낫고, 그러나요?"

보세요. 보세요. 여러분, 지금 핸드폰, 주머니 속에 스마트폰 다 있지요? 있어요? 없어요? 이 스마트폰이요? 불과 몇 년 전까지만 해도 이 스마트폰을 열어서 이걸 손으로 눌러야 글씨도 되고 전화도 가고 했잖아요? 그런데 이제는 최신 스마트폰은 딱 열어놓고 말로, 말로, 말로 하면 여기에 글이 써져요, 안 써져요? 후진 거 가지고 있어요? 아직도 못 바꿨어요? 그런데 이걸 2000년 전에 오늘날의 시대를 한번 말한다고 쳐봐요. 2000년이 지나면 말하는 말이 자동으로 다 써진다고요? 2000년 전에 그렇게 말해 봐요? 이단이라 그래요. 그걸 누가 믿겠어요? 그죠?

지금 내가 여러분에게 예수 피를 부르라 그러잖아요? 따라서 해요. "피." 피 부르면 그 피의 역사가 일어난다는 말을 여러분이 이해는 천국 가서 하세요. 이 땅에서는 믿음으로 부르세요. 이해는 천국 가서 하라고요. 2000년 전에 그냥 내가 스마트폰에다 말을 하면 뭐라고 말하면 이게 그리될 줄 누가 알았냐고요? 그때는 안 되잖아요? 발전되니까 되잖아요? 그와 같이 지금 이 공간에서 영적으로 일어나는 피의 역사를 인간의 이성이 그걸 못 받아들이는 거예요. 이해가 불가능한 거예요. 하나님 나라 가면 이해가 돼요. 그러니까 예수의 피를 부르라고요. 피로, 예수의 피로 재앙을 이기세요. 어두움을 이기세요. 할렐루야. 〈나의 죄를 씻기는〉입니다.

7대 명절의 축복을 받으라(상)

〈찬송가 184장〉 나의 죄를 씻기는

1. 나의 죄를 씻기는 예수의 피 밖에 없네
   다시 성케 하기도 예수의 피 밖에 없네

2. 나를 정케 하기는 예수의 피밖에 없네
   사죄하는 증거도 예수의 피밖에 없네

3. 나의 죄 속하기는 예수의 피밖에 없네
   나는 공로 없도다 예수의 피밖에 없네

4. 평안함과 소망은 예수의 피밖에 없네
   나의 의는 이것뿐 예수의 피밖에 없네

5. 영원토록 내 할 말 예수의 피밖에 없네
   나의 찬미 제목은 예수의 피밖에 없네

(후렴) 예수의 흘린 피 날 희게 하오니
       귀하고 귀하다 예수의 피 밖에 없네

아멘! 할렐루야! 그럼 원수 마귀 사탄으로부터 피를 가지고 우리는 늘 이겨야 해요. 원수 마귀 사탄이 자꾸 피에 대해서 의심하게 하려고 해요. '예수 피가 2000년 전에 한 사람이, 십자가에 피 흘려 죽은 예수님이, 그러면 예수님 피 때문에 한 사람의 죄는 용서할 수 있다, 그런데 한 사람이 죽었는데 왜 모든 사람이 다 해당이 될까, 한 사람이 죽었는데?' 하고 의심을 일으켜요. 그 이유는 하나님이 예수님 피에 대해서 관계성으로 그 피 값을 계산하는 거예요.

지금 봐요. 이 세상에 있는 사건으로, 교통사고로 사람이 죽어요. 봐요, 여기 자매님들, 여기 집사님들, 집에도 살림하는 자매님들, 교통사고로 절대 죽지 마요. 죽어봤자 돈 별로 못 받아요. 자매님 교통사고로 죽으면 3천만 원 줘요. 보험회사에서 3천만 원, 호프만 방식으로 계산해 3천만 원이요. 그러나 삼성의 이건희가 죽었다? 이거는 재앙이에요. 보험회사 망해 버려요. 같은 생명인데도 왜 그 사람은 피 값을, 그 사람의 생명의 가치를 달리 계산하나요? 전광훈 목사가 죽었다? 이것도 만만치 않아요. 절대로 내 뒤에는 차가 따라오면 안 돼요. 내가 만약 죽었다 그러면 우리 교회에서 받는 사례비 다 내놔야 해요. 보험회사에서 부흥회 다니면서 받는 사례비 다 내놔야 해요. 이래서 사람의 생명이 이 땅에서도 차별을 둬요.

그와 같이 예수님의 피는 하나님과의 관계성 때문에 얼마만큼 크냐? 이 우주를 다 합쳐도 안 돼요. 그래서 예수님 피는 모든 사람을 다 살 수 있어요. 믿습니까? 아멘? 그리고 마지막으로 봐요. 2000년 전에 죽은 사건이 왜 지금 나한테 해당이 될까? 잘 들어봐요.

　어떤 여자가 애를 가졌어요. 애 낳다가 죽을지 몰라서 보험을 들었어요. 그런데 애 낳다가 죽었어요. 그러면 뱃속에 든 애는 엄마가 보험 든 걸 알아요, 몰라요? 모르지요? 그러면 나중에 딱 애가 크면 보험금이 걔한테 해당이 되게 돼 있어요. 우리가 2000년 전에 태어나지도 않았어요. 예수님 십자가 못 박힐 때 그 자리에 없었어요. 그런데 예수님이 십자가에 못 박힐 때 우리를 다 계약서 안에 넣어 놨어요. 복음의 계약서 안에 다 써놨어요. 아멘! 제1번 수령자 전광훈, 제2번 황철구 이렇게 다 써놨어요. 전체를 다 써놨어요. 2000년 전에요. 아멘! 그러므로 예수님의 십자가의 피는 모든 사람이 해당이 돼요. 우리가 할 일은 그것을 받아들이면 돼요. 받아들이면 됩니다. 받아들이면 돼요. 믿습니까?

　자기한테 이미 베풀어진 걸, 그것을 활용하고 받아들여야지, 여러분들은 안 받아들이면 안 돼요. 알았지요? "지옥 갈 거야. 나 지옥 갈 거야." 지옥 가봐요. 가보라고요. "지옥? 난 지옥 가서 같이 한번 고생해 볼 거야." 가봐요. 가봐요. 지옥 가봐요. 속 썩이지 말고 예수 피를 붙잡아요. 피를 붙잡으라고요. 하나님이 다 만들어 놨단 말이에요. 아멘! 할렐루야! 두 손 높이 들어요. 주의 보혈입니다. 주의 보혈이요. 예수의 피를 붙잡아야 합니다.

주의 보혈 능력 있도다 주의 피 믿으오
주의 보혈 그 어린 양의 매우 귀중한 피로다

　두 손 높이 들고 통성으로 기도합니다. 통성으로요. "주님, 주님이 나를 위해서 베풀어 놓은 것을 100% 활용하겠습니다. 나도 예수님 피를 사용하겠습니다. 예수님 피를 주장하겠습니다. 예수의 피로 나의 죄를 씻어주시고, 병도 고쳐 주시고, 문제도 해결해 주세요." 예수 피를 입으로 부른다고 설마 해결될까 이런 모든 의심을 다 버리시고, 하나님이 베푸는 제도를 받아들이십시오. "주여!" 삼창하며 기도하겠습니다.

유월절④
유월절을 대하는 우리의 태도

설교 일시 2013년 11월 10일(주일) 오전 11시

대   상 사랑제일교회 주일 3부 예배

성   경 출애굽기 12:5-9

> 5 너희 어린 양은 흠 없고 일 년 된 수컷으로 하되 양이나 염소 중에서 취하고
>
> 6 이달 십사일까지 간직하였다가 해 질 때에 이스라엘 회중이 그 양을 잡고
>
> 7 그 피로 양을 먹을 집 문 좌우 설주와 인방에 바르고
>
> 8 그 밤에 고기를 불에 구워 무교병과 쓴 나물과 아울러 먹되
>
> 9 날로나 물에 삶아서나 먹지 말고 그 머리와 정강이와 내장을 다 불에 구워 먹고

Ⅰ.
7대 명절을 통해 확증하신
예수님의 구속 사역

1. 하나님의 소원 : 7대 명절을 알아다오

7대 명절의 축복을 받으라! 아멘! 할렐루야! 구약시대 하나님은 이스라엘 백성들에게 7가지의 명절을 주셨습니다. 그 순서가 이러하니, 한번 따라서 합니다. "유월절, 무교절, 초실절, 오순절, 나팔절, 속죄절, 장막절." 왜 주셨느냐? 이유는 첫째는 구약시대 이스라엘, 지금 저 중동 땅에 사는 백성들 있죠? 이스라엘, 저 이스라엘 백성들을 하나님이 축복하기 위하여 주신 명절입니다. 이스라엘 백성들은 요거 7개 지키다가 세계 제1의 복을 받았어요. 할렐루야!

저는, 저는 바라는 소망은 우리나라 명절도 추석, 구정 다 없애고 난 요거 일곱 개가 대한민국의 명절이 되었으면 좋겠어요. 그러면 우리는 세계 제1의 복을 받을 거예요. 그렇죠? 여러분도 그렇게 되기를 원해요? 대한민국을 가장 하나님 잘 섬기는 복음의 나라를 한번 만들어 보자! 할 수 있어요! 될 것 같아요! 성령의 바람이 불어오면 창조 이후로, 천지가 창조된 이후로 가장 아름다운 복음의 나라를 대한민국이 한 번 만들어 봅시다. 옆 사람 다 손잡고 말해봐요. "우리 한번 해 봅시다." 아멘! 지금요 그런 역사가 일어나려고 하니까 이게 빨갱이들이 난리요. 빨갱이들이요. 이제 마지막 싸움인데 여기서만 이기면 창조 이후로 가장 아름다운 그리스도의 나라가 대한민국에 이루어지리라!

구약시대 이스라엘 백성들은 이거 7개를 지키다가 세계 제1의 복을 받았어요. 유대인들입니다. 유대인들이요. 한 번 다시 해봐요. "유월절, 무교절, 초실절, 오순절, 나팔절, 속죄절, 장막절."

왜 이것에 대해서 말하고 따라 하고 만지기만 해도 복을 주실까요? 하나님이 사람에게 제일 하고 싶은 말이기 때문이에요. 하나님이 사람에게 제일 하고 싶은 말이 일곱 가지예요. 모든 인간들에게 하나님은 이것을 좀 알아 달라고 그래요. 성경이 얼마나 두꺼워요? 이렇게 성경 두꺼워도 성경을 간추려 놓은 것이 이 내용이에요.

2. 7대 명절의 초과학성 : 예수를 믿어도 좋다는 충분한 확증을 주심

그러면 두 번째 이건 뭔 뜻이냐 하면, 예수 그리스도가, 여러

분과 저의 사랑의 대상인 예수 그리스도입니다. 예수님 사랑하십니까? 아멘 해봐요. 예수님 사랑하십니까? 조금 사랑해요, 많이 사랑해요? 진짜 많이 사랑해요? 노래 한번 불러봐요. 〈사랑해요 목소리 높여〉 한번 해 봐요.

〈사랑해요 목소리 높여〉
사랑해요 목소리 높여 경배해요 내 영혼 기뻐
오 나의 왕 나의 목소리 주님 귀에 곱게 곱게 울리길

아멘! 그럼 다시 해봐요. "예수님, 사랑해요." 이 말이 주님 보좌까지 들렸다 이거예요. 다시 또 노래해 봐요. 〈사랑해요〉 보좌까지 들리도록 노래해요.

사랑해요 목소리 높여 경배해요 내 영혼 기뻐
오 나의 왕 나의 목소리 주님 귀에 곱게 곱게 울리길

아멘! 할렐루야! 7대 명절은 이 예수 그리스도가 이 땅에 오셔서 하실 일이에요. 예수님은 누구신가요? 이 세상을 창조하신 하나님이 사람의 육체의 옷을 입고, 사람과의 눈높이를 맞추기 위하여, 그냥 영으로 오면 인간과 하나님과의 간

격이 너무 멀어요. 그래서 사람의 육체의 옷을 입고 이 세상을 창조하신 하나님이 사람의 모습으로 오신 분이 예수예요. 아멘! 오셔서 무슨 일을 하겠다고 하는 것이냐? 여러분과 저를 위하여 일곱 가지의 구속의 사역을 하겠다는 거예요.

첫째, 유월절, 이렇게 죽으리라. 따라서 해요. "죽으리라." 예수는 이 땅에 와서 십자가에 죽으리라! 이것은 예수님이 이 땅에 오시기 전이에요. 오신 후에 생긴 명절이 아니고 오시기 2000년 전에 벌써 하나님은 7가지 명절을 만들어서 그의 아들 예수가 이 땅에 사람으로 오면 이렇게 죽으리라 하는 것을 2000년 동안 이스라엘 백성들에게 예행연습을 시켰어요.

따라서 합니다. "무덤에 있으리라." 무교절은 무덤에 있으리라! 따라서 합시다. "부활하리라." 다시 따라서 해요. "성령을 주시리라. 재림하시리라." 다시 따라 합니다. "알곡과 쭉정이를 가리시리라." 다시 따라 합시다. "천년왕국에 들어가리라." 이것 7개를 예수님이 집행하겠다는 거예요. 이중 어디까지 했나요? 오순절 성령 여기까지 주님은 다 완성하셨어요. 날짜도 안 틀리고요. 날짜도 안 틀려요.

여러분, 성경이 참 신기하지 않아요? 저는 이런 성경을 보면서 예수를 개떡같이 믿는 사람들은 스스로 지옥을, 스스로 지옥을 자원했다고 생각해요. 아니, 이걸 어떻게, 이것을 사람이 꾸민 일이라고 생각하겠어요? 성경은 초과학적이에요. 초과학적입니다. 이 모든 명절이 날짜도 안 틀리고 예수님은 다 이루었어요. 이것이 어떻게 가능하냐고요? 아멘! 2000년 전에 유월절 행사를 이스라엘 백성들이 진행했는데 예수가 와서 유월절 날 십자가에 죽은 거예요. 어떻게 그렇게 되냐고요? 아멘! 야, 참 기가 막히죠? 그리고 무교절 3일 동안요, 3일 그대로 3일 동안 땅속에 3일 있었어요. 이야! 따라서 해 봐요. "이야!" 이런 성경이 오늘 여러분에게 열리는 거에 대해서 하나님께 영광의 박수! 그냥 우리가 예수 믿는 게 아니라고요. 하나님은 예수 믿을 충분한, 믿어도 좋다고 하는 충분한 확증을 우리 하나님은 역사적으로, 아멘, 모든 인간에게 하나도 항의를 받지 아니할 만큼 우리 하나님은 명쾌하게 예수는 믿어도 좋다 할 만큼 확증을 주신 것이에요. 믿습니까? 〈사랑해요 목소리 높여〉 다시 해 봐요. 다시 해요. 예수님은 사랑할 만한 가치가 있는 분이니까요. 아멘!

사랑해요 목소리 높여 경배해요 내 영혼 기뻐
오 나의 왕 나의 목소리 주님 귀에 곱게 곱게 울리길

7대 명절의 축복을 받으라(상)

예수님 사랑하시면 아멘 합시다. 주님은 그렇게 말합니다. "정말 너희들이 나를 사랑하느냐? 그렇다면 7대 명절의 의미를 알아다오. 정말 나를 사랑하면 이 내용을 깨달아다오."

그러니까 우리 예수님은 이 땅에 오셔서 그대로 날짜도 안 틀렸어요. 무교절 날짜도 안 틀리고 그대로 무덤에 있었어요. 그다음에 따라서 해요. "부활하리라." 초실절 날 부활하셨어요. 그 날짜도 안 틀렸어요. 초실절 날 부활했어요. 그리고 오순절 날 성령이 왔다니까요. 그냥 성령이 온 게 아니라니까요.

사도행전 2장 1절에 오순절 날이 이미 이르매, 오순절 날이라 그랬잖아요? 날, 이날을 맞추기 위하여, 오순절 날이 이미 이르매 저희가 다 같이 한자리에 모였더니 하늘로부터 급하고 강한 바람 소리 같은 것이 온 집안에 가득하며 불의 혀 같이 갈라지는 것이 각 사람 머리 위에 임하여 있더니 저희가 성령의 충만함을 받았더라. 오순절 날입니다. 오순절 날이요. 따라서 합니다. "날." 성경에 보세요. 하나님 명절이 이렇게 돼 있어요.

3. 이 땅에서 장막절까지 먼저 경험해보자

자, 셋째로 이건 더 중요한 거예요. 이스라엘 백성들이 축복 받은 것보다 더 중요해요. 그건 그들이 뭐 받든 말든 관계없어요. 예수님이 십자가에 못 박혀 죽으셔서, 무덤에 계셔서, 부활하셔서, 성령을 주셔서, 재림하시리라, 이것보다 더 중요한 게 뭐냐 하면요? 이야! 실제 우리에게, 신약시대에, 오늘날 우리 시대에 성도들의, 여러분과 나의 심령 속에 이루어질 큰 7대 복음의 축복이에요. 무슨 얘기냐? 유월절이 사람에게 임하면 인간 최고의 축복인 구원의 역사가 일어난다는 거예요. 사람에게 최고의 축복은 구원입니다. 사람은 언제 죽어도 분명히 죽어요. 안 죽을 것 같지요? 분명히 죽어요. 아멘 안 하는 사람도 죽어요. 다 죽어요. 문제는 죽은 뒤에 그 영혼이 하나는 지옥으로, 하나는 천국으로 간다는 거예요. 아멘!

그런데 유월절이 사람에게 임하면 인간 최고의 축복인 구원의 역사가 일어나요. 오늘 이 가운데 오신 여러분의 가슴 속에 유월절이 이루어져서 100% 구원받기를 바라고, 오늘 이 3부 예배 참여한 심령들은 한 사람도 빠짐없이 인간 최고의 축복인 구속의 은총이 임하여 꼭 천국 갑시다. 옆 사람 다 손잡고 축복해 봐요. "천국 갑시다. 꼭 갑시다." 그 천국 가는 그것이 뭐냐? 유월절이에요. 유월절이 사람 속에 임하면 천국 간다 이거예요.

그다음에 무교절은 무덤입니다. 예수님이 무덤 속에 계셨던 것과 같이 유월절을 통하여 우리를 구원시킨 뒤에 하나님이 우리를 무교절의 무덤 속에 집어넣어요. 오늘날도 하나님은 여러 형태의 무덤을 준비했다는 거예요. 따라 해봐요. "물질의 무덤, 가정의 무덤, 자녀의 무덤, 질병의 무덤, 사업의 무덤." 왜 하나님이 구원받은 인간을 바로 초실절의 축복을 안 주고 요 무덤의 과정을 왜 거치게 할까요? 그 이유는 구원은 우리가 받았으나 아직도 우리 속에 아담의 성분이, 타락한 아담의 그 사람이 그대로 있기 때문에 요것을 하나님이 처리하려고 성화시키려고 그래요. 우리 다 성화 됩시다. 옆사람 손잡고 해봐요. "성화 됩시다." 거룩하여지기를 바랍니다. 다 성화 되자고요.

그러면 그 사람에게 하나님은 오늘날도 초실절의 영광을 주세요. 이것은 부활입니다. 부활이요. 아멘! 한번 따라서 합시다. "영의 부활, 가정의 부활, 자녀의 부활, 사업의 부활, 다 부활." 전체를 우리에게 다 초실절의 영광을 주셔요. 믿습니까? 다음 주일을 우리 교회가 추수감사절로 지킵니다. 다음 주일이 추수감사절인데 추수감사절이 뭐냐? 신약시대에 추수감사절이 구약의 초실절 이거와 같은 거예요. 그러니까 다음 주에 우리 교회 성도들은 초실절을 지키되 마음을 다하고 성품을 다해야 합니다. 장난기로 하면 안 돼요. 초실절의 영광을 주님께 드리기 위하여 우리 모든 성도들이 다 초실절을 체험하기 위하여, 이따가 우리 서정희 사모님이 나오셔서 어떻게 초실절을 지켜왔는지 한번 설명을 듣겠습니다마는, 다음 주일날 우리가 하나님께 초실절에 예물을 드릴 때 장난기로 하지 말고, 최소요, 최소입니다. 최소한 우리가 결혼식을 가거나 장례식을 가거나 우리 아는 사람들의 행사를 갈 때에 그냥 가요, 축의금을 가져가요? 그 정도의 양은 다음 주에 다 하나님께 예물을 드립시다. 아멘! 소리가 또 갑자기 떨어졌어요. 아이참, 따라 해봐요. "하나님은 사람에게 빚지지 않는다."

잘 들어보세요. 내가 40년, 40년 이상을 예수님과 함께 사귀어오면서, 내가 40년 동안 예수님과 데이트를 해왔다고요. 그래서 나도 이제 예수님을 파악할 만큼 파악했어요. 예수님의 약점, 예수님의 성질, 예수님의 성격을 내가 어느 정도 감 잡았어요. 감 잡았는데 내가 예수님을 40년 가까이 지나오면서 예수님의 성품을 파악한 것 중에 하나가 뭐냐 하면, 예수님은 사람에게 신세 지지 않는다는 거예요. 무서운 거예요. 예수님은 사람에게 신세 지지 않는다는 거예요.

　　　　　　　　　　　　　7대 명절의 축복을 받으라(상)

이야! 사람도, 여러분, 오랜만에, 시내 나가서 초등학교 동창을 만나서, "아이고! 오랜만이야. 몇 년 만이야?" "40년이야." "그래, 어떻게 잘 살았어? 장가는 갔고? 그래, 애는 몇이요? 아이고! 밥 먹으러 가자, 밥 먹으러 가자." 이제 비빔밥 하나 먹었어요. 돈 누가 낼까요? 가자고 한 사람이 먼저 내요. 그 돈을 냈어요. 그러면 얻어먹은 친구가 마음속에 담아 놔요. '너 오늘 나한테 밥 한 끼 샀지? 다음에 만나면 내가 사리라.' 여러분은 안 그래요? 사람이 밥 한 끼를 얻어먹어도 마음에 담아요, 안 담아요? 미안하단 말이에요, 맞죠? 안 그러면 인간 아니지, 맞죠? 사실이죠?

그런데 심지어 한번 들어봐요. 예수 그리스도는 밤잠을 못 자요. 누구한테 밥 한 끼 얻어먹으면 주님은 밤잠을 못 자요. 왜요? 내가 너한테 신세 졌다 이거예요. 다음 주일날 추수감사절을 통하여 예수가 나한테 신세 지게 하라! 옆 사람 딱 손잡고 해봐요. "예수가 나에게 신세 지게 하라!" 그러면 강제로 축복이 오는 거예요. 강제로요. 진짜예요. 아멘. 〈사랑해요〉 다시 불러봐요.

**사랑해요 목소리 높여 경배해요 내 영혼 기뻐
오 나의 왕 나의 목소리 주님 귀에 곱게 곱게 울리길**

할렐루야! 참, 오늘 내가 좋은 말 하나 했어요. "예수가 나에게 신세 지게 하라." 너무너무 좋은 거예요. 아멘! 그러면 여러분에게 초실절의 영광이 나타나요. 한번 주님이 초실절로 몰고 갈 때는 무서워요. 하나님이 부활시키는데요, 아멘, 저에게는 초실절이 왔어요. 나에게는 초실절이 와서 내가 하는 일은 다 잘 돼요. 내가 손을 대면 다 뻥뻥 터져요. 아멘! 하나님이 저를 유월절 무교절을 내 가슴에 집어넣더니 나에게 초실절을 주셨어요. 우리 사랑제일교회 모든 성도들에게 초실절이 임할지어다! 할렐루야!

성령 충만이 옵니다. 오순절입니다. 아멘! 나팔절이 옵니다. 재림 신앙이 옵니다. 속죄절입니다. 와, 나를 정결케 하는 능력이 임합니다. 천년왕국을 예행연습합니다. 우리 다 이 땅에서 한번 7가지 명절, 최후의 천년왕국까지 한번 여기까지 때려 봅시다. 버금 수레 한번 타봅시다. 요셉이 탄 그 버금 수레 우리도 한번 타봅시다. 아멘! 다윗이 갔던 예루살렘의 왕의 그 자리에 한번 가봅시다. 할렐루야! 옆 사람 다 손잡고 해봐요. "거기까지 가봅시다." 이야! 사랑제일교회 모든 성도는 거기까지 한 번 가야 해요. 새 예루살렘까지요. <세상 모든 수고 끝나> 한번 불러봐요. 와! 새 예루살렘까지 간다고요.

<찬송가 223장> 세상 모든 수고 끝나

1. 세상 모든 수고 끝나 우리 장막 벗고서
   모든 근심 걱정 사라진 뒤에
   주를 뵙고 성도 함께 면류관을 쓰리라
   새 예루살렘에서

2. 가는 길이 외로워도 주 날 붙드시리니
   시험 환난 근심 걱정 없으며
   주를 믿고 따라가면 주의 뜻을 알리라
   새 예루살렘에서

3. 내가 세상 작별하고 눈물 흔적 거둔 뒤
   주의 찬란하신 영광 비칠 때
   나를 구속하신 주를 기쁨으로 뵈오리
   새 예루살렘에서

4. 아름다운 그곳에서 구속받은 성도와
   사랑하는 주를 만나 뵈올 때
   주의 영광 노래하며 영원토록 살리라
   새 예루살렘에서

(후렴) 성도들이 함께 올 때 기뻐 노래하리라
   새 예루살렘 새 예루살렘
   호산나를 높이 불러 왕의 왕을 맞으리
   새 예루살렘에서

아멘. 우리 한번 그곳에 가서 불러봅시다. 언젠가는 이 노래를 거기서 부를 날이 올 거예요. 새 예루살렘의 주인공이 되어봅시다. 우리가 이 세상에 사는 동안에 하나님 나라 가기 전에 우리가 장막절까지 한번 경험하고 이 땅에서 먼저 경험하고, 아멘? 아버지! 아버지 한번 해봐요. "아버지!" 너무 좋다! 너무 좋다! 너무 좋다! 몸을 흔들면서 해봐요. "너무 좋다!"

서정희 사모님이요, 내 설교 다 끝나고 코이노니아 하기 위해서 앞으로 나오라 그러면요, 성령에 하도 세게 눌려서 서 있기가 힘들다 그래요. 여기는 성령에 취하는 곳이에요. 우리 교회는 성령이 이렇게 덮고 있는 곳이에요. 할렐루야지요?

Ⅱ.
피 뿌림의 권세

1. 7대 명절의 첫 단추를 잘 끼우자 : 유월절

그래서 7대 명절은 신약시대 우리 성도들에게 하나님이 체험시켜 주시는 큰 7가지 축복인데, 그중에 제일 축복은 뭐냐 하면 유월절이에요. 유월절이 분명해야 해요. 7대 명절의 모든 순서가, 이것이 앞의 명절이 안 되면 그다음 명절은 안 와요. 앞에 있는 것이 되어야 서로에게 고리를 걸고 넘어가게 되어 있어요. 서로가 건너뛰는 게 없어요. 앞에 있는 것이 와야 다음 칸으로 이동이 돼요. 이렇게 만들어 놨단 말이에요. 그러니까 제일 중요한 첫 단추가 뭐냐? 유월절이에요. 유월절에 대해서 오늘 우리가 4주째 말씀을 상고하는 거예요. 지나간 말씀을 다시 한번 더듬어 보세요.

첫째 이 유월절은 뭐 하는 날인가? 어린 양이, 따라서 해요, "어린 양이," 사람의 모든 것을 대신하는 날이에요. 우리 인생의 모든 죄, 허물, 연약함 전체를 어린 양으로 넘기는 날이에요. 오늘도 여러분이 앉은 이 자리가 유월절이 되어서 나의 모든 죄, 허물, 죄악도, 우리의 연약함, 질병, 모든 전체를 어린 양 되신 예수님께로 넘기라 이거예요. 따라서 합시다. "넘기자!" 아멘! 내가 가지고 있지 말고 모든 나의 문제, 죄, 질병, 어려움, 환난, 걱정, 모든 전체를 다 예수님께로 넘기는 날이 유월절이에요. 여러분에게 유월절이 이루어지려면 오늘 이 시간도 우리의 모든 것을 예수님께로 넘겨야 하는 거예요. 따라서 해요. "죄, 질병, 환난, 연약함, 문제, 사업, 자녀," 모든 전체를 예수님께로 넘기는 거예요. 주님이 우리의 모든 죄를, 모든 짐을 대신 져주신다 이거예요. 이것이 바로 유월절입니다.

다시요. 다시 그때 한 것을 더듬어 봐요. 구약시대는 제사장이 사람이 양을 가지고 오면 그 사람에게 안수하여 한쪽 손을 얹고 또 한 손은 양에게 얹어서 사람의 모든 연약함을 하나님께 기도로써 사람의 것을 양으로 넘겨서 양을 죽인다 그랬어요.

신약시대는 그러지 않고 말로 넘깁니다. 따라서 해요. "주여!" "주여!"라는 이 말 한마디로 나의 모든 것을 예수님께로 넘기는 거예요. 하나님께 영광의 박수 합시다. "주여!"란 말 한마디로 주님께 내 모든 걸 넘길 수 있는 자리에 우리는 와 있는 겁니다.

〈죄짐 맡은 우리 구주〉입니다. 모든 걸 다 넘겨 봐요. 예수님께로 다 넘겨 버려요. 내가 가지고 있지 말고요.

<찬송가 487장> 죄 짐 맡은 우리 구주

1. 죄 짐 맡은 우리 구주 어찌 좋은 친군지
   걱정 근심 무거운 짐 우리 주께 맡기세
   주께 고함 없는 고로 복을 얻지 못하네
   사람들이 어찌하여 아뢸 줄을 모를까

2. 시험 걱정 모든 괴롬 없는 사람 누군가
   부질없이 낙심 말고 기도드려 아뢰세
   이런 진실 하신 친구 찾아볼 수 있을까
   우리 약함 아시오니 어찌 아니 아뢸까

3. 근심 걱정 무거운 짐 아니 진 자 누군가
   피난처는 우리 예수 주께 기도드리세
   세상 친구 멸시하고 너를 조롱하여도
   예수 품에 안기어서 참된 위로 받겠네아멘

아멘! 할렐루야! 두 번째는 유월절에 대해서 이렇게 제가 여러분에게 설교를 했어요. 유월절은 뭔가? 이스라엘 백성들이 애굽의 바로의 손에서 해방된 날입니다. 바로의 손에서 해방된 날이에요. 이게 무슨 뜻인가? 그와 같이 유월절이 우리 속에 오면 바로 같은 사탄의 손에서 해방된다는 겁니다. 모든 인간은 사탄에게 붙잡혀서 태어난단 말입니다. 태어나면서부터 인간은 사탄의 점령하에 있다는 거예요. 그러니까 성악설, 성선설, 공자님 말씀 중에 어느 게 맞냐? 성악설이 맞는 거예요. 인간은 태어나면서부터 이미 벌써 악에 물들어서 태어나요. 사탄의 손에 이미 점령되어서요. 이러한 인간을 하나님이 유월절의 피로 우리를 사탄의 손에서 풀어 주신다, 해방시켜 주신다는 거예요.

"주의 성령이 내게 기름을 부으셨으니 이는 가난한 자에게 복음을, 포로 된 자에게 자유를." 다시요. 포로 된 자에게 무엇을 준다고요? 자유를! 눈먼 자를 보게 하고, 아멘! 이것을 해주시기 위하여 유월절이 나타난 거예요.

2. 보혈의 능력

1) 7대 명절 표를 집에 붙여 놓고 수시로 보자

세 번째 지난주에는 뭐라고 했나요? 유월절은 곧 피라고 했어요. 따라서 해요. "피." 보혈의 능력이라고요. 피 뿌림의 권세예요. 믿습니까? 그래서 제가 여러분에게 지난주에도 부탁했고 지지난 주에도 부탁했는데 지금 7대 명절 여러분에게 내가 다 나눠 드렸죠? 펴봐요. 누가 안 가져왔나, 어디 펴봐요. 꺼내 봐요. 다 꺼내 봐요. 없는 사람은 뒤에 달라 그래요. 무진장 인쇄해서 나눠 드릴 테니까요. 내가요, 온 지구촌에 달라는 사람 다 줄 거예요. 우리 교회 팔아서라도 다

줄 거예요. 다 꺼내 보세요. 꺼냈어요? 여러분의 집에, 대문에, 집 방문에, 바깥 문에 붙이면, 비 오면 안 되니까, 방문에 앞쪽에 하나 붙이고 뒤쪽에 하나 붙이고요. 아멘? 이거요, 능력이 있어요. 이거 우리 집에도요, 사모님이 붙여놨어요. 이번 주에 우리 집 보니까 붙여놨는데, 내가 이거 설교하는데도 들어가면서 보게 되더라니까요. 벌써, 오! 유월절 나올 때도 또 보게 되고 봐요. 여러분, 제가 시킨 대로 순종하는 게 좋아요.

거봐요. 내 그때 저 포항에 있는 장성교회에, 포항에서 제일 큰 교회가 장성교회잖아요? 그 정 목사님이, 원로 목사님이 오셔서 그때 우리 교회에서 와서 간증하신 거 들으셨잖아요? 그렇죠? 다시 말할 테니까 들어봐요. 내가 여러분에게 붙이라 그럴 때는 다 의미가 있는 거예요. 이거 부적보다 훨씬 능력이 있어요. 부적 100만 원짜리 붙여 봤자 아무 효과 없어요. 이거 비교할 수가 없어요. 내가 이 말한다는 자체가 신성모독이에요. 아버지여, 피를 발라주세요. 어찌 감히, 주님, 부적과 비교를 하겠나이까? 말도 안 되는 소리예요.

2) 포항 장성교회 원로 목사님의 간증
포항의 장성교회 말이에요, 정 목사님, 할아버지 목사님, 원로 목사님 오셔서 여러분에게 설교한 말을 여러분은 또 잊어먹었지만 나는 한번 들으면 안 잊어먹어요. 나는 설교를 안 잊어먹는 은사를 받았어요. 다시 내가 가르쳐 드릴 테니까 정신을 바짝 차리고 들으세요. 포항에 가면요 장성교회라고 큰 교회가 있어요. 5000석, 자리가 5000석이에요. 목사님이, 원로 목사님이 계시는데, 그 목사님의 아버지가 누구냐? 일제시대 때 한학자란 말이에요. 한학자요. 한동호 장로님도 한학자인데, 한동호 장로님은 한자 정말 잘 써요. 막 이렇게 막 흘려가면서요. 한문이라고 하는 것이, 제일 첫 번째 들어가면 천자문 배우지요? 하늘 천 따 지 검을 현 그다음 뭐예요? 누룽지, 누룽지죠? 그런데 그다음에 명심보감 배워요. 명심보감이요. 그다음 위에 뭐냐? 사서삼경 배워요. 사서삼경. 사서삼경 알아요? 사서삼경? 모르는구나. 학이시습지 불역열호(學而時習之不亦說乎)아! 이게 사서삼경이란 말이에요. 그다음에 한문의 마지막이 중국에서 쓴 책이 있어요. 뭐냐하면, 주학이라고 있어요. 주학.

이 주학은요, 한문이라고 하는 것이 원래 그 뿌리가 영과 닿게 되어 있어요. 영과 한문은 생긴 모양 자체가요, 영의 세계의 이치를 가지고 한문이 만들어졌어요. 한문 잘 봐요. 나중에 한문과 영의 세계에 대해서 요거 풀이를 하는 우리 오택근 원로 목사님 특강을 할 때 들어보라고요. 한문의 이 상형문자가요 기가 막힌 거예요. 기가 막힌 거예요. 그런데 주학까지 가버리면 뭔 일이 생기느냐? 귀신과 접촉하는 경지까지 가서 악령의 세계에 눈이 열려요. 주학까지 공부를 해버리면요. 한문도, 여러분, 너무 깊이 공부해 버리면 악령과 닿아요. 악령과요. 악령과 닿아버린단 말이에요. 그러니까 그 목사님의 아버님이 주학을 깊이 해가지고 악령과 닿는 경지에 가버렸어요. 가니까 이제 막 악령이, 근데 악령이라고 하는 것이, 악령이라고 하는 것이 어떤 영이에요. 사람에게 처음에는 몇 가지 좋은 거 가르쳐줘요. 끝에 가면 망쳐놔요. 그래서 무당 굿하고 푸닥거리하면 끝에 가면 분명히 망해요. 내가 어릴 때 우리 어머니 따라 굿하는 데 일등이에요. 일등. 우리 어머니가요 여름에 농사지어놓고 겨울에는 굿하느라고 다 날려 먹어요. 우리 어머니가 초가을부터 늦봄까지 계속 팡팡 이거 하다가요? 우리 어머니가요. 아이고! 나 참 기가 막혀요.

그런데 귀신이 집에 들어오니까 그 부인이, 목사님의 친어머니가 귀신이 걸린 거예요. 악령이요. 정신병이 걸렸단 말이요. 그러니까 그 정신병 고치려고 다시 귀신 굿을 하니까 병이 낫겠어요? 안 나니까 이제 옆에 있는 면서기 부인이 말이에요. 면서기 부인이 "애기엄마, 애기엄마, 애기엄마 병은 절대로 굿해서 낫지 않아. 더 큰 신이 와야 해. 더 큰 신. 그 더 큰 신이 뭐냐? 하나님이야." 그래서 교회로 데리고 갔어요. 교회로 데려갔더니, "나한테 붙은 귀신 좀 띄어주세요." 그러니까 교회에서 하는 말이, 그때는 일제시대여서 교회가 참 무식했어요. 나 같으면 바로 예수 그리스도의 이름으로 "악령아, 나가라." 이렇게 하면 될 텐데 옛날 일제시대 때는 무식해서 성경을 하나 사라 그랬어요. 그래서 "성경으로 어떻게 귀신을 떼어내냐?" 그러니까 밤마다 그 포항 장성교회 목사님 엄마는 귀신이 저녁 새벽 2시에 오는데 새벽 2시 되면 하얀 옷을 입고 그 시간에 맞춰 나타난단 말이에요? 그걸 못 이긴 거예요. 그걸 이기려고 막 베개를 던지고, 부엌에 가서 칼을 가져와서 막 벽을 찍는데, 옆에 있는 남편이 "너 왜 이래?" 그러면 "비켜. 저기 지금 저기 날 죽이러 왔어." 혼자서 그렇게 난리를 떠는 거예요. 매일 밤마다 그러니까 이제 성경책을 교회에서 쌀 한 되 주고 샀어요. "이걸 어떻게 써먹냐?"라고 했더니 "이것을 귀신이 오는 자리에다가 딱 펴 놓으라." 그랬어요. 그러니까 이제 가서 성경을 사서 저녁에 딱 펴놨단 말이에요. 그걸 기다리고 있는 거예요. 새벽 2시에 올 귀신을요. 귀신이 왔을까요, 안 왔을까요? 안 왔으면 얼마나 좋겠어요? 왔어요. 귀신이 오기는 왔어요.

이게 실제 실화요. 그 원로 목사님이 얼마 전에 우리 교회와서 말씀했어요. 귀신이 와서 귀신이 또 덤비는 거예요. 귀신 오는데 딱 보더니 성경책 있는데 와서 딱 서는 거예요. 서

7대 명절의 축복을 받으라(상)

더니 성경을 치우라고 말하지 않고 뭐라 그랬어요? "피를 치우라." 뭘 치우라고요? 성경을 보고 귀신이 피라 그랬어요. 예수의 피예요. "피를 치우라." 그러니까 그 어머니가 귀신이 "피를 치우라" 그러니까 '아, 귀신이 성경을 무서워하는구나.' 그래서 피를 치운다고 성경을 들고, 성경을 가지고 막 귀신한테 가서 "피 먹어라. 이놈아, 피 먹어라." 그랬더니 한 길로 왔다 일곱 길로 도망갔어요.

그다음 날부터 몸이 살살 낫기 시작해서 깨끗하게 나았단 말이에요. 아멘? 그래서 남편 모르게, 남편 모르게 교회를 4년을 다녔다 그러잖아요? 남편 모르게요? 남편이 들에 일하러 가면, 그 사이에 예배당 갔다 오는 거예요. 4년을 예배당을 다니는데 얼마나 눈물 나겠어요? 자기는 이제 예수를 알았단 말이에요. 그 자매님에게 유월절이 임했단 말이에요. 그런데 남편은 한학자니까 말이야 그 도포를 입고 "하늘 천, 따 지," 하니까 이게 되냐고요? 그러니까 교회 가서 눈물로 4년을 기도한 거예요. 4년을요.

여기도, 여기 짝 가정들 잘 들어요. 자매님들 속에 먼저 유월절이 오고 예수님이 믿어지면 여러분 가족이 불쌍하지요? 기도하세요. 눈물 뿌려 기도하세요. 기쁨으로 단을 거둡니다. 사람은 예수 믿을 힘이 없어요. 누군가 옆에서 기도해 줘야 해요. 아멘?

4년을 기도하니까 그 자매님의 기도가 하늘에 닿았어요. 그래서 이제 어떤 역사가 일어나요? 그 할아버지, 한학자 남편, 남편에게 구원의 역사가 드디어 일어나는 거예요. 밭에 일하러 갔단 말이에요. 일하러, 늦가을에, 요즘 같은 날씨예요. 늦가을에 마지막, 이제 가을에 밭을 가는데 내년 농사를 위하여 올해 추수 다 하고, 추수 다 하고 내년 농사를 위하여 밭을 미리 갈아 놓는단 말이에요. 다 밭을 가는데, 소가 길들인 소가 아니고 송아지 새끼를 처음 밭갈이를 가르치는 거예요. 이제 처음 소예요. 그러니까 그 형님이 앞에서 소고삐를 잡고 가고 그 아버지는 뒤에서 쟁기를 잡고 가는데 갑자기 밭을 갈다가 뒤에 있는 그 한학자 할아버지가, 아버지가 멈추는 거예요. "워~" 그랬어요. "워~"가 뭐요? "워~" 알아요? "워~ 워~ 워~" 소에게 멈추라고 하는 소리예요. "워~" 소가 멈췄어요. 그리고 이 할아버지가 허공에다 대고 이렇게 말하는 거예요. "당신은 누구시오?" 이랬단 말이에요. 그러니까 앞에서 소를 끄는 그 장남이 자기 아버지를 보고 "아버지, 지금 뭐 해요?" "조용해라. 지금 여기 하늘에서 어른이 한 분 내려오셨다." 아멘! 이거 실화예요. 실화. 그러면서 "조용해라. 당신은 누구시오?" 그리고 저쪽에서 하는 말은 안 들려요. 이 아들은 아버지 말만 들려요. "아, 그러시오?" 그리고 아들

보고 뭐라고 하냐면 "야! 쟁기를 접어라. 오늘은 일을 여기까지 한다. 지금 여기 하늘에서 어른 한 분이 내려왔다." 하늘 천(天) 자, 사람 인(人) 자. "나는 천인이다. 하늘에서 내려온 사람이다." 그러니까 예수님도요 한문식으로 대답을 했어요. 한학자에게는 한문식으로, 헬라 사람한테는 로고스라 그랬지요? 예수님도 다 알고 대답하셔요.

그래서 쟁기를 접고 아들 보고 "쟁기를 다 접어서 집으로 철수하자."고 했어요. "왜요?" 그러니까 "이 어르신이 나를 따라가라 한다. 그래서 아버지가 따라가는 거야." 그 아들은 쟁기하고 소하고 다 데리고 집으로 가는데 도랑을 하나 건너는데 세례식을 하는 거예요. 잘 들어보세요. 이 추운 겨울날 아버지가 옷을 다 벗더니 도랑에서 물로 씻는 거예요. "아버지, 왜 그러세요?" "이 어르신이 씻으라 한다." 천국 데리고 가려고 세례식을 하는 거예요. 이야! 그래서 집을 딱 오더니 자기 부인한테 "제일 좋은 깨끗한 옷을 한 벌 꺼내시오." 그러니까 이제 교회 다니는 그 부인이란 말이에요. 4년 동안 몰래 도둑 예수 믿은 사람, 병 나은 그 여자가, 아내가 "지금 뭐 하냐?"고 물었어요. "하늘에서 어르신이 지금 여기 왔는데 날 보고 따라가자는데 소리치지 마요. 옷이나 한 벌 줘요." 그래서 두루마기하고 새 옷을 갈아입더니 "내가 갔다 올 때까지 집안에서 걱정하지 말고, 울지도 말고, 갔다 올 때까지 조용히 잘 기다려라. 간다." 그러더니 그 자리에 누워버렸어요. 눕고 입신이 들어간 거예요. "간다." 그리고 그냥 누웠는데 가버렸어요.

그래서 열하루 동안을, 열하루 동안을 하늘나라를 가게 된 거예요. 부인의 기도로요. 그 당시에 그 엄마가요 서정희예요. 서정희. 여자들이 독한 거예요. 여자들의 기도는 하늘 보좌를 흔들어요. 그 완고한 그 한학자를 말이야 강권적으로 교회 한 번도 가보질 않는 사람이 밭 갈다가 천사가 내려와서 직접 데리고 천국으로 올라가는 거예요. 아멘!

그래서 딱 누워서 아무리 옆에서 흔들고 옆에 장남이 울면서 아버지, 아버지, 일어나라고 일어나라고 하니까 친척들이 다 모여서 3일 만에 장례식 하자고 죽었는데 장례식 해야 된다 그러니까 그 부인하고 그 옆에 장남이 아버지가 돌아올 때까지 절대로 장례식 하지 말라고 했기 때문에 장례식 하면 안 된다고 집안에 싸움이 붙은 거예요. 죽은 사람을 놓고 왜 장례식 안 하냐고요. 그래서 9일 동안을 기다리고 있는데 시체가 안 썩는 거예요. 9일 동안이요. 아멘! 그리고 9일 만에 벌떡 일어나버렸어요. 일어나더니 우는 자기 부인하고 그 큰 아들을 보고 소리를 지르면서 "울지 마라. 내가 하늘 열흘 따라갔다 온다 그러는데 왜 울어? 내가 지금 금으로 된 나라에 갔다 왔는데 하늘에서 너희들의 우는 소리가 들려서 듣기 싫어서", 아멘, "내가 잠깐 내려왔다. 울지마라." 그리고 다시 또 누웠어요. 그래서 다시 3일을 더 누워 있다가 드디어 깼단 말이에요.

그러니까 요한계시록 그대로 하늘나라, 다, 생명강수, 아멘, 생명나무, 천국의 세계를 다 보고 내려와서 혼자서 정신병자처럼 벌 벌 벌 떨면서 "어디 갔다 왔냐?" 하니까 "모든 세계가 금으로 된 나라에 갔다 왔다." 아멘! 처음에 찾는 것이 뭐냐면 "저기 담배를 하나 가져와라." 아니, 입신하러 하늘나라 갔다 온 사람이 담배를 피우려고 하는 거예요. 담배를 한 대 불을 딱 켜서 담배를 입에 딱 물더니 그대로 다 토해 버린거예요. 왜 그러냐 하면 하늘나라에서 주님이 보좌에서 "나를 왜 여기에 데려왔습니까?" "너 부인의 기도 때문에 내가 너를 여기에 데려왔다. 너는 죽은 것이 아니다. 다시 내가 땅으로 내려보낸다. 내려보내서 너는 내 복음을 위해서 살아라." 그러니까 거기서 천국에서 대답하기를 "나는 그 일을 못합니다." 그렇게 말했대요. 왜냐니까 "나는 담배를 좋아해서, 담배를 끊을 수 없어서 어떻게 내가 하나님의 일을 하겠습니까?" 그랬더니 예수님도 유머가 풍부하세요. 내려가서 피워 보라 그랬대요. 내려가서 피워 보라고요. 그래서 깨자마자 바로 담배를 피워 보니까 왁 토해 버리는 거예요. 성령 받으면 담배가 안 되는 거예요. 그다음에 돌아가서 술을 한 되 받아 오라고 했어요. 왜요? 나는 술을 좋아해서 술 때문에 난 주의 종을 못 한다니까 그래서 술 받아왔더니 한 컵을 딱 입에 댔는데 그대로 토해버려요. 그 후로부터 이 어른은 일생 동안에, 아멘, "너는 시간이 없으니 신학교 갈 시간도 없다." 고 하셔서 평신도로, 장로로, 그분은 장로로 일생 마쳤어요. 장로로 경상남북도를 다니며 교회, 교회를 다니며 자기가 본 하늘나라를 일생 간증하다가 천국에 갔잖아요? 들었죠? 들었죠? 그 어르신이 천국 가는 날, 장례식 하는 날 입관해서 무덤 속에 내려요. "나를 무덤에, 내 교회가 보이는 저 앞산에다가 묻어다오. 죽어서도 나는 우리 교회를 사랑하리라." 아멘! 그래서 장례식날 다 이제 노래 부르고 관을 딱 하관하고 첫 삽을 떠서 가족들이 흙을 이렇게 덮잖아요? 흙을 딱 덮는 순간에 그 무덤 속에서 온 동네 사람이 다 들었다는 거예요. 펑 소리가 나면서, 성인들의 죽음에는요, 아멘, 그러면서 무지개가 한쪽 끝은 관에, 한쪽 끝은 교회 십자가 종탑에 무지개가 쫙 선 것을 온 동네 사람이 다 보고 가히 저 사람은 하늘의 사람이라고 예수 안 믿는 사람까지도 놀랐다 그러잖아요? 아멘이요?

그 간증을 2년 전에 이 자리에서 여러분과 제가 같이 들었어요. 나는 그 간증을 듣고 나도 죽는 날 내 관하고 사랑제일

교회하고 무지개가 서야 해요. "내가 딱 관속에 들어가는 날 쾅 소리가 나야 합니다. 아버지여!" 하고 내가 기도하고 있어요. 내가 죽을 때 소리 나나 안 나나 잘 들어봐요. 알았지요? 아멘?

그러니까 우리가 그 간증을 통해서 뭘 알았어요? 성경책을, 귀신 쫓아낸다고 했더니, "성경을 사라. 쌀 한 되 주고 사라." "이걸 어떻게?" "귀신이 온 자리에다 딱 갖다 놓으라." 귀신이 와서 "이 피를 치우라. 저 피가 무섭다." 봐요, 그러니까 이 피, 성경을 더 엑기스로 간추려 놓은 것이 7대 명절이에요. 그래서 내가 여러분 벽에다 붙여 놓으라고 하는 거예요. 문 앞에, 뒤에, 알았지요? 꼭 붙여요, 알았죠? 사랑해요. 사랑해요. 아버지, 사랑해요. 사랑해요. 목사님이 하는 말은 다 들어야 해요. 순종을 잘해야 해요. 사랑해요, 아버지. <사랑해요> 불러 봐요.

사랑해요 목소리 높여 경배해요 내 영혼 기뻐
오 나의 왕 나의 목소리 주님 귀에 곱게 곱게 울리길

Ⅲ.
유월절을 대하는 우리의 태도

보혈의 능력, 피의 능력, 자, 이제 오늘은 유월절의 마지막 날입니다. 아멘! 설교는 오늘 마지막 할지라도 여러분은 삶 속에 전체가 다 유월절에 덮여 사시고, 유월절 어린 양의 피가 여러분의 가슴을 적셔서 유월절의 능력이 날마다 나타날 수 있도록 합시다. 오늘은 유월절의 마지막 순서로 유월절을 대하는 우리의 태도에 대해서 성경을 상고하겠습니다.

출애굽기 12장 5절 말씀을 읽어봐요. 유월절은 이렇게 하는 사람에게 임한다는 겁니다. 이렇게 하는 사람에게요. 시작! "너희 어린 양은 흠 없고 일 년 된 수컷으로 하되 양이나 염소 중에서 취하고." 6절 시작! "이달 십사일까지 간직하였다가 해 질 때에 이스라엘 회중이 그 양을 잡고 그 피로 양을 먹을 집 문 좌우 설주와 인방에 바르고." 8절 시작! "그 밤에 고기를 불에 구워 무교병과 쓴 나물과 아울러 먹되 날로나 물에 삶아서나 먹지 말고 그 머리와 정강이와 내장을 다 불에 구워 먹고."

자, 유월절을 먹는 원리에 대해서 잘 보라고요. 유월절 어린 양은 세 가지로 나눠서 먹으라는 거예요.

첫째, 머리와. 어린 양의 머리를 잘라서 머리를 먹으라. 이 말은 예수 그리스도, 유월절 어린 양 되시는 예수님에 대하여 정확하게 이론적으로, 교리적으로 말씀을 이해하라는 거예요. 그냥 벙벙 벙벙 뜨지 말고요. 아멘? 왜 예수 그리스도가 유월절 어린 양인가 이것을 정확하게 이해하라는 겁니다. 따라서 합시다. "이해하라."

두 번째, 따라서 합니다. "내장과." 어린 양의 내장을 먹으란 말은 이것은 감성을 말해요. 감성이요. 따라서 해요. "머리로." 따라서 해요. "감성으로." 예수님을 사랑함으로 먹으라는 거예요. 사랑함으로요. 예수님을 사랑함으로 예수 그리스도를 먹으라 이 말입니다.

그다음에 뭐냐? 정강이입니다. 이 말은, 이것은 행함으로입니다. 그러니까 지·정·의입니다. 지·정·의요. 따라서 합시다. "생각으로, 사랑함으로, 행함으로." 이렇게 어린 양을 접근하라는 거예요. 믿습니까?

사랑제일교회 모든 성도들이여, 유월절 되시는 예수님을 먹읍시다. 먹되, 여기 보면, 성경에 쓴 나물과 함께 먹으라고 했어요. 쓴 나물이요. 쓴 나물이라고 하는 이것은 뭐냐? 예수 그리스도를 이해하고 예수님을 믿으려면 입에는 달되 그 속은 쓰다는 요한계시록 말씀처럼 예수님을 제대로 믿으려면 항상 핍박이 일어난다는 거예요. 예수님을 믿으려면요, 괜히 가만히 있는 남편이 발동을 하고, 괜히 가만히 있는 친구가 씹고, 예수 바로 믿으려면 쓴 나물과 함께 더불어 먹어야 해요. 믿습니까? 서정희 사모님은 대한민국의 톱모델로 일생을 살아왔는데, 아니, 봐요, 보통 연예인들은요, 보통 연예인들은 시집을 세 번은 가야 하거든요? 10년 단위로 시집 세 번 가야 하는데, 아니, 얼굴도 이쁘지, 그런데 시집 세 번도 안 가고, 오직 서세원 하나만 붙잡고 이렇게 사니까, 거기다 또 예수까지 좋아, 신앙까지 좋으니까, 얼마나 언론에서 또 얼마나 씹는지, 이 쓴 나물은, 예수 믿으면요, 항상 시기 질투가 일어나요. 여러분도 오늘, 봐요, 신앙이 한 단계 딱 올라가 봐요? 괜히 옆에 있는 같은 친구인 교회 안에서도 당장 시기 질투해요. "기도만 세게 하면 다인 줄 알아" 이러고요. 여러분도 헌금 한 번 해봐요? 한 백만 원 해봐요? 그럼 또 씹어요. "헌금한다고 되는 줄 알아? 그런다고 목사님이 너 한번 쳐다볼 줄 알아?" 무슨 헌금을 목사님이 쳐다보라고 하나요? 주님과 나의 관계로 하지요. 그렇죠? 이 쓴 나물의 역사가 일어나요. 옆에서 여러분을 씹거든, '아하! 내가 예수를 제대로 믿고 있구나.' 이렇게 생각하면 돼요. 여기서도 누

7대 명절의 축복을 받으라(상)

가 씹으면 이렇게 생각하면 돼요. '아하! 내가 예수를 제대로 믿는가 보다.' 아멘? 절대로 시험 들면 안 돼요. 이해됐어요? 그래서 성경은 그걸 너무나 잘 아시고 쓴 나물과 함께 더불어 먹으라고 말씀했어요.

그다음에 어린 양 예수를 먹을 때 이렇게 먹어야 해요. 허리에 띠를 띠고. 이 말은 예수 그리스도의 설명을 듣거나 예배를 드리거나 주님에 대해서 알아갈 때 올바른 자세로 근신하라는 거예요. 예수를 함부로 대하지 말라는 거예요. 그러니까 많은 사람들이 교회 와서 예수 실패하는 것이 뭐냐? 주님을 대하는 태도가 무너져요. 만약에, 여러분, 대통령이 와서 여기서 연설한다 그래 봐요? 박근혜 대통령이 연설한다 그래 봐요? 아, 박근혜, 연설 잘해요. 영국 가면 영어로, 불란서 가면 불란서어로, 중국 가면 중국어로, 이야! 그거 보통 여자가 아니에요. 대단해요. 대통령이 연설한다 그래 봐요? 자세를 어떻게 하겠어요? 다 반듯한 자세로 딱 이러겠죠? 교회는 개판이에요. 예수님을 설명하는데 다들 말이야 그러면 안 된단 말이에요.

띠를 띠고, 신을 신고. 믿음의 신을 신고. 아멘. 지팡이를 잡고. 능력을 가지고. 따라서 해요. "급히 먹어라." 예수님을 먹는 원리에 대해서 급히 먹으라는 말은, 이 말은 예수님의 설명이 들려지거든 이것을 머리로 돌리지 말고, '아, 이 말이 맞을까? 아, 글쎄? 다음에 한 번 3일 동안 생각해보고 그다음에 내가 한 번' 이러지 말고 강대상에서 떨어지는 말씀은 급히 먹어라, 바로 입에서 아멘이 터져야 해요. 아멘을 3일 후에 하면 안 되는 거예요. 바로 아멘 해야 해요. 다시 해봐요. "아멘." 아멘! 예수님은 아멘으로 먹는 거예요. 받아들인다 이런 말이에요.

아침까지 남겨두지 말고. 내일로 미루지 말라! 영적 싸움에서 원수 마귀 사탄이 항상 인간에게 다음을 가지고 덤벼요. 다음을 가지고요. "기도 좀 해요." "나중에." "성경 읽어." "나중에." 아니요. 우리는 다음이라는 싸움에서 이겨야 해요. 다음이 아니에요. 바로바로 질러야 해요. 주님은 아침까지 남겨두지 말고 바로 먹으라. 바로! 믿습니까? 이해됐으면 아멘 합시다. 아멘!

그다음에 불에 구워 먹으라. 따라서 해봐요. "불에 구워으라." 9절 읽어봐요. 시작! "날로나 물에 삶아서나 먹지 말고 그 머리와 정강이와 내장을 다 불에 구워 먹고." 이 말은 다른 세상의 어떠한 지식이나 어떤 학문이나 어떤 공부는 인간의 머리와 이해의 폭으로 접수가 돼요. 그러나 한 가지 잘 알아줘야 할 것은 예수 그리스도에 관해서는 사람의 머리에

7대 명절의 축복을 받으라(상)

이해의 폭으로 절대로 들어오지 않아요. 불에 구워 먹어라! 이 말은 성령의 능력으로 먹으라는 말이에요. 성령이 안 도와주면 절대 예수 못 먹어요. 예수가 이해가 안 돼요. 예수가 이해되는 것은 인간의 이해의 폭이 아니라 성령의 능력이에요. 그래서 성령님을 의지하라는 거예요. 믿습니까? 성령의 도움 없이는 예수가 이해 안 되는 겁니다. 예수에 대해서 접근할 수 없어요. 사랑제일교회 모든 성도들이여, 출애굽기 12장이 말하는 어린 양 예수를 먹는 이 원리를 정확히 붙잡아서 100% 다 먹어야 해요. 믿습니까?

IV.
예수의 살과 피를 먹고 마신다는 뜻은?

그래서 이것을 신약적 개념으로 출애굽기 12장을 우리 예수님이 어떻게 해석했는지, 요한복음 6장 53절입니다. 다 넘겨보시면, 요한복음 6장 53절이요, 이것이 유월절에 관해서 예수님이 해석해 놓은 거예요. 53절 시작! "예수께서 이르시되 내가 진실로 진실로 너희에게 이르노니 인자의 살을 먹지 아니하고 인자의 피를 마시지 아니하면 너희 속에 생명이 없느니라." 54절 시작! "내 살을 먹고 내 피를 마시는 자는 영생을 가졌고 마지막 날에 내가 그를 다시 살리리니 내 살은 참된 양식이요 내 피는 참된 음료로다 내 살을 먹고 내 피를 마시는 자는 내 안에 거하고 나도 그 안에 거하나니." 아멘!

이것이 예수님의 유월절이에요. 유월절은, 예수님이 말씀하시기를, 유월절은 뭐냐? 내 살을 먹고 내 피를 먹는 자, 이것이 바로 유월절 안에 들어가는 거예요. 오늘 이 예배당 안에 온 모든 성도들은 다 예수의 피를 마시세요. 예수의 살을 먹으세요. 이렇게 말하면 교회에 처음 온 사람은 이 말이 이해가 안 돼요. "뭐라고? 예수 피를 먹어? 내가 식인종이요? 예수의 살을 먹으라고? 사람의 살을 어떻게 먹어? 내가 식인종이요?" 그 말이 아니고 그래서 성령이 안 도와주면 설교를 못 알아듣는다 그랬잖아요? 이 말은 이런 뜻이에요. 예수의 피를 먹는다는 것은 성찬식 때 포도주를 마신다는 뜻이 아니에요. 성도들이, 오늘날 기독교인들이 말이야 완전히 오해해요. 예수의 피를 마신다, 예수의 피를 마시는 자만이 구원을 받는다, 그것이 성찬식의 포도주인 줄 알아요. 그게 아니고 이 피를 마신다는 것은 이런 뜻이에요. 말을 잘 들어야 해요. 자, 정신 바짝 차리고 귀를 당겨요. 토끼가 뭘 들을 때 귀를 어떻게 하죠? 그렇지, 귀를 당겨요. 요건 아주 중요한 시간입니다. 귀를 당겨요. 예수의 피를 먹는다는 것은 이 뜻입니다.

7대 명절의 축복을 받으라(상)

옛날에 해방 후에 우리나라가 세워질 때, 좌익, 우익, 공산주의를 세우느냐 박헌영, 자유민주주의를 세우느냐 이승만, 이 싸움이 한창 붙을 때 빨갱이들을 보고 이렇게 말했어요. 박헌영에 속한 사람 보고 "어, 저놈, 저놈," 뭐라고 하냐면, "빨갱이 물 마셨어." 이렇게 말했어요. "저놈은 빨갱이 물 마셨어." 그래요. 빨갱이 물 마셨다는 것은 그 당시에 김일성이가 주는 커피 마셨다는 뜻일까요? 아니지요? 그럼 뭔 뜻일까요? 공산주의의 사상을 이해했다, 받아들였다, 이런 뜻이에요. 아멘? 기독교인들이 예수의 피를 마셨다는 것은 성찬식 때 포도주 마신다는 뜻이 아니고 예수 그리스도의 십자가의 피의 뜻을 저 사람은 이해했다, 이것을 예수 피를 마셨다고 하는 거예요.

그럼 내가 여러분에게 예수 피를 마셨는지 한번 찔러보려고 해요. 예수님이 2000년 전에 오셔서 피를 흘렸어요, 안 흘렸어요? 흘렸어요? 누구 때문에, 나의 무엇 때문에요? 나의 죄 때문에요? 진짜요? 확실해요? 그 뜻을 받아들였다, 그 뜻을 이해했다, 이것을 보고 예수 피를 마셨다고 하는 거예요. 아멘!

그러면 저는 이렇게 생각해요. 정말로 예수 피를 알고, 사랑하고, 그리고 행함으로 마신 사람은 첫째로 최소한 예수의 구속의 피가 내게 임할 때, 이해가 될 때, 최소한 한 번 정도는 구속의 눈물을 흘려봐야 해요. 교회를 다니면서 예수님이 하나님이 되어서 이 땅에 사람으로 와서 나의 죄를 위해서 피 흘려 죽었다는 것을 이해하고 접수하고 그 말을 받아들였다고 하면서 한 번도 구속의 눈물이 나지 않은 사람은, 그 사람은 예수 모르는 거예요. 그 사람은 예수 피를 마신 게 아닌 거예요. 그건 교회 다녀도 지옥 가요. 사람이 매일 울고 다니는 것은 좀 문제가 있어요. 그러나 구속의 피가, 주님의 보혈의 피가 내 가슴을 적실 때, 나의 죄를 위하여 하나님의 아들 예수가 오셔서 십자가에서 피를 흘리셨다는 것을 한 번 정도는 눈에서 구속의 눈물이 나야 해요. 예수 피를 진짜로 마신 사람은요. 아멘, 아멘! 〈겟세마네 동산〉입니다. 아버지 하나님, 나도 주님의 피에 깊이 젖어보게 하여 주옵소서.

〈겟세마네 동산에서〉

1. 겟세마네 동산에서 기도하실 때
   주님의 땀방울은 피로 변했네
   하나님을 거역한 나를 위하여
   순종의 속죄 피를 흘려 주셨네

2. 빌라도의 뜰에 서서 가시관 쓸 때
   주님의 온 얼굴은 피로 젖었네
   온 인류의 저주를 속하시려고
   저주의 가시채로 관을 쓰셨네

3. 빌라도의 군인들이 때린 채찍에
   찢어져 피로 물든 주님 등허리
   온 인류의 질병을 속하셨으니
   치료의 강물에서 넘쳐 흐르네

4. 골고다의 십자가에 달리신 주님
   손과 발 옆구리에 입은 상처로
   온몸의 물과 피를 다 흘리셔서
   멸망의 죽음에서 날 건지셨네

(후렴) 아아 아아 주의 사랑 깊고 크셔라
   내 영혼에 파도처럼 메아리쳐 온다

아멘 할렐루야. 어떤 의미를 알고 모르느냐가 어떻게 차이가 나는가 보세요. 옛날에, 60년대에, 어떤 홀어머니가 남편 없이 아들 하나를 키웠어요. 그런데 나이가 군대 갈 때가 돼서 군대를 보냈어요. 우리 전에녹 군대 갔어요. 우리 아들이 어제그저께 우리 아들이 입고 간 옷을 소포로, 박스로 붙였는데, 우리 집사람이 결국은 못 참더라고요. 옷 통을 붙잡고 엉엉 울더라고요. 나는 안 울었어요. 나는 남자라서 안 울었어요. 그런데 옛날에 60년대는요 나보다 더 앞에 선배님들은, 군대요, 이거는 군대 가면 제일 서러운 게 배고픈 거예요. 밥을 많이 안 준단 말이에요. 그러니까 군대 간 사람, 내 앞에 갔다 온 사람 말을 들으면, 세상에, 밥 먹고 붙은 그 밥 풀떼기 말이에요. 그릇 씻은 구정물 있잖아요? 구정물 밑에 가라앉은 거 밥풀떼기, 밥 찌꺼기, 그걸 주워 먹으려고 손을 가지고 물밑에 넣어서 말이야, 그걸 주워서요. 우리나라 군대가, 장 교수님, 60년대는 북한이 훨씬 나았어요. 이 남조선이요, 군대 가면요, 먹을 것이 없어서 그 구정물 통 서로 먹으려고요? 나는 아니에요. 나는 그거보다 조금 더 뒤에 군대 갔어요. 내 앞에 그렇게 어려움 당할 때 군대를 가니, 그 아들이 휴가를 왔으니, 그 홀어머니가 아들을 볼 때 어떻겠어요? 그런데 혼자 사는 이 엄마가 아들한테 밥 한 그릇 따뜻하게 해줄 힘이 없어요. 혼자 사는 할머니예요. 엄마예요. 그러니까 옛날에 60년대 말이에요. 우리나라 새마을 운동할 때, 우리나라 경제 일으키려고 여자들 머리를 다 잘라서 팔았어요. 가발 공장 만들어서 세계에 수출했어요. 그래서 우리나라가 세계 10대 대국이 된 거예요. 북한은 왜 이렇게 못 사냐? 머리를 안 잘라서 그래요. 나 어릴 때 생생해요. 생생해요. 보부장사들이 두드리면서요, "머리 파세요. 머리카락 파세요," 동네 오면요, 우리 엄마도요 머리 팔아요. 그런데 다 안 깎고 이렇게 안의 것만 깎고 겉에는 이렇게 있는 것처럼요. 그럼 금반지 한 개 바꿔 줘요. 그 시절이요. 그러니까 이 엄마가 휴가 나온 아들을 밥 한 끼 해주기 위해서 머리를 팔았는데 싹 밀어버렸어요. 돈 많이 받으려고요. 그리고 수건

7대 명절의 축복을 받으라(상)

을 썼어요. 그리고 그 돈 가지고 소고기를 샀어요. 고깃국을 15일 동안 휴가 있는 동안에 아들 소고깃국 먹이려고 소고기를 샀어요. "엄마, 돈도 없는데 이거 어디서 샀어?" "저 옆집에서 너 휴가 왔다고 줬다." 저녁에 잠을 자는데, 엄마가 수건을 쓰고 잠을 자니까 아들이 "엄마, 잠잘 때는 벗어." 그러니까 "아니다. 내가 머리가 좀 아파서." 아들한테 숨기려고 한참 자는데 아들이 너무나 궁금해서 엄마 머릿수건을 들쳐 보니까 엄마가 머리를 빡빡 민 거예요. 아들이 안 거예요. '아, 우리 엄마가 나한테 소고깃국 사주려고 머리를 저렇게 빡빡 밀었구나.' 그다음 날 아침에 소고깃국을 먹을 수 있어요, 없어요? 그것 처먹는 놈은 인간이 아니지요? 인간이라고 하겠어요? 짐승이지, 그게?

봐요. 사실을 알고 모를 때 이렇게 반응이 다르다고요. 기독교인들이 교회에 와서 성찬식을 해요. 성찬식. 우리도 성찬식 이제 곧 하겠지만 포도주 가지고 성찬식 하는데 이게 뭔 뜻인지도 모르고 포도주를 마셔버려요. 예수 그리스도가 나를 위해서 십자가의 피를 흘렸다, 그 사실이 속에 들어가야 하는 거예요. 그거 없이 교회 와서 찬송하고 예배드리고 천 날 해봤자 그 사람과 유월절과는 관계가 없어요. 오늘 이 자리에 오신 여러분은 100% 다 주님의 피 흘림 속에, 그 의미 속으로 들어가야 해요. 나 같은 죄인을 위하여 예수님이 피를 흘렸다, 이것을 예수님은 알아주기를 바라시는 거예요. 이게 복음의 첫 단추란 말이에요. 이것을 모든 사람들이 알아주기를 바라는 거예요. 그 사람에게 모든 죄가 용서되고 구속의 은총으로 피가 임하고 그 사람에게 구원의 은총이 임하는 겁니다. 믿습니까?

〈가시관을 쓰신 예수〉를 부르고 기도하겠습니다. 주님! 주님의 보혈의 피로 내 가슴을 적셔주옵소서! 〈가시관을 쓰신 예수〉입니다.

〈가시관을 쓰신 예수〉

1. 가시관을 쓰신 예수 날 오라 부르실 때에
방탕한 길 못 버리고 세상 길로만 향했네
사랑하는 내 아들아 부르시는 내 아버지
눈 어두워 보지 못하니 내 죄가 너무 큼이라

2. 어찌할꼬 이 내 죄를 어찌 다 용서받을까
두 손 모아 참회하니 흐르는 눈물뿐이라
골고다의 보혈의 피 무거운 짐 벗기시어
천국 백성 되게 하시니 그 사랑 갚을 길 없네

3. 넓고 큰길 가기보다 가시밭길을 택하리
하늘 영광 사모하며 주님 가신 길 가오리
아버지여 나에게도 십자가 들려주소서
땅끝까지 증거하리다 주님 사랑 전하리라

7대 명절의 축복을 받으라 (상)

두 손 높이 들고 "주여!" 삼창하며 통성으로 기도하는데, "주님, 철없는 나의 죄를 용서하여 주세요. 주님은 나를 위해서 이 땅에 사람으로 오셔서 십자가에 피 흘려 죽으셨지만 나는 거기에 대해서 관심이 없이 살았습니다. 나는 사람이 아니요, 짐승과 같습니다. 어찌하여 주님, 내가 주님 앞에 너무나 주님, 이것은 아닌 것 같습니다. 내가 살아온, 걸어온 길이, 아버지여, 용서하여 주옵소서. 주님이 나를 위해서 해 놓으신 십자가의 공로에 대해서 너무나 무시하며 살았습니다. 업신여기며 살았습니다. 관심 없이 살았습니다. 용서하여 주시옵소서." "주여!" 삼창하며 기도하겠습니다.

The Feast of Unleavened Bread

무교절

06

무교절①
선악과의 정체

설교 일시　2013년 11월 17일(주일) 오전 11시

대　　상　사랑제일교회 주일 3부 예배

성　　경　에스겔 37:11-13

11 또 내게 이르시되 인자야 이 뼈들은 이스라엘 온 족속이라 그들이 이르기를 우리의 뼈들이 말랐고 우리의 소망이 없어졌으니 우리는 다 멸절되었다 하느니라

12 그러므로 너는 대언하여 그들에게 이르기를 주 여호와의 말씀에 내 백성들아 내가 너희 무덤을 열고 너희로 거기서 나오게 하고 이스라엘 땅으로 들어가게 하리라

13 내 백성들아 내가 너희 무덤을 열고 너희로 거기서 나오게 한즉 너희가 나를 여호와인 줄 알리라

I.
7대 명절과 추수감사주일

1. 7대 명절을 알기를 간절히 바라시는 하나님

7대 명절의 축복을 받자! 아멘! 하나님께서 구약시대 이스라엘 백성들에게 일곱 가지의 명절을 주셨대요. 집에다 붙였지요? 앞에도 붙였지요? 뒤에도 붙였지요? 하늘나라 가면 우리 주님이 여러분과 저에게 물어볼 말이 많아요. 그중에서 첫 번째 물어볼 말이 뭐냐? "너는 내가 너에게 가르쳐준 7대 명절을 알고 살았느냐?" 이거 주님이 물어볼 거예요. 주님의 심판대 앞에 가면 이걸 물어볼 거라고요. 따라서 해요. "<u>너는 알고 살았느냐?</u>" 할렐루야! 한 사람이 이 땅에 태어나서 예수 믿고 신앙생활하고 1년에 52주간 예배를 드리며 수없는 설교를 들어요. 수 없는 가르침을 받아요. 저도 1년 내내 거의 강대상에서 살아요. 오늘 밤도 저는 저 김해에 가서 또 목요일 밤까지 그냥 강대상에서 사는 삶이 나의 삶이에요. 수없는 가르침을 나는 성도들에게 가르쳐요. 그러나 오늘 내가 설교하려고 하는, 아멘! 이것을 잘 들어주시기 바랍니다. "전광훈 목사야!" "예." "너는 이 세상에 살며 수 없는 설교를 했는데 그중에 설교를 또 한 번 하고 계속하고 싶은 설교가 있

7대 명절의 축복을 받으라(상)

다면 뭐냐?" 그러면 "나는 7대 명절을 하고 싶어요. 계속 이 설교하고 싶어요." 오늘 지금부터 진행되는 이 말씀은 하나 도 놓치면 안 돼요.

오늘 교회 처음 나오신 분들은 바로, 그냥 바로, 열차에 올 라타십시오. 아멘! 따라서 합니다. "유월절." 하나님이 일곱 가지 명절을 주셨습니다. 유월절입니다. 다시 따라 해봐요. "무교절, 초실절, 오순절, 나팔절, 속죄절, 장막절." 장막절의 축복이 임하기 원하시면 아멘! 두 손 들고 아멘!

하나님이 왜 주셨나요? 이것은 첫째, 유대인에게 주신 하 나님의 축복입니다. 이스라엘 백성 유대인들은 이거 7개 지 키다가 복을 받았어요. 온전히 지키지도 못했어요. 그냥 이 것만 붙잡기만 해도 하나님이 복을 주셨어요. 지금도 전 세 계에 있는 이스라엘 백성들은 이것을 손에 잡고 있어요. 이 걸 붙잡고 살아요. 아멘! 그래서 유대인들은 대단한 사람들 입니다. 아멘, 할렐루야. 참, 여러분들은요, 여러분들은 복 받으셨어요. 이스라엘 가도 이거 몰라요. 전광훈 목사한테 들어야 알아요. 이 지구촌에서요, 지구촌에서 명쾌하게 이 걸 밝히는 사람은 유일해요. 전광훈 목사 하나밖에 없어요. 들어보라고요. 내가 잘난 척해도 아멘 좀 해봐요. 아이! 목 사님도 다 잘난 맛에 사는 거예요. 난 돈키호테예요. 아이 엠

돈키호테. 다 착각과 잘난 맛에 사는 거예요. 유월절의 축복이 임할지어다! 무교절의 축복이 임할지어다! 초실절의 축복이 임할지어다! 오순절의 축복이 일할지어다! 나팔절의 축복이 임할지어다! 속죄절의 축복이 임할지어다! 장막절의 축복이 임할지어다! 옆 사람 다 손잡고 세게 축복 한번 해줘 봐요. "7대 명절의 축복을 받으라." 앞뒤로 다시 세게 퍼부어요. "7대 명절의 축복을 받으라." 이렇게 해 준대도 못 받으면 문제가 있어요. 다 받아야 해요.

두 번째, 왜 이것을 주셨냐? 이것은 여러분과 저의 사랑의 대상입니다. 예수 그리스도, 이 세상을 창조하신 하나님이 사람의 육체의 옷을 입고 이 땅에 오신 분을 예수라 그래요. 그분이 이 세상에 사람으로 오셔서 여러분과 저의 구원을 위하여 이루실 큰 일곱 가지의, 일곱 가지의 구속의 사건입니다. 구속의 사건이요. 아멘! 유월절은 뭐냐? 이렇게 죽으리라! 따라서 해요. "죽으리라." 무교절은 뭐냐? 무덤에 있으리라. 예수님이 죽은 뒤에 3일 동안 무덤에 있었단 말이에요. 그 무교절 날 무교절 빵을 만들어서 3일 동안 보자기에 싸서 땅속에 3일 묻어놨다가 3일 후에 부활절 날 그걸 뜯어서 꺼내서 먹는 거예요.

초실절, 따라서 해요. "부활하리라." 오순절, 따라서 해요.

"성령을 주시리라." 날짜도 안 틀려요. 날짜도. 하나님은 날짜도 안 틀리고 이것들을 다 이루었어요. 오순절 날 성령이 오셨어요. 유월절에 주님이 십자가에 못 박혀 죽으셨어요. 따라서 해요. "재림하시리라." 따라서 해요. "알곡과 쭉정이를 가리시리라." 정결케 하시리라. 그리고 장막절, 천년왕국에 들어가리라, 아멘! 이거 7개를 예수님은 이 땅에 집행하러 오셨어요. 지금 여기 오순절까지 예수님은 다 이루셨어요. 오순절까지 완성이에요. 나머지 뒤의 명절 세 개는 주님이 앞으로 이루실 거예요. 그러니까 여기 오순절까지 완성이고 다음에 세 명절은 차후에 일어나는데 앞으로 우리에게 나타날 명절이 뭐냐? 나팔절, 예수님의 재림이란 말이에요. 믿습니까? 다 여러분은 이 명절이 개인적으로 다 여러분의 것이 되기를 바랍니다.

세 번째, 세 번째, 이것은 제일 중요해요. 신약 시대에, 지금 여러분과 나의 시대에 성도들의 심령 속에, 심령 속에 이루어질 큰 7대 복음 사건이에요. 유월절은 뭐냐? 유월절이 성도의 가슴에 임하면 인간 최고의 축복인 구원의 역사가 일어나요. 구원의 역사. 제가 네 주일 설명했어요. 네 주간 유월절을 지금 내가 네 주일 설교했어요. 이해하시지요? 사랑제일교회 다닌 사람은 최소한 유월절은 가슴에 임해야 해요. 잊어먹고 까먹은 사람은 인터넷에 들어가서 또 들으세요.

서정희 사모님 있잖아요? 오늘은 못 오셨어요. 저 전라도 전주에 전도 집회하러 갔어요. 전도 집회 가서 못 오셨는데, 서정희 사모님은, 봐요, 주일날 여기 와서 말씀 듣고 앞에 나와서 코이노니아 말씀까지 다 했는데도 불구하고 일주일에 주일날 자기가 여기서 들은 설교를 두 번 이상 들었대요. 이번에도 듣고 집에서 또 통곡하고 울었대요. 아니, 내가 분명히 그 자리에 앉아 있었는데 말이야 새로 들어보니까 놓친 말씀이 많더라는 거예요. 그래서 말씀을 여러 번 듣는 게 중요한 거예요. 아멘! 뒤집어졌어요. 뒤집어졌어요. 할렐루야요?

그리고 무교절은 뭐냐? 오늘 무교절 설교하려고 하는데, 무교절은 무덤입니다. 무덤. 예수님도 무교절의 무덤에 들어간 것처럼 하나님은 유월절 날 성도를 구원시켜서 예수의 피로 구원 시켜서 무교절의 무덤 속으로 우리를 집어넣어요. 그럼, 왜 하나님이 구원받은 성도를 좋은 거 안 주시고 처음부터 왜 무교절의 무덤 속으로 집어넣냐? 한번 따라서 합시다. "물질의 무덤, 자녀의 무덤, 질병의 무덤, 사업의 무덤, 가정의 무덤." 여러 가지 무덤 속으로 하나님은 사람을 집어넣어요. 왜 집어넣냐? 우리를 여기서 성화시키려고요. 우리는 유월절 통하여 구원은 받았어도 아직도 사람이, 아직도 자아의 사람이 많아요. 우리의 그 자아가 더러워져 있어요. 세상의 풍습과 세상의 성격, 세상의 모든 것들이 우리

7대 명절의 축복을 받으라(상)

의 겉사람 속에 붙어 있어요. 이것을 하나님은 처리하려 고 해요.

그리고 나타난 절기가 뭐냐? 초실절이에요. 초실절. 따라서 해요. "초실절." 오늘이 추수감사절, 우리 초실절이에요. 우리 신약 시대로 각색해서 추수감사절을 오늘 드린단 말이에요. 아멘? 과일 가지고 왔어요? 안 가져왔지요? 과일 가져왔어요? 오늘 추수감사절, 이렇게 차려놓은 거는 오늘 없애지 마요. 성탄절 때까지 그대로 가만 놔둬요. 너무너무 잘해놔서 그러니까는 주일 학생들이 여기서 모르고 주워서 가면 한 개 또 채워놔요. 채워놔요. 너무 좋다! 이야! 참 우리 하나님! 참 잘 만들었다! 이야! 강제로 한번 놀라봐요. 시작! "이야!" 아이, 강제로 놀라봐요. 다시, 다시, 감정을 좀 넣으세요. 시작! "이야!" 우리 하나님! 참 잘 만들었다. 시작! "이야! 우리 하나님! 참 잘 만들었다." 아멘!

2. 추수 감사예배를 드리는 이유

그런데 추수감사절에 대해서 내가 살짝 말씀드리고 하나님 말씀을 다시 내가 증거할게요. 이스라엘 백성들이 40년 광야를 갔어요. 40년. 그때는요 하나님이 직접 공급했습니다. 농사지을 필요 없어요. 하늘에서 만나가 떨어졌어요. 메추라기가 떨어졌어요. 아침에 나가면 그냥 걷어오면 돼요. 농사 전혀 필요 없어요. 이걸 40년 동안 하나님께로부터 공급을 받았어요. 믿습니까? 그래서 이스라엘 백성들은 무엇을 먹을까 무엇을 입을까 걱정할 필요 있어요, 없어요? 없지요? 하나님이 다 공급해 주니까요.

그러다가 이 만나와 메추라기가, 잘 들어봐요, 잘 들어봐요, 추수 감사 주일의 의미를 잘 들어봐요. 이 만나와 메추라기가 언제 끝나느냐, 언제 끝나느냐? 요단강 건너서 끝난 것 같지만 아니에요. 가나안 땅에 들어가서 바로 끝난 게 아니에요. 가나안 땅 들어가서도 만나와 메추라기가 계속 내렸어요. 내리다가 가나안 땅에 들어가서 첫해에 농사를 지었어요. 그 싹이 트고 줄기가 꽃이 피고 열매가 맺어져서 처음 익은 열매를 딸 때 땅의 것에 먹을 것이 처음 생겼어요. 그날이 초실절입니다. 초실절 날 끝이 났어요. 초실절 날 하늘의 만나가 끝이 났어요. 왜요? 땅에서부터 먹을 게 생겼으니까요. 하나님의 기적은 끝났어요.

그러면 하나님이 왜 초실절 날 만나를 끝나게 했는가? 잘 들어야 해요. 잘 들어야 해요. 토끼가 뭘 들을 때 귀를 어떻게 한다고요? 그렇지요. 귀를 당겨요. 생각으로 당겨요. 안 당겨지면 손으로 잡아당겨요. 이렇게 잡아당겨서 잘 들어야

7대 명절의 축복을 받으라(상)

해요. 잘 들어야 해요. 아멘! 왜 초실절 날 끝났는가? 잘 들어봐요. 왜 초실절 날 끝났냐 하면 이스라엘 백성들이 40년 광야 갈 때는 자기들이 농사지어서 먹었어요, 주님의 손길로 먹었어요? 강권적으로 기적을 베풀어서 하늘에서 만나와 메추라기를 퍼부어 주셨어요. 그런데 가나안 땅에 들어가서 땅에서부터 생긴 초실절, 곡식 익은 이 열매, 이것이 처음 생기니까 하늘로부터 끝이 난 것은, 하나님은 뭘 말하려고 하냐? 이렇게 말하려고 해요. 하나님이 40년 광야 생활을 하면서 퍼부어 주신 만나와 메추라기도 주님의 손길 확실하지요? 믿어요? 진짜요? 그와 같이 그다음 잘 들으란 말이에요. 그와 같이 가나안 땅에 들어가서 씨를 뿌리고 농사짓고 꽃이 피고 열매가 맺어지는 것, 이것도 자연법칙을 통하여 저절로 된 것이 아니고 하나님이 자연법칙이라고 하는 주님의 손길을 통하여 우리에게 공급해 주시는 거예요.

그런데 사람들은 어떻게 생각하나요? '광야 생활 40년은 하나님이 직접 베풀어준 손길이고 가나안 땅에는 내가 농사지었어, 내가 만들어서 열매를 만들었다,' 이렇게 생각하는 거예요. 아니란 말이에요. 이게 말씀의 핵심이 여기 있어요. 따라서 합시다. "아니야!" 뭐가 아니에요? "아니야!" 따라서 합시다. "아니야!" 잘 들어봐요. 광야 생활 40년 할 때 하나님이 만나와 메추라기를 퍼부어 준 것도 누구의 손길이요?

그건 앗 소리 못하지요? 이건 주님의 기적의 손길이지요? 그와 같이 가나안 땅에 들어가서 씨를 뿌리고 싹이 나고 열매 맺고 하는 이 자연의 원리도 자연법칙으로 저절로 된 것이 아니라 그 뒤에는 주님의 손길, 주님이 자연법칙을 쥐고 있다는 겁니다.

주님이 사람에게 공급하는 원리는 둘 다 기적이에요. 광야에서 메추라기, 만나를 준 것도 기적! 가나안 땅에서 자연법칙, 싹이 트고 열매 맺고 해서 우리에게 주시는 이것도 기적! 이것도 주님의 기적이에요. 그런데 사람들은 그렇게 생각을 안 하는 거예요. 어떻게 생각하냐면, 광야에서 역사하는 것은 기적이고, 이것은 자연법칙에 내가 농사지어서 내가 만든다고 생각해요. 천만에 만만에 콩떡입니다. 천만에 만만에 콩떡이요. 그럼 어느 게 더 큰 기적인가요? 가나안 땅에서 만나와 메추라기를 만들어서 하나님이 퍼부어 주는 거 있지요? 이거는 간단해요. 천사들에게 "만들어서 퍼부어라." 그러면 돼요.

그것보다 더 큰 기적이 뭐예요? 하나님이 자연법칙을 정하여 싹이 나게 하고, 아멘, 크게 하시고, 꽃이 피게 하시고, 거기서 열매 맺게 하는 이 기적은, 이게 더 큰 기적입니다. 주님이 더 과정이 복잡해요. 그냥 만나와 메추라기는 한 방에 딱 처리하면 돼요. 그러나 이렇게 주는 거는, 주님이, 과정 이 모든 것이 다 주님의 손길이에요. 이것을 인정하라는 거예요. 인정하라는 뜻에서 추수감사절이 이루어진 거예요. 아멘! 잘 들어야 한단 말이에요. 그래서 이것을 하나님은 사람으로부터 인정받기를 원해요. 우리도 하나님께 인정받기를 원하지만, 하나님도 사람에게 인정할 거는 인정하라는 거예요.

예를 들어서, 내가 2부 예배 때도 말했지만 우리가 북조선에다 쌀을 줘요. 쌀을요. 우리가 쌀을 줬더니 저 김정은이, 세상에, 이것은 장군님이 주는 거라고 백성들에게 주는 거예요. 그러면 돼요, 안 돼요? 그건 사기 치는 거지요? 그래서 남조선에서 기분 나빠서 안 주잖아요? 우리가 줬더니 백성들에게 장군님이 주는 거래요. 장군님 같은 소리 하고 앉아 있어요. 우리가 주는 거지. 맞지요? 그와 같이 하나님도 우리에게, 잘 들어봐요, 우리가 평소에 기도하다가 하나님께 막 금식 기도하다가, 철야 기도하다 보면 때때로 주님은 크고 작은 기적의 손길을 베풀어줘요. 병도 나아요. 암 병도 떨어져요. 그리고 막 물질도 하나님이 줄 때 있어요. 기적으로 내 돈 떼어먹고 간 10년 된 사람이 기도했더니 어느 날 돈을 가지고 왔어요. 이게 전부 주님의 기적의 손길이에요. 이것만 기적의 손길이 아니고, 최후의 이 말을 잘 들어야 해요.

그것만 기적의 손길이 아니고 잘 들어봐야 해요. 아멘? 그것만 기적이 아니고 그것만 주님이 기도 응답을 준 것이 아니라 평소에 우리가, 여러분이 느끼지 못하면서, 아침에 출근하고 돈 벌고 해서 한 달에 돈 100만 원 벌지요? 그리고 자식들하고 먹고살지요? 이 한 달에 돈 번 것은 내가 벌었다고 생각하면 안 돼요. 그것까지도 주님이 내 위에서 손길로 붙잡고 있는 거예요. 그것도 주님의 손길이에요.

  그것을 주님이 우리보고 입으로 시인시키려고 해요. 행위로 시인시키려고 해요. 그래서 오늘 추수감사절을 하는데, 추수감사절, 여러분, 다 예물 드린 이유가 뭐냐? "주님! 나 1년 동안 먹고 산 거, 이거요 내가 애써 먹고 산 게 아니라, 아하! 말씀을 듣고 보니 그것까지도 주님의 손길이네요." 하고 고백하기 위해서 추수 감사 예물을 드린 거예요. 제대로 드렸어요? 이 행위를 옳게 하는 자에게는 주님이 업그레이드 시켜줍니다. 내년에 더 큰 추수 감사 헌금을 할 수 있도록 주님이 밀어준다는 거예요. 그런데 이런 말씀을 듣고도 "에이, 참, 나, 목사님 웃기고 앉았어. 아이고, 참, 나, 아니, 내가 1년 동안 먹고 산 거 내가 돈 벌고 내가 말이야 다 일하고 직장 가서 해서 돈 123만 5000원 벌어서, 그래서 내가 산 거는, 그건 내가 산 건데, 내가 돈 번 건데, 그게 어떻게 주님이 준 거야?" 허허! 따라 해봐요. "허허!" 이거 북조선 꼴 날라고 하네요.

7대 명절의 축복을 받으라(상)

북조선 꼴 날라고요. 그럼 주님이 화가 나요. 뭐라고요? 아니 1년 동안 자기가 돈 벌어서 그렇게 해서 먹고산 게, 그게 자기가 만든 거라고요? 어허! 주님이 그래요. "쌀 안 줘. 이놈아. 쌀 안 줘." 그날부터 쌀 안 줘요. 그러니까 우리는 주님이 하신 일을 인정하라는 거예요. 인정만 해도 하나님이 우리에게 30배, 60배, 100배를 퍼부어 줍니다. 믿습니까?

그러면 1년 동안 먹고 살고 한 이 모든 것이 내가 애써 산 것이 아니라 이것도 주님의 기적이란 걸 믿으시면 아멘 합시다. 이것도 주님의 손길임을 믿으시면 아멘. 두 손 들고 아멘! 할렐루야! 요 말씀을 확실히 아멘 한 사람은, 아멘 한 사람은 추수감사절이 계속 업그레이드될 거예요. 내년에 추수감사 헌금은 올해 드린 거의 배를 드릴 수 있어요. 계속 배로 물질을 드릴 수 있도록 주님이 부어주신단 말이에요. 부어주셔요. 아멘? 이걸 모르고요, 딱 떼어먹는 사람은요, 그 사람은요, 물질의 자유 못 얻어요. 죽을 때까지 물질의 자유 못 얻어요. 죽을 때까지 그냥 비실비실하며 살고 죽을 때까지 돈 때문에 타령하다 살아야 해요. 우리 한번 물질을 이기며 삽시다. 〈주님의 손길〉이요. 손뼉 준비!

<주님의 손길>

1. 주님의 손길 생명빛 되네 눈먼 자 광명 찾았네
   놀라운 손길 날 위로하네 빛으로 인도해
   놀라운 은혜 나에게 주사 새 생명 받았네
   놀라운 손길 나 찬양하네 영원토록 찬양해
   오 주 그 놀라운 주 손길 오 주 은혜로운 주 손길

2. 주님의 말씀 능력이 되네 믿는 자 치료 받았네
   놀라운 말씀 날 치료하네 빛으로 인도해
   놀라운 은혜 나에게 주사 새 생명 받았네
   놀라운 손길 나 찬양하네 영원토록 찬양해
   오 주 그 놀라운 주 말씀 오 주 은혜로운 주 말씀

3. 주님의 보혈 속죄가 되네 갇힌 자 해방 되었네
   놀라운 보혈 날 구원하네 빛으로 인도해
   놀라운 은혜 나에게 주사 새 생명 받았네
   놀라운 손길 나 찬양하네 영원토록 찬양해
   오 주 그 놀라운 주 보혈 오 주 은혜로운 주 보혈

(후렴) 놀라운 은혜 나에게 주사 새 생명 받았네
   놀라운 손길 나 찬양하네 영원토록 찬양해

II.
무교절이란?

1. 예수님이 땅속에 3일 동안 계시다

드디어 무교절에 관한 말씀을 지금부터 들어가겠습니다. 다시 말씀드립니다. 여러분, 사람으로 태어나서 무교절의 말씀을 듣는다는 것은 여러분에게 최고의 복입니다. 최고의 복이에요. 김칫국부터 한 그릇씩 다 마셔봐요. 옆 사람 손잡고 해봐요. "너, 복받았다." 해봐요. 뭔지도 모르지만 일단 말해봐요. 앞뒤로 다시 해봐요. "너, 참, 복받았다." 도대체 목사님이 뭔 말을 하려고 저렇게 앞에다가 비행기를 태우고 복 받았다고 난리인가 궁금하죠? 시작할게요. 들어봐요.

하나님이 유월절을 통하여 사람을 구원시키면, 다음 코스두 번째 명절은 크게 여러분이 말해봐요. 시작! "무교절."

그러면 무교절은 첫째, 예수님에게는 주님이 십자가에 죽은 뒤에 3일 동안 땅속에 들어간 사건, 이것을 무교절이라 그래요. 예수님이 이 땅에 계실 때 하루는 바리새인, 서기관, 율법사, 제사장들이 찾아와서 예수님을 골탕 먹이려고 이렇게 말했어요. "예수야, 너, 우리 앞에서 하나님의 아들이라는 걸 증명해 봐." "뭘로?" "네 마음대로 기적을 한번 만들어 봐. 우리 없을 때 뭐 앉은뱅이도 일으키고 말이야 소경 눈도 뜨고 했다고 듣고 왔는데 우리 앞에서 한 번 해 봐." 그랬더니 주님의 대답 좀 들어봐요. "내가 너희에게 앉은뱅이 일으키고 소경 눈 뜨게 하는 기적을 일으킬 필요가 없다." 따라서 해봐요. "없다." "너희에게 더 큰 기적을 보여주리라." 그러면서 하시는 말씀이 "내가 너희에게 보여줄 표적은 선지자 요나의 표적밖에 없다." 무슨 표적이요? 예, 요나의 표적. 요나가 구약 성경에 보면 하나님 말 안 듣다가 물고기 뱃속에 며칠 있었어요? 3일 동안 들어갔지요? 그가 갔다가 나온 사건이 가장 큰 표적이라는 거예요. 성경에, 구약에 보면 더 큰 표적이 많아요. 요단강 갈라진 거, 노아 홍수 사건, 아멘, 엘리사가 죽은 아들을 살린 거, 여리고성 무너진 거, 더 큰 기적이 많은데도, 기적의 전체적인 외형적 크기는 더 큰 것이 많아도 기적이 말하는 의미, 따라서 합니다, "의미," 그 뜻은 요나가 3일 동안 물고기 뱃속에 들어갔다가 나온 것, 이것이 가장 큰 기적이라는 거예요. 그 이유는 그다음에 주님이 하신 말씀을 들어보라고요. "요나가 밤낮 3일을 땅속에 있었던 것처럼 인자도." 따라서 해봐요. "인자도." 인자는 예수님 자신이에요. "나도 땅속에 3일 있으리라." 요나가 3일 동안 물고기 뱃속에 있었다는 것은 예수님이 땅속에 3일 있다가 초

7대 명절의 축복을 받으라(상)

실절에 부활할 것, 이것을 말씀을 하신다, 그걸 일치시켰어요. 그러니까 이 땅의 표적 중에 가장 큰 표적은 뭐냐? 예수님의 부활 사건, 예수님의 부활 사건이야말로 가장 큰 기적이라고 주님이 그렇게 몰고 간 거예요. 믿습니까?

2. 무교절의 길이는 다 다르다

1) 요나의 무교절 – 물고기 뱃속 3일

그러니까 요나는 밤낮 3일 동안 물고기 뱃속에서, 물고기 뱃속에서 무교절을 치렀어요. 그러니까 하나님은 모든 사람을 무교절 속에 집어넣었다가 그다음에 초실절의 축복을 주려고 해요. 무교절 없는 사람 없어요. 성경에 보면 다예요. 다. 아멘! 오늘도, 여러분, 지금부터 시작하는 이 무교절 설교를 몇 번 더 할지 모르지만, 잘하면 주님이 재림하여 올 때까지 할지도 몰라요, 할지 모르지만, 여러분이 무교절 무덤 속에 깊이 들어가야 해요. 무교절이 심령 속에 이루어져야 해요.

2) 모세의 무교절 – 미디안 광야 40년

무교절 한 사람은 사람마다 다 달라요. 모세란 사람은 미디안에서 40년 했어요. 40년. 모세가 하나님께 처음부터 쓰임 받은 거 아니에요. 애굽에 내려가서 자기 백성 싸우는 거

보고 돌 가지고 자기 백성을 건지려고 애굽 사람을 죽였어요. 그래서 모세가 미디안 광야로 도망가서 40년 동안 처절한 삶을 살아요. 시내산에서 장인 이드로의 양을 치면서 눈물로 시내산을 적셔요.

그러던 어느 날 40년 지난 뒤에, 80살 됐지요. 시내산에서 가시떨기에 불이 붙어서 구경하러 갔더니 음성이 들렸어요. "모세야! 이곳은 거룩한 곳이니 신을 벗으라." 벗었어요. "주여, 뉘시나이까?" "나는 너의 조상 아브라함의 하나님, 이삭의 하나님, 야곱의 하나님이로다." "왜 오셨나이까?" "지금부터 너 나와 함께 애굽 땅에 너희 백성들을 구원하러 가자." 그때 모세가 "하나님, 너무 늦었습니다. 너무 늦었습니다. 내나이 80살입니다. 나는 인생 접었습니다. 정말로 내 백성을 살리시려면 내가 그때 한참 청년 때 말이에요. 혈기방장할때, 돌을 들어서 애국 사람을 쳐 죽일 때, 그때 나타나셔야지요. 그때 나를 도와주셔야지 왜 이제 오셔서. 안 갑니다."

하나님 음성 들어봐요. "모세야, 그때는 내가 너를 쓸 수가 없었어. 왜? 너희 백성을 애굽에서 건지는 것은 나와 뜻이 같아. 너도 너희 백성 살리려고 돌 가지고 애굽 사람을 친 거야. 그러나 너희 백성을 살리는 방법." 따라서 해요. "방법." "애굽에서 꺼내는 방법은 너 생각과 내 생각이 달라. 너는 혈기로 인간적 힘으로 혈기 가지고 돌 가지고 백성을 죽여서 애굽에서 꺼내려고 하지? 그것으로는 난 너를 쓸 수 없어." 아멘!

이와 같이 오늘 이 자리에 계신 여러분들도 하나님 앞에 하나님의 일을 위하여 주님의 영광을 위하여 전체적인 뜻은 하나님과 같을지 몰라도 하나님의 일하는 방법을 자아로, 혈기로, 인간의 의로 하면 주님은 그것을 쓸 수 없는 거예요. 밀어줄 수 없어요. "그래서 너의 손에 들은 그 돌 있지? 혈기 있지? 그것을 네 손에서 내려놓는 데 내가 40년 걸렸다. 내가 너를 왜 40년 동안 미디안 광야에서 뺑뺑이 돌린지 아냐? 너의 혈기, 네 맘대로 하는 거, 나를 위해서 일을 해준다 해도 싫어. 네 맘대로 하는 거는 싫어." 따라서 합니다. "싫어." "그래서 나는 너를 쓸 수 없었어." 아멘! "이제는 네가, 너 자아가 죽었어. 일어나." 그랬더니 "하나님, 죽은 놈이 뭘 하겠습니까?" "이때가 바로 내가 너를 쓸 수 있는 때야." 그래서 모세는 40년 동안 미디안에서 무교절을 치른 뒤에 하나님께 붙잡힘을 받아요. 아멘.

3) 야곱의 무교절 – 밧단아람 21년
야곱은, 야곱이라는 사람은 밧단아람에서 외삼촌 집에 가서 하란 땅에서 21년 동안 무교절을 치렀어요. 아멘.

4) 이스라엘 백성들 – 바벨론 포로생활 70년

이스라엘 백성들 있죠? 구약시대 이스라엘 백성들은요 어디에 갔냐면 바벨론에 잡혀가서, 바벨론에 가서 70년 동안, 70년 동안 집단 무교절을 치렀어요.

이렇게 보면 하나님은 무교절 없이 사람을 쓰는 법이 없어요. 그래서 예수 믿고 구원받은 사람은 하늘나라 갈 때까지 누구든지 여러 가지 형태의 무교절을 통하여 하나님은 우리의 겉사람을 죽이려고 하는 거예요. 이번에 이 말씀이 증거될 때 사랑제일교회 모든 성도들은 무교절을 통과합시다. 땅에서 무교절을 다 안 치르면 우리가 죽어서 하늘나라 가지요? 가면 바로 천국 못 가요. 천국 들어가려면 거기에 큰 불 붙는 유리바다, 요한계시록에 기록되어 있죠? 불붙는 유리바다가 있어요. 거기를 건너야 해요. 그래서 우리가 찬송을 부르잖아요? 은유적으로? 장례식 가면 "요단강 건너가 만나리," 그 노래 불러요, 안 불러요? 그거 왜 부르냐 하면 성경에 있는 것을 은유적으로 부르는 거예요. 죽은 영혼들은 다 불붙는, 요한계시록에 나와 있잖아요, 불붙는 유리바다를 건너야 하나님의 성에 들어가요. 이제 내가 이 7대 명절이 다 설교가 끝나면, 주일날 대예배 때 하늘나라 입신을 하여 천국의 모든 것을 사실대로 보고 온 양팔천대 권사님을 내가 다시 불러서 이번엔 토크로, 내가 토크로 일대일로 물어가면서, 천국의 모든 비밀을 다 밝혀볼 테니까, 아멘, 기대하시라! 들어보시라! 천국이 장난이 아니에요. 그 권사님 얘기 들어봐요.

 그 불붙는 유리바다에 딱 발을 대면요 이 땅에서 무교절을 통하여 처리 안 된 모든 자아가 거기에 유리바다처럼 다 드러나 버려요. 거울처럼 거기서요. 왜 불붙는 유리 바다라 그러겠어요? 바다 속에서 불이 올라와서 그 사람을 사를 때, 여러분, 불고깃집에 가서 불고기 굽는 거하고 똑같아요. 인간이 차잘차잘 죽어요. 반지옥이에요. 그래서 하나님이 거기서 정화를 치르고 그다음에 주님 나라 가도 그 사람은 부끄러운 구원이에요. 상급도 없어요. 영원히 부끄러운 구원이에요. 우리는 여기서 땅에서 무교절을 치러야 해요. 주님의 정화가 끝나야 해요. 죽어서 딱 유리바다에 발을 딱 대면 바로 천국으로 그냥 쫙 들어가서, 아멘, 천사들의 잔치와 노래에 참여해야 해요. 그래서 무교절은 어차피 한 번 만나야 하는 거예요. 어차피. 그러니까, 여러분, 이 땅에서 끝내야 해요. 할렐루야!

 그중에도 무교절 하는 기간이 사람마다 다 달랐다 그랬어요. 자, 요나는 물고기 뱃속에서 며칠이에요? 3일! 또 모세는 미디안에서 몇 년이요? 40년! 이스라엘 백성들은 저 바벨론에 가서 몇 년이요? 70년!

에스겔 37장 넘겨봐요. 자, 보면, 이스라엘 백성들이, 참, 무교절을 어떻게 치렀는가? 에스겔 37장 다 읽어봐요. 11절, 시작! "또 내게 이르시되 인자야 이 뼈들은 이스라엘 온 족속이라 그들이 이르기를 우리의 뼈들이 말랐고 우리의 소망이 없어졌으니 우리는 다 멸절되었다 하느니라 그러므로 너는 대언하여 그들에게 이르기를 주 여호와의 말씀에 내 백성들아 내가 너희 무덤을 열고." 따라서 합니다. "무덤을 열고." 뭘 열어요? 오늘 이 시간도 무덤이 열릴지어다! 무덤이 열린다는 것은 무교절이 끝났다는 거예요. 오늘 이번에 우리가 이 무교절 말씀을 상고할 때에 사랑제일교회 모든 성도들의 무덤이 열릴지어다!

이스라엘 백성들은 70년 만에 열린 거예요. 70년 만에요. 그러니까 요나는 3일 만에 열린 거예요. 3일 만에. 사람마다 기간이 다 달라요. 그러면 하나님이 어떤 사람은 70년, 어떤 사람은 30년, 어떤 사람은 40년, 어떤 사람은 3일, 왜 이렇게 무덤의 기간이 다른가요? 하나님은 기간을 채우려고 하는 게 아니라, 기간보다 더 중요한 것은, 하나님이 무교절의 무덤을 통하여 하려고 하는 일이 있어요. 그것만 완성이 되면 하나님은 열어주세요. 그것을 잠시 후에 설명하겠다 이거예

7대 명절의 축복을 받으라(상)

요. 믿습니까?

13절 읽어봐요. 13절, 시작! "내 백성들아 내가 너희 무덤을 열고 너희로 거기서 나오게 한즉 너희가 나를 여호와인 줄 알리라." 따라서 합니다. "무덤을 열고." 다시 해봐요. "무덤을 열고." <열려라 에바다>예요. 손뼉 준비!

<어두워진 세상 길을>

1. 어두워진 세상 길을 주님 없이 걸어가다
나의 영혼 어두워졌네
어느 것이 길인지 어느 것이 진리인지
아무것도 알 수 없었네
주님 없이 살아가는 모든 삶 실패와 좌절뿐이네
사랑하는 나의 주님 내 영혼 눈을 뜨게 하소서

2. 아무것도 알 수 없고 아무것도 볼 수 없고
아무것도 들을 수 없네
세상에서 방황하며 이리저리 헤매이다
사랑하는 주님 만났네
어두웠던 나의 눈이 열리고 막혔던 귀가 열리네
답답했던 나의 마음 열리고 나의 영혼 살리네

(후렴) 열려라 에바다 열려라 눈을 뜨게 하소서
죄악으로 어두워진 나의 영혼을
나의 눈을 뜨게 하소서

아멘! 열릴지어다! 안 열리는 사람은 이 노래만 계속 불러요. 하루에 100번 불러요. 다 부르기 힘들면 뒤에 마지막 한마디만 불러요. 따라서 해요. "열려라!"

그러니까 하나님은 성경을 보면 무교절이 없이는 쓰는 법이 없는데 무교절 기간이 사람마다 다 다른데 내가 여러분에게 물어보겠어요. 이스라엘 백성들처럼 멍청해서 무교절을 70년 할래요? 요나처럼 3일에 끝낼래요? 요나요? 진짜요? 아따! 욕심은 더럽게 많다! 나는 꼭 그렇게 되기를 바랍니다. 난 여러분을 사랑해요. 사랑한다니까요. 안 믿는가 봐요? 사랑해요. 목사님이 성도를 당연히 사랑하는 거지. 눈에 넣어도 안 아파요. 사랑해요. 사랑하는지 가슴에 안 부딪치면 좀 기다려봐요. 난 여러분을 사랑하므로 여러분이 무교절의 박사가 돼주세요. 신앙생활이요, 처음 교회 나오면 요즘 우리 한국 교회가 교회 다닌 지 30년 된 사람하고 교회 다닌 지 1년 된 사람하고 신앙이 같아요. 신앙 수준이 같아요. 왜요? 유월절까지만 오고 그다음에는 다 똑같아요. 왜 그러냐 하면 무교절을 관통 못 하니까요. 지금 한국 교회가 그래요. 교회 나온 지 1년 된 사람하고 교회 안에 계급장이 한참 올라가서 집사, 권사, 안수 집사, 장로, 전도사, 목사까지 돼도, 목사하고 성도들하고 신앙 수준이 같아요. 지금 대한민국이 그래요. 같아요. 신학교 졸업해도 소용없어요. 직분이 된다고 신

　　　　　　　　7대 명절의 축복을 받으라(상)

앙에 앞서가는 게 아니라니까요. 왜 그러냐? 거기에 큰 이유 중의 하나가 뭐냐? 무교절에 대해서 문제가 있는 거예요. 성도들이 무교절에 안 가려고 그래요. 목사님들도 무교절에 안 가려고 그래요. 장로님들은 더 안 가려고 그래요. 여러분은 이번에 무교절의 박사가 되세요. 콱 열려야 해요. 믿습니까?

그런데 무교절을 제일 빨리 한 사람이 하나 있어요. 누구냐? 이삭이에요. 이삭. 이삭은 모리아 산에서 한 번 누웠다 일어나니까 끝! 이삭은 무교절을 성경 중에서 요나보다 더 빨리했어요. 요나는 3일이에요. 이삭은 모리아 산에서 한 번 누웠다 일어나니까 끝! 그럼, 여러분들은 70년 할래요, 한 방에 할래요? 진짜? 모세처럼 40년 할래요, 한 방에 할래요? 진짜로? 내가 한 방에 무교절을 치르는 비밀을 가르쳐 드릴 테니까 꼭꼭 꼭꼭 잡아서 내 것을 만드세요. 믿습니까?

Ⅲ.
무교절과 선악과

1. 무교절이라는 무덤이 이 땅에 생긴 이유

그러면 이제 무교절의 본질 속으로 들어갈 테니까, 자, 귀를 당겨요. 쫑긋해요. 쫑긋. 아멘! 무교절은 무덤이라 그랬지요? 그러면 왜 하나님이 사람을 괴롭히느냐? 아니, 유월절통해 구원받으면 바로 초실절의 부활의 축복을 줘서 물질도부활, 가정도 부활, 자녀도 부활, 찬미 주 예수 하게 해서 만사형통 시온의 대로, 그렇게 처음부터 그냥 건너뛰고 해주시지, 왜 하나님이 사람을 무교절 속에 무덤 속에 왜 집어넣었냐? 자, 설명이요. 그 이유를 잘 들어야 해요. 이번이 핵심이에요. 핵심. 잘 들어야 해요. 잘 들어야 해요. 잘 안 들어도괜찮아요. 왜? 다음 주에 또 할 테니까 기다려요. 잘 안 들어도 괜찮아요.

봐요. 일단 무교절은 큰 제목이 무덤이라 그랬잖아요? 무덤? 따라서 합시다. "무덤." 예수님도 무덤, 우리도 무덤, 무덤에 집어넣는데, 무덤이 왜 왔는가? 자, 무덤의 정체를 밝혀보자고요. 무덤이 이 땅에 왜 왔나요? 무덤의 문화를 끌고 온

7대 명절의 축복을 받으라(상)

사람은 아담입니다. 아담. 아담이 무덤을 만든 거예요. 아담이 뭐 가지고 만들었나요? 선악과 가지고 만들었어요. 선악과. 뭐 가지고요? 선악과! 선악과가 없었으면 무덤이 안 생겨요. 선악과 따먹어서 무덤이 생긴 거예요. 이 무교절과 선악과가 깊은 관계가 있어요.

2. 선악과의 정체

그럼 선악과는 뭐냐 그럴 때 선악과를 나무 열매다, 사과다, 배다, 귤이다, 뭐다, 이렇게 말하는 것은 유치부 애들한테 설명하는 거예요. 선악과가 나무 열매인 것만큼은 사실이지만, 선악과는 나무 열매 이상의 본질적 의미를 가지고 있어요. 그럼 선악과가 뭐냐? 들어봐요. 선악과는 나무 열매인 건 사실이지만 선악과는 무슨 의미가 있냐 하면 하나님의 뜻이에요. 뜻. 따라서 합니다. "뜻!"

잘 외워요. 뜻, 의지, 견해, 이 단어 세 개를 잘 외워야 해요. 하나님의 뜻 앞에 인간의 독립된 뜻, 인간의 독립된 뜻을 갖는 것이 선악과예요. 인간은요 선악과 따먹기 전에는 에덴동산에 사람들이 천만 명이 살아도 뜻은 몇 가지일까요? 그렇죠! 하나의 뜻에 다 통일돼 있어요. 선악과 따먹기 전에는 하나의 뜻이에요. 아멘!

한 달 전에, 우리나라에 아주 큰 목사님이 저를 좀 만나자 해서 만났어요. 그분 이름은 안 밝힐 거예요. 그분이 내 테이프를 듣다가, 여러분이 여기서 지금 이 말을 듣는 게 복이요, 듣다가 하도 충격을 받아서 날 보고 호텔로 오라고 해서 나가서 만났어요. 만났는데 나보고 하는 말이 이런 말을 했어요. "전 목사, 내가 이 땅의 목사가 되어서 나도 날고 기는 사람인데, 수없는 책도 읽고 수 없는 공부도 하고 수도 없는 많은 목사한테 설교도 들었는데, 전광훈 목사 너는 신의 경지의 설교를 한다. 신의 경지." "뭐냐?" 그랬더니, 다른 것은 대충 너만큼은 못해도 우리도 어느 정도는 하는데 선악과에 대해서 말하는 너는 이거는 너는 인간이 아니라는 거예요. 아멘? 이 목사님이 나한테 고백하기를 선악과에 대해서 어떻게 이렇게 성경을 조명해 나가는 거냐고 해요. 그 내용을 밝힐 거예요. 잘 봐요. 선악과는요? 이 말씀을 듣고 그런 거예요, 그목사님이. 선악과는요 그냥 나무 열매라 생각하면 안 돼요.

선악과는, 선악과를 먹는다고 하는 것은 하나님의 뜻 외에 자기의 뜻, 따라서 해요, "자기의 뜻," 독립된 자기의 뜻을 가지겠다는 거예요. 이것이 선악과를 따먹을 때 인간이 먹지 말아야 할 열매를 먹은 거예요. 두 번째, 하나님의 의지, 따라서 해요, "의지!" 하나님의 의지 앞에 독립된 자기의 의지를 갖는 거요. 이거는 재앙이에요. 이거는 어린애들이 칼을

7대 명절의 축복을 받으라(상)

손에 잡고 있는 것과 같아요. 칼은 좋은 것이로되 애들이 가지면 죽어요. 의지는 좋은 것이로되 인간이 독립된 의지를 갖는 것은 얼마나 위험한 것인가? 그 자체가 사약이에요. 사약. 따라서 합니다. "견해!" 인간이 하나님의 견해 외에 자기의 독립된 견해를 갖는 것은 사람 쪽에서 굉장한, 자기 맘대로 하고 싶은 것을 얻은 줄 알지만, 그것이 인간을 죽이는 사약이에요. 사약. 아멘?

이것을 설명할 이 땅에 비슷한 예화는 없어요. 없지만 기어이 여러분이 조금이라도 이해가 되기 위해서 말씀을 드리면, 예를 들어서, 어린애들이 세 살, 네 살 자아의식이 처음 생길 때 자기 마음대로 하려고 해요. 자기 마음대로. 그런데 할머니 할아버지가 손주들 키울 때, "그러면 안 돼. 안 돼." 그래서 통제해요. 그러면 "싫어. 싫어." 자기 맘대로 하려고 해요. 이것이 선악과 따먹어서 그런 거예요. 그러면 애들이 자기의 독립된 의지를 지 맘대로 하게 놔두면 애들이 살아요, 죽어요? 죽어요. 그와 같이 하나님과 우리 사이도 동일한 거예요.

3. 뜻을 반납하러 오신 예수

그래서 예수 그리스도가 이 땅에 오셨을 때 주님이 겟세마네 동산에 들러서, 십자가를 지기 전에 우리 예수님이 겟세마네 동산에서 이 최후의 말을 한마디 한 거예요. "아버지여, 아버지여, 내 뜻대로 마옵시고 아버지의 뜻대로 되기를 원하나이다." 뜻을 반납하러 오신 예수! 예수님이 이 땅에서 십자가를 지시기 전에 뜻을 반납하러 오신 예수입니다. 믿습니까? 그것이 뭐냐 하면 선악과를 하나님께로 돌려드리겠다는 거예요.

인간 대표 예수! 아멘! 하나님 대표 예수! 2성 1인격. 예수는 완전한 하나님이시며 완전한 인간입니다. 우리 예수님이 인간 편에 서서 하나님을 향하여 주님이 고백할 때 아담과 하와가 선악과 따먹고 난 뒤에 전부 다 인간들이 다 독립된 의지, 독립된 뜻, 독립된 견해를 가진 것을 대표하여 내가 다시 선악과를 하나님께로 돌려드리나이다, 이것이 뭐냐, 아버지여, 아버지여, 내 뜻대로 마옵시고 아버지의 뜻대로 되라는 거예요.

4. 선악과를 토해내자

오늘 이 자리에서 여러분들이 다 선악과를 토하여 내세요. 하나님께로 돌려드리세요. 선악과를 토하라는 것은 무슨 뜻이냐? 선악과 따먹고 태어난 모든 인간이 다 오염되어서 독립된 의지, 따라서 해요, "독립된 의지, 독립된 뜻, 독립된 견해," 이것을 사람이 그대로 가지고 있는 이상 인간은 무교절의 무덤에서 못 나와요.

무교절에 들어갈 후보생이 누구인가? 후보생이 뭐냐? 선악과 따먹어서 유월절을 통하여 구원은 받았으나 아직도 겉사람이 자기의 뜻, 따라서 해요, "뜻, 견해, 의지," 이 겉사람이 거기에 사로잡혔어요. 지 멋대로요. 지 멋대로. 교회에 다녀도 지 멋대로예요. 자기의 견해, 뜻, 의지, 그거에 의해서 교회를 다니는 거예요. 이런 사람은, 하나님의 처방은 하나밖에 없어요, 무교절의 무덤 속으로 들어가요. 어떤 사람은 감방에 들어가서 무교절을 치르는 사람이 있어요. 여러분, 꼭 거기까지 가야 해요? 감방 가서 나한테 편지 쓸래요? 편지지에 눈물이 다 젖어서 "목사님, 엉엉, 목사님, 그때 무교절 설명할 때 그때 내가 선악과를 토하여 냈으면 감방에 안 왔을 텐데." 그때 가면 늦어요. 인간은 못 되 먹어서 꼭 암 병에 걸려야 그래야 선악과를 토하여 내냐고요? 젊은 나이에 암 병이 와야 하냔 말이에요. 꼭 자식이 말이야 병신이 돼야 하겠어요? 꼭 사업이 다 망가져서 갈 데도 없고 봉고차 뒤에 말이야 애들 신고 차 안에서 잠을 자고 그래야 여러분이 무교절의 선악과를 토하여 내겠냐고요? 여러분과 저는 거기까지 가기 전에, 이번에 이 말씀이 증거되는 이 자리가 인생 일대에 잊을 수 없는 여러분의 무덤이 될지어다! 주님이 무엇을 우리에게 요구하는지를 알아야 해요. 토하여 내라는 거예요. 토하여 내라! 따라서 해요. "토하여 내라." 이게 안 되면 천하에 하나님은 초실절의 영광을 안 줘요. "목사님, 나는 무교절 없어도 난 잘 되는데요?" 허허! 죽은 뒤에 불붙는 유리 바다에 가서 치러야 된다니까요. 거기 가서 치르지 말고 여기서 치르자고요. 〈가시관을 쓰신 예수〉를 불러봐요.

〈가시관을 쓰신 예수〉

1. 가시관을 쓰신 예수 날 오라 부르실 때에
방탕한 길 못 버리고 세상 길로만 향했네
사랑하는 내 아들아 부르시는 내 아버지
눈 어두워 보지 못하니 내 죄가 너무 큼이라

2. 어찌할꼬 이 내 죄를 어찌 다 용서받을까
두 손 모아 참회하니 흐르는 눈물뿐이라
골고다의 보혈의 피 무거운 짐 벗기시어
천국 백성 되게 하시니 그 사랑 갚을 길 없네

3. 넓고 큰길 가기보다 가시밭길을 택하리
하늘 영광 사모하며 주님 가신 길 가오리
아버지여 나에게도 십자가 들려주소서
땅끝까지 증거하리다 주님 사랑 전하리라

7대 명절의 축복을 받으라(상)

문제는 확실히 드러났어요. 각은 잡혔어요. 하나님이 무교절을 왜 주셨냐? 선악과를 반납받으려고요. 아하! 따라 해봐요. "아하! 그렇구나." 여기까지 이제 말씀이 이해됐어요? 각이 잡혔어요? 저하고 함께 이 말씀을 공유하실래요? 인간에게 선악과를 토하여 내게 하려는 거예요. 오늘 선악과를 토하세요. 그럼, 여러분들이 선악과를 정말로 토하고 내 의지, 따라서 해요, "의지, 견해, 뜻," 다시 한번 말씀드릴게요. "하나님이 각 사람에게 좀 나눠주면 어때? 아이 참나, 왜 하나님이 지 혼자 그걸 다 가질라 그래? 아이! 뜻, 견해, 의지, 그것을 인간이 좀, 우리도 좀, 마음대로 자유롭게 자유의지를 가지고 살게 놔두지. 하나님이 말이야, 뭔데 말이야, 우리한테 말이야, 이상한 말씀을 만들어서 저렇게 꼬이고 요렇게 꼬이고 뒤집어씌워서, 꼭 말이야, 꼼짝도 못 하게, 숨도 못 쉬게 말이야, 우리의 의지를 다 반납하라고 하느냐?" 들어봐요. 왜 그런가 들어보라고요. 인간이 독립된 자기의 의지, 뜻을 가지고 있으면 사탄의 장난감이 돼버려요. 마귀를 못 이겨요. 사탄이 어디 붙는지 알아요? 마귀가 뭐 아무 데나 붙는 줄 알아요? 왜 우리가 주한미군이 가끔가다 바깥에 가서 처녀들 성폭행하고 주한미군이 술 마시고 막 이래도 왜 주한미군을 우리가 붙잡고 있느냐? 주한미군이 나가버리면 우리의 힘으로 북한을 못 이겨요. 전쟁을 방어할 힘이 없어요. 그와 같이 내가 뜻을, 뜻! 따라서 해요, "뜻!" 인간의 독립된 뜻, 독립된 의지, 독립된 견해를 내가 가지고 있으면 그 즉시 사탄의 밥이 돼요. 사탄이 거기에 붙는단 말이에요. 그러니까 이걸 우리는 주님께로 넘겨야 하는 거예요. 토하여 내야 하는 거예요. 못 이겨요. 못 이겨요. 사탄은 뭘 노리느냐? 인간이 선악과 따먹어서 뜻, 견해, 의지를 자기가 가지는 자를 사탄은 노려요. 이건 사탄의 밥이에요. 마귀가 자기 마음대로 끌고 다녀버려요. 그래서 하나님은 뜻, 견해, 의지를 주님께로 넘기라는 거예요. 넘기면 그 즉시 마귀는 떠나는 거예요. 오늘도 여러분 속에 붙은 마귀들이 다 떠날지어다! 귀신은 떠나라! 떠나라! 떠나라, 떠나라 한다고 떠나는 게 아니에요. "주님, 나의 견해, 뜻, 의지를 주님께로 넘기겠습니다." 이렇게 말하면 바로 떠나요. 마귀는 안 되겠다 그래요. 왜요? 주님의 관리하에 들어갔다고요. 믿습니까? 아멘? 그러면 자, 나는 지금 빨리 또 밥 먹고 부산으로 비행기 타야 해서, 비행기 시간이 다 돼서, 나는 여러분을 오래 괴롭히고 싶은데 시간이 없어서 내가 오늘 하는 수 없이 빨리 끝나는데, 아멘, 다음 주에 내가 이 말씀에 대하여 난 여러분을 풀어줄 수 없어요. 오늘 이 가운데 오신, 처음 오늘 교회 나오신 분 중에 가는 날이 장날이라고 처음부터 센 말씀을 만나서 "어렵도다. 누가 이 말을 이해할 수 있는가?" 이렇게 교회 처음 나오신 분들, 잘 들으세요. 그래서 시험 들지 마세요.

수능시험 봤어요? 어저께 애들이 수능시험 문제지가요 90%는요 거의 비슷해요. 누구든지 풀 수 있는 거예요. 나중에 결국은요 열 개 정도 문제지를 고난도로 딱 넣어서 그걸 가지고 애들 순서를 가려내는 거예요. 나머지 90%는 누구든지 다 풀 수 있는 거예요. 나머지 10개 이 고난도, 난이도가 높은 10개, 이것을 누가 푸느냐는 건데, 그런데 거기서 수능시험에서 고난도 10개 문제 있지요? 이것을 학원에서 배울 때, 학교에서 배울 때, 이해가 안 될 때, 골치 아파서, '에이! 너무 어려워. 관둬,' 그래서 나중에 수능시험 보면 거기 10개에 걸려서 순서가 정해지는 거예요. 교회 와서 설교 들을 때 평상시에 좋은 말씀, 이해가 펑펑 다 되는 거, 누구든지 다 해요. 그러나 오늘 이 말씀은 수능시험이에요. 고난도 10개, 이걸 못 풀어서 기독교인들이 버벅 버벅대고 예수 30년 믿어도 똑같아요. 집사, 장로, 목사, 전도사 다 돼도 신앙이 같아요. 왜요? 이 원리를 모르기 때문이에요. 아멘!

Ⅳ.
선악과를 토해냈다는 세 가지 표식

1. 주일 성수

그러면 마지막 결론 들어봐요. 여러분들이 얼마만큼 선악과를 토하여 냈는가? 선악과가 뭐라고 그랬죠? 따라서 해요. "뜻, 의지, 견해." 이걸 하나님은 반납하라 그래요. 얼마만큼 여러분이 하나님께 반납했는지를 여러분 자신이 시험하는 시험지를 내가 알려드릴게요.

 첫째, 주일 성수예요. 주일 성수. 주일 성수는 "주일날 되면 무조건 내 자리를 가야 한다. 내가 앉아야 할 자리는 한 자리다. 사랑제일교회 어느 자리, 그 자리는 나의 자리야." 하는 거예요. 이 주일 성수가 왜 하나님의 뜻과 관계있냐? 주일날 제일 많이 내 뜻과 하나님의 뜻이 부딪히기 때문이에요. 적나라하게 부딪히는 현장이 바로 주일이에요. 주일 딱 돼봐요. 하나님의 뜻은 나를 교회로 옮기려 그래요. 이 좋은 말씀이 증거 되는 이 자리에 갖다 놓으려 그래요. 그런데 내 뜻은 봐요. '결혼식 가야지, 등산 가야지, 낚시 가야지, 어디 가지?' 이 두 개의 뜻이 딱 부딪칠 때, 아침에 갈등이 생겨요.

어디로 갈까? 이리 갈까 저리 갈까 차라리 돌아서 갈까 생각하다가 '에이, 주일은 뭐, 다음 주일은 또 오는데 뭐. 등산가는 건, 친구들하고 모이는 건 이때밖에 없어. 하나님 한 번만 용서해 줘. 알았지? 바이바이.' 하고 삼각산에 기어 올라가요. 그러면 주님이 뭐라 하는지 알아요? "이 자식아, 너는 오늘 너의 뜻이 작동하는 날이야." 이래서 무교절이 10년씩 늘어나요. 그러니까 여러분들은 뜻이 부딪힐 때 주일날 무조건 내 뜻은 쳐서 복종시키세요. 아멘! 할렐루야!

교회 와서 말씀을 잘 듣다가 여러분 속에 아직도 선악과 기운이 있는지 없는지를, 말씀을 듣다가 내 설교를 듣고 열받는 일이 생기거든 그건 선악과예요. 열받는 일이 왜 생기냐? 자기 뜻이 있어서 열받는 거예요. 아, 그건 또 아멘 안 하네요. 나, 이거, 참! 설교 듣다가요, '아이, 저건 아니야. 저거 이상해.' 그게 자기 뜻이에요. 여러분과 나하고 육신의 나이는 같은 한세상을 살지 몰라도 영적으로는요, 영적으로는 여러분은 나한테 이제 두 살, 세 살밖에 안 돼요. 나는 나이가 85살이에요. 영의 나이가요. 백전노장이에요. 한눈에 훤하게 보여요. 한눈에. 아멘! 주일날 자기 뜻을 충동시키지 말고, 내 뜻을 쳐 복종시켜요. 핑계 대지 마요. 어떤 사람들은 하나님까지 달래려고 별짓 다 해요. "주님, 오늘은요 교회 가는 것보다 여기에 가는 것이 주님께 유익입니다. 주님께 유익입니다. 왜냐하면, 내가 안 가면요, 우리 고모가요, 결혼식 안 왔다고, 조카 안 왔다고, 우리 고모가요, 내가 전도하려고 그러는데요, 다 돼가는데요, 다 돼가는데 내가 안 가면 영원히 교회 안 나와서 내가 오늘은 교회 안 가고 결혼식을 가겠습니다." 주님이 그래요. "너 고모가 영혼 구원받는 건 네 실력에 있는 게 아니야. 내 손에 있어. 핑계 대고 난리야. 이게 난리야. 너는 순종해. 고모 영혼이 지옥 갈지라도 너는 내게 순종해. 순종하라고." 아멘, 아멘!

나하고 다짐합시다. 오늘 교회 오신 분들은 천국 갈 때까지 하늘나라 갈 때까지 주일날 한 번도 안 범하고 주일날 가기로 두 손 들고 아멘 해봐요. 두 손 높이 들어봐요. 누가 안 드는지 보게요. 이래야 선악과가 다 떠나가요. 진짜 약속해요? 하나님께 영광의 박수요.

2. 십일조

두 번째, 따라서 합시다. "십일조." 야, 오늘 교회 처음 나온 사람은 기상천외한 거예요. 처음 나왔더니 십일조 내라고요. 여러분, 십일조에서 하나님의 뜻과 내 뜻이 정면충돌이 일어나요. 온전한 십일조 하기가 쉬운 게 아니에요. 십일조 하려고 그러면요, 항상 두 가지 뜻이 나타나요. 내 뜻과 하나님 뜻이 정면충돌해요. 여기서 여러분은 주님의 뜻 편에 서서 뜻을 반납하세요. "하~ 목사님, 십일조 떼고 뭐 떼고 어떻게 먹고살아요?" 십일조는요 마치 뭐와 같은지 알아요? 할아버지, 할머니와 손주 있지요? 손주 애들한테 할아버지, 할머니가 "새우깡 하나만 줘봐. 아~" 할 때는, 애한테 새우깡 한 개 뺏어 먹으려 할 때는 뒤에 만 원짜리를 가지고 있어요. 이렇게 만 원짜리를 손에 잡고 "아~ 할아버지 아~" 하는 거예요. 하나님이 여러분한테 십일조에 대해서 "아~" 그러거든 십일조를 하나님한테 딱 처넣어버려요. 아멘? 뒤에 하나님은요 만 원짜리를 가지고 있어요. 만 원 주면 새우깡 몇 개 사요? 새우깡 몇 개 사요? 몇 봉지 사요? 열 개 사지요. 천 원씩 열 개. 새우깡 이거요, 꼬부랑한 거, 그거 한 개만 할아버지 입에 넣어주면 새우깡 열 통이 생겨요. 열 통이요. 이게 십일조의 원리예요. 하나님은 십일조를 통하여 돈 걷으려고 하는 게 아니에요. 돈을 걷어요? 하나님이? 하나님이 사람한테 "짐승의 피를 마시겠느냐? 내가 부족해서? 은과 금도 다 내 것이다." 하나님이 그렇게 말해요. 그런데 왜 인간에게 그렇게 말하냐? 뜻을 반납 받으려고 그러는 거예요. 뜻을요. 십일조로 뜻을 하나님께로 넘기자!

여기까지는, 이거 두 개까지는, 이것도 지구상에 많은 목사님들이 가르치는 분들이 그나마 좀 있어요. 그런데 이것도 목사님들이요 미안해서 못 가르쳐요. 교회 안에서 나같이, 여러분, 교회 안에서 십일조에 대해서 이렇게 명령하는 사람 봤어요? 목사님들이 못 해요. 왜 못하냐? 목사님까지도 십일조에 대한 확신이 없는 거요. 확신이 없기 때문에 자신 있게 못 가르치는 거예요. 십일조 하면 될지도 모르고 안될지도 모르고 이러니까 목사님들이 강대상에서 버벅거려요. 꼭 뭐, 성도들한테 돈 뺏는 것 같은 그런 기분을 느껴요. 아니에요. 이거는 성도들 살리는 거예요. 무교절을 통과시키는 핵심이 에요. 아멘! 그 목회자들이 무교절 원리를 모르니까 십일조를 성도들에게 설교하면서, 무슨 말이야, 성도들한테 사기 치는 것처럼 미안한 마음을 자꾸만 가져요. 그럴 필요가 없는 거예요. 여러분을 살려야 되는 거예요. 아멘, 아멘! 처음 오시는 분들은 이 말씀이 부딪혀도 다음 주에 또 와 보세요. 수능 시험에 난이도 열 개 문제를 풀어야 해요. 이해 안 된다고 내가 "다음부터 이해하고 나와. 이해하고 나와." 그러면 떨어져 버려요. 고난도를 풀어내야 하는 거예요. 십일조 해서 망하는 사람 봤나요? 전 세계 기독교인 중에 최고의 재벌들은요 십일조 가지고 기적을 체험한 거예요. 믿습니까? 아멘? 다음 주에 내가 또 할게요.

7대 명절의 축복을 받으라(상)

3. 주의 종의 견해 안으로 들어가기

자, 세 번째, 제일 중요한 게 이거예요. 주일 성수, 십일조 이거는 어느 정도 버벅거리며 갈 수 있어요. 제일 중요한 게 뭐냐면, 내 뜻이 하나님께 반납이 됐는지, 진짜 내 뜻이 주님께로 넘어갔는지 자기를 시험해 보고 싶습니까? 주의 종의 견해 안으로 들어가야 해요. 주의 종의 무엇 안으로요? 주의 종의 견해 안으로 들어가야 해요. 아멘! 오늘 이 자리에 오신 여러분, 부족한 전광훈 목사가 여러분의 목자입니다. 주의 종의 견해 안으로 들어오세요. 하나님의 뜻은 주의 종의 견해 안에 머물러요. 여러분이 날고 기어봤자 여러분들은 주님의 뜻을 분별하는 데 한계점이 있어요. 할렐루야. 우리 장로님들은 순도 100% 돼야 해요. 금도 다 같은 금이 아니에요. 14K도 있고, 다 있어요. 우리 교회는 순도 100%, 순도 100% 장로님이 되어서 최소한, 최소한 말이에요, 조만식 장로님, 대한민국의 장로님으로서 대표를 일으켰던 그런 장로님을 능가해야 해요. 우리 장로님들을 난 시시한 장로들 만들고 싶지 않아요. 아멘, 아멘! 지금 대한민국에 장로 문화가 무너졌어요. 장로님들이 말이야 목사님을 감시하고 말이야 목사님을 말이야 견제하는 세력으로 하나님이 세워 놓은 줄 알고 성경도 모르고 쥐뿔도 모르면서 말이야 대한민국 교회 다 무너졌어요. 다 무너졌어요. 왜요? 목사님들이 장로님 눈치를 왜 봐요? 왜 봐요? 어? 왜 봐요? 그러니까 장로님도 죽이고 자기도 죽고 목사님들이 다 이렇게 만든 거예요. 우리 교회는 없어요. 나도 살고 니들도 살고 순도 100%예요. 순도 100%. 아멘? 뒤에 있는 여러분도 빨리 따라오세요. 장로님들처럼 이렇게 뒤지도록 혼나도 "아멘" 할 수 있도록 빨리 따라와요.

두 손 높이 드시고 "주여!" 삼창하고, "하나님, 이번에 나는 무교절 끝내야 합니다. 아버지, 여기서 버벅거릴 수 없어요. 무교절 끝내고 무덤 열리고 나도 초실절의 역사가 일어나야 합니다." "주여!" 삼창하며 기도하겠습니다.

7대 명절의 축복을 받으라(상)

무교절②
선악과를 반납하자

설교 일시 2013년 11월 24일(주일) 오전 11시

대   상 사랑제일교회 주일 3부 예배

성   경 에스겔 37:11-13

11 또 내게 이르시되 인자야 이 뼈들은 이스라엘 온 족속이라 그들이 이르기를 우리의 뼈들이 말랐고 우리의 소망이 없어졌으니 우리는 다 멸절되었다 하느니라

12 그러므로 너는 대언하여 그들에게 이르기를 주 여호와의 말씀에 내 백성들아 내가 너희 무덤을 열고 너희로 거기서 나오게 하고 이스라엘 땅으로 들어가게 하리라

13 내 백성들아 내가 너희 무덤을 열고 너희로 거기서 나오게 한즉 너희가 나를 여호와인 줄 알리라

Ⅰ.
주님의 피에 우리 심령이 늘 젖어 살자

7대 명절의 축복을 받읍시다! 세게 받읍시다! 자, 오늘은 이제 여러분들이 한번 해 봐요. 하나님이 구약 이스라엘 백성, 자기 백성에게 일곱 가지의 명절을 주셨습니다 : "유월절, 무교절, 초실절, 오순절, 나팔절, 속죄절, 장막절." 장막절까지 한번 가봅시다.

왜 주셨냐? 크게 세 가지예요. 첫째, 구약 시대 이스라엘 백성 유대인에게 주신 이것은 하나님의 축복입니다. 이스라엘 유대인들은 이거 일곱 가지 지키다가 세계 제일의 복을 받았어요. 뭔 뜻인지도 모르고 하나님이 하라고 하니까 뜻도 모르고 그냥 했어요. 흉내만 내고 껍데기만 붙잡아도 하나님이 복을 주셨어요.

왜 그러냐? 하나님이 사람에게 하고 싶은 많은 말들이 있어요. 하나님이 사람에게 하고 싶은 많은 말이 있단 말이에요. 많은 말이 있어도 하나님이 사람에게 정말 하고 싶은 말을 줄이고, 줄이고, 또 줄이고 함축하면 이거 7개를 하나님은 사람에게 말하고 싶어 해요. 다시 해봐요. "유월절, 무교절, 초실절, 오순절, 나팔절, 속죄절, 장막절."

둘째는 이것은 여러분과 저의 사랑의 대상인 예수님의 구속 사역을 말합니다. 예수님 사랑하십니까? 예수님을 세게 사랑하십니까? 진실로 사랑하십니까? 예수님 사랑하시면 아멘! 두 손 들고 아멘! 들고 있어요, 들고 있어요. 들고 있어요, 예수님 기분 좋도록 들고 있어요. 예수님이 "아이고! 나를 사랑하는 자가 저렇게 많아? 와, 저 중에는 가짜도 더러 있고." 진짜요? 따라 해봐요. "주님 진실입니다." 아멘. 내가 예수님을 사랑하게 된 거에 대하여 박수로 하나님께 영광이에요. 박수로 영광.

이 세상을 창조하신 예수님, 이 세상을 창조하신 하나님이 사람의 육체의 옷을 입고 이 땅에 오신 분이 예수입니다. 그분이, 이 세상을 만드신 창조하신 하나님이 사람의 육체의 옷을 입고 마리아의 배를 빌려 성령으로 이 땅에 태어나기 전에 하나님으로 천국에 계실 때, 그때에 하나님께서 사람으로 자기 몸을 변신하여 이 땅에 오시면 이 땅에 오셔서 인간들을 위하여, 여러분과 나를 위하여 이루실 큰 일곱 가지의 구속사입니다. 구속사 일곱 가지입니다.

뭔 얘기냐? 나는 사람으로 이 땅에 내려가면 이렇게 죽으

리라. 따라서 합니다. "이렇게 죽으리라." 그것이 유월절이
에요. 따라서 합니다. "무덤에 있으리라." 나는 세상에 내려
가면 죽어서 3일 동안 땅속에 있으리라. 따라서 합니다. "부
활하리라." 나는 세상에 사람으로 내려가서 죽었다가 3일 만
에 부활하리라. 다시 따라 해요. "성령을 주시리라." 오순절
마가의 다락방에 성령을 퍼부어 주시리라. 그리고 재림하시
리라. 그리고 재림한 후에 알곡과 쭉정이를 가리리라. 그리
고 그들을 나중에 천년왕국에 데려가리라.

　이 7대 명절은 예수님이 이 땅에 태어나서 만든 명절이 아
니에요. 이걸 보면요, 예수님이 이 땅에 온 후에 만들어진 명
절이 아니고 오시기 1000년 전에 2000년 전에 그때 벌써 이
7대 명절을 하나님이 만들어 놓으셔서 하나님이 사람으로
이 땅에 오시면 요러한 일을 진행하리라 하신 겁니다. 아멘!
그대로 하셨어요. 그대로요. 그러니까 이 성경은 초과학적
이에요. 초과학적입니다. 성경은 기가 막힌 거예요. 날짜도
안 틀리고 주님은 다 이루었어요. 다시 말씀드려요. 이 7대
명절은 예수님이 이 땅에 온 뒤에 생긴 명절이 아니라니까
요. 아니고, 오시기 전에, 예수님이 이 땅에 오시기 전에 7대
명절을 하나님이 먼저 만들어 놓고 예행연습을 시킨 거예요.
예행연습.

그러니까 성경은 기가 막히죠. 저는 이런 성경을 보면서도 예수를 말이야 히쭈구리 하게, 예수를 개떡같이 믿는 사람 보면 내 상식으로는 이해가 안 돼요. 내 상식으로는요. 어떻게 하나님이 더 이상 말을 하겠냐고요? 이건요 빼도 박도 못해요. 이거는 그냥 딱이에요. 딱! 이런 말씀을 듣고도 네가 예수를 안 믿었다? 너, 책임져야 해. 너는 지옥에 갈 때에 아무 말 하면 안 돼. 하나님에 대해서 아무 말 하면 안 돼. 아멘!

신비 자체입니다. 신비 자체. 할렐루야. 패스터(pastor) 폴! 필리핀 목사님이 오랜만에 오셨어요. 두 유 노(Do you know)? 언더스탠(Understand)? 오케이? 명절이 영어로 뭐에요? 명절이? 뭐요? 페스티벌(festival)? 별것도 아니네요. 세븐 페스티벌. 올드 테스트멘트 세븐 페스티벌(Old Testament seven festival) 오케이? 잘 배워서 필리핀 가서 그냥 강타하시라고요. 아멘! 아이고, 아버지! 이거요, 2000년 기독교, 내가 왜 이렇게 외국에 오신 목사님 뒤에 계시는데, 내가 왜 이렇게 큰소리치냐? 2000년 기독교 역사에서 이 7대 명절이 풀어진 예가 없어요. 딱 사랑제일교회 여기서 풀린 거예요. 없어요. 한번 가져와 봐요. 책을 가져오든지, 뭐, 가져와 봐요. 대충 읊어놓은 건 있어도, 없어요. 그래서 내가 큰소리 뻥뻥 치는 거예요.

그래서 내가 용산에다가 십이만 명 선교 센터를 빨리 지어
서요. 동시에 십이만 명입니다. 아멘. 어제도 내가 서세원 목
사님하고 공작을 한참 했어요. 그냥 나는 이미 다 된 거 같아
서, 기분이 충만해서, "이제 다 됐다. 다 됐다." 해서 용산에
다 십이만 센터를 지어서 십이만 명이 동시에 먹고 자고 훈
련할 수 있는 걸 만들어서 이것을 세계화하려고요. 이 청교
도 말씀을 전 세계화하려고요. 지금 하나님이 우리를 밀어주
십니다. 여러분도 7대 명절 오늘 잘 들으셔서 빨리 초실절이
임해서 다 부활해서 하나님께 큰 영광 돌리는 도구가 될지어
다! 할렐루야!

그다음에 세 번째, 세 번째가 제일 중요해요. 세 번째 뭐
냐? 이것은 신약 시대에, 지금 우리 시대에요. 우리 시대. 신
약 시대에 성도들의 심령 속에, 여러분 심령 속에 오늘 이 시
간에 심령 속에 임한 일곱 가지 7대 큰 복음의 축복입니다.
무슨 뜻이냐? 유월절이 사람 가슴에 임하면 인간 최고의 축
복인 구원의 역사가 임해요. 구원의 역사. 여러분, 이 땅에
살면서 가장 큰 축복이 구원의 축복입니다. 구원 이상의 축
복이 없어요. 사람이 죽으면 천국 가는 축복! 이것은 최고의
축복이에요. 그러니까 여러분들은 최소한 유월절 하나만큼
이라도 세게 임해야 해요.

유월절은, 이것은 대표적인 건 뭐냐? 예수님 피란 말이에요. 피. 모든 명절 중에 제일 중요한 거예요. 그래, 이 명절이, 이것이 모든 명절의 시작이기 때문에, 유월절이 가슴에, 주님의 피에 가슴이 젖지 아니하면 무교절로 들어갈 수 없어요. 무교절로 하나님이 안 넣어줘요. 7대 명절은 순서별로 오는 거예요. 순서별로. 유월절 오면 무교절로 가고, 무교절 오면 초실절로 가고, 초실절 오면 오순절로 가고, 이렇게 순서별로 가는 거예요. 처음부터 장막절 오는 게 아니에요.

그러니까 제일 중요한 게 유월절의 피에 내 가슴이 젖어야 그다음부터 이제 스타트(start)가 되는 거예요. 시작이 된단 말이에요. 유월절이 희미하면 안 돼요. 그러니 여러분은 오늘 또 주님의 피가 가슴에 젖어 있어야 해요. 늘 주님의 피에, 유월절이 가슴에 젖어 있어야지 이것이 한 번 왔다가 그냥 없어져 버리고, 이러면 안 돼요. 늘 주님의 피가 가슴에 젖어야 해요. 믿습니까?

그러니까 이것을 늘 가슴에 젖어 있게 하려고 사실 예배 형태가 구약 성경도 보면 무조건 피로 시작해요. 어린 양의 피가 모든 예배의 중심이에요. 그래서 가인의 제사는 버린다 하고 아벨의 제사가 하나님께 열납 된 것은 차이가, 정성이, 뭐, 아벨이 좋았고 가인은 정성이 좀 떨어졌다, 그게 아니에요.

딱 이유는 하나예요. 피예요. 피. 아벨은 피의 제사로 하나님께 나갔고 가인은 피가 없는 제사로 갔기 때문에 버림을 당한 거예요. 오늘도 여러분 가슴에 주님의 피가 넘쳐나야 해요.

신약의 예배도 마찬가지요. 원래 우리 신약의 이 예배는 중심이 성경대로 하려면요, 설교 중심이 아닙니다. 원래는, 원래 이 예배는 설교 중심이 아니고 예배의 중심은 성찬 중심입니다. 성찬식을, 매주일마다 성찬식을 하기 위하여 교회에 모이는 거예요. 그다음에 거기에 추가로 성찬식에 대해서 뜻을 잘 모르니까 그걸 해설하다 보니까 설교가 생긴 거예요. 원래 사도행전을 보면 "저희가 떡을 떼기 위하여 모였더니." 이렇게 돼 있어요. 할렐루야!

그 신약의 예배도 원래는 성찬 중심인데 왜 성찬식이 지금 이게 1년에 두 번, 세 번, 많이 하는 교회는 한 달에 한 번, 이렇게 왜 바뀌었나요? 로마 천주교가 천 년 동안 교회를 지배하면서 이게 성찬식을 타락시켜 놓은 거예요. 개판같이요. 일주일 살다가도 주일날 가서 신부님이 아주 귀찮으니까 한꺼번에 하려고 떡 있죠? 떡을 가지고, 과자 있죠? 그걸 포도주에다 딱 찍어서 입에다 넣어줘 버려요. 성찬식을 최첨단으로 한단 말이에요. 딱 찍어서요. 그러니까 천주교 성도들이 이게 만성이 돼서 성찬 안에 들어가는 내용은 이건데, 이 뜻도 모르

　　　　　　　　　　7대 명절의 축복을 받으라(상)

고 그냥 떡만 먹으면 다 된다고 해서 습관적으로 한 거예요.

그래서 개신교는 뜻 모르고 성찬식 하는 것은 무효라고 해서 성찬식을 귀중하게 생각하기 위하여 이걸 1년에 한 번, 두 번으로 우리는 이렇게 한단 말이에요. 그 대신에 매주일마다 성찬식 안 해도 설교 내용 안에, 찬송 안에 모든 성찬 요소를 다 박아 넣어서 노래만 부르면 심령 성찬이 이루어지도록 이렇게 신약의 예배는 짜여 있어요. 아멘! 여러분이 뜻 없이, 모르고 그냥 노래 불러도 그 안에 다 요 성찬의 요소를 집어넣어서 목사님들이 예배를 끌어가는 거예요. 이해됐어요? 그러니까 성찬식을 육신적으로 하든, 육신적으로 안 하고 찬송을 통하여 성찬 하든, 말씀을 통하여 성찬 하든, 하여튼 간에 더 중요한 건 뭐냐? 예배를 통하여 내 가슴이 주의 피에 젖는 거예요. 주의 피에 젖는 게 중요한 거예요. 이해가 됐어요? 할렐루야? 아멘? 오늘도 여러분 가슴에 유월절이 젖을지어다!

예수님이 왜 이 땅에 와서 날 위하여 피 흘려 죽었는가? 여기에 대한 것이 확실히 서야 하는 거예요. 이거 안 서면요, 신앙이고 뭐고 아무것도 아니에요. 다 무너져 버려요. 다 무너져 버려요. 교회 30년, 50년 다녀도 무효예요. 무효. 주님이 날 위해 피 흘려 돌아가시니 이것이 모든 신앙의 출발이요,

기준이요, 시작이요, 중심이란 말이에요. 중심. 아멘! 두 손
들고 아멘! 할렐루야! 〈겟세마네 동산에서〉 노래 불러봐요.

〈겟세마네 동산에서〉

1. 겟세마네 동산에서 기도하실 때
   주님의 땀방울은 피로 변했네
   하나님을 거역한 나를 위하여
   순종의 속죄 피를 흘려 주셨네

2. 빌라도의 뜰에 서서 가시관 쓸 때
   주님의 온 얼굴은 피로 젖었네
   온 인류의 저주를 속하시려고
   저주의 가시채로 관을 쓰셨네

3. 빌라도의 군인들이 때린 채찍에
   찢어져 피로 물든 주님 등허리
   온 인류의 질병을 속하셨으니
   치료의 강물에서 넘쳐 흐르네

4. 골고다의 십자가에 달리신 주님
   손과 발 옆구리에 입은 상처로
   온몸의 물과 피를 다 흘리셔서
   멸망의 죽음에서 날 건지셨네

(후렴) 아아 아아 주의 사랑 깊고 크셔라
   내 영혼에 파도처럼 메아리쳐 온다

II.
유월절 다음에 임하는 어려운 코스 무교절

1. 구원받은 성도들을 무덤 속에 넣으시는 하나님

아멘. 할렐루야. 주님의 피에 가슴이 젖어봅시다. 이렇게 하여 유월절이 내 가슴속에 임하면 그다음에 주님이 우리를 어디로 데려가냐? 자, 7대 명절 중에 가장 난 코스예요. 가장 난 코스입니다. 가장 어려운 코스예요. 이거를 잘 통과해야 해요. 따라서 합니다. "무교절."

무교절은 예수님의 무덤입니다. 십자가에 돌아가셨다가 무덤 속에 3일이나 있었단 말이에요. 그와 같이 오늘 우리 신약 시대 때도 유월절 통하여 우리가 구원받으면 하나님은 다음 코스로 무교절의 무덤에 우리를 집어넣어요. "아우, 그건 또 뭐야? 뭐냐고? 하나님이 구원시켜 주는 건 좋은데 우리를 또 왜 무덤에 집어넣냐?"

다양한 무덤을 하나님은 준비해 놓고 기다려요. 따라 해봐요. "물질의 무덤." 하나님은 돈 가지고 사람을 무덤 속으로 집어넣어요. 따라서 합니다. "질병의 무덤." 그리고 병 가지고 하나님이 무덤 생활시켜요. 무교절에 임하는, 무교절 때문에 온 병은, 이거는 병원 가도 안 낫습니다. 또 하나님이 목적을 가지고 준 병이기 때문에 이거는요 아무리 능력 있는 사람이 안수기도해도 병 안 나아요. 왜 안 낫냐? 저거는 목적을 가지고 하나님이 딱 찔러 넣은 거예요. 왜요? 무교절에서 무슨 일을 하려고요. 따라서 합니다. "가정의 무덤." 하나님이 가정을 가지고 무덤 생활을 시켜요. 따라서 합시다. "사업의 무덤."

여러 가지 무덤을 하나님이 저 사람한테는 이것, 이 사람한테는 요것, 주제별로 하나님이 사람을 무덤 속에 집어넣는 이유는 왜 그러냐? 사람이 유월절을 통하여 구원은 받았지만, 아직도 그 사람이 아담의 냄새가, 아직도 아담의 냄새가 펑펑 나서 이 아담의 냄새를 처리하려고, 다시 말해서 성화시키려고, 그리고 거룩하게 하려고, 그래서 무교절의 무덤에다가 쓸어 넣는다, 이거예요. 믿습니까?

2. 무교절의 기간은 사람마다 다 다르다

성경에 보면 무교절을 하는 그 기간도 사람마다 다 달라요. 요나는 물고기 뱃속에서 했습니다. 물고기 뱃속에서요. 성경의 구약 시대에 보면 요나 있잖아요? 요나는 물고기 뱃속

7대 명절의 축복을 받으라(상)

에서 며칠 했냐? 3일 했어요. 3일. 요나가 물고기 뱃속에 들어가서 3일 동안 무교절을 치르는 거예요. 그리고 모세란 사람은, 모세는 40년 동안 미디안에 가서, 미디안에서 무교절을 치르는 거예요. 모세는 너무 길었어요. 그리고 또 야곱이라는 사람은 밧단아람, 하란 땅에 가서 야곱은 21년 동안 무교절을 치르는 거예요.

하나님이 연단 하여 쓰시려고 이스라엘 백성들은 집단 무교절을 했어요. 이스라엘은 바벨론에 포로로 잡혀가서, 바벨론 가서 몇 년 했냐? 70년 했어요. 70년이나 무교절을 치렀어요. 에스겔 37장 11절을 다시 한번 보실래요? 70년이 풀(full)로 찼어요. 꽉 차는 거예요. 너무 길게 한 거예요. 너무 길게 했어요. 11절 읽겠습니다. 시작! "또 내게 이르시되 인자야 이 뼈들은 이스라엘 온 족속이라 그들이 이르기를 우리의 뼈들이 말랐고 우리의 소망이 없어졌으니 우리는 다 멸절되었다 하느니라." 12절 시작. "그러므로 너는 대언하여 그들에게 이르기를 주 여호와의 말씀에 내 백성들아 내가 너희 무덤을 열고 너희로 거기서 나오게 하고 이스라엘 땅으로 들어가게 하리라." 13절 시작. "내 백성들아 내가 너희 무덤을 열고 너희로 거기서 나오게 한즉 너희가 나를 여호와인 줄 알리라." 따라서 합니다. "무덤을 열고." 이스라엘 백성들을 페르시아, 바벨론의 무덤을 열고 그들을 해방시켜 주겠다는 거예요. 무교절이 끝났어요. 몇 년 했어요? 70년 했어요.

그러니까 무교절을 하는 방법과 기간이 사람마다 다 다른 데, 오늘 3부 예배 나오신 여러분, 선택하세요. 무교절을 얼마나 길게 할지 선택하세요. 요나처럼 3일 할래요? 이스라엘 백성처럼 70년 할래요? 대답이 시원찮네요. 이거 큰일 났네, 이거! 이스라엘 백성들처럼 70년 동안 무교절을 꽉 채울래요, 3일에 끝낼래요? 진짜요? 3일에 끝낼래요?

내가 여기 보니까 아직 무교절이 안 온 사람도 있어요. 유월절 전에 있는 사람은요 하나님이요 잘 되게 놔둬 버려요. 사업도 잘 돼요. 왜요? 마지막 잔칫날 잡아먹으려고 하나님이, 그거는요 한꺼번에 쓸어버려서 지옥 불에 넣으려고, 관심 없어요. 하나님의 백성들에 대해서만 주님이 이끌어요. 아멘? 그러니까 우리는 무교절의 시간을 70년 동안 허비할 수 없어요. 그러다 보면 인생 다 살고 말이야, 고생만 하다 인생 끝나잖아요? 그럴 수는 없잖아요? 아멘? 두 손 들고 아멘! 따라서 합시다. "주여, 풀어주세요." 다시 따라서 해요. "주여, 나를 물질의 무덤, 질병의 무덤, 가정의 무덤, 사업의 무덤에서 풀어주세요." 정말 풀리실래요? 그런데 모세는 40년 했지요? 이스라엘은 70년 했지요? 요나가 제일 짧게 했어요. 3일! 물고기 뱃속에서 요나가 3일 만에 튀어나왔어요.

3. 무교절이 짧게 끝난 이삭과 다윗

1) 이삭의 무교절

그런데 요나보다 더 짧게 한 사람이 누구냐? 있어요. 이삭이에요. 이삭. 이삭은요 모리아 산에서 한 번 이렇게 누웠다가 일어나니까 끝났어요. 끝났어요. 무교절 끝났어요. 여러분들도 오늘 뒤로 한번 넘어졌다 일어나요. 그런데 이삭이가 한 번 누웠다 일어나는 것이 이것이, 여러분, 쉬울 것 같지만 그렇지 않아요. 이삭이가 "아버지, 모리아 재단에 올라가서 아버지 앞에 아버지의 하나님이 내 생명을 원하신다면 오늘 내가 내 몸을 하나님께 제물로 드릴테니 나를 향하여 마음대로 하세요. 제물로 쓰소서." 하고 누웠다는 것은 자기 모든 생명을 포기했다는 거예요. 그때 이삭은 그거 한 방으로 끝난 거예요. 무교절이 끝난 거예요. 여러분도 선택하세요. 오늘 한 방에 끝날지, 70년 할지요. 한 방에 끝낼래요, 70년 하실래요? 진짜로? 한 방에 끝낼래요?

2) 다윗의 무교절

그리고 이 무교절을 또 짧게 한 사람이 누구냐? 오늘 여기에 대해서 좀 길게 설명하려고 하는데 다윗입니다. 다윗. 다윗은 어디에서요? 엔게디 굴속에서! 엔게디 굴이 있어요. 엔게디 굴속에 들어가서 다윗이 사울 왕한테 고난을 당하고 쫓

겨 다니다가 너무 더워서요? 중동 땅의 날씨가 얼마나 더워
요? 더우니까 낮에 잠깐 쉬려고 굴속에, 동굴에 들어갔어요.
동굴 들어가면 시원하잖아요? 동굴 속에 딱 들어갔는데 다
윗을 잡으러 다니는 사울도 한잠 자고 쉬려고 장소를 찾다
보니까 다윗이 들어간 굴에 뒤따라 들어온 거예요. 원수가
들어왔네요. 꼼짝 못 하게 됐어요. 꼼짝없어요. 먼저 들어간
다윗은 눈이 적응이 됐어요. 극장에 먼저 들어간 사람은 눈
이 다 보여요. 먼저 들어간 사람이 극장에서 가만 앉아 있어
봐요. 나중에 들어온 사람이 더듬더듬하면 얼마나 웃겨요?
그래서 다윗이가 저 뒤에 가서 숨어 있는데 사울 왕이 자기
를 잡으러, 세상에! 같은 굴에 들어온 거예요. 그래서 굴 끝
에 다윗이 엎드려서 기도해요. 그때는 하나님께 통성기도도
못 해요. 그때 하는 기도가 묵상 기도예요. 묵상 기도가, 여
러분, 눈 감고 이렇게 자는 게 아니고 묵상 기도의 소리는 속
에서는 더 세게 나와야 하는 거예요. 묵상 기도 소리는 속에
서는 더 세게 나와요. 다윗이 그래서 기도하는데, 아, 이 사
울이 굴속에 끝까지 안 오고 들어오다가 중간에 펄렁 벗더
니, 갑옷을 벗더니, "이 불족제비 같은 다윗이 어디를 갔나?
어이! 요놈의 새끼를 죽여야 하는데." 하고 낮잠이 들어서 코
를 골아요. 코를 한창 골 때 다윗이 살살 기어가서 잠자는 사
울의, 사울이 자기 장인어른 아니에요? 사울의 옷자락을 잘
랐어요. 그리고 저 뒤에 들어가서 2차로 또 묵상 기도를 해

7대 명절의 축복을 받으라(상)

요. 이제 들어올 때는 발견 못 했으니 나갈 때도 이 안쪽을 보지 말고 앞만 보고 나가도록 하나님께 묵상 기도해요. 그래서 사울이 잠을 자고 일어나더니, "개운하다. 불족제비 같은 놈이 어디를 갔나?" 그리고 갑옷을 주섬주섬 입더니 굴 바깥으로 사울이 나왔어요. 다윗이 뒤따라서 굴에서 나오면서, "왕이여, 어찌하여 저를 죽이려 하나이까? 잠시 전에 내가 들어간 굴속에 왕이 들어와서 주무셨나이다. 하늘의 하나님이 왕의 생명을 나한테 붙여서 잠자는 당신의 목을 향하여 내가 칼을 꽂을 수 있었지만 나는 나보다 선배인 기름 부음 받은 자, 왕의 생명에 손을 대지 않기 위하여 나는, 증거로, 같은 굴에 있었다는 증거로 옷자락만 살짝 잘랐나이다. 보소서. 내 말이 거짓말입니까? 왕의 생명을 하나님이 나에게 붙였어도 나는 굴속에서 나의 의지를 쓰지 않고." 아멘! 이야! 다윗이 대단한 겁니다. 사울 왕에게 걸려서 자기가 거꾸로 역습을 당하여 죽임을 당할지라도 이 다윗은요, 엔게디의 굴속에서 하나님의 뜻 앞에 자기의 의지를 사용하지 않은 거예요. 기가 막혀요. 기가 막힌 겁니다. 기가 막힌 거예요. 아멘?

그때 엔게디 굴속에서 나올 때 다윗의 무교절이 끝났어요. 무교절이 끝났어요. 그리고 바로 하나님은 초실절로 다윗을 데리고 가서 헤브론의 왕으로 하나님이 딱 갖다 집어넣잖아요? 원래 다윗이 왕이 된 것은 사무엘한테 기름 부음을 받을 때 왕의 씨가 이 속에 왔어요. 그런데 현실적으로는 왕이 안 되는 거예요. 여러분도 마찬가지예요. 이미 여러분 속에 부활의 씨가 왔어요. 그렇지만 현실적으로 안 나타나는 거예요. 언제 나타나느냐? 무교절이 끝나야 하는 거예요. 믿습니까?

Ⅲ.
무교절 무덤의 출발

1. 무덤의 원인 : 선악과

그럼 왜 하나님이 사람에게 이렇게 무교절을 주시나요? 이 무교절은 무덤이라 그랬지요? 무덤이요? 무덤이란 말이에요. 무덤 생활이에요. 무덤인데, 무덤이 어떻습니까? 무덤은 갑갑해요, 시원해요? 안 들어가 봤어요? 다음 주에 관을 수백 개 사 와서 관 속에다 넣어놓고 바깥에 못을 딱 박아서 3일 동안 한 번 관 속에 넣어봐 봐야 해요. 얼마나 갑갑한지? 이렇게 하나님은 우리의 삶 속에, 무덤 속으로 우리를 집어넣는데, 무덤에 집어넣는 이유가 무엇인지 지난 주 한 것을 다시 한번 조명하면서 잘 들어보세요. 무교절이 너무 중요한 거예요. 잘 들어보세요.

7대 명절의 축복을 받으라(상)

이 무덤은, 최초의 무덤의 문화를 만든 사람은 아담이에요. 아담이요. 아담 때문에 이 땅에 무덤이 생긴 거예요. 아담이 뭐 때문에 무덤을 만들었냐? 선악과 가지고 만든 거예요. 선악과 말입니다. 요 선악과가 철천지원수예요. 선악과를 따먹어서 무덤에 들어간 거예요. 선악과가 곧 무덤의 원인이에요.

2. 선악과의 정체 : 하나님으로부터 독립된 인간의 뜻, 의지, 견해

그러면 선악과가 뭐냐 그럴 때 선악과가 나무 열매인 것만큼은 사실이지요? 사과인지 배인지 감인지 뭔지 모르지만요. 그런데 선악과가, 뭐, 사과냐 감이냐 이걸 가지고 논쟁할 필요 없어요. 선악과는 과일 열매인 건 사실이지만 선악과가 나무 열매다, 이건 유치부 애들 가르치는 거지요?

그러면 선악과는 뭐냐? 하나님이 먹지 말라 그랬거든요? 그런데 사람이 먹었거든요? 이건 뭐냐 하면 하나님의 뜻입니다. 뜻이요. 따라서 해봐요. "뜻." 하나님의 뜻 앞에 인간이 자기의 뜻을, 자기의 뜻, 따라서 해요, "자기의 뜻," 독립된 자기의 뜻을 갖는 것을 선악과라고 하는 거예요.

또 선악과는 뭐냐 하면 하나님의 의지입니다. 하나님의 의

지요. 따라서 합니다. "의지." 하나님의 의지 앞에 독립된 인간의 의지 요것을, 독립된, 분리된 의지를 자기가 단독으로 갖는 거예요. 물어볼 게 대답해 봐요. 선악과 먹기 전에는, 따 먹기 전에는 에덴동산에서 사람이 백만 명, 천만 명이 존재해도 뜻은 몇 가지일까요? 지금 천국에, 천국에 말이에요, 천천이요 만만인 수천수만의 천사들이 있어도 천국에서 뜻은 몇 가지일까요? 누구의 뜻이요? 아버지의 뜻 하나밖에 없는 거예요. 믿습니까?

그다음 견해입니다. 견해. 따라서 합니다. "견해." 독립된 견해를 갖는 거예요. 하나님의 뜻, 의지, 견해 앞에 인간이 자기의 독립된 의지와 견해를 자기가 갖는 것, 이것은 사약입니다. 사약이에요.

선악과 따먹기 전에는 이런 일이 없었어요. 그러나 선악과 따먹은 날 이후로는 사람이 한배에서 나온 쌍둥이도 인간은 각자 뜻이 달라요. 전부 자기의 독립된 견해를 따로 가지고 있어요. 이게 바로 비극이에요.

그러면 우리 여기서 꼭 짚고 넘어가야 할 게 뭐냐? 여러분, 잘 생각 좀 해가면서 들어주세요. 보세요. 이런 선악과 설교를 하거나 이런 무교절 설교를 하면 교회 처음 나온 사람들은 반발해요. 어떻게 말하나? "그러면 하나님도 참 나쁜 놈이네. 지 혼자 말이야 왕하고, 자기 혼자 뜻만 있고, 우리는 말이야 무조건 다 하나님 앞에 자기 뜻을 내놓으라 그러고. 하나님은 너무 욕심쟁이야. 하나님은 뭐!" 이렇게 반발해요. 진리가 짧은 사람들은, 성경의 깊이가 얕은 사람들, 교회 오래 안 다닌 사람들은 이 말에 대해서 수용을 못 해요. 무교절 설교에 대해서 흡수를 못 해요.

왜요? 사람이 자기의 뜻, 따라서 합니다, "뜻, 의지, 견해," 요것은 자기 쪽에서 보면 이것이 정신적, 혼적 생명이에요. 대표 기관이에요. 대표 기관. 나를 대표하는 대표 기관이라고요. 육체의 생명은 피에 있지만, 자기의 정신적 생명은 자아에 있어요. 자아요. 다시 말해서 뜻, 견해, 의지가 자기로서는 이것이 생명의 기관인 거예요. "이것을 하나님 앞에 때려눕혀라, 이것을 죽여라," 그러면 인간이 박탈감을 느끼는 거예요. "나는 뭐야? 난 존재도 없잖아? 하나님 앞에 말이야 뜻, 의지, 견해를, 날 때려눕히라고 하면 나는 뭐야, 그럼? 나는 개똥도 아니고 뭐야?" 이렇게 사람이 박탈감을 느껴서 사람이 모리아 산을 넘는 걸 거부해요. 무교절 속에 들어가기를 거부하는 거예요.

그래서 한국 교회는 보면, 내가 그랬잖아요? 30년 교회 다닌 사람하고 1년 교회 다닌 사람이 성경 신앙 수준이 똑같다고요? 왜? 유월절에서 무교절 들어가는 게 1년이면 들어가요. 1년이요. 들어가서 여기 무교절에서 다 못 나와요. 다 못 나오기 때문에 신앙 수준이 거의 같아요. 즉 한국 교회는 직분과 관계없이, 뭐, 장로님도 권사님도 목사님도 전도사님도 다 신앙 수준이 비슷해 버려요. 왜 그러냐? 무교절에 걸려서 여기서 버벅거리다가 세월을 허비하고 이것으로 인생을 마쳐요. 무교절에서 못 나오고 이것으로 며칠 후를 불러요. 며칠 후. 며칠 후가 뭐예요? 며칠 후? 장례식 가 봐요. 이 노래 많이 나와요. 사랑제일교회 성도들은 이번에 이 말씀을 통하여 무교절에서 나와야 해요. 무덤에서 나와야 해요. 주님이 풀어줘야 해요.

주님은 왜 사람을 무교절에 넣나요? 무교절은 선악과 때문에 왔기 때문에 사람을 무교절에 집어넣어서 세 가지를 주님이 썩이려고 해요. 따라서 해요. "뜻, 의지, 견해." 이것을 반납받으려고 해요. 오늘 이 시간 뒤로 머뭇거리지 말고 바로 이 자리에서 선악과를 토하여 내서 기간 길게 잡지 말고 나의 뜻을 토하여 내세요. 믿습니까?

3. 선악과의 대칭 : 십자가

1) 선악과를 토해내야 하는 이유

그러면 하나님이 왜 뜻, 의지, 견해, 이것만큼은 하나님이 가지려 하나요? 인간에게 왜 분리된, 독립된 뜻을 분양 안 하려고 하나요? 그 이유는 하나님 혼자 복을 누리려고 하는 것이 아니에요. 아니라니까요. 따라서 합니다. "아니고."

그 이유는 이게 핵심이에요. 잘 들어보세요. 핵심입니다. 자기의 분리된, 독립된 뜻, 견해, 의지, 요것을 내가 움켜쥐면 바로 거기에 사탄이 붙어버려요. 뭐가 붙어요? 영적 생활, 영적 건강 상태에서 가장 해로운 게 뭐냐? 하나님의 말씀의 뜻, 하나님의 말씀의 의지, 말씀의 견해 말고 자기가 독립된 뜻을 가슴에 품는 순간 얼굴이 새까매져요. 벌써 얼굴에서 빛을 잃어버려요. 설교해보면 딱 알아버려요. '저 사람은 하나님께 반납했던 뜻을 찾아갔구나! 다시 찾아갔어! 자기가 또 찾아갔어!' 여러분 찾아가지 마세요. 한 번 반납했으면 그걸로 끝내요. 코팅 처리해요. 아멘?

독립된 뜻을 인간이 딱 갖는 순간 얼굴 색깔부터 달라져요. 사탄이 거기에 딱 붙어요. 마귀가 아무 데나 붙는 게 아닙니다. 마귀 사탄이 붙는 장소가 어디냐? 독립된 뜻, 의지,

견해, 여기에 사탄이 붙어요. 그래서 인간은 독립된 뜻, 의지, 견해를 단독으로 가지면 사탄을 이길 힘이 없기 때문에 하나님은 너희의 뜻, 견해, 의지를 하나님께 예속시켜 놓으라는 거예요. 예속시켜 놓을 때만이 우리가 사탄을 이길 수 있어요. 믿습니까? 두 손 들고 <u>아멘!</u> 할렐루야.

2) 뜻을 반납하러 오신 예수

그래서 예수님이 이 땅에 오셔서 십자가를 지셨어요. 십자가요. 선악과의 대칭이 십자가란 말이에요. 선악과를 따먹은 사람들을 해독시키기 위하여, 선악과의 해독을, 해독 작용을 일으키기 위하여 우리 예수님이 십자가를 지신 거예요. 십자가 지실 때 봐요. 겟세마네 들리셔서 "아버지여, 아버지여, 내 뜻대로 마옵시고 아버지의 뜻대로 되옵소서." 우리 예수님은 뜻을 반납하러 오셨어요. 뜻을 반납하러 오신 예수!

그러니까 오늘 이 자리에서 여러분과 제가 예수님처럼 뜻을 주님께로 반납하면, 아멘, 하나님이 나를 오랫동안 무덤에 안 둬요. 하나님이 더 급해요. 하나님이 지금 더 안달 났어요. 우리를 빨리 풀어주시려고요. 주님이 무덤의 뚜껑을 열고요. 따라서 합니다. "<u>열고!</u>" 오늘 이 시간에 결단 내리세요. 나의 뜻을 주님께 반납하기로요. 믿습니까? 할렐루야? 제가 이 설교를 다시 하려면 또 5년, 10년 후에 이 7대 명절을 할까 말까예요. 그러니까 이번에, 이 말씀이 지나갈 때 놓치지 말고 말씀을 딱 잡아야 해요. 말씀이 이해됐어요? 깨달으셨어요? 깨달은 사람은 "아~" 해봐요. 고개를 끄떡끄떡하면서 해봐요. 그냥 무 잘라 놓은 것처럼 하지 말고 감동을 넣어서 "아~" 해봐요, 시작! 깊이 있게 다시, 시작! 끝에 한 마디 더요. "아~ 반납해야겠구나." 다시 시작! "아~, 반납해야겠구나." 뭘 반납해요? 따라서 해봐요. "뜻, 의지, 견해." 이것을 인간이 독립적으로 갖는 순간 사탄의 밥이에요. 사탄의 밥이요.

3) 우리를 위해 선악과를 토해내자

뜻, 의지, 견해를 하나님께로 반납하라는 것에 대해서 여러분이 기분 나빠하지 마세요. 하나님이 자기를 위해서, 하나님이 자기 혼자 군림하려고 모든 뜻을 다 나한테 반납해라 하는 거예요? 하나님 자기 혼자 해먹으려고 그렇게 하는 거예요, 우리를 위해서 하는 거예요? 그렇지요? 우리를 위해서 하는 거예요.

하나님은요 인간 관심 없어요. 하나님은요 죄 한 번도 안 지은, 선악과도 안 먹은 천사들이 천천이요 만만이에요. 인간들은요? 이 땅에 태어나서 죄 냄새 퍽퍽 나는 그런 인간들을 위해서 하나님이 그러시는 거예요. 하나님이, 뭐, 영광 받으라고요? 아이고! 영광까지도 우리를 위해서 받아주시는 거예요. 받아주셔요. 영광을 받아주시는 거예요. 우리를 위하여 받아주시는 거예요. 아멘? 할렐루야?

제가 부흥에 가면 성도들이 은혜받고 저한테 식사대접 하겠다는 사람이 많아요. 많은데요 자기 쪽에서는 식사대접을 나를 위해서 해준다고 몇십만 원짜리 밥 사주지만, 사실 저는요, 그게요, 보통 무거운 짐이 아니에요. 그것이 식사대접을 받아준다고 하는 게 나에게는 고통입니다. 고통. 그걸 계속 받다가 보니까 이게 배가 부흥이 돼서, 배가 이렇게 돼 버렸다고요. 나는요 밥 먹으러 가자는 소리가 제일 싫은 거예요. 왜요? 혼자 집에 가고, 호텔에 그냥 혼자 가만 놔두는 게 제일 좋은 거예요.

그와 같이 하나님도 마찬가지예요. 인간한테 뭐, 여러분한테 예배드려라, 뭐 해라, 영광 돌려라, 뭐 하나님께 헌금 바쳐라, 하나님이 귀찮은 거예요. 그런데 하나님이 왜 우리한테 이렇게 하라고 그러나요? 우리를 위해서예요. 우리를 위하여. 아멘?

내가 부흥회 가면 설교하기도 힘들어요. 세 시간, 두 시간 설교하기가 얼마나 힘들어요? 몸이 파김치 돼서 그것까지도

7대 명절의 축복을 받으라(상)

힘든데, 다시 끝나고 밥 먹으러 가면, 밥 먹으러 가면, 강사가 또 가만히 밥 먹게 놔두냐고요? 양쪽 옆에서 다섯 마리가 계속 물어보고 앉았지요. 뭐가 어쩌고, 뭐가 어쩌고 그러면 그거 말대답 내가 또 다 해줘야지요? 다 해줘야지? 이게 순교입니다. 순교요.

그러니까 하나님도 동일하단 말이에요. "오늘 교회 와서 하나님께 찬송하고 예배하고 하나님 영광 받아서 기분 좋지요? 내가 노래 불러주니까?" 하나님 뭐라는 줄 알아요? "나는 너 안 봐도, 천사들만 해도 나는 좋아. 그러나 너희들을 위하여." 따라서 해봐요. "위하여." 그러니까 오늘 자기의 뜻을 아깝다고 자기가 챙겨 쥐고 있지 말고 하나님께 그냥 토하여 내라고요. 믿습니까? 옆 사람 다 손잡고 해봐요. "선악과를 토하여 냅시다." 아멘! 놀라운 역사가 일어날 것입니다. 아멘!

선악과를 자기가 독립적으로 스스로 가지고 있으면, 뜻, 의지, 견해 가지고 있으면 거기에 누가 붙는다고 그랬어요? 100% 사탄이 붙어요. 사탄을 이기는 방법은 "사탄아, 나가라. 마귀야, 나가라," 권사님들이 몰라서 말이야, 자기 속이는 마귀 붙은 거 쫓아낸다고 온 델 다 두들겨 패서, 시퍼렇게 멍들게 해서, 두들겨 패서 말이야, "나가라" 그런다고 마귀가 나가는 줄 알아요? 그럴 거 없어요. 뜻을 주님께 내려놓아요.

그냥 사탄은요 울며 나가버려요. "나는 더 이상 있을 곳이 없어. 이 새끼가 선악과를 깨달았네." 와~ 따라서 해봐요, "와~"

IV.
선악과를 토해내는 비결

1. 십자가 : 자아가 죽는 것

이걸 다른 말로 십자가라 그래요. 십자가요. 사도바울이 십자가의 도를 깨달은 후에, 이 십자가의 의미를 깨달은 후에 "나는 모든 것을 다 배설물처럼 버렸다." 그랬어요. 이게 십자가의 능력이라고요. 믿습니까?

오늘 어쨌든 이 자리에, 여러분, 예배 끝나기 전에 결단하세요. "나는 선악과를 토하여 내리라." 따라서 해요. "뜻, 의지, 견해." 요걸 주님 앞에 십자가에 못 박으세요. 할렐루야! 〈가시관을 쓰신 예수〉를 부르겠습니다. 예수님! 주님! 절대로 내가 뜻, 의지, 견해를 내가 단독으로 갖고 잊지 않겠습니다. 오늘은 종지부입니다. 아멘!

〈가시관을 쓰신 예수〉

1. 가시관을 쓰신 예수 날 오라 부르실 때에
방탕한 길 못 버리고 세상 길로만 향했네
사랑하는 내 아들아 부르시는 내 아버지
눈 어두워 보지 못하니 내 죄가 너무 큼이라

2. 어찌할꼬 이 내 죄를 어찌 다 용서받을까
두 손 모아 참회하니 흐르는 눈물뿐이라
골고다의 보혈의 피 무거운 짐 벗기시어
천국 백성 되게 하시니 그 사랑 갚을 길 없네

3. 넓고 큰길 가기보다 가시밭길을 택하리
하늘 영광 사모하며 주님 가신 길 가오리
아버지여 나에게도 십자가 들려주소서
땅끝까지 증거하리다 주님 사랑 전하리라

아멘! 할렐루야! 넓고 큰길 가기보다 가시밭길을 가리라. 나는 십자가의 길을 가리라.

많은 사람들이 십자가에 대하여 오해하는 것은 십자가 그러면 첫째를 이렇게 무거운 짐, 희생, 고난, 그걸 십자가의 제1 개념으로 아는데 천만의 말씀이요 만만의 말씀이에요. 콩떡이에요. 십자가는 무거운 짐, 희생, 이것이 첫 번째 개념

이 아니고 십자가의 도라고 하는 첫 번째 개념이 뭐냐? 예수
님이 시범 보였잖아요? 십자가? 겟세마네에서? 따라서 합니
다. "아버지여, 아버지여, 내 뜻대로 마옵시고 아버지의 뜻대
로 되옵소서."

　다시 말해서 하나님의 뜻 앞에 하나님의 견해 앞에 하나
님의 의지 앞에 나의 뜻을 내려놓는 것, 나의 뜻을 처리하는
것, 이것을 십자가라고 하는 거예요. 그것이 십자가의 제1어
원입니다. 제1어원이요. 믿습니까? 아멘? 자아가 죽는 거란
말이에요. 자아가 죽는 겁니다! 할렐루야!

　그러니까 오늘 여러분들이 깨끗하게 내려놓으면요? 유월
절 통하여 구원받아서 내 속 사람은 살았지만, 아담의 모든
선악과의 냄새가 내 겉 사람 속에, 아직도 바깥에 그냥 누덕
누덕 붙어 있는, 나에게 붙어 있는 아담 선악과의 냄새, 이
것이 오늘 처리가 되었어요. 믿습니까? 아멘? 옆 사람 다 냄
새 다시 맡아 봐요. 선악과 냄새가 나는가, 예수 냄새가 나는
가? 시작! 냄새 맡아봐요. 킁킁대며 맡아봐요. 무슨 냄새 나
요? 선악과 냄새가 나요, 예수 냄새가 나요? 진짜 예수 냄새
가 날래요? 진짜요? 향수 뿌리지 말고요. 향수 뿌린다고 선
악과 냄새가 해독되나요? 향수 뿌리면 선악과 냄새가 더 지
독하게 나요. 향수? 아이고 더러워! 아이고 더러워! 오늘 이

시간에 우리가 자기의 뜻을 내려놓으면 아름다운 냄새가 나요. 자기의 견해 내려놓으면 그 즉시 아름다운 냄새가 나요. 자기의 견해 내려놓으면 천군천사가 그 사람에게 향취를 뒤집어씌워요. 뜻을 내려놓으면요. 뜻. 따라서 합니다. "뜻." 할렐루야!

예수 믿고 넘어야 할 가장 큰 고개가 무교절입니다. 무교절. 그러면 여러분들이, 선악과의 모든 그 증상, 선악과의 중후군 모든 전체, 내 뜻, 내 견해, 내 의지를 가지고 하려고 하는 이 습관화된 이 선악과를 오늘 여러분이 다 내려놓기를 원하신다면 좋은 비결을 알려 드릴게요.

저는요 이것을 어린 나이 때, 열일곱 열여덟 살 때 성령 세게 받아서 나는 그때 이미 영계에 깊이 들어갔어요. 그래서 이것을 내가 현실화시켜 보려고 24시간 나는 하나님의 뜻, 의지, 견해 앞에 내가 전이돼서, 거기 감전돼서 살아보려고, '조금 단 한순간도 하나님의 뜻에서 난 벗어나지 않으리라!' 해서 아침에 자고 일어날 때부터 두 주먹을 딱 쥐고 눈을 딱 뜨면, 의식이 딱 되면요, 눈 떴다가, 깜빡깜빡하다가, "주님, 지금 내가 잠에서 일어났는데 눈을 뜨는 것이 주님의 뜻입니까? 계속 감고 있는 것이 뜻입니까?" 이렇게 주님을 바라보면서 쳐다보면 한참 한 5분이 있으면 그래요. 내 속에서 확신

이 와요. "내가 너 같더라도 눈은 뜨겠다." "그러면 내가 떠드리겠습니다." 하고 눈을 떠요. 그것까지도 주님의 뜻에 맞춰 보려고요. 또 눈 뜨고 누워서 "주님 같으면 일어나겠습니까? 계속 누워 있겠습니까?" "내가 너 같아도 일어는 나겠다." "일어나 드리겠습니다." "예수님 같으면 오줌을 싸요, 안 싸요?" "내가 너 같더라도 오줌은 싸겠다." "내가 싸 드릴게요." 가서 쉬~. "예수님 같으면 아침밥 먹어요, 안 먹어요?" "내가 너 같더라도 밥은 먹겠다." 또 이렇게 사건을 전부 예수님하고 일치시켜서 내 뜻을 다 내려놓고 아버지의 뜻만 가지고 하려고 시도를 내가 17살 때부터 했어요. 그러니까 내가 천재예요. 천재. 그때부터 벌써 영의 세계에 대해서 시도했다는 자체가요. 그런데 문제는 열두 시까지는 그런대로 가요. 낮 열두 시까지는요. 오후에 가면 개판이에요. 그냥 그땐 막 돌아다니고 말이야, 뭐, 내 마음대로예요. 저녁에 잠잘 때 되면요, 가슴이 싹 또 무너져요. "아휴~ 정신을 바짝 차려야 하는데." 이렇게 시도를 석 달, 넉 달 하다 보니까 하루는 주님의 책망이 내려왔어요. "전광훈!" "네." 그랬더니, "자유 하라! 자유 하라!" 아니, 여러분, 예수님이 얼마나 대답하기 귀찮아요? 만약 여러분 자녀가 부모한테 뜻을 맞춘다고 해서 아침에 일어나서 "엄마, 눈 떠, 안 떠?" "떠!" "일어나, 말아?" "일어나!" "오줌은?" "빨리 싸!" 대답해주기 귀찮잖아요? 주님이 그래요. "그런 사소한 거에 대해서는 자유 하라!" 따라서 해요. "자유

7대 명절의 축복을 받으라(상)

하라!" "자유 하라! 그것이 내 뜻이니라. 너무 그렇게 긴장하고 사사건건 율법에 매이지 말고 자유 하라!" 따라서 합니다. "자유 하라!" "그러나 너는 주목해. 그런 사소한걸, 적은 뜻에 맞추려고 그렇게 하지 마. 그거는 내가 너에게 자유 함을 줬어. 그것이 내 뜻이야. 너 하는 게 다 내 뜻이야." 아멘!

2. 선악과를 토해내는 비결

1) 주일 성수

그러나 정말로 우리가 하나님 뜻 안에 모든 것을 내려놓고 우리의 견해, 의지, 뜻을 십자가에 못 박기를 원하면, 세 가지 비결이 있습니다. 첫째, 따라서 합니다, "주일 성수." 큰 거란 말이에요. 큰 거예요. 아버지의 뜻 앞에 내 뜻을 복종시키는 거예요. 주일날 되면 두 뜻이 충돌이 일어나요. 내 뜻과 아버지의 뜻이 정면충돌하는 게 주일날이에요.

하나님 아버지의 뜻은 주일날 여러분을 이 자리에 앉히는 거예요. 여러분을 자기의 자리에다가 하나님은 앉혀 놓으려고 해요. 그런데 우리는 우리 뜻이 가끔 충돌하여 결혼식 가야지요? 등산 가야죠? 낚시 가야지, 극장 가야지, 이런 자기 뜻이 발동해요. 그때 뜻이 정면충돌할 때, 그때 십자가에 눈 딱 감고 못을 박아야 해요. 아멘, 아멘.

그러니까 주일 성수 온전히 하는 사람, 이 사람은 하나님의 뜻 앞에 내 뜻을 내려놓은 사람이에요. 뜻이 처리되는 사람이에요. 그래서 주일은 절대로 천국 갈 때까지 주일은 내 자리에 있어야 한다는 것을 알아야 해요. 주일날 자기의 뜻을 발동시키면 그걸 성경은 더러운 사람이라고 해요. 안식일을 더럽힌 더러운 자라고 해요. 아멘? 사랑제일교회 성도들이여, 무덤에서 나오기를 원해요? 주일을 목숨 걸고 지키세요. 목숨 걸고요. 아멘?

2) 십일조

둘째로, 잘 봐요. 둘째로, 잘 봐요. 십일조예요. 십일조! 이 십일조에서 하나님의 뜻과 내 뜻이 대충돌 해버려요. 십일조가 딱 앞에 보였을 때 하나님의 뜻과 내 뜻이 정면충돌이 일어나요. 여기서 자기의 뜻을 쳐서 복종시켜야 해요. 그것도 온전한 십일조예요. 온전한 십일조요. 여기에는 대충돌이 일어나는데, 십일조 앞에 자기의 뜻을 접고 아버지의 뜻을 관통시키는 사람은 무교절에서 나옵니다. 하나님은 선악과를 반납한 것으로 인정해요. 아멘! 온전하게 한번 해봐요.

오늘 교회 처음 나오신 분 있죠? 처음 교회 나왔더니 내가 지금 십일조를 말하고 있어요. 오늘부터 해보세요. 처음 교회 나오신 분들 오늘부터 해보세요. 십일조는 신비한 거예

7대 명절의 축복을 받으라(상)

요. 그 자체가 신비한 거예요. 너무너무 신비한 일이 일어나요. 하나님은 십일조를 통하여 독립, 분리해서 나간 뜻을 하나님께 다시 돌려드리는 것으로, 선악과 따 먹은 것은 안 따 먹은 원점으로 바꿔놓는 것같이 하나님은 열납해요. 십일조가 그렇게 중요해요. 아멘.

다시 말할게요. 십일조는 물질의 선악과예요. 십일조 온전하게 하면, 선악과를 안 따먹은 자리로 돌아온 것같이 하나님은 우리를 취급해 줘요. 얼마나 하나님의 영광이 나타나요? 아멘!

3) 주의 종의 견해에 순종

이것 두 개까지는 비틀대면서 따라오는 성도들이 한국에 더러 있어요. 그런데 마지막 세 번째, 이게 문제예요. 마지막 코스 이게 문제요. 뭐냐 하면, 주의 종의 견해 안으로 들어가는 거예요. 주의 종의 견해 안에요. 잘 보라고요. 주의 종의 견해 안에 들어가라! 따라서 합니다. "들어가라."

하나님이 이것을 이스라엘 백성들을 훈련시킬 때 어떻게 시켰는가를 한번 보라고요. 하나님이 모세한테 그랬어요. "모세야." "네?" "가나안 땅 가자." "어디로 가요?" "저쪽으로. 북쪽으로, 이 땅 올라가라." 앞으로, 앞으로, 이스라엘 60만

명을 데리고 모세가 앞장서서 가는데요? "천성을 향해 나가세. 천성 문만 바라고 나가세." 가다가 하루는 하나님이 "모세야." "왜요?" "거꾸로 돌아라" 그랬어요. "아, 거꾸로 돌면 가나안 땅 멀어지는데." "가라면 가, 인마!" 그러니까 모세가 "알았습니다. 천성문만 바라고 나가세." 그래서 38년 만에, 40년 동안 광야 길을 가는데, 한 바퀴 돌고 38년 만에 거기 가서 모든 텐트를 내리고 진을 치고 "여기서 좀 쉬었다 간다." 하고 모세가 "다 스톱(stop)!" 불기둥과 구름기둥이 섰어요. 그때에 나이가 많은 원로들이 이렇게 말했어요. "오! 이거 언제 우리가 한번 와 본 것 같은데? 한번 와 본 것 같은데?" 그러니까 "넌 어떤 것 같아?" "맞아. 그때 우리가 여기서 라면 먹던 데 아니야? 여기 나무도 벌써 많이 컸네, 38년 만에." 그래서 수군수군하더니, "야! 모세한테 속았어. 가나안 땅 간다고 하더니 돌아서 제자리에 갖다 놨어." 그래서 돌을 들고 모세를 향하여 머리를 치려고요. "모세야, 왜 속여 먹었어? 가나안 땅이 여기냐? 야!" 그때 모세가 "몰라. 하나님이 이리로 데려오라고 했어." 그때 하늘의 하나님이요, "모세야, 너희 백성들이 아직도 견해가 싱싱하게 살았어. 저것 봐라! 저놈들은 가나안 땅에 넣어줄 수 없어." 왜요? 따라서 합니다. "뜻 ,의지, 견해." 자기의 독립된 의지를 그대로 가지고 있다, 이거예요.

잘 들으세요. 저는 이것에 대해서 얼마나 깊게 생각했는지 몰라요. 하나님이 왜 가나안 땅을 갈 때 직선거리로 가면 14일이면 들어가는데, 14일이요. 14일이면 들어갈 길을 40년 동안 뺑뺑이 돌리고, 그것도 38년 만에, 세상에! 같은 자리에, 지나갔던 자리에, 다시 그 자리에 갖다 놓으면서, 하나님이 백성들에게 가나안 땅을 간다고 하니, 그런 하나님을 누가 믿겠냐고요? 하나님이 이스라엘 백성들이 순종하는지, 정말로 뜻을 내려놨는지 시험하려고 일부러 그렇게 하시는 거예요. 일부러요. 믿습니까?

그러니까 주의 종이 하는 일이 이해가 안 돼도 순종하세요. 내가 우리 교회 처음 개척했을 때 저 답십리에 있을 때 그때 성도들 심방할 때 내가 출애굽기를 연습해 봤단 말이에요. 심방한다고 갔더니 한 열 명 모였어요. 그때 김이숙 집사예요. 김이숙 집사. 이번에 우리 예배할 때 김이숙 전도사 20주년 기념을 우리가 하려고 해요. 김이숙 전도사는 정말로 우리 교회에서 나의 복음의 사역의 배필이 되어서, 아멘, 나한테 혼도 많이 났고요. 내가 하루는 전화로 하도 욕을 많이 했더니 세상에 가다가요, 남의 담벼락에 붙어서 울더래요. "내가 그래도 지를 위해서 생명을 바쳤는데 전화로 그렇게 말할 수 있어?" 그러더래요. 김이숙이가 그러면서도 하나님의 길을 따라왔어요. 아멘.

그래서 내가 처음에 개척교회할 때에 심방 갈 때 그랬어요. 오늘 심방하는 집이 저 산동네 어느 집이라고 해요. "그래? 내가 거기 가는 길을 제일 잘 알아. 알았지?" 그땐 차도 없어요. 내가 옛날에 30년 전에 개척할 때는요. "자, 날 따라와. 내가 거기를 제일 잘 알아. 따라와!" 그리고 데려가다 일부러 먼 길로 돌아갔어요. 저쪽 갔더니 뒤에서 벌써 난리 났어요. "목사님, 그리로 가면 안 돼요." "잔소리 마. 내가 가는 대로 따라와." 중간에 가다가 뒤를 쳐다봤더니, 자기들이 아는 길로 다 가버렸어요. 그래서 그 집에 갔더니 마당에 서 있어요. "아이고, 목사님, 뭣 하러 그렇게 돌아와요? 아이, 참 나. 아이고, 우린 가까운 데로 왔는데." "들어가자. 예배드리자. 들어가자." 그래서 성경을 출애굽기 넘겨놓고, 모세 이야기 넘겨놓고, "모세가 이스라엘 백성들 데리고 뺑뺑이를 돌 때 이스라엘 백성들이 돌 들고 모세를 치려고 그랬지? 너희들이 성경 읽으면서 그랬겠지? '아이고. 이스라엘 백성들은 병신들이야. 그냥 모세가 앞으로 가자고 하면 따라가고, 뒤로 가면서 돌아라! 하면 돌고, 그러면 가나안 땅에 빨리 갔을 텐데, 뭣 하러 그렇게 모세한테 대들었을까?' 너희들이 그때 그 자리에 있었으면 모세 머리에 불 지를 놈들이야. 봐라! 내가 오늘 잠시, 내가 일부러 먼 길로 돌아오니까 벌써 봐라. 불평불만하고 너희들 아는 길로 다 왔지?"

하나님은 우리의 견해, 뜻, 의지를 하나님은 다시 예속시키려고 해요. 오늘 여러분, 스스로 가지고 가면 안 돼요. 따라서 합시다. "뜻, 의지, 견해." 이것을 하나님께 예속시켜야 해요. 따라서 해봐요. "주일 성수, 십일조, 주의 종의 견해 안에." 순종하면 무덤은 열린다! 따라서 해요. "무덤은 열린다!" 그 사람은 더 이상 무교절의 무덤에 둘 필요가 없는 거예요. 하나님이 더 급해요. 오늘 이 시간부터 열릴지어다! 마음으로 결심 딱 해요. 나는 선악과 반납하기로, 선악과를 토하여 내기로. 아멘! '열려라, 에바다'입니다. '열려라, 에바다'예요. 주님! 나의 무덤을 열어 주시옵소서. 물질의 무덤도 열리게 하여주세요. 다 열어 주시옵소서.

〈어두워진 세상 길을〉

1. 어두워진 세상 길을 주님 없이 걸어가다
나의 영혼 어두워졌네
어느 것이 길인지 어느 것이 진리인지
아무것도 알 수 없었네
주님 없이 살아가는 모든 삶 실패와 좌절뿐이네
사랑하는 나의 주님 내 영혼 눈을 뜨게 하소서

2. 아무것도 알 수 없고 아무것도 볼 수 없고
아무것도 들을 수 없네
세상에서 방황하며 이리저리 헤매일 때
사랑하는 주님 만났네

어두웠던 나의 눈이 열리고 막혔던 귀가 열렸네
답답했던 나의 마음 열리고 나의 영혼 살리네

(후렴) 열려라 에바다 열려라 눈을 뜨게 하소서
죄악으로 어두워진 나의 영혼을
나의 눈을 뜨게 하소서

두 손을 높이 드시고, "주님! 나, 선악과 더 이상 내가 갖고 있지 않겠습니다. 나의 뜻, 의지, 견해, 나의 선악과를 토하여 내겠습니다. 아버지께로 던집니다. 하나님, 나의 의지를 주장하시고, 나의 뜻을 삼켜주시고, 나의 견해를 주님께서 가지고 가세요. 온전히 날 주님께 예속시키겠습니다." "주여!" 삼창하며 기도하겠습니다.

"주 예수님, 말씀을 잘 깨달았습니다. 이제는 선악과 토하여 내겠습니다. 아버지께로 던지겠습니다. 참으로 위험한 뜻, 의지, 견해를 내가 가지고 살지 않겠습니다. 예속시키겠습니다. 열납하여 주시옵소서. 무덤이 열리게 하여주세요. 우리를 풀어주세요. 초실절의 영광으로 이끌어주세요. 예수님의 이름으로 기도 드리옵나이다. 아멘." 할렐루야!

7대 명절의 축복을 받으라(상)

08

—

무교절③
자기 생명을 미워함

설교 일시 2013년 12월 1일(주일) 오전 11시

대   상 사랑제일교회 주일 3부 예배

성   경 요한복음 12:20-24

20 명절에 예배하러 올라온 사람 중에 헬라인 몇이 있는데

21 저희가 갈릴리 벳새다 사람 빌립에게 가서 청하여 가로되 선생이여 우리가 예수를 뵈옵고자 하나이다 하니

22 빌립이 안드레에게 가서 말하고 안드레와 빌립이 예수께 가서 여짜온대

23 예수께서 대답하여 가라사대 인자의 영광을 얻을 때가 왔도다

24 내가 진실로 진실로 너희에게 이르노니 한 알의 밀이 땅에 떨어져 죽지 아니하면 한 알 그대로 있고 죽으면 많은 열매를 맺느니라

Ⅰ.
7대 명절을 주신 이유

7대 명절의 축복을 받읍시다. 하나님이 구약 시대 이스라엘 백성, 자기 백성에게 일곱 가지의 명절을 주셨다고 그랬습니다. 그 순서 이러하니, 따라서 합니다. "유월절, 무교절, 초실절, 오순절, 나팔절, 속죄절, 장막절." 장막절까지 다 성공하기 원하시면 아멘 하십시다. 두 손 들고 아멘. 할렐루야! 왜 주셨냐? 세 가지 이유라 그랬어요.

　첫째, 이것은 구약 시대 하나님 백성 이스라엘, 유대인에게 주신 하나님의 축복입니다. 이스라엘 사람들은 이거 일곱 개 붙잡고 살다가 세계 제일의 복을 받았습니다. 전 세계에 흩어져 살면서도 2000년 동안 유대인들은 소련에 가서 살아도 또 유럽의 어느 나라 가서도 아프리카에 가서 살아도 자기들의 말은 잊어먹었어도 요것은 절대 놓치지 않았어요. 요걸 딱 붙잡았습니다. 할렐루야! 그래서 2000년 만에 그들의 나라를 만들었어요. 그들의 나라를 만든 핵심적 이유가 요거 7개를, 어느 나라 가서 살아도 요걸 포기하지 않고 끝까지 붙잡고 갔기 때문이에요. 믿습니까?

둘째, 이것은 신약 시대에 예수 그리스도, 여러분과 저의 사랑의 대상인 예수님 때문에 나타났습니다. 예수님 사랑하시면 아멘. 두 손 들고 아멘. 예수님이 이 세상에 오시기 전에, 예수님은 누구냐? 예수님은 이 세상을 창조하신 분이에요. 이 세상을 만드신 주인인 하나님이 사람의 육체의 옷을 입고 이 땅에 오신 분이 예수입니다. 그분이 이 땅에 오시기 전에 먼저 자신이, 하나님이 사람의 육체의 옷을 입고 이 땅에 내려가면 이러한 일을 하리라 하고 오시기 전에 먼저 우리 예수님이 이 땅에 와서 하실 큰 일곱 가지, 7대 복음의 사건을 보여주신 거예요. 구속사입니다. 구속사. 아멘.

이건 무슨 뜻이냐? 유월절은 뭐냐? 이렇게 죽으리라. 따라서 합니다. "이렇게 죽으리라." 그럼 무교절은 뭐냐? 죽은 뒤에 3일 동안 무덤에 있으리라. 따라서 합니다. "무덤에 있으리라." 다시 따라서 해요. "부활하시리라." 초실절은 부활을 위하여 나타난 이야기입니다. 따라서 합니다. "성령을 주시리라." 오순절은 성령의 충만함을 부어준 날입니다. 따라서 합니다. "재림하시리라." 예수님은 이 땅에 다시 돌아오신다 이거죠. 속죄절은 알곡과 쭉정이를 가려서 내가 타작마당을 정하게 한다는 것입니다. 예수님이 오시면 예수님이 유월절부터 농사를 다 지어서, 농사를 지어서 알곡과 쭉정이를 주님이 가려서, 알곡은 천년왕국에 데리고 들어가요. 아멘! 그다음이 천년왕국입니다. 천년왕국. 우리 사랑제일교회 성도들은 이 7대 명절에 다 성공하기 바랍니다. 할렐루야.

셋째, 이것은 곧 신약 시대, 여러분과 저의 시대, 오늘 성도들의 심령 속에, 여러분의 심령 속에 이루어질 큰 일곱 가지의 복음의 사건입니다. 유월절이 사람 속에 임하면 무슨 일이 생기냐? 인간 최고의 축복인 구원의 역사가 일어납니다. 구원의 역사. 유월절의 핵심은 뭐냐? 피입니다. 피. 예수님의 피란 말이에요. 피. 예수님의 피가 가슴에 젖으면 하나님은 여러분과 저에게 유월절의 축복을 주세요. 오늘도, 여러분, 주님의 피에 가슴이 젖을지어다. 예수님의 보혈의, 피의 의미를 알고 그 뜻 안으로 들어가야 해요. 들어가야 유월절이 내 속에 임하는 거예요. 아멘. <겟세마네 동산에서> 노래 우리 다시 한번 불러봐요. 주님의 피에 우리 가슴이 젖어야 하는 겁니다. 예수님 피가 나의 가슴을 적셔 주옵소서. 주 예수님! <겟세마네 동산에서>입니다.

<겟세마네 동산에서>

1. 겟세마네 동산에서 기도하실 때
   주님의 땀방울은 피로 변했네
   하나님을 거역한 나를 위하여
   순종의 속죄 피를 흘려 주셨네

7대 명절의 축복을 받으라(상)

2. 빌라도의 뜰에 서서 가시관 쓸 때
   주님의 온 얼굴은 피로 젖었네
   온 인류의 저주를 속하시려고
   저주의 가시채로 관을 쓰셨네

3. 빌라도의 군인들이 때린 채찍에
   찢어져 피로 물든 주님 등허리
   온 인류의 질병을 속하셨으니
   치료의 강물에서 넘쳐 흐르네

4. 골고다의 십자가에 달리신 주님
   손과 발 옆구리에 입은 상처로
   온몸의 물과 피를 다 흘리셔서
   멸망의 죽음에서 날 건지셨네

(후렴) 아아 아아 주의 사랑 깊고 크셔라
   내 영혼에 파도처럼 메아리쳐 온다

Ⅱ.
무교절을 주시는 이유

1. 겉사람을 처리하시기 위함

아멘. 할렐루야. 아멘. 주님의 피로 가슴이 젖었나요? 그런 사람에게 찾아오는 두 번째 명절이 무교절입니다. 무교절. 따라서 합니다. "무교절." 이 무교절은 예수님이 무덤에 들어간 것처럼 유월절을 통하여 구원이 이루어진 자기 백성들을 위하여 하나님은 우리에게 무교절의 무덤을 준비해 놨어요.

그러면 하나님이 왜 사람을 사랑한다고 하면서 눈에 넣어도 안 아픈 자기의 자녀를 바로 초실절의 부활을 주지 않고 무교절의 무덤에 집어넣느냐? 그 이유가 있습니다. 그 이유는 우리가 예수님 피로 말미암아 구원은 받았어도 아직도 우리 속에는 우리의 겉사람이 있어요. 겉사람이요. 아직도 겉사람이 그대로 남아 있어서 이것을 주님이 정화 시키려고, 처리하려고, 그래서 하나님은 우리를 고통의 무덤 속으로 이끈단 말이에요.

따라서 합니다. "물질의 무덤." 하나님이 돈 가지고 무덤 속에 집어넣는 사람이 있어요. 너무너무 힘들어요. 따라서 합니다. "질병의 무덤." 하나님이 병 가지고 무덤 속으로 쓸어 넣는 사람이 있어요. 이 병은 병원에 가도 낫지 않습니다. 하나님이 목적을 가지고 준 병이에요. 그래서 이 병은 또 죽지도 않아요. 죽지도 않아요. 죽지도 않고, 낫지도 않고, 병원 가도 안 낫고. 아무리 신유의 능력을 받고, 서세원 목사님 같은 능력이 있는 사람이 안수해도 다른 사람의 병은 낫는데 그 사람 병은 안 나아요. 왜 그러냐? 하나님이 목적을 가지고 뭔 일을 하시려고 해요. 그것은 하나님이 무교절에서 우리를 꺼내야 병이 나아요. 믿습니까? 따라서 합니다. "가정의 무덤." 하나님이 가정을 무덤 속으로 집어 넣어버려요. 따라서 합니다. "자녀의 무덤." 하나님이 자식 가지고 속 썩게 해요. 자식이 말이야 이게 도대체가 말이에요. "에이그! 저 자식을 차라리 안 낳았으면 좋은데 말이야. 왜 저 자식을 낳아서." 그래서 자식 가지고 하나님이 무덤 생활시키는 사람이 있어요. 따라서 합시다. "사업의 무덤." 안 돼, 안 돼, 안 돼, 뭔 일을 해도 안 돼요.

왜 그럴까요? 하나님은 사람을 이와 같은 무덤 속에 쓸어 넣어서 하시려고 하는 일이 있어요. 우리를 처리하려고요. 우리의 겉사람, 우리의 교만한 사람, 우리 속에 여러 가지 아직도 하나님을 거역하는 이것을 처리하려고 하십니다. 여러분, 오늘 다 죽기를 바랍니다. 따라서 합니다. "처리되자." 다시 옆 사람 축복해 봐요. "처리됩시다." 뭐가 처리돼요? 곁사람이 처리돼야 해요. 아멘.

2. 무교절을 짧게 끝내자

1) 사람마다 무교절의 기간이 다 다르다

무교절을 하는 기간도 사람마다 다 다르다 그랬어요. 요나라는 사람은, 요나는 물고기 뱃속에서, 물고기 뱃속에서 3일 있었어요. 3일. 그리고 모세라는 사람은, 모세라는 사람은 말이에요, 미디안에 가서, 미디안 광야에 가서 40년 했어요. 40년. 또 야곱이란 사람은, 야곱은 밧단아람, 하란 땅에 가서 21년 했어요. 외삼촌 집에 가서요. 그리고 이스라엘 백성들은 바벨론에 가서, 바벨론 가서 집단 무교절을 했어요. 집단 무교절을 70년 했어요, 70년.

이와 같이 무교절 없는 사람이 거의 없어요. 무교절의 방법과 그 기간이 사람마다 다 다른데, 여러분, 무교절 오래 하지 마세요. 무덤이 뭐가 좋다고 무덤 속에 그렇게 오래 들어가 있어요? 다 빨리 나와요.

7대 명절의 축복을 받으라(상)

2) 한 방에 끝난 이삭의 무교절

그런데 이 무교절을 제일 빨리 한 사람이 있으니 이삭이에요. 이삭. 이삭은 모리아 산에서 한 번 누웠다 일어나니까 끝이에요. 한 방에 무교절을 날려버렸어요.

그러니까 아브라함이, 자기 아버지 아브라함이 이삭을 보고, "이삭, 오늘 등산 가자, 등산." "어디요?" "모리아 산에 가자고." 그래서 갔어요. 가다가 중간에 이삭이 아브라함에게 물었어요. "아빠." "왜 그러냐?" "다른 날은 하나님께 제사하러 갈 때에 나무도 가져가고 불도 가져가고, 그리고 제사 지낼 양이 있잖아? 제물이? 그런데 오늘은 왜 나무도 가져가고 불도 가져가는데 왜 제물은 안 가져가?" 그때 아브라함이 뜨끔했어요. 들켜서요. 들켰단 말이에요. 뜨끔했어요. "오늘은 네가 죽는 날이야." 그 말을 차마 자식한테 못하고 "하나님이 자기를 위하여 준비했겠지." 속으로는 그랬어요. "오늘은 네가 죽는 날이야. 네가 오늘 죽는 날이야." 그리고 올라가서 나무를 펼쳐 놓고, 그리고 이삭을 보고 "이삭, 이리로 와봐." 갔더니, 결박하여 모가지를 딱 잡고, 성경에 보면 결박했다 그랬어요, 모가지를 딱 잡고, 나무 위에다가 딱 올려놓고, 칼을 가지고 자기 자식의 모가지를 쳐서, 그것을 양을 대신하여 하나님께 제사를 드리려고 칼을 뽑았더니, 그때 하늘의 하나님이 아브라함 보고 "동작 그만." 뭐 그만이에요? "끝났어. 네가 정말 하는지를 내가 시험해 봤어." 아멘. "칼을 거두어라."

　그때 만약에 이삭이요? 성경학자들의 말에 의하면, 이삭의 나이가 그때 청소년이에요. 청소년. 한창 달리기를 잘하고 한창 파닥거릴 때예요. 아브라함은 그때 나이가 100살이 훨씬 넘었어요. 그러면 이삭이 아버지가 와서 모가지를 딱 잡고 "누워, 내가 오늘 너를 죽여야 해," 그랬을 때 이삭이가 힘이 없어요? 청소년, 한창 파닥파닥할 때 아니에요? 아브라함은 100살 먹은 노인네가 무슨 힘이 있겠어요? 그럼 이삭이 딱 일어나면서 아브라함을 탁 밀치면서 "야, 치매가 왔냐? 치매가? 아이고, 웃기는 영감이네, 이거! 진짜 하나님이 날 죽이라 그랬어? 그런 신은 안 믿어. 개떡 같은 소리 하고 있어." 하고 산으로 도망 다니면서 "메롱, 메롱" 하면 그걸 어떻게 잡으러 다니겠어요?

　그런데 성경은 뭐라고 돼 있느냐? 이삭은 예수님이 십자가에 죽는 그 모습을 완벽하게 그려낸 거예요. 털 깎는 자 앞에서 그 입을 열지 아니하였도다! "아빠, 지금 뭐 하는 거야?" "너 오늘 죽어야 해." "그래? 왜?" "하늘의 하나님이 너를 죽이라 했어." 그때 이삭은요, 하나님과 자기 아버지의 의지 앞에 "그것이 하늘의 뜻이라면 내가 죽어드리겠습니다." 한 거예요. 그래서 이삭은 한 번 딱 누웠다 일어선 것으로 무교절이 끝났어요. 제일 빨리 끝난 거예요. 제일 빨리요.

사랑제일교회 성도들이여, 여러분은 이스라엘 백성들처럼 바벨론에 가서 질질 무교절을 끌면서 70년 하실래요? 이삭처럼 한 방에 할래요? 대답이 시원찮아요. 70년 할래요, 한 방에 할래요? 진짜로요? 그러면 모세처럼 40년 할래요, 이삭처럼 단번에 할래요? 진짜요? 오늘 내가 단번에 이 자리가 무교절이 되도록 내가 이 예배를 이끌어 줄 테니까, 오늘 이 예배를 통하여 여기서 무교절이 다 끝이 나요. 믿습니까?

3. 선악과를 반납해야 끝나는 무교절

그러면 왜 하나님이 사람을 구원시켜 주었으면 됐지 왜 사람을 꼭 고통의 무덤 속으로 왜 끌고 가느냐, 그 이유는, 보라고요. 무덤의 문화가 이 땅에 처음 생긴 것이 아담 때문에 생겼다고 그랬어요. 아담 때문에요. 아담 때문에 생겼다 이거예요. 아멘. 아담이 뭐 따먹어서 생겼나요? 선악과 따먹어서 생겼어요. 선악과. 뭐 따먹었어요? 선악과 때문에 이 무덤이 생긴 거예요. 선악과 때문에 무교절이 나타난 거예요.

그럼 선악과가 뭐냐 그럴 때 선악과는 나무 열매인 건 사실이지만, 선악과 속에 들어있는 진짜 본질의 의미, 그 의미는 뭐냐? 하나님이 먹지 말라고 하는데 먹었거든요? 그러니까 그게 뭐냐 하면 선악과는 하나님의 뜻입니다. 뜻. 따라서 합니다. "뜻." 하나님의 뜻 앞에 자기의 뜻, 자기의 뜻, 독립된 자기의 뜻을 새로 갖는 것 요것이 선악과입니다. 선악과는 뭐냐? 하나님의 의지입니다. 의지. 따라서 합니다. "의지." 하나님의 의지 앞에 인간의 의지, 독립된 인간의 의지를 갖는 것 이것이 선악과예요. 그러니까 선악과를 따먹을 때 뭐가 생겼냐? 뜻, 의지를 독립적으로 사람이 개인적으로 가지게 됐어요. 그다음에 선악과는 뭐냐? 뜻, 의지, 견해입니다. 따라서 합니다. "견해." 이 견해를, 인간의 독립된 견해를 사람이 가지게 되었어요. 이것이 선악과예요. 이해됐어요? 다시 따라 하세요. "뜻, 의지, 견해."

"그러면 하늘의 하나님이 인간에게도 좀 하나님이 뜻, 의지, 견해를 좀 나눠줘서 각자 독립적으로 인간의 각자의 뜻, 의지, 견해, 이걸 사람들이 다 독립적으로 가지고 있으면 그것 좀 어때서 말이야. 하나님이 욕심쟁이처럼 말이야, 자기 혼자만 뜻을 가지려고, 자기 혼자만 의지를 가지려고, 하나님이 너무 욕심쟁이 아니냐? 우리한테 좀 분양해 주면 안 돼? 사람마다 다 자기의 뜻, 의지, 견해를 스스로 가지고 독립적으로 좀 살라고, 하나님 마음이 좀 큰마음을 먹고 말이야, 넓은 마음으로 그렇게 하면 안 돼?" 이렇게 우리가 질문

7대 명절의 축복을 받으라(상)

할 수 있지만 여기는 문제가 있어요.

하나님이 여러분과 저에게 뜻, 견해, 의지를 따로 나누어 주면요? 나눠줬잖아요? 결국 선악과 먹지 말라고 하나님은 말은 했지만, 천사들을 통하여 강제로 손을 잡고 못 먹도록 안 뺏었잖아요? 해보라, 이거지요. 먹어보라, 이거예요. 먹어서 어떻게 됐어요? 여러분과 제가 다 지금 독립된 뜻, 의지, 견해를 가지고 있어요. 결과가 뭔가요? 인간이 독립된 뜻, 의지, 견해를 스스로 가지면, 거기에는 사탄이 붙어요. 사탄이요. 사탄이 다른 데 붙는 게 아니에요. 마귀가 다른 데 붙는 게 아니요. 마귀가 붙는 처소가 바로 여기입니다. 다시 따라 해요. "뜻, 의지, 견해." 여기에 사탄이 붙는다고요. 사탄이 붙을 때도 사람들은 사탄이 붙는 줄도 몰라요. 사탄이 뭐 큰소리치면서 "지금부터 내가 네 속에 붙을게!" 이렇게 붙는 게 아니에요. 사탄은요, 성경에서 예수님이 사탄을 도적이라 그랬어요. 도적. 도적이 큰소리치며 와요, 숨어서 와요? 인간 속에 사탄이 붙은지도 모르고 산다고요. 그러니까 여러분과 제가 사탄을 이기려면 방법이 하나밖에 없어요. 먹은 선악과를 하나님께 돌려드려야 해요. 선악과를 돌려드려야 해요. 믿습니까? 선악과가 뭐냐? 다시 해봐요. "뜻, 의지, 견해." 이것이 바로 선악과란 말이에요. 그럼 여러분에게 한 번 물어볼게요. 여러분에게 지금 가 있는 선악과 냄새, 여러분 속에 지금 임해 있는 선악과 있지요? 다시 따라 해요. "뜻." 그 앞에 '자기' 자를 붙여야 해요. 자, '자기 뜻', '자기 의지', '자기 견해,' 이걸 여러분이 계속 가지고 있을래요? 하나님께 반납할래요? 반납해요? 대답이 시원찮아요. 다시, 계속 가지고 있을래요, 반납할래요? 진짜요? 그날이 바로 무교절이 끝나는 날이에요.

하나님은 사람을, 구원받은 인간을 무교절 무덤 속에 집어넣은 뒤에 선악과를 토하여 내지 않는 사람은 절대로 안 풀어줘요. 절대로 안 풀어줘요. 따라 해봐요. "물질의 무덤." 나올 것 같지요? 하하, 참. 내년에 계획을 세워서 뭔 프로젝트 만들어놨지요? 사업하려고요? 해 봐요, 되나? 안 돼요. 하나님은요, 무덤의 아랫목 속으로 처박아 넣어 버려요. 여러분이 아직도 이 세상이 내 마음대로 될 것 같다고 착각하시면 철이 없는 인간들이에요. 아직도 철이 없어 그래요. 이 세상이 자기 마음대로 안 돼요. 눈에 보이지 않은 어떤 힘이 내 주위에 존재한다는 걸 알아야 하는 거예요. 그분의 이름을 하나님이라 그러는 거예요. 그분의 이름을 예수라 그러는 거예요. 인생이, 세상만사가 자기 마음대로 될 것 같아요? 착각이에요. 아직 철이 안 든 백성이에요. 철이 안 들었어요. 나이가 오십, 육십 먹어도 아직도 철이 안 든 거예요. '아하! 이 세상이 내 맘대로 안 되는구나. 내 주위에 뭔가 내가 원치 않는

7대 명절의 축복을 받으라(상)

다른 힘이 내 주위에 존재하는 거 같다.' 이걸 동양 사람들은 운명이라 그랬대요. 운명. 기독교 문화권에서는 그것을 확실하게, 명쾌하게 하나님의 손길이라 그래요. 믿습니까? 이 세상이 자기 마음대로 안 돼요. 자기 마음대로 될 것 같죠?

그러니까 하나님은 선악과 먹은 인간은 그 선악과를 토하여 내지 아니하면, 하나님은 그 사람을 무교절의 무덤에서 풀어주지 않는 거예요. 오늘 여러분 토하여 낼래요? 선악과 토하여 낼래요? 선악과가 바로 이거라니까요. 다시 따라 해요. "뜻, 의지, 견해." 이것을 하나님은 반납을 받을려고 해요. 믿습니까? 오늘 이 자리가 바로 그 자리가 될지어다. 뜻을 하나님께 돌려드리고, 토하여 내고, 그거 하나님께 반납 안 하면 안 돼요.

계속 따라서 합니다. "질병의 무덤." 병 나을 것 같지요? 안 나아요. 안 나아요. 서세원 목사님이 능력 받았잖아요? 세잖아요? 안수하면요, 하나님이 주의 종의 권위를 생각하여 기도해도 안 나으면 목사님의 권위가 떨어지니까 그 당시는 낫게 해요. 낫게 했다가 이틀 지나면 또 생겨요. 왜? 무교절의 반납을 하나님이 받으려고 그래요. 아멘. 그러니까 근본적으로 병이 나으려면 근본적으로 무덤에서 나오려면 근본적으로 물질의 무덤, 다시 따라 해요, "물질의 무덤, 자녀의 무덤," 자녀 속 썩이는 거 그거요, 나오려면 내가 선악과를 토하여 내야 해요. 내가 선악과 토하면 기적이 일어납니다. 기적이요. 어느 날 순간적인 기적이 일어나요. 이해됐으면 아멘! 두 손 들고 아멘! 오늘 다 토하여 낼지어다. 할렐루야. 선악과를 반납하는 것이 좋아요.

그 선악과를 반납하는 데 있어서 요나가 3일 걸렸다 이겁니다. 요나는 빨리 한 겁니다. 요나는요. 물고기 뱃속에서 요나가 선악과 토하여 내는 그 성경이 요나서 2장인데, 요나서 2장 읽어봐요. "하나님 잘못했어요. 다시는 내 맘대로 안 할게요. 다시스로 가는 배 안 탈게요. 하나님." 2장에 가 봐요. 똥줄 타도록 하나님께 반납합니다. 똥줄 타도록이요.

보라고요. 이스라엘 백성들이 바벨론에서 나올 때 불렀던 시편의 노래를 불러보라고요. 슬픔의 노래, 눈물의 노래를 한번 읽어보라고요. 시편에 이스라엘 백성들이 불렀던 그 슬픔의 노래, 그게 대중가요로도 나왔잖아요? 대중가요? 바이 더 리버스 오브 바빌론(By the Rivers of Babylon)? 우리는 바벨론 강가에 앉아서 울었다? 여러분, 이스라엘 백성들이 바벨론 강가에서 앉아서 울던 노래, 시편을 들어보라고요. 선악과 토하는 데 70년 걸렸어요. 우리는 70년 걸리면 안 돼요. 바로 토해야 해요. 오늘 여기서 바로 토해야 해요. 옆 사람

7대 명절의 축복을 받으라(상)

다 손잡고 해봐요. "선악과를 토하여 냅시다. 반납합시다."
아멘. 진짜요? 할렐루야.

　그러니까 예수님, 우리 주님도 이 땅에 오셔서 이 뜻을 하나
님께 돌려드리는 시범을 보였단 말이에요. 겟세마네 동산에
서 "아버지여, 아버지여 내 뜻대로 마옵시고 아버지의 뜻대로
되기를 원하나이다." 예수님의 뜻을 하나님께 돌려드리는 시
범을 보였으므로, 아멘! 우리 여기 있는 모든 성도들이여, 우
리 예수님을 본받아서 다 뜻을 하나님께로 돌려드립시다.

III.
자기 생명을 미워한다는 뜻

1. 무교절에 찾아온 헬라인들

오늘 본문 말씀 요한복음 12장 다시 보세요. 이것이 주님의
무교절입니다. 20절부터 보세요. 오늘의 말씀입니다. 시작!
"20 명절에 예배하러 올라온 사람 중에 헬라인 몇이 있는데
21 저희가 갈릴리 벳세다 사람 빌립에게 가서 청하여 가로되

선생이여 우리가 예수를 뵈옵고자 하나이다 하니 22 빌립이
안드레에게 가서 말하고 안드레와 빌립이 예수께 가서 여짜
온대 23 예수께서 대답하여 가라사대 인자의 영광을 얻을 때
가 왔도다 24 내가 진실로 진실로 너희에게 이르노니 한 알
의 밀이 땅에 떨어져 죽지 아니하면 한 알 그대로 있고 죽으
면 많은 열매를 맺느니라"

  자, 보세요. 하루는 명절날인데 그 명절이 바로 무교절입
니다. 무교절 명절에 헬라에서 예수님을 알기를 원하는 사
람이 찾아왔어요. 헬라 사람이 찾아왔는데 면회 좀 해달라
고, 예수님 좀 만나게 해 달라고 그랬더니, 예수님이 면회를
거부했어요. 만날 필요 없다는 거예요. 왜요? 헬라 사람들의
특징이 뭐냐 하면, 헬라 문명의 특징이 이성이에요. 이성. 자
기의 이성. 헬라 문명의 뿌리가 이성입니다. 생각이요. 인간
중심이란 말입니다. 그게 헬레니즘 아니에요? 헬레니즘? 그
러니까 그 헬라 사람들이 하필이면 무교절에 왔다고요. 왔
는데, 예수님을 만나러 오는 자세가 틀린 거예요. 벌써 자세
가요. 예수님은 그날 무교절 행사에 참여하고 있었는데, 무
교절은 뭐 하는 날이냐? 무교절은 한 번 따라 해봐요. "뜻, 의
지, 견해." 이것을 십자가에 못 박는 날이에요. 이것을 내려
놓는 날이에요. 그런데 헬라 사람들이 뜻을 내려놓지 않고,
오히려 자기의 뜻, 자기의 견해, 자기의 이성을 가지고 예수

님께 접근하러 왔기 때문에 "야, 너희들은 나를 만날 자격이 없어. 왜? 태도 자체가 틀렸어."

그래서 예수님이 내치면서 하시는 말씀이 뭐라 그러냐? "한 알의 밀알이 땅에 떨어져 죽지 아니하면," 이 말씀을 많은 기독교인들이 교훈으로 써먹는데, 24절 다시 한번 읽어봐요. 시작! "내가 진실로 진실로 너희에게 이르노니 한 알의 밀이 땅에 떨어져 죽지 아니하면 한 알 그대로 있고 죽으면 많은 열매를 맺느니라." 이 말을 사람들은 교훈으로 써먹어요. 성경을 교훈으로 써먹는 사람 많습니다. "오른뺨을 때리면 왼편을 돌려대라," 뭐 이런 것들이나 "원수를 사랑하라," 등등 교훈으로 써먹는데, 성경은 교훈으로 써먹으라고 준 것이 아닙니다. 이 말은 교훈이 아니고 이것이 뭔 뜻이냐 하면 무교절과 역시 관계된 말이에요. 왜요? 무교절에서 한 말이니까요. 이 말은 "진실로 진실로 너희에게 이르노니 한 알의 밀알이 땅에 떨어져 죽지 아니하면" 이 말은 인간의 자아의 생명 다시 말해서, 따라서 해요, "뜻, 의지, 견해," 이것을 십자가에 못 박지 아니하면, 이것을 내려놓지 아니하면, 너 인생에게는 좋은 일이 없다는 거예요. 많은 열매가 맺을 수 없다는 겁니다. 그러나 반대로 "한 알의 밀알이 땅에 떨어져 죽으면," 이 말은 뭐냐 하면 바로 이것이요. 일반 사람들은 이것을 희생으로 생각해요. 한 알의 밀알이 땅에 떨어지는 것은, 내가 희생하면 내 희생을 통하여 다른 사람에게 좋은 일이 일어난다, 또 자기에게도 좋은 일이 일어난다, 이렇게 생각하는데, 아닙니다. 아니에요.

왜? 이 성경 구절은 앞뒤의 성경 구절과 고리를 걸고 있어요. 그러면 이게 무슨 뜻인지는 뒤의 성경을 보면 금방 알아요. 25절 보라고요. 25절 보면 그 뜻이 나온단 말이에요. 시작! "자기 생명을 사랑하는 자는 잃어버릴 것이요 이 세상에서 자기 생명을 미워하는 자는 영생하도록 보존하리라." 성경에는 한 가지 사건을 두 번 거푸 말하는 것이 많아요. 그러니까 앞에 있는 '한 알의 밀알이,' 이 말이나 25절은 같은 말이에요. 같은 말인데 표현만 다른 거예요. 그러면 뒤에 나오는 말을 보면 앞의 내용을 알 수 있는데, 25절 다시 한번 읽어보실래요? 시작! "자기 생명을 사랑하는 자는 잃어버릴 것이요 이 세상에서 자기 생명을 미워하는 자는 영생하도록 보존하리라." 한 번 따라 해보세요. "누구든지 자기 생명을 사랑하는 자는 잃어버릴 것이요." 그럼 누구든지 자기 생명을 사랑한다는 그것이 뭐냐? 그 자기 생명이 바로 자아의 생명이에요. 인간이 선악과 따먹을 때 안 생겨야 할 생명이 생겼어요. 그것이 뭐냐 하면 자아예요. 그러니까 결국 뜻, 의지, 견해란 말이에요. 따라서 해요. "뜻, 의지, 견해." 이것을 예수님은 생명이라 그랬어요. 생명. 이걸 왜 생명이라고 하냐?

7대 명절의 축복을 받으라(상)

이것은 사람 쪽에서 보면, 자기의 대표 기관이란 말입니다. 누구든지 자기의 생명을 사랑하는 자는 죽을 것이요, 잃어버릴 것이요. 누구든지 자기의 자아의 생명, 이 생명이 뭐라고요? 선악과 따먹을 때 생겨났던 생명, 다시 따라 해봐요, "뜻, 의지, 견해," 이거란 말이에요. 이것을 누구든지 자기가 가지고 있으면 죽을 것이요. 지옥 간다, 이겁니다. 지옥이요. 결국은 지옥 가요. 반대로 누구든지 자기의 생명을 잃어버리는 자, 미워하는 자는, 자기 생명을 미워하는 자는 얻으리라. 자기 생명을 미워할 수 있나요? 그럼, 자기 생명을 미워한다는 이 말은 뭐냐? 이것은 선악과 따먹을 때 생겨났던 자아의 생명을 말하는 거예요. 자아의 생명 덩어리가 뭐냐? 이것입니다. "뜻, 의지, 견해." 이걸 지금 우리말로 풀어서 말하면 누구든지 선악과 따먹을 때 사람 속에 들어간 독립된 자기의 뜻, 독립된 자기 의지, 독립된 견해를 네가 스스로 계속 가지고 있으면 그것은 죽을 것이요. 다시 말해서, 지금 오늘 말씀의 현장으로 말하면 "너는 무교절에서 못 나와." 못 나온다는 거예요. 주님이 이 말 한 날이 무교절이에요. 무교절에서 풀어 주지 아니할 것이요. 그러나 누구든지 자기 생명을 미워하는 자, 자기 생명을 미워하는 자는 얻으리라. 그러니까 여러분들은 여러분이 가지고 있는 자아의 생명의 대표 기관인 다시 해봐요, "뜻, 의지, 견해," 이것을 가지고 있어야 돼요, 내려놔야 돼요? 그렇게 주님이 말하는 거예요. 이해되시면 아멘.

그런데 사람들이 일반 설교는 잘 들어요. 성도들이 간증 집회하면요, 너무 재미있게 잘 들어요. 하하하 호호호 할렐루야 하고 다 난리 나요. 일반적인 설교는 성도들이 잘 들어요. 축복받으세요, 그러면 "할렐루야" 난리 나요. "병 고치세요." "할렐루야" 난리 나요. 일반적 설교는 잘 들어요. 성도들이 그러다가 정말 복음의 정수 중의 정수인 무교절에 관한 말씀을 딱 증거 하면, 이게 십자가의 도란 말입니다. 십자가의 도. 요것을 딱 지르면요, 딱 듣는 순간부터 벌써 얼굴이 새카매지면서 말이야, 완전히 얼굴이 새카매지면서 기침 소리 내면서, "아이고, 설교가 왜 이렇게 길어? 하여간 개떡같이 하고 앉았어." 벌써부터 그래요. 여기 목에다가 딱 칼을 대면요, 여기서 무교절에서 튀는 거예요. 오늘 여러분은 튀면 안 돼요. 여기서 '앗'소리 말고 죽어야 돼요. 이삭처럼 완전히 두 손 들어야 해요. 따라서 해요. "주여." 다시 따라서 해요. "주여." 따라서 해요. "쩩!" 쩩 하고 죽어야 해요. 알았지요? 오늘 하나님 앞에 쩩하고 죽어야 해요. 이래도 안 죽어요. 내가 수도 없이 가르쳐 봤는데 여기서는 죽는다고 쩩쩩 해놓고 예배 마치고 나가면 바로 이게 또 부활해서 의지, 견해가 부활해서 제멋대로 떠들어요.

2. 자아의 생명이 죽었다는 세 가지 표식

그래서 하나님이 이 뜻, 견해, 의지가 확실히 죽은 것을 하나님의 틀을 딱 만들어 놨는데 이걸 통하여 하나님은 우리에게 고백을 받고 싶어 해요.

첫째가 주일성수입니다. 주일성수예요. 뭐라고요? 주일성수요. 주일날 하나님 앞에 자기 자리에 안 앉는 인간은요, 그것은 자기 뜻이 부활한 거예요. 하나님의 뜻은 절대 주일날 여러분을 다른 데 두려고 하지 않아요. 여러분을 요 자리에 앉히려 그래요. 그런데 자기 뜻이 하나님의 뜻을 이겨버리잖아요? 그래서 자기 마음대로 돌아다니잖아요? 그러니까 주일성수가 하나님께 선악과를 토하여 내는 고백이 된다고요.

두 번째, 따라서 합니다. "십일조." 십일조 얘기해 봐요? 당장 그냥 "아이고, 또 저 소리야? 또 저 소리야?" 그런다고요. 내가 여러분에게 여러분 속에 선악과의 기운이 있나 없나를 내가 한번 가르쳐 드릴게요. 선악과를 잡아내는 원리를 알려드릴게요. 설교를 듣다가 이 속에서부터 설교를 딱 듣다가 이 속에부터 열받는 일이 싹 일어나면 그게 선악과에요. 열받는 일이요. '아이고, 저건 아닌데.' 하는 그게 선악과라고요. 그걸 딱 잡아내면 돼요. 내가 여러분에게 설교할 때 말이에요. "여러분, 하나님께서 … " 하다가 내가 십일조 얘기를 딱 했다 그럴 때, 그때 갑자기 십일조 얘기를 딱 들을 때 갑자기 속에서 말이야 '아이, 씨,' 이렇게 나오면 그게 선악과에요. 선악과요. 이게 바로 선악과 잡아내는 원리에요.

그러니까 봐요. 여러분, 아까 뭐 여기서 오늘 끝장낸다고 그렇게 큰소리쳐 놓고요. "오늘 여기서 완전히 무교절 끝이야. 단번에 죽는다," 해놓고요. 봐요. 벌써 얼굴이 히쭈구리하잖아요? 이래서는 뜻을 바로 토해내지 않는 겁니다.

그러나 여러분들이 하나님께 못 이겨요. 그러면 여러분은 이렇게 말하지요? "에이 무교절이고, 뭐 유월절이고 뭐고. 까짓것 내가 이 세상에서 내 마음대로 살고, 교회 안 다니고 그냥 죽으면 그만이지. 그럼 나 지옥 가버리지 뭐. 이 세상 재미있게 살다가 지옥 가버리지." 여러분, 원래 무식이 담대를 낳아요. 무식은 담대한 거예요. 사람이 무식할 때 담대하다고요. 아이고, 지옥을? 지옥이요? 이제 내가 이 7대 명절 다 끝나면 하늘나라 입신해서 천국, 지옥을 아주 구체적으로 갔다 온 사람을 모시고 한 달 동안 토크로 내가 물어가면서 토크로 내가 한번 이 주일 대예배 때 할 테니까 한번 들어보라니까요? 얼마나 실감 나는가?

7대 명절의 축복을 받으라(상)

그리고 또 한 가지, 이제 우리는 하나님의 은혜가 무엇인지를 알아야 해요. 내가 무교절을 거부하고, "나 뜻 반납 안 할 거야. 뭐! 뜻, 견해, 의지 반납 안 해. 까짓것 지옥이 아무리 세도 지옥을 뭐 나 혼자만 가냐? 지옥 간 놈이 아무래도 숫자가 더 많은데? 나, 가버릴 거야. 이 세상은 내 마음대로 살고." 그렇게 마음을 먹어도 한 번 주님 앞에 와서 유월절을 경험한 사람은 주님이 안 풀어줘요. 주님이 여러분을 지옥 가도록 내버려두지 않아요. 요렇게 죽이고, 저렇게 죽이고, 결국은 가정을 뒤엎고, 애새끼 교통사고 나게 하고, 홀딱 뒤집어서 결국은 여러분들을 요 무덤 속에 또 끌고 와요. 못 이겨요. 하나님을 못 이겨요. 그러니까 하나님하고 숨바꼭질하지 말고 오늘 여기서 다 토하여 내자고요. 하나님 못 이겨요. "나, 싫어, 나, 무교절 안 해. 개판처럼 살다가 지옥 가버릴 거야. 나한테 간섭하지 마." 뭐 그런다고 주님이 우리를 풀어주면 그거는 하나님도 아니지요. 하나님의 사랑이 얼마나 크냐? 끝까지 여러분을 붙잡으려 해요. 결국은 여러분 입에서 이 무교절을 토하여 내는 그 지점까지 하나님은 요렇게 치고, 저렇게 치고, 환난을 주고 해서 결국은 우리 입에서 받아내려고 하는데 기간을 길게 끌지 말라는 겁니다. 내일로 미루지 말고 오늘 여기서 반납하자는 거예요.

그럼에도 불구하고, 이렇게 내가 설명해 드려도 여러분이 하나님 앞에 선악과를 토하여 내는 걸 왜 자꾸 뒤로 미루고 왜 안 하려고 그럴까요? 예수님이 이렇게 말했어요. "누구든 지 자기의 생명을 사랑하는 자는 잃어버릴 것이요." 자기의 생명을 사랑한다는 말은, 자기의 생명을 사랑한다는 것은, 그것은 성령 받고 예수 믿고 생긴 새 생명이 아니고 선악과 따먹을 때 생긴 생명이에요. 다시 말해서, 이거란 말입니다. 따라서 합니다. "뜻, 의지, 견해." 이것이 인간의 대표 기관이 에요. 이걸 왜 내려놓기 싫어하느냐? 자기 쪽에서 보면, 이것 이 나의 전체인 것처럼 보인단 말이에요? 대표기관이란 말 입니다. 대표기관. 이해가 돼요? 이걸 만약에 내려놓으면 자 기는 멘붕 상태에 빠지는 것 같은 거예요. '그럼, 나는 뭐야? 이것까지 다 내려놓으면 나는 그럼 뭐야? 난 인간도 아니고, 나는 뭐야? 난 존재감도 없잖아?' 그래서 사람들이 거기에 대 해서 딱 부딪치면 안 내려놓으려고 그래요. 현실적으로 설명 하면 이렇게 말해요. 뭐라고 하느냐? "아이고. 목사님 설교 대충 들어야지. 목사님 설교대로 하려면 사람이 어떻게 살 아? 그냥 목사님 말씀이 그렇다고 하면 그런 것도 있구나 하 고 살아야지. 그걸 어떻게 그렇게 다 해?" 이렇게 여러분이 거부한단 말이에요. 자기의 뜻, 의지, 견해를 내려놓기를 거 부합니다. 왜? 그것이 생명이니까 나 쪽에서는 자기의 전체 인 것처럼 보여요. "누구든지 자기 생명을"이라고 그랬잖아 요? 생명을 사랑하는 자는 잃어버린다고 그러잖아요? 그러

7대 명절의 축복을 받으라(상)

니까 그것이 내려놓기 쉽지 않은 겁니다.

그러나 여러분, 복음은 역설적입니다. 내려놓기 힘든 마지막 꼭짓점, 그것을 내려놓아야 된다, 이거예요. 오늘 우리 3부 예배 마치고, 오후 3시부터 우리 교회에서 장로님, 안수집사님, 권사님 임직식을 하는데 한 사람도 빠지지 말고 다 오셔야 해요. 오늘은 저녁 예배 없어요. 이게 저녁 예배예요. 임직 예배도 아주 은혜스러워요. 아멘. 오시는 분들은 선물 줘요. 선물, 일대일로 큰 선물 줘요. 오후 3시에요. 3시에 다 오시는데, 이 임직을 받으신 장로님이나 안수집사님이나 권사님들 직분자는 무교절이 확실히 임해야 해요. 무교절 없이 직분 받아 놓으면 직분이 화가 돼버려요. 직분이 화가 됩니다. 우리나라는요? 장로님 직분 세우면요? 장로님들이 어떻게 생각하냐? 장로, 그러면? 완전히 세상의 문화가 교회에 들어와 버렸어요. 장로 그러면, 장로가 목사님을 견제하는 세력으로 하나님이 세운 직분인 줄 알아요. 이런 병신, 쪼다, 나까무라가 어디 있어요? 이거? 여기가 무슨 노조 위원장인지 알아요? 이 교회가 노조 위원장인지 알아요? 지금 우리나라 교회들이 다 망하고 있어요. 다 망하고 있어요. 아니야! 따라서 합니다. "아니야!" 그러니깐요. 장로님 돼 봐요? 장로님 딱 시켜 놓으면요? 안수집사 할 때까지도 말 잘 듣다가 장로님 할 때 목에 힘 쫙 들어가서 "목사님! 뭔 일을 할

때 좀 상의해서 하시죠." "누구하고?" "저도 장로인데 하나님
이 장로를 세웠는데, 나하고 상의하라고 날 세우셨지요." 황
철구 있잖아요? 황철구? 우리 교회 수석 장로? 이 인간도 장
로로 세우니까 처음에 아주 목에 힘이 쭉 들어가더니, "목사
님, 뭐, 상의 … ." 상의 같은 소리 하고 앉아 있어요. 그러면
직분을 왜 세우나? 이거 일곱 개, 7대 명절을 전 세계에 전하
라고, 이거 일곱 개를 전하고, 이 일곱 개를 세우라고 직분을
세우는 거예요. 목사님 견제하라고 세운 게 아니고요. 그러
니까 무교절에 안 들어간 인간을 장로나 무슨 직분 높은 데
세워 놓으면요? 이거는 본인한테 화가 돼버려요. 오늘 임직
받는 분들은 임직 설교 이따가 따로 들을 거 없어요. 오늘 이
걸로 다 들으면 돼요. 무교절에서 선악과를 토해내야 해요.
토하여 내야 해요.

그런데 우리나라는 어떻게 된 건지 참 기가 막힌 게 뭐냐?
신앙생활이 말이야 예수 사십 년 믿은 사람하고 예수 일 년
믿고 교회 다니는 사람하고 신앙 수준이 같아요. 왜 같으냐?
유월절만 지나지 무교절에 딱 들어가면 들어가는 자만 많고
무교절에서 나온 자는 없어요. 그러니까 다 무교절에서 붙
잡혀 있는 거예요. 다요. 우리나라 기독교인들이 왜 그러냐?
이 무교절을 목사님들이 못 가르치는 거예요. 목사님들이 무
교절에 대해서 눈이 열리지 않았어요. 계속 교훈적인 설교하

고, 뭐 웰빙 설교하고, 뭐 웃는 설교하고, 교회 안에서 이러다 보니까, 지금 우리나라 기독교 수준이 예수 사십 년 전에 믿은 사람하고 예수를 1년 전에 믿은 사람이 이 무교절의 무덤에 들어가는 순서만 다르고 여기까지 딱 들어가서 못 나와요. 하나도 못 나와요. 내가 볼 때 천 명 중에 하나 정도 나와요. 천 명 중에 하나. 사랑제일교회는 다 나와야 해요. 다 무덤이 열려야 해요. 따라서 해봐요. "열고."

에스겔서 37장 말씀이 임해야 해요. 아멘. 에스겔서 37장 말씀이 임해야 해요. 성경 다시 읽어봐요. 에스겔서 37장 11절 말씀 다시 읽어봐요. 이 지점, 이것이 무교절이 끝나는 날이란 말이에요. 11절 시작! '또 내게 이르시되 인자야 이 뼈들은 이스라엘 온 족속이라 그들이 이르기를 우리의 뼈들이 말랐고 우리의 소망이 없어졌으니 우리는 다 멸절되었다 하느니라 그러므로 너는 대언하여 그들에게 이르기를 주 여호와의 말씀에 내 백성들아 내가 너희 무덤을 열고 너희로 거기서 나오게 하고 이스라엘 땅으로 들어가게 하리라 내 백성들아 내가 너희 무덤을 열고 너희로 거기서 나오게 한즉 너희가 나를 여호와인 줄 알리라.' 따라서 합니다. "무덤을 열고." 이게 초실절이 끝나는 날이에요. 오늘 이 시간에 이 예배를 통하여 이 말씀이 임해야 해요. 다시 해봐요. "무덤을 열고." 오늘, 여러분, 이 자리가 바로 무교절이 끝나는 시간이 되어야 해요. 무교절 끝나는 거는 뭐라고요? 다시 합니다. "뜻, 의지, 견해," 이것을 하나님께 반납하라고요. 토하여 내라고요. 믿습니까?

그것에 대한 고백으로 주일성수, 십일조, 그래서 십일조가 중요한 거예요. 십일조 안 한 사람은 절대 무교절에서 못 나와버려요. 그냥 구원만 받아요. 유월절에서 구원만 받지 절대로 무교절에서 못 나와 버려요. 십일조 안 한 사람들은 무교절이든 뭐든 못 나와요. 그래서 내가 처음 교회 나온 사람에게 십일조 먼저 시작하라 그러잖아요? 그 이해는 나중에 이해하라고 그러잖아요? 일단은 내 말을 들어요. 아멘! 병원에 가면 의사 선생님이 처방하고 뭐 하는 것이 자기가 다 이해가 돼요, 안 돼요? 이해되려면 자기가 의과 대학 7년 공부하고 그다음 레지던트하고 인턴하고 다 해야 해요. 의사의 처방을 자기가 이해하려면요. 12년 기다렸다가 처방 받아야 해요. 그 사이에 죽어요. 의사가 처방하면 "약 먹으세요." 그러면 "아멘." 하고 먹어야 해요. 교회도 동일해요. 목사님이 처방하면 "아멘"하고 먹어요. 아멘?

세 번째는 주의 종의 견해 안으로 들어오란 말이에요. 견해 안으로요. 이것이 선악과를 토하여 내는 고백이 된다는 거예요. 오늘 여러분 다 토하여 내십시오. 아멘? 그렇게 하면 하나님이 무덤을 열어주십니다. 할렐루야! <어두워진 세상 길>입니다. 손뼉 준비입니다. 주님 활짝 열어주세요.

<어두워진 세상 길을>

1. 어두워진 세상 길을 주님 없이 걸어가다
나의 영혼 어두워졌네
어느 것이 길인지 어느 것이 진리인지
아무것도 알 수 없었네
주님 없이 살아가는 모든 삶 실패와 좌절뿐이네
사랑하는 나의 주님 내 영혼 눈을 뜨게 하소서

2. 아무것도 알 수 없고 아무것도 볼 수 없고
아무것도 들을 수 없네
세상에서 방황하며 이리저리 헤매일 때
사랑하는 주님 만났네
어두웠던 나의 눈이 열리고 막혔던 귀가 열렸네
답답했던 나의 마음 열리고 나의 영혼 살리네

(후렴) 열려라 에바다 열려라 눈을 뜨게 하소서
죄악으로 어두워진 나의 영혼을
나의 눈을 뜨게 하소서

Ⅳ.
무교절에서 나오게 할 때
사건을 일으키시는 하나님

1. '우리 산 자'의 뜻

아멘, 할렐루야. 따라 해봐요. "열려라." 나의 무교절은 열려라. 나를 덮고 있는 물질의 무덤은 열려라. 질병의 무덤도 열려라. 따라서 합니다. "열려라." 주님이 그래요. "빨리 내놔. 선악과 내놔. 빨리 선악과 내놔. 빨리 선악과 내놓으라고. 선악과 안 내놔? 너는 무교절 100년이야. 안 풀어줘." 이와 같은 원리를 잘 깨달아야 해요.

오늘의 핵심 말씀, 따라서 합니다. "누구든지 자기 생명을 사랑하는 자는 잃어버릴 것이요." 곧 자기 생명이라고 하는 대표 기관 그것이 곧 선악과 따먹을 때 생긴 거라 그랬어요. 자아의 생명, 따라서 합니다, "뜻, 의지, 견해," 그거라고 했어요. 뜻, 의지, 견해요. 그것을 사랑하느냐? 그걸 내가 계속 붙잡고 있는 사람은 죽을 것이요. 자기 생명을 미워하는 자, 그게 뭔 말이냐? 뜻, 의지 견해, 이것을 내려놓는 자, 이걸 토하여 내는 자는 살 것이요.

그래서 이 말씀이 고린도후서 11장으로 넘어가서 바울에게 말씀이 이사를 간 거예요. 예수님의 이 말씀이 바울 쪽으로 성경이 딱 연결돼 이사 간 거예요. 고린도후서 4장 11절 다시 한번 보라고요. 이것이 저의 대표 성경 구절이에요. 이 성경 구절이 나의 대표 성경 구절이에요. 내가 이 성경 구절을 대표로 삼았으니, 사랑제일교회 성도들도 이 말씀을 붙잡으세요. 읽어봐요. 시작! '우리 산 자가 항상 예수를 위하여 죽음에 넘기움은 예수의 생명이 또한 우리 죽을 육체에 나타나게 하려 함이니라.' 이 말씀하고, 아까 예수님 말씀, '누구든지 자기 생명을 사랑하는 자는 잃어버릴 것이요.' 하고는 같은 말씀이에요. 하나는 예수님이 말씀했고, 하나는 바울이 말 하는 거예요. 이 말씀을 연결해 보면, '우리 산 자가 항상 예수를 위하여'? 뭐가 살았어요? '우리 산 자가 예수를 위하여 죽음에 넘겨라.' 죽음에 넘긴 대상인 우리 산 자가 뭐예요? 선악과 따먹을 때 생긴, 따라서 합니다, "뜻, 의지, 견해," 이것이 바로 '우리 산 자'란 말이에요. 자아의 생명, 이것을 예수를 위하여 죽음에 넘기라. 따라서 합니다. "죽음에 넘기라." 반납하라는 뜻이에요. 하나님께 토하여 내라. 토하여 내는 자는 죽을 육체에 예수의 생명이 나타난다. 다시 말해서 초실절이 온다는 거죠. 그때부터 너에게 초실절의 역사가 일어난다. 아멘.

2. 내가 겪은 무교절 사건

1) 서른네 살에 금란교회에서 부흥회 인도

자, 보세요. 제가 이렇게 설교를 집행해 나가죠? 집행해 나가면, 주님이 여러분의 선악과를 뺏으려고 받으려고 삶 속에서 사건을 일으킵니다. 사건이요. 저도요, 하나님이 나를 이무덤에서 풀어줄 때, 풀어줄 때, 잘 들어보세요. 하나님이요. 저를 이 무덤에서 풀어줄 때 보라고요. 어떻게 하나님이 풀어줬는가? 꼭 무교절의 사건이 일어나요. 여러분도 사건이일어나요. 두고 보세요.

내가 답십리에서 개척 교회를 해서 목회를 하는데, 이거는 나의 전체가 다 무덤이에요. 하나님이 나를 그냥 무덤 속으로 던졌어요. 그런데 하루는 우리 교회에서 어떤 여전도사님을 모시고 간증 집회를 하는데 살살 간증만 하는데도 우리교회에 성령이 덮어 버렸어요. 아멘! 방언 다 받았어요. 방언 다 받았어요. 그 주안장로교회 박금자 전도사님처럼요. 박금자 전도사 옛날에 우리 교회 와서 간증할 때, 막 그냥 쌍둥이 엄마 그때 입신 들어갔잖아요? 쌍둥이 엄마가 입신 들어갔잖아요? 거기서 우리 에녹이 예언도 하고 그랬잖아요? 그때처럼 성령이 덮어서 하도 은혜스러워서 내가 그날 저녁에 헌신 예배에 나온 헌금 전체를 다 그 전도사님에게 줘버렸어요. 그때는 한 시간 설교하러 오면 목사님들에게 차비를 이만 원 주는 시대예요. 이만 원. 이만 원 주는 시대인데 하도 내가 은혜받아서 십 원짜리까지, 애들 헌금한 거까지, 봉투 열어보지도 않고 결산도 안 하고, 그냥 다 싸서 줘 버렸어요. 줬더니, 이 전도사님이 그다음 날 새벽 기도를 가서 십일조를 하려고 딱 열어보니까, 세상에, 내가 헌금 전체를 다 준 거예요. 그래서 나한테 새벽에 전화 와서 "목사님 큰일 났습니다. 내가 재정부 헌금하고 바꿔서 가져왔습니다." 그래서 "바꿔서 가져간 거 아니야." 그랬더니, "그럼 어떻게 이걸 다 줘요?" "그 얼마냐?" 그러니까 "사십이만 원이에요." 사십이만 원 전체를 내가 다 준 거예요. 이만 원 주는 시대에요. 그래서 "나, 그거 알고 준 거야. 하도 은혜스러워서. 그리고 우리가 그렇게 심어야 우리 교회도 복을 받지." 아멘!

자, 초실절이 나한테 일어나기 시작하는 것을 보세요. 어떻게 무교절이 열리는가 보세요. 이분이 그다음 주간에 어디 갔냐? 금란교회 부흥회를 하러 갔어요. 김홍도 목사님 교회 가서 막 간증을 하는데 똑같은 성령이 덮어버렸어요. 방언이 터지고 역사가 일어나니까, 김홍도 목사님이 좋아서 그럴 때, 이 여전도사님이 뭐라 그러냐? "목사님, 내가 부흥 강사 한 사람을 소개할 테니." 이게 이제 내 무교절이 열리는 거예요. 보세요. 어떻게 열리는가 보세요. "소개할 테니 나이도 묻지 말고, 교회의 크기도 보지 마시고." 그때 우리 교회 300명밖에 안 모였어요. 우리 교회가 답십리에 있을 때예요. "그리고 어느 신학교 나왔는지 그것도 보지 마시고 내가 소개하면 하실래요?" 그랬더니, "전도사님같이 능력 있는 사람이 소개하면 내가 그대로 한번 해야지. 그래도 이름은 알아야 할 거 아니에요? 이름은? 누군데?" 그래서 "전광훈, 들어봤어요?" "못 들어봤는데." "어때요, 하실래요?" "그래, 뭐 이름도 묻지 말라고 그러니까. 할게." 그러면 한번 만나자고 해서 김홍도 목사님이 나한테 전화가 왔어요. 그다음 날 북조선 말로 "저, 금란교회 김홍도 목사입니다." 내가요, 전화를 앉아서 받다가 벌떡 일어났어요. 긴장이 돼서요. 덜덜 떨었어요. 목사님이 전화 오는데 뭐 그렇게 떠냐고요? 여러분은 내가 전화해도 안 떨지요? 그게 인간이 덜돼서 그래요. 김홍도 목사님하고 나는요 같은 목사가 아니에요. 그분이 부흥강사 전성기 때 나는 중학생이었어요. 그분이 부흥회 할 때 나는 앞에 앉아서 은혜받고 했어요. 겁이 나서 내가 벌벌 떨었어요. 내가 이렇게 영적 권위에 대해서 존중한단 말이에요. 아멘? 그랬더니 하시는 말씀이 "우리 교회 부흥회 한번 하시죠." 그러셔서 "아니, 목사님, 지금 뭐라 그랬습니까? 어느 교회라구요?" "아니, 망우리 금란교회 김홍도 목사를 모릅니까?" "아니요. 알기는 알아도 … " "부흥회 한번 하자고요." 내가 진동이 와서요? 그래서 대답도 제대로 못하면서 "예" 했

7대 명절의 축복을 받으라(상)

더니 내일 워커힐 호텔로 나오래요. 전화를 끊고 집사람하고 껴안고 빙빙 돌면서 집사람보고 그랬어요. "전화 왔어! 금란 교회에서 부흥회 하자고!" 여러분은 지금 뭔 말인지 이해가 안 돼서 표정이 멍청한데, 여러분들은 돈 벌고 뭐 하는 거 있잖아요? 그런 것을 좋아하고 그런 게 관심사지요? 목사들은 돈이 아니에요. 사역이에요. 목사들의 관심사는 사역이라고요. 그러니까 내가 집사람 껴안고 방을 돌았어요. "금란교회에서 부흥회 해달래. 금란교회에서." 저 사람도 "진짜야?" "아 진짜 왔다니까." 그다음 날 워커힐 호텔을 갔더니, 세상에! 김홍도 목사님이 날 보자마자 부흥회 못하겠다는 거예요. 왜냐? 나보고 나이가 몇 살이냐고 물어요. 그때 내 나이가 서른네 살이었어요. 내가, 서른네 살이 오니까, "안 돼." 부흥회 안된다는 거예요. "우리 교회가 어떤 교회인데." 그래서 "목사님, 부흥회는 안 하셔도 밥을 한 끼 먹는 것만 해도 영광으로 생각합니다. 감사합니다." 그리고 밥을 먹는데, 목사님이 또 이렇게 물어요. "그러면 부흥회를 시켜준다고 할수는 있겠어?" 또 이렇게 물어요. 그래서 "시켜주면 열심히 해보겠습니다." 그랬더니, "겁도 없네." 그러면서 나보고 부흥회 취소하는 게 미안해서 이렇게 설명해요. "내가 왜 부흥회를 취소하냐? 완전 취소는 안 할게. 10년 후에 하자." 큰 뒤에 오라는 거예요. 10년 뒤에요. 왜냐하면, 부흥회를 하는데 김홍도 목사님이 성도들을 은혜받게 하려고 "다 참석해라,

다 참석해라," 교구 비상 걸어서 첫날 밤에 꽉 모아 놓으면 부흥강사가 죽을 쓴다는 거예요. 죽을 쓰면 둘째 시간에 절반도 안 온다고 해요. 그러면 목사님이 애가 타서 "이것들이 왜 안 오냐?" 하면서 여전도사 통해 교구 비상을 걸고 했는데, 부흥회 한 번 하고 나면 목사님이 몸살이 난대요. 그래서 나보고 부흥회 10년 후에 하자고 안 된다는 거예요. 그래서 내가 "목사님, 감사합니다. 밥만 한 끼 먹어도 고맙습니다." 밥을 다 먹고 일어났어요. 악수하고 "목사님, 안녕히 가세요."

그랬더니, 갑자기 하나님이 무교절을 역사하는 거예요. 목사님이 이래요. "잠깐 앉아봐." 이래요. 앉았더니, "아니야. 성령이 역사하는 거야. 이 모든 것도 하나님이 하실지 몰라. 함부로 이거 취소하면 안 될 거 같아." 그래요. 그러더니, 나보고 "수첩을 내"라고 하시더니 제안해요. 뭐냐? 첫날밤에 많은 사람 모아 놓을 테니, 나보고 설교 한번 해보래요. "부흥회를 해보고 계속 끌고 갈 수 있으면 이어서 하고, 만약에 첫날밤에 전광훈 목사가 죽을 쓰면 그다음 시간부터 내가 이어서 해도 기분 안 나빠하겠어? 한 시간만 하고 돌려보내도 되겠어?" 이렇게 나보고 물어요. "목사님, 한 시간이 어딥니까?" 그래서 하기로 계약서를 쓰고, 부흥회가 이루어진 거예요. 하나님이요 나를 이 무교절에서 풀어주려고 말이에요. 잘 들어보세요. 그때요, 제가요, 내 성질머리, 조금이라도 선악과가 남아서 목사님한테 "저는 한 시간짜리 안 하겠습니다." 이랬든지, 첫 시간에 딱 만나서 "아니, 나이가 몇 살이야? 못 해." 그랬을 때 "목사님, 나이면 답니까? 뭐가 그게 대단하다고." 내가 이렇게 대들었으면요, 나는 지금까지도 무덤에 있었을 거라고요. 나는 완전히 선악과가 죽었어요. 그때 다 받아들였어요. 그리고 난 뒤에 집에 와서 신문을 보니까, 국민일보에 내가 6개월 후에 부흥회 하는 날짜 잡아놓은 사이에 다른 목사님이 금란교회에서 부흥회 하더라고요. 보니까요, 미국에 있는 한진감 목사님이라고, 킹즈한인교회에서 그분이 와서 부흥회 한다고 광고가 났어요. '도대체 금란교회는 어떤 강사가 하기에 그렇게 겁을 주냐고. 내가 한번 간첩처럼 정탐을 하러 가야겠다.' 하고 내 부흥회를 앞두고 저 뒤에 가서 2층에 가서 앉아 있었어요. '금란교회는 강사들이 어떻게 집회하나?' 목사님이 설교를 하는데 죽을 쓰더라고요. 죽을 쓰더라고요. 로마서 1장 복음에 빚진 자 본문 읽어놓고, "여러분, 우리는 복음에 빚을 졌습니다. 빚진 사람이 잠을 잡니까? 못 자지요?" 내가 2층에 앉아서 "아이고, 저걸 설교라고 하고 앉았어? 석 달 후에 두고 봐라. 내가 한 칼에 날려버린다." 2층에서 말이야 "아이고, 저걸 설교라고 하고 앉았어? 아이고, 내가 그냥." 우리 집사람이 옆에 앉았다가 "앉아, 앉아. 왜 난리야?" 그래서 "아이고, 저걸 설교라고 하고 앉았어?" 그러다가 집에 돌아와서 부흥회 날짜가 점점 가까워져요. 가까워지니까 하도 겁을 주기에 부흥회 앞에 두고 일주일 금식을 했어요.

　일주일 금식을 딱 하고 이제 딱 강대상에 섰는데, 죽 한 그릇 먹고 섰는데, 첫날 밤에 하늘 문이 열린 거예요. 성령의 폭탄이 떨어졌어요. 할렐루야. 장로들 부인들이 하늘나라 입신이 들어갔어요. 그리고 부흥회 끝나고 딱 내려오는데요? 세상에! 성령의 불이, 방언이 터지고요, 여자 집사들이 나자빠지고 해서, 내가 나중에 들어보니까, 여자 집사들이 치마가 다 찢어졌대요. 성령이 하도 막 강타해서 치마가 다 찢어졌대요. 뒤에 강대상에서 내려가는데요? 목사님이 강대상에서 내려오는 통로가 따로 있어요. 당회장실로 내려가는 통로가 따로 있어요. 우리 교회 새로 지으면 꼭 그렇게 만들어줘요. 알았죠? 알았어요? 맨날 이게 돌아다니려니까 힘들어요. 나 그냥 강대상으로 바로 올라오도록요. 그런데 딱 문을 열었더니, 세상에! 계단마다 성도들이 어떻게 들어왔는지, 계단 계단에 성도들이 다 누워 있어요. "강사님, 안수 필요 없습니다. 지나가다 한 번만 밟아 주세요." 그래서 내가 전부 다 옷을 다 밟고 내려왔어요. 밟고요. 성령이 막 역사하는데, 그래서 강대상에서 내려오니까 목사님이 당회장실에서 그래요. 목사님이 흥분돼서 "전 목사 혼자 다 해. 부흥회 다 해. 되겠어!" 역사가 일어나고 마지막 날은 김홍도 목사님이 딱 서더니, 마지막 인사를 하는데 "여러분 나는 40년 목회 사상 이런 부흥회를 처음 봤습니다. 내일 부흥회 하루 더 합니다." 그래서 부흥회 하루를 더 하게 된 거예요.

끝났더니, 세상에! 그 당시는 부흥회 하면 사례비를 150만 원 내지 100만 원 줄 때예요. 그때 그 시대는요 사례비를요. 그 당시에 사례비를 1,000만 원을 줬어요. 1,000만 원. 우리 집사람은 반주했다고 500만 원 줬어요. 천지개벽이 났어요. 목사님이 차고 있던 롤렉스 시계를 나한테 풀어줬어요. 반지도 풀어줬어요. 그러면서 "여의도 조용기 목사나 나나 이제는 나이가 많아서 들어가는데 새벽마다 기도했어. 젊은 목사들 중에 우리처럼 성령 운동 세게 하는 사람 나오게 해 달라 그랬더니, 전광훈 목사를 보내줬어. 너무 기쁘다. 엘리야가 엘리사한테 겉옷을 준 걸로 생각하고." 그러면서 반지를 다 풀어줘요. 한국 강산을 성령의 불바다로 만들어 달라고요. 그리고 우리 성도들 집집마다 말이야 떡 다 주라고요. 우리 성도들 그때 300명인데, 떡 300봉지 다 만들어주고 말이야 목사님이 너무 좋아서 그랬는데요?

2) 부흥회 후에 하나님이 일으키신 무교절 사건
내가 우리 교회 돌아오자마자 드디어 하나님이 무교절을 확인하는 거예요. 내 무교절을 들어보라고요. 지금까지는 재미있었지요? 이제 비극이 일어나는 거예요.

　내가 우리 교회 여전도사를 모집하려고 국민일보에 광고를 했어요. 그때 이력서 들고 한 70명이 왔어요. 이렇게 넘겨 보니까, 금란교회에서 두 명이 왔어요. 김주은하고, 누구하고 왔어요. 그래서 내가 딱 보니까 금란교회에요. 그래서 안 된다 그랬어요. 왜? "내가 부흥회 한 교회인데, 이렇게 전도사가 오면, 목사님이 욕해. 안 돼." 그랬더니, "목사님! 그래도 나는 목사님 부흥회에서 너무 세게 은혜 받아서요. 나, 목사님 교회에서 일하고 싶어요." 하도 떠들어서 "그러면 기다려. 내가 부흥회 갔다 와서 김홍도 목사님을 만나서 '이 두 여자가 전도사 한다고 우리 교회에 왔는데 보내주실래요?' 물어서 목사님이 오케이 하면 되고, 안 하면 못써. 그때까지 기다려." 하고 내가 부흥회를 갔어요. 여기 화양리 김요셉 목사님 교회에 가서 부흥회를 하는데 세상에! 이 여자 둘이 내가 김홍도 목사님한테 가서 말하기 전에, 부흥회 갔다 와서 내가 말한다고 했는데, 지들이 먼저 수요일날 당회장실에 들어가서 "목사님, 전광훈 목사님 교회에 우리 전도사 하러 가려고요. 추천서 좀 쓰세요." 그랬더니, 김홍도 목사님이 화가 난 거예요. 나한테 핸드폰으로 전화 와서 뭐라 그러는지 알아요? 첫 마디가 "전광훈, 야, 이 새끼야." 무서워요. 어후! 난 북조선 출신이 무서워요. "전광훈, 이 새끼야, 너 어린놈의 새끼, 우리 교회 부흥회 시켜줘도 이따위 짓 해?" "목사님 무슨 말입니까?" "알 필요 없어. 전화 끊어." 전화를 딱 끊었어요. 와, 미치겠더라고요. 변명할 기회도 안 줘요.

그래서 부흥회를 다 마치고, 내가 금란교회 목사님한테 갔어요. 뭔 일인가 갔더니, 교회의 수위가 나를 딱 막았어요. "못 들어갑니다." 그래요. "왜?" 그랬더니, "당회장 목사님이 목사님을 출입 금지 시켰습니다." 그래서 "나 여기 부흥회 한 목사야. 3개월 전에." "압니다." "저리 비켜." 내가 딱 뿌리치고 가서 김홍도 목사님의 당회장실 문을 열었더니, 뭘 이렇게 쓰고 계셔요. 쓰고 계시면서 이래요. "나가세요. 나는 당신 같은 사람 아는 바 없어. 나가라니까요?" 북조선 무서워요. 여러분 같으면 나올 거예요. 내가요, 신발 벗는 거기서 당회장실에서 무릎을 꿇고 세 시간을 울었어요. 세 시간을요. "목사님, 죽을죄를 지었습니다." 아직 뭔지 몰라요. 나는 죄목도 몰라요. "죽을죄를 지었습니다. 한 번만 살려주세요." 목사님은 "나가라니까. 나는 당신 같은 사람 아는 바 없어. 나가라고." 그래서 세 시간을 울면서 "목사님, 죽을죄를 지었습니다. 한 번만 살려주세요." 하는데 사모님이 어디 볼일 보고 왔다가 거기 오시더니, 문을 딱 열고 내가 울고 있으니까 보더니, "아이고! 강사님 아니야? 강사님이 왜 여기서 울고 있어?" 그리고 목사님 보고 그래요. "아이고! 이 영감이 또 사고 쳤구만. 아니 왜 젊은 목사님 불러서 혼내고 난리야?" 그랬더니, "가라 그래." 그래서 막 사모님이 "아휴, 이 영감아, 영감아. 뭐야? 도대체?" 나를 사모님이 끌어올려요. "일어나세요." 날 일으켜 줬어요. "이리로 들어오세요. 들어오세요." 이렇게 딱 앉았더니, 목사님이 딱 오더니, "그래, 할 말 있으면 한 번 해 봐." 그래서 "저는 아무 할 말도 없습니다. 죽을죄를 지었습니다." "그래, 잘못했다고 하는 놈은 내가 용서해." 그리고 목사님이 기도 딱 하고, "집에 가 봐." 그리고 내가 기도 딱 받고 집에 오는데 하늘이 노랗더라고요. 하늘이요. '나도 나이 먹기만 해봐라. 때려죽여버린다. 젊은 놈들. 나도 나이만 먹어봐라. 내가 젊은 목사들 때려죽여버린다.' 하늘이 노랗게 보이면서 눈물이 펑펑 나면서 서러움의 눈물이 말이야 펑펑 나요.

그래서 알고 봤더니 이거예요. 나라도 화가 나겠더라고요. 뭐냐? 내가 거기에 부흥회하고 난 뒤에 우리 교회 전도사 하러 오겠다고 하는 권사 두 명, 요것들이 가서 "목사님, 전광훈 목사님이 자기 교회로 오라 그랬습니다." 이렇게 말을 한 거예요. 그러니까 김홍도 목사님이 화 안 나겠어요? 나는 국민일보에 광고 내서 했는데 그거는 생각을 안 해요. 나보고 부흥회 하러 와서 두 집사 꼬셔서 데리고 갔다, 이거예요.

내가 왜 이 말을 여러분에게 해드리냐? 내가 무교절 설교 했죠? 여러분에게도 이런 일이 일어나요. 하나님이 무교절의 마지막 꺼낼 때는 억울한 일이 일어나요. 분통이 터지는 일이 일어나요. 하나님은 꼭 사건을 통하여 끌어내요.

그래서 3개월을 있다가 하루는 워커힐에 누가 만나자고 해서 볼일 보러 갔더니, 김홍도 목사님이 거기 옆자리에 와 계셔요. 그래서 인사를 하러 갔어요. "목사님, 잘 계세요?" 그랬더니, 아주 안 좋아서 "여길 왜 오셨어?" "목사님, 사실은요, 3개월 전에 목사님 나 혼낼 때 여전도사 둘, 내가 안 데려왔습니다. 우리 교회로 데려오려고 한 거 아닙니다." 그랬더니, "그러면?", "국민일보 광고를 냈더니 왔더라고요." 그랬더니, 김홍도 목사님이 그러는 거예요. "아니, 그럼 그 말을 그때 나한테 설명을 하지. 왜 안 했어?" "목사님이 화가 나셨는데 말씀 드리면, 목사님이 듣겠습니까? 저는 때가 오면 주님이 밝혀줄 줄 믿고." 그때부터 김홍도 목사님 저를 보통 사람으로 안 보는 거예요. "전광훈 저놈은 애 늙은이다. 애 늙은이. 저 속에 영감 들었다." 그래요. 그때부터 김홍도 목사님이 전국을 다니면서 저의 부흥회를 소개하기 시작했어요. 인천의 주안장로교회, 자기 동생 교회인 임마누엘교회, 전체 대형교회. 그래서 내가 30대 중반에 전체 한국 교회, 대형교회 부흥회를 제패하게 됐어요. 김홍도 목사님 때문에요. 김홍도 목사님이 다니면서 말이야 꼭 그대로 해요. "나이도 묻지 말고, 이름도 묻지 말고, 내가 소개할 테니 한번 해볼래?"

이래서 나의 이 무교절의 뚜껑은 열렸어요. 완전히 내가 초실절로 가게 됐어요. 그때부터 한국 교회가 내 손에 들어오게 된 거예요. 그전에는 부흥회 하러 오라고 해서 가보면, 이 무교절이 끝나기 전에 초실절로 오기 전에 가보면, 다 할머니들만 열세 명이 앉아 있어요. 또 지하실 음침한 교회 말이에요. 그러다가 하나님께서 저를 이 무교절의 무덤에서 열어줄 수 있나 없나를 확인하기 위하여 김홍도 목사님을 동원하여 참을 수 없는 경지로 몰고 가는데요?

여러분에게도 틀림없이 이번 주에 그런 일이 일어나요. 일어날 테니까 말씀을 붙잡으라고요. 따라서 합니다. "하나님이 나를 시험하는구나." 정말로 내 뜻, 의지, 견해가 주의 종안에 들어갔는가, 정말 반납했는가, 하나님이 찔러볼 때 불합격하면 또 1년 연기예요. 불합격하면 또 연기예요. 하나님은 선악과를 기필코 여러분과 제 입에서 토하여 내게 하려고 그래요. 동의하시면 아멘이요? 이해되시면 아멘. 두 손 들고 아멘. 여러분, 무교절의 무덤이 열릴지어다.

두 손 높이 드시고, "주여!" 삼창하며, "주님, 나를 한번 시험해 보세요. 나를 한번 찔러보세요. 나는 견해도 없습니다. 나는 내 의견도 없습니다. 나는 내 의지도 없습니다. 전체를 주님께 던졌습니다. 아버지께 반납했습니다. 뚜껑을 열어 주시옵소서. 무교절의 무덤이 열리게 하여 주시옵소서." "주여!" 삼창하며, 합심으로 기도하겠습니다. "주여! 주여! 주여!"

무교절④
자아는 죽고 예수로 살자

설교일시　2013년 12월 8일(주일) 오전 11시

대　　상　사랑제일교회 주일 3부 예배

성　　경　마가복음 14:1-6

1 이틀을 지나면 유월절과 무교절이라 대제사장들과 서기관들이 예수를 궤계로 잡아 죽일 방책을 구하며

2 가로되 민요가 날까 하노니 명절에는 말자 하더라

3 예수께서 베다니 문둥이 시몬의 집에서 식사하실 때에 한 여자가 매우 값진 향유 곧 순전한 나드 한 옥합을 가지고 와서 그 옥합을 깨뜨리고 예수의 머리에 부으니

4 어떤 사람들이 분내어 서로 말하되 무슨 의사로 이 향유를 허비하였는가

5 이 향유를 삼백 데나리온 이상에 팔아 가난한 자들에게 줄 수 있었겠도다 하며 그 여자를 책망하는지라

6 예수께서 가라사대 가만 두어라 너희가 어찌하여 저를 괴롭게 하느냐 저가 내게 좋은 일을 하였느니라

Ⅰ.
하나님 나라의 알곡이 되자

할렐루야. 하나님께서 구약 시대의 자기 백성, 이스라엘 백성에게 일곱 가지의 명절을 주셨다 그랬습니다. 따라서 합시다. "유월절, 무교절, 초실절, 오순절, 나팔절, 속죄절, 장막절"입니다. 왜 주셨느냐? 세 가지의 의미가 있다, 그랬어요. 첫째는 이것은 유대인에게 주신 축복입니다. 지금도 중동 땅에 있는 이스라엘 백성들은 이거 일곱 개를 목숨 걸고 지킵니다. 목숨 걸고 지키다가 세계 제일의 복을 받았어요. 뭔 뜻인지도 모르고, 그들은 하늘의 하나님이 하라고 하니까 이스라엘은 이 자체를 아예 모든 전체를 걸고 지킵니다.

두 번째는 이것은 예수 그리스도, 여러분과 저의 사랑의 대상인 예수 그리스도가 이 세상에 오시기 전에 보여주신, 이 세상을 창조하신 하나님이 사람으로 이 땅에 오시면 여러분과 저를 위해서 하실 큰 일곱 가지의 복음 사건입니다. 일곱 가지의 구속사예요. 무슨 뜻이냐? 유월절은 '이렇게 죽으리라.' 그래서 예수님은 유월절에 어린 양으로 죽으셨어요. 무교절은 무덤에 있으리라. 예수님이 죽어서 땅속에 3일 동안 있으리라. 초실절, 부활합시다, 아멘. 오순절, 성령 충만을 받읍시다. 아멘. 나팔절은 예수님은 다시 돌아오신다. 그리고 속죄절은 알곡과 쭉정이를 예수님 재림하신 후에 알곡과 쭉정이를 가리신다, 이거예요.

교회 다니고, 신앙생활 해도 다 알곡이 되는 것은 아니에요. 이 나라에 가면 드러나게 돼 있어요. 여러분들은 이 나라에 다 쭉정이 되지 말고 알곡이 됩시다. 하나님 나라의 알곡이 되어야 해요. 아멘. 하나님이 유월절부터 농사를 지어요. 이 7대 명절이 하나님의 농사에요. 농사를 지어서 주님이 이 땅에 재림하여 오시면 사람을 구분하는데 알곡과 쭉정이를 딱 갈라 세운다, 이거예요. 그때 우리가 승리해야 해요. 아멘. 거기서 다 알곡이 돼야 해요. 할렐루야. 이게 하나님의 추수 때입니다. 추수 때. 하나님의 추수 감사제는 여기 속죄절입니다. 속죄절, 이때가 하나님의 추수 때란 말이에요. 할렐루야! 〈넓은 들에 익은 곡식〉 한 번 불러봐요.

〈찬송가 308장〉 넓은 들에 익은 곡식

1. 넓은 들에 익은 곡식 황금물결 뒤치며
어디든지 태양 빛에 향기 진동하도다

2. 추수할 것 많은 때에 일꾼 심히 적으니
   열심 있는 일꾼들을 주여 보내주소서

3. 먼동 틀 때 일어나서 일찍 들에 나아가
   황혼 때가 되기까지 추수하게 하소서

4. 거둬들인 모든 알곡 천국 창고 들인 후
   주가 베풀 잔치 자리 우리 참여하겠네

(후렴) 무르익은 저 곡식은 낫을 기다리는데
   때가 지나가기 전에 어서 추수합시다

아멘. 바로 속죄절이란 말이에요. 할렐루야! 그다음 마지막이 장막절, 따라서 합니다, "천년왕국." 다 여기까지 성공해야 합니다. 그러니까 예수님이 이 땅에 오셔서 여러분과 저를 위하여 "이러한 일을 순서별로 진행하리라," 예수님이 이 땅에 오시기 전에 이 7대 명절을 먼저 만드셔서 이스라엘 백성들로 하여금 예행연습을 시켰습니다.

세 번째 가장 중요합니다. 이것은 신약 시대에, 지금 우리 시대예요, 성도들의, 여러분과 저의 심령 속에 나타날 큰 7대 복음 사건입니다. 아멘. 그러므로, 여러분과 저는 이 7대 명절과의 관계를 하나도 빠짐없이 진하게 맺기를 바랍니다.

무슨 뜻이냐? 유월절이 사람에게 임하면 구원의 역사가 일어납니다. 구원의 역사. 유월절의 핵심인 피입니다. 피. 피와의 관계, 예수 그리스도의 피 흘림과의 관계를 바로 맺으면 그 사람에게는 인간 최고의 축복인 구원받는 역사가 일어납니다. 사랑제일교회 다니는 사람은 한 사람도 교회 다니다가 지옥 가는 사람은 없어야 해요. 최소한 구원은 받아야 해요. 그러려면 예수님의 피의 관계를 바로 맺으셔서 주님이 왜 피 흘렸는가 그 속으로 깊이 들어가기 바랍니다. 이게 인간이 해야 할 첫 번째 사건입니다. 모든 명절의 시작이 피입니다. 피. 아멘. 믿습니까? 오늘 교회 처음 나오신 분들도 왜 예수님이 2000년 전에 사람으로 이 땅에 오셔서 나를 위하여 십자가에 피 흘렸는지, 그 의미 속으로 들어가는 시간이 되시면 오늘 바로 가슴속에 구원의 역사가 일어납니다. 할렐루야. 〈겟세마네 동산에서〉 찬양을 우리 다시 한번 불러보겠습니다. 예수님의 보혈의 피를 생각하면서 불러요.

〈겟세마네 동산에서〉

1. 겟세마네 동산에서 기도하실 때
   주님의 땀방울은 피로 변했네
   하나님을 거역한 나를 위하여
   순종의 속죄 피를 흘려 주셨네

2. 빌라도의 뜰에 서서 가시관 쓸 때
   주님의 온 얼굴은 피로 젖었네
   온 인류의 저주를 속하시려고
   저주의 가시채로 관을 쓰셨네

3. 빌라도의 군인들이 때린 채찍에
   찢어져 피로 물든 주님 등허리
   온 인류의 질병을 속하셨으니
   치료의 강물에서 넘쳐 흐르네

4. 골고다의 십자가에 달리신 주님
   손과 발 옆구리에 입은 상처로
   온몸의 물과 피를 다 흘리셔서
   멸망의 죽음에서 날 건지셨네

(후렴) 아아 아아 주의 사랑 깊고 크셔라
   내 영혼에 파도처럼 메아리쳐 온다

　

두 손 높이 드시고, 우리 통성기도 다시 한번 하고 지나가 겠습니다. "주님, 주님의 피가 나의 가슴에 젖기를 원합니다. 예수님 피로 내 머리부터 발끝까지 주님의 피로 저를 적셔 주세요. 내가 보혈의 피를 마시기 원합니다. 그 피 속으로 들어가기 원합니다. 죄 없는 예수님이 이 땅에 오셔서 나를 위하여 피 흘려 주셨건만, 나를 위하여 흘리신 그 피를 무시하고 살고, 관심 밖에 살고, 용서하여주옵소서." "주여!" 삼창하며 기도하겠습니다. "주여, 주여, 주님, 아버지, 잘못했습니다. 예수님 보혈의 피로 덮어주세요." 아멘, 기도하겠습니다.

"주 예수님, 오늘 저희들 가슴에 유월절이 젖기를 원합니다. 예수님 피에 젖어서 이제 이 상태에서 무교절로 들어가기 원합니다. 무교절 말씀을 상고할 때 열어주시고, 오늘은 무교절이 끝나는 시간 되게 하여 주시고, 무덤이 다 열리게 하여 주세요. 예수님께 간절히 기도합니다. 모든 성도의 무덤이 열리는 역사가 일어나게 해주세요. 예수님 이름으로 기도하옵나이다. 아멘." 할렐루야!

II.
무교절이 임하는 이유

1. 유월절 후에 무교절의 무덤 속으로 던지심

이제 무교절입니다. 무교절, 따라서 합니다, "무교절." 무교절은 예수님이 십자가에 돌아가신 뒤에 땅속에 3일 있었던 것이 무교절입니다. 그와 같이 오늘 우리들에게도 예수님은 유월절을 통하여 구원시킨 우리 성도들을 무교절의 무덤 속에 오늘날도 집어넣는다, 이거예요.

왜 하나님이 유월절을 통하여 구원시키고 하나님 백성 자기 자녀를 삼으시면 바로 초실절로, 부활로 바로 부활로 데려가시지 왜 사람을 고생시키기 위해 무덤에다 집어넣느냐? 왜 그럴까? 우리는 유월절을 통하여 구원은 받았어도, 아직 우리 속에는 겉 사람, 아담의 사람, 아직도 우리 속에는 아주 못된 성질머리들이 그대로 남아 있어서 이 상태 그대로 초실절로 부활시키면 우리에게 축복이 안 되고, 결국 그것이 우리에게 손해가 되기 때문에 먼저 하나님은 우리를 이 무교절의 무덤에서 철저히 처리하고 우리 겉 사람을 파쇄하려고 다 그럽니다.

하나님은 여러 가지 무덤을 준비해 놓고 기다리고 있습니다. 한 번 따라서 합니다. "물질의 무덤." 하나님은 돈 가지고 무덤 생활시킵니다. 따라서 합니다. "질병의 무덤." 병 가지고 하나님은 무덤 생활을 시킵니다. 따라서 합시다. "자녀의 무덤." 따라서 합시다. "가정의 무덤." 따라서 합시다. "사업의 무덤." 이러한 여러 가지 무덤을 하나님이 준비해 놓고, 유월절을 통하여 구원받은 사람들을 무교절의 무덤 속에 하나님은 이끌어 들입니다.

그런데 무교절을 하는 방법과 장소가 기간이 사람마다 다 달라서 요나라는 사람은 물고기 뱃속에서 3일 동안 무교절을 했다고 했어요. 3일 동안. 모세는요, 미디안 광야에서 40년 했다는 거예요. 40년 했습니다. 그리고 야곱이라는 사람은 밧단아람에서 21년 동안 여기서 무교절을 치렀어요. 이스라엘 백성들은 바벨론에 포로로 잡혀가서 70년 동안의 무덤 생활을 했습니다.

사람마다 다 무교절 기간이 다르잖아요? 오늘날도 똑같습니다. 오늘날 기독교인들도 똑같습니다. 어떤 사람은 무교절이 빨리 끝나요. 어떤 사람들은 죽을 때까지, 칠십 년 동안 죽을 때까지 무교절 속에 살다가 죽는 사람이 있어요. 오늘이 무교절 마지막 설교예요. 이제 다음 주부터 초실절이 설교가 돼야 하니까요. 사랑제일교회 성도들은 이번 주 내로 무교절이 끝나야 해요. 질질 끌면 안 돼요.

어떻게 됐는지 우리 대한민국 교회는 참으로 웃겨요. 뭐가 웃기냐? 예수를 30년 믿은 사람하고 예수 1년 믿은 사람이 신앙이 똑같아요. 한국은 왜 그런가? 이게 지금 한국 교회의 비극으로 떠올랐어요. 예수를 30년 믿은 사람하고 예수 1년 믿

7대 명절의 축복을 받으라(상)

은 사람, 교회 신앙생활 1년 한 사람이 신앙이 똑같다니까요?

왜 그런가? 유월절이 사람 속에 오는 데는 교회 1년 다니면 와요. 1년 다니면 성령이 역사해서 구원 정도는 받아요. 그 상태에서 이제 무교절에 들어가지요? 무교절에 들어가는 사람은 수없이 많아요. 예수 믿고 들어가요. 구원받고 들어가는데 이 무교절에서 나오는 사람이 없어요. 나오는 사람이요. 무교절에서 버벅거리다가 여기서 헤매다가 인생 끝나 버려요.

그러니까 교회 나와도, 교회 등록하고 1년쯤 교회 다니죠? 그러면 예수님 피를 알게 돼요. 구속의 눈물도 흐르고요. 그래서 '아, 하나님이 살아 계시는구나. 천국 지옥도 진짜 있구나. 하나님이 나를 하나님 자녀로 불렀다,' 요기까지 1년이면 딱 가요. 문제는 그 후로부터입니다. 교회 집사가 되든지, 권사 되든지, 안수 집사 되든지, 장로가 되든지, 신학교 가서 목사가 돼도, 요즘은 목사님들의 신앙이나 성도들 신앙이 똑같아요. 목사님이라고 신앙이 더 높은 게 아니에요. 똑같아졌어요. 거의 똑같아졌어요. 왜? 이 무교절을 끝내지를 못하는 거예요. 다 이 속에 들어가서 버벅 버벅대다가 인생이 끝나요. 사랑제일교회 성도들이여, 여러분은 그러면 안 돼요. 우리는 무교절에서 나와야 해요. 믿습니까?

그러면 이 무교절을 제일 짧게 한 사람이 누구냐? 이삭입니다. 이삭. 이삭은요 모리아 산에서 한 번 이렇게 딱 누웠다가 일어나니까 그걸로 끝나버렸어요. 아멘. 그럼, 왜 이삭은 모리아산에 한 번 누웠다 일어나니까 무교절이 끝났는가? 그 이유는 왜 그런가? 하나님이 사람을 무교절에다가 붙잡아 놓는 이유는 기간을 채우려고 하는 것이 아니에요. 기간을 채우려고 하는 게 아니라, 하나님이 무교절을 통하여 하시려고 하는 일이 있어요. 그것을 간파하기를 바랍니다.

2. 선악과의 정체

그럼 하나님이 무교절에서 무슨 일을 하려고 하느냐? 이것을 우리가 먼 곳에서부터 쭉 한번 클로즈업(closeup)해서 들어가면, 이 무덤이라고 하는 것을 최초로 만든 사람이 누구냐 하면 아담이에요. 아담이요. 성경에 보면 아담이 무덤을 최초로 만든 사람이에요. 아담이 뭐 하다 만들어졌냐 하면 선악과 따먹어서 무덤이 생긴 거예요. 선악과요. 선악과가 없으면 무덤도 없어요. 선악과 때문에 무덤이 생긴 거예요.

선악과가 뭐냐 그럴 때 선악과는 나무 열매인 것은 사실입니다. 나무 열매는 맞단 말이에요. 그러나 선악과를 나무 열매로만 말하면 성경을 깊이 못 보는 거예요. 선악과는 뭐냐?

       7대 명절의 축복을 받으라(상)

하나님이 먹지 말라고 그랬거든요? 먹지 말라고 한 걸 먹었다? 이건 뭔 뜻이냐? 먹지 말라는 걸 먹었다는 것은 하나님의 뜻, 따라서 합니다, "하나님의 뜻," 이 뜻 외에 자기의 뜻, 따라서 합니다, "자기의 뜻," 분리된, 독립된 자기의 뜻, 이것을 갖는 것이 선악과의 범죄행위예요. 그리고 하나님의 의지, 따라서 합니다, "의지," 하나님의 의지에 독립된 자기의 의지, 따라서 합니다, "자기의 의지," 이것을 갖는 것이, 이것이 선악과라고 했어요. 이해됐어요? 아멘.

일단 무교절의 무덤에서 사람이 나오고 자시고 그건 나중 문제고 선악과에 대한 명쾌한 말을요, 박수 칠 준비 한번 해 봐요, 박수 칠 준비, 선악과에 대한 명쾌한 말을 2000년 기독교 역사에, 기독교 역사가 2000년 됐단 말이에요, 2000년 역사에 선악과에 대해 명쾌하게, 이렇게 목사님이 말하는 것처럼 이렇게 가르친 적이 2000년 동안 한 번도 없는데, 사랑제일교회에서 이 일이 일어났다 이거예요. 박수 쳐요. 박수 쳐요. 빨리 세게 쳐요. 박수 안 치는 사람은 아오지 탄광으로 보내요. 여기는 인민공화국이에요. 장성택이도 그냥 끝나는데 말이에요.

그러니까 왜 사람들이 이 무덤에서 못 나오느냐? 왜 무교절이 안 끝나느냐? 무교절의 원리 자체에 접근을 못 해요. 접근을요. 아니, 내가 하는 말이 여러분, 이해됐어요? 봐요, 선악과는 그냥 사과나 배나 나무, 과일 열매 한 개 주워 먹는 거, 그게 아니라 이거예요. 그거는 당연하지만, 그것 때문에 사람이 무덤 속에 들어간 게 아니에요. 선악과 안에 실려 있는, 선악과 안에 포함된 진짜 선악과의 본질이 뭐냐? 따라서 합니다. "하나님의 뜻 앞에 독립된 인간의 뜻," 이것을 갖는 것이 선악과라고요. 그날부터 죽는 거예요. 그리고 선악과는 뭐냐? 하나님의 의지 외에 독립된 자기의 의지, 하나님의 견해 외에 독립된 자기 견해를 갖는 것 이것을 선악과라고 해요. 선악과요. 아멘!

오늘 교회 처음 나오신 분들을 위해서 내가 다시 말씀을 드립니다. 그러면 "하나님 참 나쁘다." "왜 나빠?" "너무 하나님은 독재다. 그리고 하나님은 너무너무, 참, 정말 혼자 다 해먹으려고 해. 왜 모든 뜻을, 모든 견해, 모든 것을 왜 자기 혼자만 가져? 사람들에게 좀 나눠줘 봐. 그거 좀 공평히 인간들도 너도 뜻 한 개 가져, 너도 가져, 이렇게 해서 좀 가져보자고. 하나님이 돼서 마음이 그렇게 옹졸해? 인심 좀 써봐요." 우리가 이렇게 하나님께 말하면 하나님의 대답이 이래요. "내가 너희들에게 선악과, 다시 말해서, 인간이 독립된 뜻, 의지, 견해를 집행할 수 있는 것을 너희들에게 내가 줄 수는 있으나 만약에 인간이 독립된 뜻, 견해, 의지를 독립적으로

7대 명절의 축복을 받으라(상)

가지면 뭔 일이 생기냐? 거기에 사탄이 붙어, 사탄이." 사탄을 못 이기는 거예요. 그 자리에 바로 사탄이 딱 붙어버려요. 그래서 인간은 하나님 앞에 독립된 뜻을 가지면 안 되고, 하나님 앞에 예속되어 있어야 해요. 예속된 뜻 안으로 들어가야 하는 거예요. 믿습니까? 그러니까 여러분의 뜻, 여러분의 생각, 여러분의 모든 견해를 하나님의 뜻 앞에 예속시키라, 이거예요. 이것만이 마귀를 이길 수 있는 길이에요. 할렐루야? 이해되시면 아멘.

그러니까 에덴동산에서 선악과를 따먹기 전에는 에덴동산에는 뜻이 하나밖에 없었어요. 하나님의 뜻 하나밖에 없어요. 거기는 사람이 십만 명, 백만 명이 태어나도 모든 뜻은 하나예요. 누구의 뜻이요? 하나님의 뜻이요. 지금 또 죽어서 하늘나라 가봐요. 하늘나라 가면 수십, 수백, 수억, 말할 수 없는 말의 표현을 말할 때 천천이요 만만이라고 해요. 하늘나라 가면 천천 만만의 천사들이 있어요. 아멘. 그리고 아담과 하와 이후로 수 없는 사람이 구원을 받았어요. 구원받고 하늘나라에 가 있어요. 그러면 천천이요, 만만의 천사들과 더불어 구원받은 그 많은 성도들이 천국에 있어도 뜻은 몇 가지일까요? 하나밖에 없어요. 아멘.

그런데 이 땅은 어떠냐? 이 땅은 사람이 열 명이 모이면 뜻이 열 개예요. 자기 엄마 뱃속에서 쌍둥이로 태어난 애들도 뜻이 각자가 다 달라요. 사람마다 다 달라요. 이게 이 세상이에요.

그러니까 우리가 이 세상에서 하나님 나라에 가기 전에 하나님은 선악과 먹은 거 있지요? 독립된 자기의 뜻 가진 거 있죠? 따라서 합니다. "뜻, 의지, 견해." 이것을 반납하라 이거예요. 토하여 내라 이거예요. 천국 가기 전까지 이걸 다 토하여 내지 아니하면, 하늘나라는 아무나 가는 곳이 아니에요. 따라서 합니다. "뜻, 의지, 견해." 이것을 내려놓으라 이거예요. 선악과 먹은 걸 네 입으로 토하여 내라 이거예요. 이 토하여 내는 기간이 어떤 사람들은 요나처럼 3일에 토하여 내요. 그런데 어떤 사람은 70년, 70년, 70년, 이 선악과 토하여 내는 기간이 70년 걸려요. 난 여러분에게 물어보려고요. 여러분, 선악과를 토하여 내는 이 무교절의 기간을 70년 할래요, 최소한 요나처럼 3일 할래요? 진짜요? 아멘. 모세처럼 40년 할래요, 이삭처럼 단번에 할래요? 오늘 이 자리에서 바로 무교절이 끝나야 해요.

3. 무교절의 무덤에서 벗어나는 원리

1) 아담으로 반응 말고 예수로 반응하자

그럼 여러분, 생각해보세요. 이삭은 모리아산에 가서 한

번 아버지의 제단에 누웠다가 일어나니까 그날로부터 무교절이 끝이거든요? 그러면 어떻게 이삭은 단번에 한 번에 어떻게 무교절이 끝났느냐? 하나님이 이삭에게 무교절을 집행할 때에, 집행할 때 이삭도 사람이기 때문에 자기의 뜻 다 있어요. 자기 감정 다 있어요. 그런데 아버지가 자기를 죽이려고 "여기에 누워라" 그럴 때, 아버지는 죽이려고 그래요. 이삭도 뜻이 있어요. 그때 이삭이 자기 아버지 앞에 "이거 뭐 하는 거야? 지금 뭐야? 이거 치매 왔어? 치매? 아이고, 100살이 넘으니까 별 발광을 다 떨어." 그래서 그냥 아버지를 안다리 걸어서 탁 밀어버리고 말이야, 종들 보고 "야, 야, 야! 이 노인네 집으로 좀 데려가라. 야, 저 한약방에 데려가서 침 좀 맞춰라. 침 좀 맞춰라." 이삭이 그럴 수도 있어요. 그런데 이삭은 봐요. 아버지가 "누워," 그러니까 왜 누워야 하는지 묻지도 않잖아요? "누워!" 아버지의 뜻이라면 나의 뜻도 있지만 나는 나의 뜻을 준동하지 않고 아버지의 뜻 앞에 나의 뜻을 쳐서 복종시켜요. 이게 바로 모리아의 원리예요, 믿습니까?

그와 같이 여러분, 보세요. 이번 주가 이제 무교절의 마지막인데, 하나님은 사람을 무교절에서 꺼낼 때 진짜 선악과를 반납했는지, 정말로 선악과를 토하여 냈는지 꼭 사건을 만들어서 여러분에게 딱 찔러본다니까요? 사건을 만들어서 찔러보는데, 사람들이 그때마다 자기가 죽음으로 반응을 하고,

그리스도로 반응해야 하는데 인간이 그러지 못해요. 하나님이 무교절 정말 이루어졌나 하고 억울한 일을 만들어서 옆에 붙여요. 하나님이 일부러 딱 붙여 보면요? 그때 발작한다고요. 그래서 난리 나요. 여러분과 저는 내 주위에 일어난 모든 일에 대하여 아담으로 반응하면 안 돼요. 아담으로 반응하지 말고 예수로 반응해요. 믿습니까?

2) 정의로 반응 말고 예수로 반응하자

그런데 보통 무교절이 덜 끝난 사람들은요? 무교절이 덜 끝난 사람들은 하나님이 무교절을 만들어서 나에게 사건으로 딱 갖다 붙이면 제일 첫 번째 뭘로 반응하는 줄 아세요? 정의로 반응해요. 무엇으로요? 정의로요. 이게 정의로 반응한단 말이에요. 정의로, 사람들이 다 옳고 그름, 저게 맞나 안 맞나 그걸 가지고 반응한단 말이에요. 이거는 기독교인이 아닌 거예요. 봐요. 하나님이 다윗을 무교절의 극도의 장소인 엔게디 굴 속에 다윗을 가뒀을 때, 그때 사울이 같은 굴에 들어갔어요. 그럼 만약에 그때 다윗이 자기의 의지로 반응했으면, 잠자는 사울 있잖아요? 그 늙은 노인? 뭐 힘이 있겠어요? 잠자는 사울 콧구멍을 칼로 찢어버리지요. 콧구멍을. "너 이 새끼, 너 잘 걸렸다. 이거 너 이 새끼, 너 죽었다, 이 노인네." 그런데 다윗이 어떻게 합니까? 자기의 의지를 사용하지 않잖아요? 아멘! 죽음으로 반응하잖아요? 아멘! 여러분과 저도 그렇게 되어야 무교절이 끝이 납니다.

우리는 주로 나한테 주위 사건에 뭔 일이 생기면, 정의감으로 반응한다니까요? 옳고 그름으로? 아니라니까요. 아니라니까! 죽음으로 반응해야 해요. 성경에 너희는 어떤 사건을 보고 '옳다 옳다 아니라 아니라 하라. 이에서 지나는 것은 악으로 좇아 남이라.' 많은 기독교인들이 이 무교절의 기초 원리를 잘 몰라서, 교회 안에서도 보면요, 교회 안에서도 싸워요. 성도끼리 막 붙어 싸워요. 왜 싸우냐? 싸우는 사람은 둘 다, 교회 안에서 싸우는 사람은 백 프로 둘 다 무교절에서 못 나온 사람이에요. 왜요? 한쪽이라도 무교절에서 나온 사람은 일단 반응 안 해요. 어떤 억울한 소리를 들어도 반응 안 한단 말이에요. 아멘. 다윗식으로 반응한단 말이에요. 다윗이 옳고 그름과 정의감으로 반응했으면, 사울 임금님이 같은 굴에 들어왔을 때, 다윗이 그렇게 할 수 있어요? 아니잖아요. 다윗은 그 무덤에서 자기의 견해와 뜻과 의지를 반납해요. 아멘. 그런데 우리는 그렇지 못하단 말이에요.

우리는 이번 주에도 무교절 마지막이기 때문에 틀림없이 성령이, 하나님의 성령이 사건을 만들어 여러분에게 붙일 거예요. 아마 피가 거꾸로 돌고 기절초풍하고 미치고 팔짝 뛸 일이 여러분에게 일어날 거예요. 그때 여러분들은 어떻게 반응하냐? 당장 정의를 가지고 옳고 그름으로 여러분이 딱 반응한다고요. "뭐라고? 아니, 내가?" 이렇게 나온다고요. 다윗은 그러지 않은 거예요. 아멘. 이삭도 그러지 않은 거예요. '그 모든 것은 하나님께 맡기고, 나는 주 예수 그리스도로 반응하리라.' 이래야 이 무교절이 끝나고 빨리 나오지요. 믿습니까?

우리는 지금 우리 삶에서 일어나는 모든 주위의 사건들에 대하여 본능적으로 다 아담으로 반응하여 아담으로 말하고, 아담으로 생각하고, 아담으로 반응한다고요. 예수님이라면 똑같은 사건이 너한테 일어났을 때처럼 그렇게 대했겠냐고요? 아니잖아요? 아멘? 저는요 이 무교절이 끝났는지 안 끝났는지 사람에 대해서는 내가 거의 정확히 분별합니다. 거의요. 우리 교회 안에서, 예를 들어서, 나한테 항의하러 온 사람이 있어요. "목사님." "왜?" "어떤 집사님이요, 나쁜 여자예요." 나한테 그래요. 들어보면 맞아요. 실제 나쁜 여자 맞아요. 그러나 너는 더 나쁜 인간이요. 왜냐하면 그거는, 그거는 나쁜 짓을 한 건 사실이지만 네가 그걸 분노를 내고 그렇게 하는 것은 너의 의지고, 너의 견해고, 너의 뜻이요. 예를 들어서, 현장에서 간음하다 잡혀 온 여자가 있어요. 현장에서 간음한 것도 죄가 맞아요. 나쁜 짓이에요. 맞죠? 그런데 그보다 더 나쁜 놈이 누군지 알아요? 머리채를 잡고 온 그놈들이예요. 그놈들은 더 나쁜 거예요. 왜? 현장에서 간음한 것

7대 명절의 축복을 받으라(상)

을 보고 정의로 반응했어요. 정의로. 정의로 반응하면 안 돼요. 주님으로 반응해야 해요. 예수로 반응해야 해요. 아멘! 그러니까 예수님이, 나중에 봐요, 실제로 죄를 지은 그 여인은 죄를 용서해 줬잖아요? 오히려 그 죄지었다고 머리채 잡고 끌고 온 사람들에 대해서 주님이 "야! 너희들은 천당도 못가!" 그러면서 예수님이 책망했잖아요? 이와 같이 우리들은 우리 주위에 일어나는 수 없는 반응들이 있잖아요? 반응들에 대하여 나의 뜻, 내 의지, 내 견해로 반응하면 이것은 무교절의 행진이 계속되고, 무교절의 기간이 계속 늘어나요. 아멘! 다 우리는 예수로 반응합시다. 옆 사람 다 손잡고 해봐요. "예수로 반응합시다." 아멘. 할렐루야! 오늘 여러분의 뜻과 견해와 의지가 푹 썩으세요. 완전히 썩으세요. 할렐루야!

봐요. 신앙생활하다가 교회에서나 세상에서나 충돌이 일어날 때, 사람과의 충돌이 일어나요. 충돌, 충돌이 일어날 때 열받잖아요? 열받아요, 안 받아요? 열받는 사람은 아직 무교절이에요. 왜냐하면, 그건 자기의 의지로, 자기의 의지가 있기 때문에 열받는 거예요. 그러면 내 주위에 뭔 충돌이 일어날 때 정말 말도 안 되고 뭐 있을 수 없는 그런 짓이 내 주위에 일어났을 때 그러면 어떻게 해야 하느냐? 나는 거기에 대해서 반응하면 안 돼요. 하나님께 맡겨야 해요. "그건 나의 알 바 아니요." 하고 주님께 맡기세요. 그런데 마치 우리는 내가 하나님인 것처럼 그 사람을 길들이려고, 그 사람을 물 어뜯으려고 해요. 하나님이 왜 그 사람을 너에게 보냈는지 알아요? 너가 죽었는지, 안 죽었는지, 너의 지정의, 너의 견해, 뜻, 의지를 하나님이 반납시키려고 일부러 그 사람을 통해 억울한 일을 만들어서 너한테 뒤집어씌워 보는 거예요. 아멘. 전부 주위에서 그렇게 하시는 분은 하나님입니다. 하나님이에요. 아멘. 그럼, 여러분들은 열받아서 하나님께 이르지요? "하나님, 저 여자가요, 나한테 이런 나쁜 짓을 하네요." 그럼, 하나님이 그래요. "그는 내가 너에게 보낸 종이로다. 내가 너한테 보냈어." "하나님이 무슨 그런 하나님이 다 있어요? 왜 나한테 이런 걸 보내요?" "너 죽었는지, 안 죽었는지 내가 찔러보려고."

이렇게 하나님은 무교절을 케이스 바이 케이스(case by case)로, 사건별로 만들어서 우리에게 갖다 붙이는데, 그때 우리가 거품을 뭅니다. 거품을요. 이해가 안 돼서 거품을 물어요. 그래서 시험 들어서 "에이! 씨! 나, 이 교회 안 다녀. 나, 안 다녀. 미친 여자야. 나, 교회 안 다녀." 그래서 다른 교회를 가요. 가면, 처음에 이제 다른 교회를 가면 얼마나 환영 잔치를 해요? 사모님, 목사님, 장로님이 와서 "아이고, 오셨네. 직분이 뭡니까?" "집사입니다. 집사." "할렐루야!" 거기다가 또 우리 교회는요, 하도 신앙이 강하기 때문에 우리 교

7대 명절의 축복을 받으라(상)

회에서 제명당한 놈이 다른 교회 가면 일등이에요. 우리는 공수부대예요. 공수부대. 우리 교회에서 잘린 놈이 다른 교회 가면요 장로예요, 장로. 그렇게 우리 교회가 이게 수준이 빡세단 말이에요. 우리 교회가 복음의 원색적인 것을 때리기 때문에 그래요. 한번 가 봐요. 이다음 주에 다른 교회로 가 봐요. 그냥 여러분은 황제 돼 버려요. 황제 돼 버려요. 그래서 이제 "아유! 여기 오니까 좋으네. 아이! 사랑이 너무 많아. 아유! 저쪽 교회는 이름만 사랑제일교회고. 아이고, 참, 여기 오니까 너무 좋다. 목사님 좋아요. 할렐루야!" 이렇게 해서 발광을 떨어요. 1년쯤 지나 봐요. 1년. 그 사람의 신앙의 척도가 지금 무교절이기 때문에 하나님은 이 코스를 건너뛰는 법이 없어요. 그래서 사랑제일교회에서 박 집사하고 붙어서 갔거든요? 박 집사? 붙어서 갔더니, 1년 후 거기에서 최 집사가 나타났어요. 최 씨하고 박 씨하고는 이거는 게임이 안 돼요. 이 사랑제일교회 박 집사 보다 열 배 더 센 여자가 나타나서 그때부터 물고 뜯고 또 난리 나는 거예요. 그러면 "아이, 씨, 사람들이 개떡 같아. 아이고, 다른 교회 또 가." 그래서 또 다른 교회로 가요. 그래서 돌아다니다 보면 70년이에요. 그래서 무교절 졸업도 못 하고 끝나는 거예요. 인생 끝나요. 이게 현재 한국 교회의 현실이에요.

목사님 설교 듣다가 여러분 속에 열받는 일이 생겨요? 그것이 바로 뭔지 알아요? 왜 열받아요? 목사가 하나님 말씀을 선포하는데 네가 왜 열받아요? 열받는 부분이 뭔지 알아요? 그것이 독립된 나의 뜻, 견해, 의지예요. 그러니까 잘 들으셔서 여러분이 지금 살다가 뭔가 열받는 일이 조금이라도 일어나거든 "하나님이 나를 무교절의 마지막 시험하는구나." 아멘! 그래서 최소한 재수하고는 빨딱 일어나야 해요. 우리 교회는 재수가 아니에요. 재수, 삼수, 팔수, 백수, 이백수, 삼백수, 계속 지금 여기 무교절의 무덤에서 계속 가고 있는 거예요. 계속. 계속하고 있는 거예요. 어쩌면 좋아요? 어쩔래요? 계속 갈래요, 오늘 끝낼래요? 진짜 오늘 끝낼래요?

교회 안에서요, 차전놀이 하는 사람 있어요. 차전놀이 알아요? 차전놀이? 양쪽 팀 해서 땅! 하는 놀이? 우리 교회도 차전놀이 잘해요. 이쪽 패, 이쪽 패 둘이 모아서 땅! 차전놀이 잘해요. 차전놀이 하는 인간들 잘 들어! 너희들이 하나님한테 정의로울 줄 알아? 아니야. 내가 죽어야 하는 거야. 하나님은 너희들을 어디로 몰고 가는지 알아? 무교절에서 선악과를 기어코 토하여 내게 해. 죽기 전까지, 병원에서 무덤에 가기 전까지도 네가 선악과를 붙잡고 있으면, 그렇게 잘난 척하고, 그렇게 싱싱하게 내 뜻, 내 의지, 입으로 나불나불하고? 주님은요, 생명 강가를 건너기 전에, 죽어서 그 앞에 가서도, 결국은 선악과를 토하여 내게 하고 말아요. 그거 안 토하여 내면 "길이 살겠네" 못 불러요. "저 생명 시냇가에 살겠네." 생명 시냇가를 아무나 사는지 알아요? 토하여 낼래요, 안 낼래요? 옆 사람 다 손잡고 다시 해봐요. "선악과를 토하여 냅시다." 아멘.

III.
예수님의 무교절 퍼포먼스

1. 옥합을 깨야 향유가 나온다

오늘 본문 말씀을 다시 한번 보세요. 자, 마가복음 14장이에요. 마가복음 14장을 보시면 주님이 무교절의 퍼포먼스 (performance)를 한 게 있어요. 무교절 퍼포먼스에요. 지난 주일은 무교절에 헬라인들이 왔을 때 "한 알의 밀알이 땅에 떨어져 죽지 아니하면," 이것을 가지고 주님이 무교절을 설명했어요. 예수님은 이 땅에서 무슨 일을 하시든지 주님은 다 이 7대 명절의 연관성을 가지고 행동해요. 14장 1절부터 한번 읽어보겠습니다. "1 이틀이 지나면 유월절과 무교절이라 대제사장들과 서기관들이 예수를 궤계로 잡아 죽일 방책을 구하며 2 가로되 민요가 날까 하노니 명절에는 말자 하더라 3 예수께서 베다니 문둥이 시몬의 집에서 식사하실 때에 한 여자가 매우 값진 향유 곧 순전한 나드 한 옥합을 가지고 와서 그 옥합을 깨뜨리고 예수의 머리에 부으니 4 어떤 사람들이 분내어 서로 말하되 무슨 의사로 이 향유를 허비하였는가 5 이 향유를 삼백 데나리온 이상에 팔아 가난한 자들에게 줄 수 있었겠도다 하며 그 여자를 책망하는지라 6 예수께서 가라사대 가만 두어라 너희가 어찌하여 저를 괴롭게 하느냐 저가 내게 좋은 일을 하였느니라."

아멘. 할렐루야. 예수님이 이 땅 계실 때 무교절이 왔어요. 무교절이 왔단 말이에요. 무교절을 설명해야 하겠는데 예수님이 말로 설명해도 못 알아들으니까 주님이 무교절을 행동으로, 퍼포먼스로 무교절에 대해서 주님이 사람들에게 보여주려고 베다니 문둥이 집에 들어갔어요. 문둥이 집을 들어갔는데, 사람들이 다 "왜 문둥이 집을 가요? 아유! 우리 집에 안 오고 왜 문둥이 집을 가요?"

문둥이 집에 간 이유가 있어요. 왜냐하면, 문둥이 집이라고 하는 것은? 문둥이의 특징이 뭐냐? 첫째, 문둥이 집은 살 썩는 냄새가 나요. 살 썩는 냄새. 문둥이 집에 들어가 봐요. 살 썩는 냄새가 얼마나 나나? 사람의 시체 썩는 냄새, 쾨쾨하단 말이에요. 이게 뭐냐? 이게 바로 선악과를 따먹은 인간들이에요. 문둥이는 성경에서 죄를 말해요. 죄. 문둥병은 죄를 상징해요. 그와 같이 아담의 성분으로 선악과를 마시고, 자기의 독립된 지정의를 가진 사람은 여기에 자기도 모르게 사탄이 붙어 있기 때문에 그 사람의 말, 사람의 생각, 사람의 행동은 썩은 냄새를 퍽퍽 풍겨요. 성경은 요걸 말하고 있는 거죠.

그런데 냄새도 자기 냄새는 자기가 못 맡아요. 암내 나는 사람 있지요? 암내 나는 사람? 겨드랑이에 암내 나는 사람? 암내 알아요, 몰라요? 암내 알지요? 그런데 암내 나는 사람이 자기 냄새는 자기가 안 나요. 자기 냄새에 취해서 안 난다고요. 근데 그 옆 사람이 보면 냄새 나요. 이빨 오래 안 닦아봐요? 이빨 오래 안 닦으면 입에서 냄새가 나요, 안나요? 나는데 말하는 사람은 자기 냄새 안 나요. 그래서 냄새 나는지 모르고 가까이 와서 "그래요, 맞아요." 하면서 말을 하지요. 자기 냄새는 취했기 때문에 자기에게는 안 나는 거예요. 우리 집에서도 냄새가 나요. 우리 교회 기술팀에게 고치라고 했는데, 아직도 완전히 냄새를 없애지 못하고 있어요. 나도 우리 집 냄새에 20년을 젖어서 어떨 때 밖에 나가면 내 옷에 우리 집 냄새가 배어서 어떤 목사님이 냄새 맡고, "목사님 냄새가 좀 이상해요." 그래요. 우리 집사람도 적응이 아주 잘 됐어요. 잘 돼서 평소에 모르고 있다가 바깥에 갔다 오면 냄새를 맡게 돼요.

이와 같이 잘 들어봐요. 죄의 냄새도 동일해요. 문둥이 썩은 냄새도 문둥이 자신한테는 냄새 안 나는 거예요. 여러분도 지금 아담의 냄새가 여러분은 안 나는 거예요. 왜? 자기의 아담 냄새에 자기가 젖어서요. 오늘은 그 문둥병이 고쳐져야 해요. 그 썩은 냄새는 없어져야 해요. 그리스도의 향기만 나야 해요. 아멘. 동의하시면 아멘. 두 손 들고 아멘. 그리고 문둥병자는요, 감각이 없어요. 감각. 살 썩은 사람이 뭔 감각이 있겠어요? 문둥병자는 감각이 없단 말이에요. 문둥병은 자기의 살을 불에다 피워놓고 이렇게 찌직찌직 살이 타도 안 아파요. 왜? 감각이 없으니까.

이러한 집에 예수님이 거기에 무교절 퍼포먼스를 하려고 그 집을 들어갔어요. 들어갔더니, 어떤 여자 하나가 향유를 가지고 왔어요. 1년 치 임금에 해당되는 비싼 향기가 나는 걸 가지고 와서 옥합을 예수님 머리에서 깨뜨렸어요. 옥합을 깨니까 향기가 예수님 머리에 부어져서 쫙 발에 부어지니까, 온 방에 문둥병 냄새 싹 다 사라지고 그 옥합 속에 갇혀 있던 향기가 온 집에 천지 진동했어요. 요것이 바로 주님이 무교절 날 행사를 하게 된 거예요.

그게 무슨 뜻이냐? 예수님이 왜 무교절 날 행사를 했냐? 이유를 잘 들어보라고요. 사람이 선악과 따먹을 때 생겨났던,

따라서 합니다, "뜻, 의지, 견해." 이것이 인간의 겉사람인데 이것이 얼마나 견고하고 딱딱하냐면 도자기 옥합만큼 견고해요. 그러니까 그것 안에 유월절을 통하여 구원받은 향유가, 예수님의 향기가 그 속에 있어도, 구원받았을지라도, 바깥에 겉 사람이 바깥의 옥합이 하도 견고하니까 그 향유가 바깥으로 흘러나올 수가 없어요. 그래서 이 옥합은 깨야 하는 거예요. 이 옥합을 깨는 퍼포먼스가 뭐냐 하면, 지금 말씀으로 뭐냐 하면, 선악과를 반납하라는 것입니다. 따라서 합니다. "뜻, 의지, 견해." 이것을 깨라는 거예요. 이것을 깨야 여러분 속에 있는 예수 그리스도의 향유가 바깥에 나온다, 그래야 썩은 냄새를 잠재우고 아담의 냄새가 없어지고 죄의 냄새가 없어진다, 이거예요. 이해됐으면 아멘. 두 손 들고 아멘. 할렐루야!

2. 자아의 견고한 진을 파하자

그래서 이제 바울 사도가 말하는 고린도후서 10장을 4절을 보세요. 함께 읽겠습니다. 시작. "4 우리의 싸우는 병기는 육체에 속한 것이 아니요 오직 하나님 앞에서 견고한 진을 파하는 강력이라 5 모든 이론을 파하며 하나님 아는 것을 대적하여 높아진 것을 다 파하고 모든 생각을 사로잡아 그리스도에게 복종케 하니." 다시 한번 보겠습니다. 4절 보겠습니다.

우리의 싸우는 병기는 육체에 속한 것이 아니요 오직 하나님 앞에서 견고한 진, 진을 파하는 강력이라. 이게 바로 옥합이란 말이에요. 오늘의 말씀으로 하면 이 '진'이 바로 뜻, 의지, 견해예요. 이것이 얼마나 강하냐? 사람으로 보면 이것이 자기의 대표 기관이란 말이에요. 자기 혼적 생명이에요. 이것이 깨어지라, 이것이 죽으라, 이것을 내려놓으라 그러면 인간은 멘붕 상태에 빠져버려요. "그럼 나는 뭐야? 나는 뭐냐고?" 이렇게 사람들이 말해요. 왜? 이것이 대표 기관이니까. 자기 혼적 생명이니까. 그래서 무교절을 통과하기가 어려워요. 그러나 하나님은 이 선악과를 반납받기 위해서 요나는 물고기 뱃속에다 처넣어 버리는 거예요. 이스라엘 백성들은 바벨론에다가 처넣어 버리는 거예요. 그래서 결국 입에서 항복을 받아내려는 거예요. 여러분과 저는 하나님께 심하게 시달리지 말고, 오늘 선악과를 토하여 냅시다. 믿습니까?

그러니까 6절 다시 보세요. '모든 이론을 파하며' 시작! '모든 이론을 파하며 하나님 아는 것을 대적하여 높아진 것을 다 파하고 모든 생각을 사로잡아.' 자, 그럼 보세요. 그 항아리가 그 도자기 옥합이, 예수님의 향유가 담긴 그 옥합이 뭘로 돼 있느냐? 이론으로 돼 있어요. 이론, 이게 자아란 말이에요. 이론을 파하며, 생각, 모든 생각을 사로잡아! 그러니까 인간이 자기의 생각, 자기의 지정의, 자기의 뜻, 의지, 견해 이것을 내려놓지 못하여 무교절 생활을 길게 길게 계속 끌려 가는데, 오늘은 사랑제일교회 성도들은 이제 무교절 오늘 마지막 시간이에요. 내려놓아야 해요. 잘 봐요. 내 의지, 뜻, 견해가 진짜 죽었는지 여러분 자신을 점검해 보려면, 여러분 앞에, 주위에 아주 억울한 일 있죠? 말도 안 되는 이러한 일을 만들어서 주님이 바로 내 앞에 딱 갖다 붙일 때 내 속에서 열받아서 "야, 야!" 이렇게 나가면 그거는 안 죽은 거예요. 그거는 너의 의지, 지정의가 아직 그대로 살아있는 거요. 아멘. 나를 미워하고, 나를 공격하고, 나한테 시비 걸고 하는 사람이 나타났을 때 내 마음속에 평안이 있으면서 이렇게 말해야 해요. "이것은 주님의 분야지, 내가 반응할 일은 아니다." 아멘. 내가 잘못한 것도 없고, 그 사람이 씹고 해도, 오히려 내 쪽에서 따라 해봐요. "형제여, 자매여, 내가 잘못했습니다. 미안해요." 이렇게 말이 나온 사람은 무교절에서 나올 수 있어요. 왜? 자기가 없어진 거예요. 자기가 처리된 거예요. 아멘, 아멘. 이해가 됐어요? 그러나 여러분들은 "아니, 나는 잘못한 거 없는데, 왜 내 주위에 사건을 만들어서 나를 씹고 말이야. 왜 나를 말이야, 못 살게 하고 말이야. 아후! 왜 이렇게 만들어?" 하나님이 그렇게 하는 거예요. 그러면 하나님이 왜 그렇게 하느냐? 너의 지정의, 너의 뜻, 견해, 의지가 그대로 아직 살아있는지, 너의 독립된 뜻, 견해, 의지가 죽고 예수로 반응하는지를 하나님은 확인하려고 하는 거예요. 그러니까 그것이 재수, 삼수, 사수, 오수 계속 끌려가서 무교절에 들어가기만 하지 못 나와버려요. 왜? 다윗같이 해야 나오는 거예요. 다윗같이. 아멘.

다윗 봐요. 사울하고 같은 굴에서 딱 있을 때 다윗이 자기의 의지를 써서 사울을 처리할 수 있으나 안 하잖아요? 아멘? 그때 하늘의 하나님이 천사들한테 그래요. "천사들아, 저것 좀 봐. 다윗 봐봐라. 이야! 다윗은 다 썩었다. 선악과를 반납했다. 다윗 봐라. 자기의 의지를 쓰지 않는다. 저것 봐라." 아멘. 하늘의 하나님이 천사들을 동원하여 다윗이 선악과 반납한 사건을 보고, 감동을 먹어서 "더 이상 다윗은 무교절의 무덤에 둘 수 없어. 나와." 그래서 헤브론의 왕으로 탁 올라가잖아요, 헤브론의 왕으로? 아멘. 사랑제일교회 성도들은 이번 주 내로 다 무교절 마쳐야 해요. 마치려면 하나님이 아주 악하고, 아주 견디기 힘들고, 아주 어려운 사건들을 여러분에게 붙일지어다! 붙여서 철천지 원수가 여러분한테 와서 시비를 걸고 그럴 때 "주여, 나는 개새끼 맞습니다." 이러면 무교절이 떠나요. 그런데 머리채 잡고 "뭐라고?" 이러면요? 너는 무교절 70년 해요. 70년. 계속 연장이에요. 계속 연장. 못 이겨요. 하나님은 못 이겨요. 하나님을 이길 거 같죠? 하나님은 절대 못 이겨요. 아멘. 하나님은 안 풀어줘요. 벌써 안 풀어줘요. 앞으로 하나님이 아주 어려운, 고난도

7대 명절의 축복을 받으라(상)

시험 문제를 여러분에게 갖다 놓을지라도 하나님을 알아차려야 해요. "아하!" 따라서 해 봐요. "하나님이 찔러보시는구나. 알았어, 알았어. 내가 여기서 선악과 반납하리라." 아멘. <내가 먼저 손 내밀지 못하고> 우리 찬송 불러 봐요.

<내가 먼저 손 내밀지 못하고>

1. 내가 먼저 손 내밀지 못하고
내가 먼저 용서하지 못하고
내가 먼저 웃음 주지 못하고
이렇게 머뭇거리고 있네
그가 먼저 손 내밀기 원했고
그가 먼저 용서하길 원했고
그가 먼저 웃어주길 원했네
나는 어찌 된 사람인가
오 간교한 나의 입술이여
오 더러운 나의 마음이여

2. 내가 먼저 섬겨주지 못하고
내가 먼저 이해하지 못하고
내가 먼저 높여주지 못하고
이렇게 고집부리고 있네
그가 먼저 섬겨주길 원했고
그가 먼저 이해하길 원했고
그가 먼저 높여주길 원했네
나는 어찌 된 사람인가
오 추악한 나의 육신이여
오 서글픈 나의 자존심이여

(후렴) 왜 나의 입은 사랑을 말하면서
왜 나의 입은 화해를 말하면서
왜 내가 먼저 져줄 수 없는가
왜 내가 먼저 손해 볼 수 없는가
오늘 나는 오늘 나는 주님 앞에서
몸 둘 바 모른 채 이렇게 흐느끼며 서있네
어찌할 수 없는 이 맘을 주님께 맡긴 채로

IV.
자아는 죽고 예수로 살자

아멘! 할렐루야! 자, 봐요. 누가 옆에 사람이 뭐라 할 때 내가
삐졌다, 내 감정이 상했다? 그 삐지는 것은 주님의 감정이에
요, 내 감정이에요? 그것이 바로 선악과란 말이에요. 아니,
뭔 말했을 때 네가 왜 삐져요? "목사님, 안 삐질 일입니까? 그
여자가 그게 말 같은 말입니까?" "맞아, 그건 사실이야. 그런
데 너는 거기에 삐지면 안 돼. 주님께로 넘겨야 해." 맞지요?
근데 우리는 바로 그 사람을 향하여 적대감을 품고 그때부터
차전놀이 하려고 시작한다고요. 그럼, 나중에 사람들이 뒤에

줄을 잘 서요. 내가 차전놀이 딱 시작하면 뒤로 쭈르륵 줄 서요. 붙어보자 해서요. 우리 교회도 여기 차전놀이 팀이 몇 개 있어요. 우리 교회도 몇 개 팀이 있어요. 심지어 주일날 교회 올 때 말이에요? 어떤 차전놀이 팀은 이쪽 계단을 사용하고 어떤 차전놀이 팀은 저쪽 계단에서 올라오는데, 그날따라 미워하는 팀이 이쪽 계단으로 와요. 그럼 피해서 저쪽 계단으로 가는 거예요. 그 예배를 받겠어요? 그 예배를 하늘의 하나님이 받겠냐고요? 정의감으로 대하면 안 되는 거예요. 나한테 일어날 모든 사건들을 정의감으로 대하면 안 돼요. 정의감이 아니에요. 하나님은 죽음으로 대하라 그래요. 죽음으로요. "너의 죽음으로 대하라고 했지, 언제 널 보고 버르장머리 고치라고 그랬어? 언제 너를 그 집사를 버릇 고치는 사령관으로 임명해놨어?" 오히려 하나님이 일부러 갖다 붙이는 거예요. 일부러요. 왜? 나의 무교절을 완성시키려고요. 여기서 우리가 다윗처럼, 여기서 우리가 다 모리아산의 이삭처럼 단번에 반납해야 해요. 아멘. 사람이 아닌 신의 성품으로 가야 해요. 입에서 그냥 "주여." 해야 해요. 다 따라서 합니다, "주여." 아멘.

옆에서 보면 사람 같지도 않고, "야! 저 사람은 인간도 아니야. 저런 걸 어떻게 반격을 안 해?" 내가 반격할 일이 아니지요. 그건 주님의 소관이니까. 나는 오히려 그를 축복해야 해요. 그래서 시험 들고 삐지는 것은요, 다 이 무교절 영역이에요. 시험 들었다? 여러분이 살다가 시험 딱 들지요? 시험 들었다 하면 '어? 내가 선악과를 다시 마셨구나,' 이렇게 생각하면 돼요. '선악과를 내가 또 마셨구나,' 이렇게 생각하면 돼요. 선악과를 토하여 내면 시험들 일도 없어요. 확실히 이해하셨어요? 이해했어요? 사람과 감정 대립하고 싸우고, 이거는 백 프로 선악과예요. 백 프로예요. 아니, 누가 잘하고 못한 것은 나중 문제라니까요. 그걸 따지지 말라니까요. 너가이미 마음의 상함으로, 속상함으로 반응했던 자체가 선악과라니까요. 거기서 이미 무너진 거예요. 거기는 이미 사탄이 진지를 딱 마련한 거예요. 사탄의 진지가 어디서 구축되겠어요? 바로 여기에 구축되는 거예요. 뜻, 따라서 합니다, "뜻, 의지, 견해." 이것을 주님께 못 드리는 장소에 바로 뱀이 똬리를 틀고 거기에 딱 붙어버리는 거예요. 뱀의 똬리는 거기에 붙는 거예요. 아멘. 그것을 내려놓으면, 뱀이 우리에게 똬리를 틀 진지가 없어요. 근거점이 없어져 버려요. 아멘.

예수님처럼 우리가 다 "아버지여, 아버지여. 내 뜻대로 마옵시고, 아버지의 뜻대로 되기를 원하나이다." 해야 해요. 나, 오늘 여러분 풀어줄 마음 없어요. 예배 안 끝날 거예요. 저녁 예배 이어갈 거예요. 여러분을 풀어줄 수가 없어요. 여러분을 이대로 풀어주면 계속 여러분은 무교절이 계속 이어

7대 명절의 축복을 받으라(상)

져 버려요. 뭔지도 모르고 계속 세월만 허비하게 돼요. 오늘 풀어줄 수 없어요. 나하고 계속 여기서 놀아요. 무교절의 무덤이 끝날 때까지요. 다시 한번 불러봐요.

〈내가 먼저 손 내밀지 못하고〉

1. 내가 먼저 손 내밀지 못하고
   내가 먼저 용서하지 못하고
   내가 먼저 웃음 주지 못하고
   이렇게 머뭇거리고 있네
   그가 먼저 손 내밀기 원했고
   그가 먼저 용서하길 원했고
   그가 먼저 웃어주길 원했네
   나는 어찌 된 사람인가
   오 간교한 나의 입술이여
   오 더러운 나의 마음이여

2. 내가 먼저 섬겨주지 못하고
   내가 먼저 이해하지 못하고
   내가 먼저 높여주지 못하고
   이렇게 고집부리고 있네
   그가 먼저 섬겨주길 원했고
   그가 먼저 이해하길 원했고
   그가 먼저 높여주길 원했네
   나는 어찌 된 사람인가
   오 추악한 나의 육신이여
   오 서글픈 나의 자존심이여

(후렴) 왜 나의 입은 사랑을 말하면서
왜 나의 입은 화해를 말하면서
왜 내가 먼저 져줄 수 없는가
왜 내가 먼저 손해 볼 수 없는가
오늘 나는 오늘 나는 주님 앞에서
몸 둘 바 모른 채 이렇게 흐느끼며 서있네
어찌할 수 없는 이 맘을 주님께 맡긴 채로

자, 손을 내리시고 보세요. 오늘 우리는 토하여 내야 해요. 선악과의 어떠한 잔재 찌꺼기도 내게 남아 있으면 안 돼요. 선악과가 뭔지 알아요? 따라서 합니다. "뜻, 의지, 견해." 하나님의 뜻, 의지, 견해가 아니라 자기가 독립적인 뜻을 가지고 자기 마음대로 판단한다? 자기 마음대로 사람을 정죄하고, 자기 마음대로 사람을 비판하고, 너는 뭐야? 너는 실수한 그놈보다 더 나쁜 놈이라고. 너는 뭐야? 따라 해봐요. "너는 뭐야?" "지금 네가 반응하는 그 감정이 그리스도의 감정이야? 아니지? 그건 너의 것이지. 너는 못 나와." 하나님은 거기까지 항복을 받아내려고 해요. 우리는 다윗의 엔게디까지 들어가야 해요. "아직도 사람을 용서하지 못하고, 이 속에 딱 가지고 있다? 용서 못 하는 너는 뭐야?" 하나님이 물으세요. "용서 못 하는 너의 그 감정이, 그것이 주님의 감정이냐고? 아니지? 네가 스스로 만든 너의 것이지?" 거기에 사탄이 진지를 구축하고 있다고요. 그것을 토하는 순간, 마귀도 나가고, 그것을 토할 때 사탄은 그냥 튀어나가요.

나한테 문자메시지 보내지 마세요. 나한테 문자메시지 보내는 그 자체가 너의 자아로 보내는 거예요. '목사님이 할 말이 없으니까. 대답도 안 해준다'? 아니야. 할 말이 없어서 대답 안 하는 게 아니에요. 내가 참혹하게 울면서 기도해요. '더 이상 설교를 어떻게 해야 깨달을까?' 성도들이 자기의 생각이 다 맞다고 생각하면 안 돼요. 선악과를 토하여 내라니까요. 그냥 죽으라고요. 죽은 사람처럼 되라고요. 여러분은 아예 영적인 나이는 여러분은 지금 유치부도 안 돼요. 유치부요. 여러분이 나를 이해하려면, 내가 죽고 50년 지나야 이해해요. 내가 죽고 50년 지나야 '아, 우리 목사님이 이런 사람이었구나.' 50년 지나야 이해해요. 그러니까 절대로 여러분들은 자기의 지정의를 가지고 나불나불하면 안 돼요. 정의감으로 접근하면 안 된다니까요. 하나님이 일부러 여러분에게 못 참을 사건들을, 사람을 일부러 갖다 붙여요. 왜? 다윗같이 억울하게 만드는 거예요. 왜? 여러분의 선악과를 주님이 회수하려고요. 믿습니까? 믿습니까? 이번 주, 한 주일 안에 성공합시다. 따라서 합니다. "주여." "이번 주 안에 나에게 더 억울한 일이 일어나게 한번 해봐요. 내가 어떻게 반응하는가 한 방에 보여드릴게요." 진짜요? 알았어요. 내가 내일 한번 해볼게요. 내일이 한번 해볼 테니까 여러분이 어떻게 나오는가 봐요. "목사님, 감사해요. 할렐루야!" 그러면 그건 합격이에요. "설교를 네가 해놓고 나한테 개새끼라 그래?" 그러면 너는 아직 멀었어. 너는. 넌 아직 선악과를 못 토하여 낸 거야.

사랑하는 성도들이여! 나는 사랑하는 성도들이란 말 잘 안 하잖아요? 설교하면서 하도 그걸 남발해서? 나는 가끔 가다 한 번씩 하잖아요? 사랑하는 성도들이여, 무교절의 말씀을 이해해 주세요. 이 말씀을 깨달아 주세요. 이 말씀 하나를 가지고 여러분들은 초실절로 갈 수 있어요. 초실절부터는 시온의 대로예요. 다 좋은 거예요. 다 좋은 거예요. 초실절부터 다 좋은 거예요. 다음 주부터 이제 초실절을 한번 말씀을 하면 들어봐요. 이때부터는요, 시원해져요. 다 좋은 거예요. 다 좋은 거예요. 뻥뻥 터지게 돼 있어요. 문제는 무교절이에요. 무교절. 여기에서 다 막혀서, 여기서 다 세월 가고, 여기서 다 망가지고, 여기서 다 문제가 생기는 거예요. 의도를 알아 들으셨어요? 자기가 가지고 있을래요, 토하여 낼래요? 나의 지정의는 내가 가지고 있으면 안 돼요. 토하여 내야 해요. 아멘. 두 손 높이 들어요. 오 간교한 나의 입술이여.

7대 명절의 축복을 받으라(상)

오 간교한 나의 입술이여
오 더러운 나의 마음이여
왜 나의 입은 사랑을 말하면서
왜 나의 입은 화해를 말하면서
왜 내가 먼저 져줄 수 없는가
왜 내가 먼저 손해 볼 수 없는가
오늘 나는 오늘 나는 주님 앞에서
몸 둘 바 모른 채 이렇게 흐느끼며 서있네
어찌할 수 없는 이 맘을 주님께 맡긴 채로

두 손 높이 드시고, "주님 다 토하여 냅니다. 이제는 선악과 찌꺼기는 가지고 있을 수 없어요. 억울해서 안 돼요. 더 이상 선악과 찌꺼기는 내가 가질 것이 아닙니다. 깨끗하게 토하여 냅니다. 나는 내 속에 예수 그리스도만 있습니다. 모든 사건, 모든 상황, 모든 말에 그리스도로만 반응하기를 원합니다. 옥합은 깨어져야 합니다. 박살 나야 합니다. 예수의 향기가 흘러나갈 수 있도록." "주여!" 삼창하며 기도하겠습니다. "주여, 주여, 아버지, 주여! 우리 예수님 아버지, 주님, 아버지여, 살려주세요."

"살아계신 우리 예수님, 오늘 우리는 무교절의 마지막을 구하기를 원합니다. 종지부를 찍기를 원합니다. 내 속의 선악과를 다 토하여 내기 원합니다. 찌꺼기를 오늘 다 박멸하기를 원합니다. 나의 뜻, 나의 생각, 나의 견해, 이것이 내 속에서 다 떠나기를 원합니다. 나는 죽었고 내 안에는 그리스도만 있을 뿐, 이제 어떠한 무교절의 확인이 내게 나타날지라도 주님께 제가 고백해 드리겠습니다. 내 안에는 주님만 계신다고. 주님으로만 반응할 것이라고. 승리하게 하여 주세요. 사랑제일교회 모든 성도들 승리하게 하여 주세요. 예수님 이름으로 기도 드리옵나이다. 아멘."

The Feast of Firstfruits

초실절

10

초실절①
부활의 첫 열매이신 예수

설교 일시　2013년 12월 15일(주일) 오전 11시

대　　　상　사랑제일교회 주일 3부 예배

성　　　경　데살로니가전서 4:13-16

13 형제들아 자는 자들에 관하여는 너희가 알지 못함을 우리가 원치 아니하노니 이는 소망 없는 다른 이와 같이 슬퍼하지 않게 하려 함 이라

14 우리가 예수의 죽었다가 다시 사심을 믿을찐대 이와 같이 예수 안에서 자는 자들도 하나님이 저와 함께 데리고 오시리라

15 우리가 주의 말씀으로 너희에게 이것을 말하노니 주 강림하실 때 까지 우리 살아남아 있는 자도 자는 자보다 결단코 앞서지 못하리라

16 주께서 호령과 천사장의 소리와 하나님의 나팔로 친히 하늘로 좇 아 강림하시리니 그리스도 안에서 죽은 자들이 먼저 일어나고

Ⅰ.
7대 명절을 약속대로 이루시는 예수님

하나님은 구약 시대에 자기 백성을 위하여 일곱 가지 명절을 주셨습니다. 첫째, "유월절," 유월절 축복이 세게 임할지어다. 둘째, "무교절," 무교절이 끝장날지어다. 셋째, "초실절," 초실절의 역사가 오늘부터 일어날지어다. 넷째, "오순절," 오순절의 능력이 뒤집어씌워질지어다. 다섯째, "나팔절," 나팔절의 역사가 일어날지어다. 여섯째, "속죄절," 다 속죄절의 알곡이 될지어다. 마지막 일곱째, "장막절," 천년왕국의 주인공이 될지어다. 아멘.

왜 주셨느냐? 하나님은 세 가지의 큰 뜻이 있어요. 첫째, 구약 시대 이스라엘 백성에게 주신 하나님의 축복이라 그랬어요. 구약 시대 이스라엘 백성들은 이거 일곱 개 붙잡고 늘어졌다가 큰 축복을 받았어요. 뭔 뜻인지도 모르고 하나님이 하라고 하니까 그냥 한 거예요. 뜻도 모르고 해도 복을 줬다면, 오늘 여러분과 저는 이 속으로 들어가니까 얼마나 더 큰 축복이 임하겠냐, 이거예요. 믿습니까?

둘째로, 이것은 예수 그리스도, 여러분과 저의 사랑의 대상인 주님이, 이 세상을 창조하신 예수 그리스도가 이 세상에 사람의 육체의 옷을 입고 오셔서 여러분과 저를 위하여 하실 큰 일곱 가지의 구속사 복음의 사건이에요. 무슨 뜻이냐? 유월절, "이렇게 죽으리라." 무교절, "무덤에 있으리라." 초실절, "부활하리라." 오순절, "성령을 부어주시라." 나팔절, "재림 하시리라." 속죄절, "알곡과 쭉정이를 가리시리라." 장막절, "천년왕국을 이루시리라." 그래서 예수님은 유월절 날 죽었고, 무교절에 무덤에 있었고, 초실절에 부활하셨고, 오순절 날 성령을 부어주셨어요. 날짜도 안 틀리고, 주님은 완벽하게 이루셨어요. 그렇다면 뒤에 남은 이 마지막 세 명절도 틀림없이 우리 주님은 이룰 줄 믿습니다. 믿으십니까? 인정하십니까? 믿으시면 아멘이에요. 두 손 들고 아멘. 할렐루야! 저는 이런 성경을 상고하고, 이런 성경을 보면서도 예수님을 말이야 장난기로 믿는 사람을 이해를 못 하겠어요. 이해를 못 해요. 더 이상 어떻게 성령이 말하겠어요? 더 이상 어떻게 하나님이 말씀하겠어요?

셋째로, 가장 중요한 셋째는 뭐냐? 이것은 신약 시대, 지금 성도들, 바로 여러분 속에 임하실 큰 일곱 가지 복음 사건이에요. 유월절이 성도들 가슴에 임하면 무슨 역사가 일어나나? 인간 최고의 축복인 구원의 역사가 일어나요. 구원의 역사입니다. 사람에게는 구원 이상의 축복은 없어요. 구원이 최고의 축복입니다.

II.
자애의 찌꺼기를 처리하자

1. 무교절의 무덤에서 당장 나오자

한 번 따라 해 봐요. "유월절, 무교절, 초실절, 오순절, 나팔절, 속죄절, 장막절." 그러면 유월절을 통하여 하나님이 사람을 구원시키시고 구원받은 백성을 하나님이 무교절의 무덤에 넣는데, 왜 하나님은 구원받은 백성들을 무교절의 무덤에 넣을까요? 따라서 합니다. "물질의 무덤, 자녀의 무덤, 가정의 무덤, 질병의 무덤, 사업의 무덤." 여러 가지 무덤을 하나님은 준비해 놓고 사람을 무덤 속에 집어넣을 때, 왜 집어넣느냐? 그 이유는 유월절을 통하여 사람이 구원은 받았어도, 인간 속에는 아직도 아담의 사람, 겉사람, 아직도 세상적인 것이 사람 속에 있기 때문에 하나님이 이것을 처리하시려고, 겉사람을 처리하시려고 하나님이 사람을 무덤 속에 집어넣는다, 이거예요.

7대 명절의 축복을 받으라(상)

무교절을 하는 방법도 사람마다 다 다르다 그랬어요. 요나는 물고기 뱃속에서 3일, 모세는 미디안에서 40년, 야곱이라는 사람은 밧단아람의 하란 땅에 가서 21년, 이스라엘 백성들은 바벨론에 포로로 잡혀가서 집단 무교절 70년, 자, 이렇게 무교절을 하는 방법도 사람마다 다르다 이거예요.

그러면 우리는 이런 성경을 보면서 선택을 해야 해요. '나도 70년 동안 무교절을 할 것인가? 3일 내에 끝낼 것인가?' 무교절에서 제일 빨리 끝난 사람이 이삭이라 그랬어요, 이삭. 이삭은 모리아 산에서 몇 년이냐? 몇 년 아니고 단번에, 한번 누웠다 일어나니까 무교절이 끝났어요. 그럼 여러분과 저는 이 무교절을 과연 어떻게 해야 하겠느냐, 이거예요. 질질 끌면서 40년, 70년 해야 하겠느냐? 안 되고, 사랑제일교회 성도들은 오늘부로 무교절이 끝나야 해요. 무덤의 뚜껑이 열려야 해요. 에스겔 37장 말씀처럼요. 12절 말씀을 다시 한번 읽어봐요. 이 말씀이 여러분에게 임해야 하는 거예요. 이 말씀이 임해야 해요. 시작! "12 그러므로 너는 대언하여 그들에게 이르기를 주 여호와의 말씀에 내 백성들아 내가 너희 무덤을 열고 너희로 거기서 나오게 하고 이스라엘 땅으로 들어가게 하리라 13 내 백성들아 내가 너희 무덤을 열고 너희로 거기서 나오게 한즉 너희가 나를 여호와인 줄 알리라." 아멘, 따라서 합니다. "무덤을 열고." 오늘 이 시간, 이 자리에서 무교절이 끝날지어다. 사랑제일교회 무교절은 여기서 끝, 무덤이 열릴지어다. 따라서 합니다. "주여, 열어주세요." 무교절 열릴 노래 한 번 불러봐요. 〈열려라 에바다〉에요. 손뼉 준비.

〈열려라 에바다〉

1. 어두워진 세상 길을 주님 없이 걸어가다
나의 영혼 어두워졌네
어느 것이 길인지 어느 것이 진리인지
아무것도 알 수 없었네
주님 없이 살아가는 모든 삶 실패와 좌절뿐이네
사랑하는 나의 주님 내 영혼 눈을 뜨게 하소서

2. 아무것도 알 수 없고 아무것도 볼 수 없고
아무것도 들을 수 없네
세상에서 방황하며 이리저리 헤매일 때
사랑하는 주님 만났네
어두웠던 나의 눈이 열리고 막혔던 귀가 열렸네
답답했던 나의 마음 열리고 나의 영혼 살리네

(후렴) 열려라 에바다 열려라 눈을 뜨게 하소서
죄악으로 어두워진 나의 영혼을
나의 눈을 뜨게 하소서

아멘. 따라서 해봐요. "열려라 에바다!"

7대 명절의 축복을 받으라(상)

2. 뜻 · 의지 · 견해를 하나님께 반납하자

그러면 이제 무교절에 대해서 우리 다시 한번 잘 보란 말이에요. 무덤은 왜 생겼냐? 아담 때문에 생겼다 그랬어요. 아담의 선악과 때문에요. 그 선악과가 뭐냐 그럴 때 나무 열매 맞지만, 본질적 의미는 하나님이 먹지 말라는데 먹었으니까, 하나님의 뜻, 따라서 합니다, "하나님의 뜻, 의지, 견해," 여기 앞에 독립된 인간의 의지, 인간의 뜻, 인간의 견해를 갖는 것이에요.

그러면 하나님은 왜 뜻, 의지, 견해를 자기만 가지고 있으려고 그럴까요? "이걸 사람에게 좀 이렇게 나눠주면 안 되냐, 하나님이 왜 이렇게 옹졸해? 하나님이 사람에게 '야, 너도 독립된 의지, 뜻, 견해 가지고 살아.' 하나님이 좀 통 크게 놀지, 하나님이 말이야 뜻, 의지, 견해를 자기가 다 틀어쥐고 모든 인간들의 뜻, 의지, 견해는 하나님께 예속시켜라? 하나님이 너무 옹졸하지 않느냐?" 이렇게 우리가 물어볼 수 있지만, 여기에 대한 하나님의 대답은 이렇다 그랬어요. "나도 너희들에게 뜻, 따라서 합니다, '뜻, 의지, 견해,' 이것을 너희들에게 독립적으로 줄 수 있지만, 그렇게 되면 거기에 사탄이 붙어. 사탄이." 사탄을 못 이기는 거예요. 사탄이 붙기 때문에 하나님이 우리에게 독립된 견해, 뜻, 의지를 우리에게 분양을 못 해준단 말이에요. 이해되시면 아멘. 그러나 여러분과 저에게 마귀가 역사 안 하려면, 사탄이 떨어져 나가려면 결국은 우리가 무교절 생활을 잘해야 해요. 무교절 생활은 뭔가? 선악과를 하나님께 토하여 내고, 돌려드리고, 따라서 합니다, "뜻, 의지, 견해," 인간의 지정의를 주님께 돌려드려야 해요. 이래야 마귀가 사람에게서 손을 떼게 돼 있어요. 믿습니까?

3. 자애 : 사탄이 오는 통로

그러니까 여러분과 저는 지난주에 말씀 상고한 그대로 우리 주님이 요한복음 12장에 말씀하신 말씀 있지요? 따라서 합니다. '누구든지 자기의 생명을 사랑하는 자는 잃어버릴 것이요.' 따라서 합니다. '누구든지 자기의 생명을 미워하는 자는 살 것이요.' 거기서 누구든지 자기 생명을 사랑한다는 것은 자애를 말하는 거예요. 자애. 인간이 스스로 자기를 사랑하는 것, 자애, 이것은 사약입니다. 이거는 독약입니다. 모든 원수 마귀 사탄의 통로가 자애로부터 옵니다. 자애요. 사람이 태어나면서 본능적으로 인간은 자기를 사랑하는 자애에 연관성을 가지고 살아요. 여러분이 생각하는 거, 말하는 거, 행동하는 거, 모든 전체를 면밀히 살펴보세요. 결국은 자애의 덫에 걸려 있어요. 자애. 자애. 따라서 합니다. "자애." 자아 말고 자애. 자애가 뭐냐? 자기가 자기를 사랑하는 거예

7대 명절의 축복을 받으라(상)

요. 여기에 걸려 있다고요.

저도 아침, 저녁으로 기도를 깊이 하려고 애쓰잖아요? 기도를 깊이 해보면요, 결국은 주님 앞에 나의 찌꺼기가 어디에 닿느냐 하면 '전광훈! 너 오늘도 하루를 산 것이 너를 사랑하는 자애, 너를 사랑하는 그 기반 위에서 그것에 의해서 살았느냐, 주님을 사랑하면서 살았느냐?' 여기에 대해서 항상 점검하게 돼요. 아멘. '네가 하는 모든 생각, 네가 했던 모든 만남, 오늘도 누구 만나고, 누구 만난 것이 누구를 위해서 만났느냐? 너를 위해서, 너의 자애.' 그러나 여러분이 생각할 때 목사님은요, 저뿐이 아니라 모든 목사님들은 사는 자체가 이미 틀이 다 주님을 위하여 일하게 돼 있어요. 봐요. 제가 하는 일이 뭐겠어요? 설교하고, 기도하고, 성경 읽고, 성도들 심방하고, 이게 전부 다 나를 위해 사는 게 주님을 위해 사는 것 같죠? 내가 목회하는 전체, 부흥회 하는 전체가 주님을 위해서 하는 틀은 맞지만, 그 내면적으로 깊이 들어가면요, 깜박깜박 속아요. 목사님이 목회하는 행위, 설교하는 행위 이 모든 것이 주님을 위하여 하고, 나를 위해서, 자애, 자기를 사랑하는 거와 관계가 없는 것 같지만, 가만히 내면을 어떨 때 들여다보면, 형태는 주님을 위하여 하는 것 같은데, 자기의 성취욕, 자기의 성취욕의 덫에 걸릴 때가 많아요. 이거는 모든 목사님들이 공감할 거예요. 전국에서 이 방송을 듣는 모든 목사님들이 다 나처럼 자수할 거예요. 이때 나의 성취욕, 교회를 통한 성취욕, 여기에 빠질 때가 있다고요. 이것이 자애란 말이에요. 자애.

하물며 여러분은 어떻겠어요? 목회자들도 이렇게 위험할 때가 있는데요. 순간순간 자애의 나를 사랑하므로 그 사랑하는 방법으로 목회를 하는 여기에 순간순간 빠질 때가 있는데, 하물며 여러분 정도야 얼마나 더하겠어요? 그러니까 여러분은 자애로부터 나오세요. 이것이 무교절로부터 나오는 거예요. 아멘. 두 손 들고 아멘. 할렐루야. 나를 사랑하지 말고, 주님을 사랑하세요. 그러면 우리 무교절에서 나올 수 있어요. 믿습니까? 〈지금껏 내가 한 일이〉 우리 찬송을 불러봐요. 주님, 나 더 이상 무교절 지겨워요. 지겨워요. 아버지, 지겨워요. 못 견디겠어요. 주님, 나를 풀어주세요.

지금껏 내가 한 일이(눈물의 참회록)

1. 지금껏 내가 한 일이 주를 위한 일이었는지
지나간 세월 돌이켜 주님 앞에 아룁니다
이 한 몸 주를 위하여 목숨 버린다 했으나
주의 영광 뒤로하고 나의 자랑 앞세웠으니
내가 가는 이 길이 주를 위한 것보다
예수 이름 파는 가룟 유다와 같습니다

2. 한평생 주를 위하여 변함없이 살겠다던
   베드로 같은 믿음이 내게도 있었습니다
   그러나 지금 내 맘속엔 허영과 교만만 있고
   주님 지신 십자가는 짐이 된다 벗었습니다
   내가 가는 이 길이 주를 위한 것보다
   율법을 앞세우는 바리새인과 같습니다

3. 오늘도 복음을 들고 쉼 없이 다녔지만
   성령의 불같은 인도 믿음 없이 전했습니다
   육신의 곤고함 더하여 복음의 사명 약해지니
   아버지여 연약한 종 어찌해야 하오리까
   내가 가는 이 길이 영광의 길이라면
   바울과 같은 믿음을 내게도 허락하소서

아멘. 우리 무교절로부터 나옵시다. 자기가 자기를 사랑하는 그 뿌리에서부터, 쓴 뿌리로부터 나옵시다.

4. 주님을 사랑하면 자애에서 능동적으로 벗어날 수 있다

요한복음 12장 말씀, 우리 다시 한번 크게 읽어보고, 주님이 왜 이 말을 했는가, 도대체 이 말의 뜻이 무엇인가 생각해 봐요. "너희들이 무교절에서 나오기를 원하느냐?" 이 말씀이 주님이 헬라인들이 무교절에 주님 찾아온 날 한 말이에요.

너희들도 무교절로부터 나오려면 이 말을 잘 들으라 이거예요. 아멘. 자 20절부터 읽겠습니다. 시작. "20 명절에 예배하러 올라온 사람 중에 헬라인 몇이 있는데 21 저희가 갈릴리 벳새다 사람 빌립에게 가서 청하여 가로되 선생이여 우리가 예수를 뵈옵고자 하나이다 하니."

자, 헬라인들이 예수님을 면회하러 왔어요. 상담하러요. 그랬더니, 주님이 일축해 버리고 "나하고 와서 말장난하지 마. 노닥거리지 마. 너희들이 나한테 와서, 뭐, 너희들이 원하는 해답을 내가 해 줄 것 같지? 떠들지 말고." 하고 주님이 여기 무교절 날 한 말이에요. 무교절 날이에요. "너희들이 살고 싶어?" 이어서 하는 말이 주님이 이렇게 말한 거예요. 25절 봐요. "살고 싶어? 무교절도 뭔지도 모르고 나하고 토론하러 왔어? 내가 너희들에게 토론의 대상인 줄 알어?" 하고 주님이 딱 질렀어요. 뭐라 그러냐? 이렇게 말했어요. "자기 생명을 사랑하는 자는 잃어버릴 것이요, 이 세상에서 자기 생명을 미워하는 자는 영생하도록 보존하리라." 인간의 생각과 인간의 축, 자기의 자애, 자아, 이것을 최고로 여겨서 발전시킨 사람들이 헬라인들이에요. 그 모든 헬라 철학자들의 근간은 이성에 두는 거예요. 여기다 대놓고 주님이 통타를 가하는 거예요. 거기에 대해서 주님이 칼질을 하는 거예요. "너희들, 그따위 자세로 나한테 말하러 오지 마." 그러면서 주님이 정반대의 말을 한 거예요. "누구든지 자기의 생명을 사랑하는 자는, 자애를 가지고 있는 사람은 무교절에서 못 나와. 누구든지 자기를 미워하는 자, 자기의 자애를 십자가에 못 박는 자, 그 사람은 살리라." 두 손 높이 들어요. 우리 이 시간에 한 번 통성으로 기도하고 지나갑시다. "하나님, 나 아직도 자애의 찌꺼기로부터 못 나왔어요. 그러면서 무교절에서 나가려고 욕심은 많아서 왜 나의 무덤을 열어주지 않냐고 하나님 앞에 발버둥 치지만, 하나님은 우리를 무덤에서 열어줄 수 없어요. 우리는 아직도 자기를 사랑하는 이 자애에, 여기에 다 걸려들어서, 여기서 아직도 허덕대고 있습니다. 주님, 오늘 나의 지정의를 다 십자가에 못 박고, 나의 자애를 주님께 반납하고, 주님을 사랑하는 자가 되고, 나 자신보다 예수를 사랑하는 자가 되어 능동적으로 나오게 하여 주세요." "주여!" 삼창하며 기도하겠습니다.

"주여, 주님 믿습니다. 아버지. 주님, 자애의 찌꺼기를 처리하여 주세요. 부족한 종까지도 순간, 순간 자애에 빠져버립니다. 그리고 저녁에 잠잘 때 몸부림을 칩니다. 왜 순간의 자애에 빠졌을까? 아버지여, 오늘 이 시간 우리 성도들에게 계시의 빛을 던져주셔서 자애의 덫으로부터 나오게 하여 주세요. 우리는 다 선악과를 먹어서 자애의 덫에 걸려 있습니다. 나를 사랑함에서 주님을 사랑함으로 옮겨 주옵시고, 강

권적으로 성령으로 덮어주세요. 예수님 이름으로 기도 드리
옵나이다. 아멘."

할렐루야! 우리 옆에, 우리 다 같이 권면 축복합시다. "자
애로부터 나옵시다." 앞뒤로 다시 축복합시다. "자애를 십자
가에 못 박읍시다."

내가 경험해 보니까, 임상 신앙에서 내가 경험해 보니까,
자애를 처단하고 십자가에 못 박고 이게, 수동적으로 '나는
절대 나를 사랑 안 할 거야. 사랑 안 할 거야,' 이렇게 몸부림
쳐도 잘 안 되더라고요. 그런데 좋은 방법이 뭐냐 하면, 능동
적으로 주님을 사랑하면, 자동적으로 나오게 되더라고요. 그
러니까 내가 막 악을 쓰고 '나는 나를 안 사랑할 거야. 날 사
랑하면 선악과야. 이거 독약이야.' 이렇게 이를 깨물어보니
까 잘 안되더라고요. 그러니까 주님을 사랑하면, 능동적으로
우리가 무덤에서 나올 수 있겠더라고요. 능동적으로요.

사랑제일교회 성도들이여, 여러분들은 복받은 성도예요.
지구촌에서 무교절을 가장 잘 설명하는 데가 여기예요. 사랑
제일교회 여기밖에 없어요. 지구촌에서, 전 지구촌 다 뒤져
도, 무교절을 정확하게 설명하는 곳은 없어요. 아예 없어요.
아예 없어요. 아예 없어. 그러니까 우리나라 신앙이 다 어떻

게 돼 있어요? 세상에! 예수 1년 믿은 사람하고 30년 믿은 신앙이 똑같아요. 신앙이 왜 똑같은지 알아요? 여기 유월절에서 무교절 들어가는데 요게 1년 걸려요. 예수 믿고 1년 만에 들어가서 나오는 것은 하나도 못 나와요. 그러니까 예수 1년 믿은 사람이나 집사님, 권사님, 장로님, 신학교 와서 전도사님, 목사님이 돼도 무교절에서 못 나오는 거예요. 왜? 진리가 짧아요. 이 말씀의 진리가 짧은 거예요. 사랑제일교회 성도 여러분, 여러분은 오늘 복음의 핵심에 앉아 있어요. 이 자리가 참으로 좋은 자리입니다. 이 말씀이 이해가 돼야 해요. 복음은 역설적이에요. 그러면 이제 여러분들이 아직도 무교절이 다 이해가 안 되는 사람은 지나간 설교를 인터넷에 들어와서 또 듣고, 또 듣고, 서정희 사모님처럼 하루에 세 번 듣고, 그렇게 해서라도 무교절을 합격하세요.

Ⅲ.
예수의 부활과 최후의 초실절

1. 예수의 부활이 초실절이다

그러면 초실절에 관한 말씀을 시작하겠습니다. 오늘은 시작만 해놓고 끝내려고 해요. 다음 주에 또 하려고 합니다. 다음 주에요.

그럼 초실절은 뭐냐? 부활입니다, 부활. 부활인데, 무교절이 완성된 사람에게 주님은 초실절의 영광을 주세요. 초실절도 최후의 초실절입니다. 최후의 초실절이요. 최후의 초실절이 어떻게 이루어지는가?

예수님은 부활하는 그날 주님은 초실절을 완성했어요. 믿습니까? 그래서 예수님이 부활한 뒤에, 주님의 부활이 초실절이라는 것을 주님이 설명합니다. 마리아가 무덤을 찾으러 갔다가 부활한 예수님을 만났어요. 만났는데 너무 기쁘니까 요한복음 20장에 보면 예수님을 붙잡으려고 덥석 "선생님!." 하고 딱 잡으려고 하니까 주님이 "내 몸에 손을 대지 말라"고 하셨어요. 따라서 합니다. "손을 대지 말라." 그렇게까지만 말했어도, 주님의 부활이 초실절이라는 것을 잘 모르는데 그 다음 이어진 주님의 말씀을 보면 그것이 초실절이라는 것을 확실히 알 수 있어요. "마리아야, 부활한 나를 만지지 말라." 해놓고 뭐라고 하셨냐 하면, "내가 먼저 아버지께 보여야 한다." 하신 거예요. 구약에서 초실절이 되면 처음 나온 곡식을 따서 사람이 취할 수 없어요. 요걸 제사장, 하나님께 먼저 보이는 거예요. 그래서 주님이 부활한 것을 초실절의 상징이라

7대 명절의 축복을 받으라(상)

고 하는 거예요. "내 몸에 손을 대지 말라, 네가 나를 만질 자격이 없다. 내가 아버지께 먼저 보여야 한다." 믿습니까?

그리고 고린도전서 15장 20절을 한번 보십시오. 거기 보면 우리 주님의 부활 사건이 초실절이라는 것을 딱 성경에다 못 박아놔요. 읽겠습니다. 시작! "그러나 이제 그리스도께서 죽은 자 가운데서 다시 살아 잠자는 자들의 첫 열매가 되셨도다." 잠자는 자들의 무엇이 되었다고요? 말을 살짝 바꾸면 잠자는 자들의 초실절이 되었다, 첫 열매 초실절이 되었다, 예수님이 부활한 것이 초실절의 선포예요.

2. 최후의 초실절이 임하는 순서

그다음에 21절부터 읽어봐요. 시작! "사망이 사람으로 말미암았으니, 죽은 자의 부활도 사람으로 말미암는도다. 아담 안에서 모든 사람이 죽은 것 같이 그리스도 안에서 모든 사람이 삶을 얻으리라. 그러나 각각 자기 차례대로 되리니 먼저는 첫 열매인 그리스도요 다음에는 그리스도 강림하실 때에 그에게 붙은 자요." 자, 보세요. 초실절이 언제 이루어지는가? 최후의 초실절은 "그러나 각각 자기 차례대로 되리니."

예수님에게는 초실절이 왔어요. 주님이 부활하는 날이 초실절이에요. 우리 성도들에게 초실절은 언제 오느냐? 최후의 초실절은 "그러나 각각 차례대로 되리니." 초실절이 먼저는 첫 열매인 그리스도에게 초실절이 왔고, 다음에는 언제 오느냐? 다음에는 그리스도 강림하실 때, 예수님이 재림하실 때, 재림하실 때 그에게 붙은 자, 요한복음 15장이에요. 붙은 자에게 초실절이 일어난다는 거예요.

이 말은 무슨 말인가? 여러분과 제가 이렇게 살다 보면 언젠가는 죽어요, 안 죽어요? 백 프로 다 죽어요. 죽으면 육신은 어디로 가요? 화장터로. 육신은 화장터로. 영혼은 어디 가요? 하늘나라 가요. 아멘. 그러면 천국 가 있는 영혼이 천국에서 영원히 살아요, 돌아와요? 다시 돌아와요. 지금 구원 받은 영혼은 구원의 완성이 된 게 아니에요. 사람은 그래서 세 가지 형체가 있다고 그랬어요. 첫 번째, 육체 안에 있는 사람, 지금 여러분과 나예요. 육체 안에 지금 사람이 있잖아요? 영혼이? 육체의 인간입니다. 두 번째는 뭐냐? 육체를 벗어 버리고, 영체만 가지고 있는 인간이 있어요. 영체의 인간, 따라서 합니다, "영체의 인간." 이게 하늘나라 가 있는 영혼들이에요. 지금 하늘나라 가 있는 사람들은 영체로 가 있는 거예요. 그러다가 예수님이 재림하면, 예수님이 다시 돌아올 때, 부활체로 돌아와요, 부활체. 따라서 합니다. "부활체." 이게 구원의 완성이에요. 아멘. 죽어서 천국 가는 것이 구원의 완성이 아니고, 다시 돌아와서 부활해요. 그러니까 인간 최고의 성공은 부활에서 승리해야 해요. 믿습니까? 옆 사람 다 손잡고 축복해봐요, "부활에서 승리하세요." 그렇죠. 부활에서 승리하란 말이요. 아멘.

그래서 데살로니가전서 4장 13절 한번 넘겨보시면, 여기에 최후의 초실절에 대하여 성경이 말씀하고 있어요. 사도바울이 말하고 있어요. 시작. "13 형제들아 자는 자들에 관하여는 너희가 알지 못함을 우리가 원치 아니하노니 이는 소망 없는 다른 이와 같이 슬퍼하지 않게 하려 함이라 14 우리가 예수의 죽었다가 다시 사심을 믿을찐대 이와 같이 예수 안에서 자는 자들도 하나님이 저와 함께 데리고 오시리라 15 우리가 그의 말씀으로 너희에게 이것을 말하노니 주 강림하실 때까지 우리 살아남아 있는 자도 자는 자보다 결단코 앞서지 못하리라 16 주께서 호령과 천사장의 소리와 하나님의 나팔로 친히 하늘로 좇아 강림하시리니 그리스도 안에서 죽은 자들이 먼저 일어나고."

따라서 합니다. "죽은 자들이 먼저 일어나고." 예수님이 재림하여 올 때, 죽은 영혼을 데리고 와요. 데리고 오면 무덤이 터지면서 먼저 부활해요. 그러면 오래전에 죽어서 무덤이 다 썩어져서 없어진 사람은 어디서 부활해요? 질량 불변의 법칙이에요. 썩어서 없어져도 그 시체는 이 땅에 다 성분이 그대로 있어요. 죽은 영혼들이 먼저 부활을 하고, 그다음에 살아 있는 사람 중에 그 당시 주님이 재림하는 그 순간에 유월절과 무교절을 완벽하게 거친 사람은 죽음에 가지 않고 산 채로 바로 부활해버려요. 그걸 휴거라 그래요. 아멘! 할렐루야! 그 순간이 우리에게 다가오고 있어요. 믿습니까? 예수님의 초실절을 믿으시면 아멘. 주님이 재림할 때 우리에게도 부활이 일어날 줄 믿으시나요? 이거 안 믿는 사람은 기독교인 아니에요. 그건 기독교인 아니에요. 그러니까 교회 안에 가짜 기독교인이 너무 많은 거예요. 가짜 기독교인들이 많아요. 내가 보면 그거 가짜 기독교인입니다.

IV.
최후의 초실절의 주인공이 되자

1. 부활의 영광이 다 다르다

이제 주님이 이 땅에 오실 때 최후의 부활 최후의 초실절 날 사람들이 부활하는데 부활하는 형태가 사람별로 다 달라요.

아멘. 고린도전서 15장 40절에 바울이 딱 못 박아 말했어요. 고린도전서 15장 40절 보세요. 부활의 다양성입니다. 시작! "40 하늘에 속한 형체도 있고 땅에 속한 형체도 있으나 하늘에 속한 자의 영광이 따로 있고 땅에 속한 자의 영광이 따로 있으니 41 해의 영광도 다르며 달의 영광도 다르며 별의 영광도 다른데 별과 별의 영광이 다르도다 42 죽은 자의 부활도 이와 같으니 썩을 것으로 심고 썩지 아니할 것으로 다시 살며 43 욕된 것으로 심고 영광스러운 것으로 다시 살며 약한 것으로 심고 강한 것으로 다시 살며 44 육의 몸으로 심고 신령한 몸으로 다시 사나니 육의 몸이 있은즉 또 신령한 몸이 있느니라." 육의 몸이 있은즉. 지금 우리 육의 몸이 있잖아요? 그와 같이 신령한 몸도 오느니라. 40절을 다시 돌이켜 보시면, 여기 보면요, 하늘에 속한 형체도 있고, 땅에 속한 형체도 있으니, 하늘의 영광이 따로 있고 땅의 영광이 따로 있는데, 41절 해의 영광도 다르며, 달의 영광도 별과 별의 영광도 다른데.

이 성경을 기록한 사도바울은요, 사도바울은 대단한 사람입니다. 아멘. 이 바울이 성경을 쓴 것은 누구에게 배워서 쓴 것이 아니에요. 자기 인생 경험으로 쓴 게 아니에요. 바울이 이 성경을 쓸 때는 사람이 죽으면 가는 셋째 하늘, 바울은 죽어서 가는 거기를 가 본 사람이에요. 사도바울이, 성경을 쓴 사도바울이 거기를 가 보고, 거기서 이미 한 인간의 시작과 끝을 바울이 다 봤어요. 어떻게 봤나? 셋째 하늘에 끌려 올라가서, 입신을 했단 말이에요? 하늘나라 올라가서 보니까 사도바울이 보니까요, 인간이 어떻게 시작됐느냐? 남자와 여자가 결혼하면 뱃속에, 여자 뱃속에 사랑의 열매가, 애가 잉태를 해요. 열 달 동안 뱃속에 살다가 엄마 물주머니가 밀어내요. 그러면 톡 튀어나와요. 제2의 모태인 이 땅에서 또 100년을 살아요. 살더니, 죽더니, 영혼은 천국, 육체는 땅속에 가더니, 주님이 이 땅에 재림할 때 죽었던 무덤이 터지며 부활하는 것을 사도바울이 본 거예요.

그때 무덤에서 톡톡톡 튀어나오면서 부활하는 걸 보니까 사람마다 부활의 모습이 다 다르더라는 거예요. 바울이 보니까 어떻게 나타났냐? 따라서 합니다. "해의 부활." 어떤 사람은 해처럼 광명하게 부활해요. 어떤 사람은, 따라서 합니다, "달의 부활." 따라서 합니다. "별의 부활." 별도 종류가 다르지요. "별과 별의 부활." 어떤 별은 흐릿하지요? 그래서 부활이 사람마다 같은 사람이 하나도 없는 거예요. 인간의 70억 인구가 여기에 지문을 찍으면 지문이 같은 사람이 없듯이, 사람의 부활하는 모습이 이 땅에 같은 사람이 한 명도 없고, 조금씩 다 달라요. 크게 나누면 세 가지입니다. "해의 부활, 달의 부활, 별의 부활." 아멘.

7대 명절의 축복을 받으라(상)

여러분들은 이 초실절에서, 최소한 사랑제일교회에 다니는 사람들은 중간치는 부활해야 해요. 달의 부활 여기까지는 가야 해요. 믿습니까? 인간 최후의 성공과 실패는 이 땅에서 누가 돈을 많이 벌었냐? 아니라니까요. 아멘. 이 땅에서 누가 명예와 인기를 많이 누렸냐? 아니라니까요. 누가 자식을 공부를 잘 시켜 애를 잘 키우냐? 아니라니까요. 이 땅의 한 인간의 모든 최종적인 성공 실패는 부활에서 결정돼요. 너의 부활의 모습이 어떠하냐, 이게 모든 인생의 평가예요. 믿습니까?

저는 해의 부활을 꼭 하려고 내 지금 독한 마음으로 달려가고 있는데, 여러분들은 달의 부활까지라도 하십시오. 아멘. 욕심나는 사람은 날 따라오세요. 이 해의 부활은요, 해의 부활은, 이것은 일반적 부활이 아니에요. 이것은 순교자의 부활이에요. 그래서 순교하려고 하는 거예요. 해의 부활은 순교자의 부활입니다. 따라서 합니다. "순교자의 부활." 그래서 순교를 자원해서 하려고 하는 거예요. 아멘.

2. 생명의 부활을 하자

부활이 사람마다 다른데 여러분들은 일단은 큰 부활에서 심판의 부활로 가면 안 돼요. 일단은 예수 믿고, 구원받고 유월절을 거쳐서 생명의 부활, 생명의 부활의 선에 서야 해요. 믿습니까? 요한복음 5장 24절 읽어보세요. 여기에 뭐라고 쓰여 있는가? 여기는 무서운 부활을 경고하고 있어요. 무서운 부활을요. 우리는 그리로 가면 안 된다, 이 말이에요. 무서운 부활입니다. 24절 시작. "24 내가 진실로 진실로 너희에게 이르노니 내 말을 듣고 또 나 보내신 이를 믿는 자는 영생을 얻었고 심판에 이르지 아니하나니 사망에서 생명으로 옮겼느니라 25 진실로 너희에게 이르노니 죽은 자들이 하나님의 아들의 음성을 들을 때가 오나니 곧 이때라 듣는 자는 살아나리라 26 아버지께서 자기 속에 생명이 있음같이 아들에게도 생명을 주어 그 속에 있게 하셨고 27 또 인자 됨으로 인하여 심판하는 권세를 주셨느니라 28 이를 기이히 여기지 말라 무덤 속에 있는 자가 다 그의 음성을 들을 때가 오나니 29 선한 일을 행한 자는 생명의 부활로 악한 일을 행한 자는 심판의 부활로 나오리라."

선한 일을 행한 자는 무슨 부활이요? 이 선한 일은 착한 행동을 말하는 게 아니에요. 도덕적 선을 말하는 게 아니라, 관계적 선입니다. 다시 말해서, 주님과 함께 유월절과 무교절의 관계를 바로 맺은 선이에요. 이걸 착각하면 안 돼요. 아멘. 이 관계적 선을 선이라고 하는 거예요. 이렇게 유월절과 무교절에서 관계적 선을 잘 행한 자는 생명의 부활로 나아가

7대 명절의 축복을 받으라(상)

요. 악한 일을 행한 자라는 것은 이건 나쁜 짓을 했다, 뭐 남에게 도둑질을 했다, 이게 아니고, 윤리적 악함을 말하는 게 아니라, 유월절과 무교절을 모르는 관계적 악함이에요. 영적 악함이에요. 그러니까 영적 악함, 관계적으로 악한 자는 심판의 부활로 나아가요.

다시 정리해 봐요. 여러분과 제가 이렇게 살다 보면 언젠가는 죽어요, 안 죽어요? 죽으면 우리의 육신은 어디로 가요? 땅으로. 영혼은 어디 가요? 하늘나라로. 하늘나라에서 영원히 살아요, 돌아와요? 왜 돌아와요? 주님과 함께 뭐 하려고요? 부활할 때, 따라서 합니다, "해의 부활, 달의 부활, 별의 부활." 아멘.

그다음 봐요. 불신자들, 예수 안 믿는 세상 사람들은 언젠가는 죽어요, 안 죽어요? 죽지요? 그러면 그 사람 육체는 또 어디로 가요? 땅. 그 영혼은 어디로 가요? 지옥. 지옥. 지옥. 음부에 간단 말이에요. 갔다가 그들은 이 땅으로 돌아와요, 안 돌아와요? 그들도 돌아와요. 그들이 안 돌아오면 차라리 좋아요. 그런데 하나님은 강제로 끌어내요. 끌어내서 그들도 부활을 해요, 안 해요? 차라리 그들은 부활 안 하고 안개처럼 풀어져 없어지면 훨씬 더 나은데 하나님은 그러지 않아요. 왜? 심판을 해야 되기 때문에 강제로 끌어내서 부활을 시켜요. 이것을 심판의 부활이라 그래요.

　종합하여 말하면 인간으로 태어난 모든 인간은 무조건 다 부활한다! 부활 순서만 달라요. 언제 부활하나? 생명의 부활, 우리는 주님이 재림할 때 부활해요. 아멘. 그래서 생명의 부활은 천년왕국 들어가기 전에 부활이 다 끝나요. 심판의 부활, 불신자들의 부활은 언제 하느냐? 죽은 자의 부활은 천년왕국이 끝난 뒤에 심판의 부활이 일어나요. 그러니까 거기에 참여하면 안 된다는 거예요. 사랑제일교회 성도는 거기에 들어가면 안 된다! 우리는 다 생명의 부활에, 거기에 들어가야 한다! 그리고 부활의 상태가 사람마다 다 다르다! 한번 따라 해봐요. "해의 부활, 달의 부활, 별의 부활."

3. 더 나은 부활을 위해 생명을 던진 초대 교회 성도들

그래서 초대 교회 성도들 중에는 너무너무 부활이 욕심이 나서 이렇게 산 사람도 있어요. 히브리서 11장 34절 읽어보세요. 초대교회 성도들은요, 이렇게 산 사람도 있는 거예요. 시작. "34 불의 세력을 멸하기도 하며 칼날을 피하기도 하며 연약한 가운데서 강하게 되기도 하며 전쟁에 용맹 되어 이방 사람들의 진을 물리치기도 하며 35 여자들은 자기의 죽은 자를 부활로 받기도 하며 또 어떤 이들은 더 좋은 부활을 얻고

자 하여 악형을 받되."

여기 봐요. "어떤 이들은 더 좋은 부활을 얻고자 하여." 해의 부활, 달의 부활이에요. "더 좋은 부활을 얻고자 하여 악형을 받되." 뭐냐? 순교예요. 순교를 자원하여 구차히 피하지 아니하고. 그 초대 교회 성도들은요, 이 교리를 너무나 잘 알고 있었기 때문에요? 그때는 초대 교회 성도들은 성령이 충만해서 교회와 하늘나라 거리가 멀지 않았어요. 내가 초대 교회 교부들의 문서를 읽어보니까요? 예수님 시대, 사도들 시대, 속사도 시대, 그다음에 교부 시대예요. 그때의 문서를 내가 읽어보니까 기상천외한 거예요. 그때는 예배를 지금 우리처럼 이렇게 안 드렸어요. 지금은 우리가 예배드려도 낄해봤자 신령한 은사가 방언밖에 안 돼요, 방언. 그런데 그때 성도들은요, 방언 더하기 예배 공식 순서에 예언 순서가 있어요, 예언 순서. 설교 다 끝나면 통성기도 끝나면 예언의 영이 임한 사람이 일어서요. 그래서 한 주일의 예언을 다 해요. "이번 주에 어느 집사님, 조심하세요. 사탄이 붙잡으려고 합니다. 마귀가 침투하고 있습니다. 걸려들지 마세요." 이렇게 예배 시간에 공중 예언을 하는 거예요. 아멘. 우리 교회도 거기까지 회복해 보자! 그다음에 거기 보니까 뭔 일이 있냐? 입신의 은사가 예배 중에 일어나요. 설교 다 끝나고, 통성기도 시간에 주님이 한 교회에서 대표적으로 사람을 불러올려요. 입신하는 거, 여러분, 봤나요? 입신 이렇게 한단 말이에요. 이번에 우리가 7대 명절 끝나면, 양팔천대 권사님 데려다가 입신, 하늘나라 천국 지옥을 깊이 다 보고 온 거를 토크로 내가 지금 설교하려고 그래요. 여러분에게 천국 지옥에 대해서 홀딱 벗겨주려고, 모든 걸 열어드리려고요. 다시 토크를 하려고 그러는데 잘 보세요. 사람이 기도하다가 이렇게 쓰러져서 입신했단 말이에요. 영혼이 쭉 끌려 하늘나라 갔어요. 그러면 영이 떠서 천국에 갔단 말이에요. 가면 사람의 육체는 땅에 누워 있죠? 그러면 누워 있는 육체와 영 사이에 혼이, 혼줄이 있어요, 혼이 연결을 하고 있어요. 요 사람은요, 요런 상태 입신에 딱 머무는 사람은 입신 상태에서 귀에다 대고 부르면 들어요. "집사님." 그러면 천국에서 대답을 해요. 누워 있는 입으로 "네." 그래요. "지금 어디 있어?" "생명 강가에 있어." "뭐해?" "생명수 마시고 있지." "그러면 천국에서 내 집 좀 보고 와, 내 집." "알았어. 네 집 보여줄게. 조금 기다려." "어떻게 생겼어?" "거지야!" 이렇게 천국 지옥을 중계방송을 하는 거예요. 아멘. 지금도 성령 충만할 때는 부흥회 때 그런 일이 일어나요. 중계방송을 하면 여러분이 모르는, 여러분의 천국의 모든 집들에 대해서 구석구석 다 가르쳐줘요. 아멘.

이것이 지금은 희귀하게 일 년에 한두 건씩 일어나지만, 옛

7대 명절의 축복을 받으라(상)

날 초대 교회 때는 예배의 공식 순서에 이 입신 은사가 살아 있었어요. 그러니까 예배만 드리면 가는 거예요. 오늘은 이 사람 갔다, 내일은 이 사람 갔다, 오늘 저 집사님이 갔다, 가서 천국에 대해서 다 중계방송을 하니까, 이제 자기의 천국이 다 드러나니까 겁난단 말이에요. 그러니까 목숨 걸고 순교하려고 덤빈 거예요. 천국과 이 교회 사이가 거리가 멀지 않고, 좁아져 있었단 말이에요. 이해가 돼요? 이해가 돼요? 그래서 초대 교회 성도들은, 어떤 사람은 더 나은 부활을 위하여 생명을 던졌다, 이렇게 돼 있는 거예요. 오늘은 여기까지만 설교하고 다음 주일을 기대하시라! 초실절의 주인공이 돼라! 아멘!

11

초실절②
최후의 초실절

설교일시 2013년 12월 22일 (주일) 오전 11시

대 상 사랑제일교회 주일 3부 예배

성 경 요한복음 20:15-17상

15 예수께서 가라사대 여자여 어찌하여 울며 누구를 찾느냐 하시니 마리아는 그가 동산지기인 줄로 알고 가로되 주여 당신이 옮겨 갔거든 어디 두었는지 내게 이르소서 그리하면 내가 가져가리이다

16 예수께서 마리아야 하시거늘 마리아가 돌이켜 히브리 말로 랍오니여 하니 (이는 선생님이라)

17 예수께서 이르시되 나를 만지지 말라 내가 아직 아버지께로 올라가지 못하였노라

Ⅰ.
무교절을 통과하면
초실절의 축복이 임한다

자, 오늘도 우리가 7대 명절에 관한 말씀을 이어서 상고하겠습니다. 7대 명절의 축복을 받으라! 하나님이 자기 백성을 위하여 일곱 가지의 명절을 주셨다 그랬습니다. 따라서 합니다. " 유월절, 무교절, 초실절, 오순절, 나팔절, 속죄절, 장막절." 왜 주셨느냐? 세 가지 의미가 있다 그랬어요. 첫째, 구약 성도에게 주신 하나님의 축복입니다. 이스라엘 백성들은 이거 일곱 개 지키다가 복을 받았어요. 지금도 지키고 있어요. 뭔 뜻인지도 모르고 지켰는데도 하나님이 복을 주셨어요. 그러면 여러분과 저는 이 명절 안에 들어가서, 이 말씀을 내 것으로 만들면 얼마나 더 큰 축복이 임하겠느냐 하는 거예요.

두 번째 이것은 예수 그리스도, 이 세상을 창조하신 예수님이 이 땅에 오셔서 이루실 일곱 가지 구속 사역을 미리 보여주신 것입니다. 내일모레가 '기쁘다 구주 오셨네,' '기쁘다 구주'예요. 할렐루야. 예수님이 이 땅에 오셨어요. 예수님은 사람으로 이 땅에 오셨으나, 이 땅에 오시기 전에는 이 세상을 만드신 태초의 상고예요. 주인. 주인. 주인. 이 세상을 만든 주인이 바로 예수님이란 말이에요. 그분이 사람의 육체 옷을 입으려고 마리아 뱃속에 열 달 들어가서 여러분과 제가 태어나는 똑같은 과정을 통하여 탄생했어요. 그러나 아버지는 없지요. 아버지 없이요. 왜? 예수님 자신이 여자의 배를 빌린 거니까요. 마리아가 자식을 많이 낳았으나 첫 번째 낳은 예수님은 성령으로 잉태한 거예요. 그게 바로 성탄절입니다. 내일모레 성탄절이요. 아멘. 성탄절은요, 성탄절은 이 세상을 창조하신 하나님이 사람의 뱃속에 들어와서 인간으로 태어나신 이게 성탄절이란 말이에요. 아셨죠? 이것도 모르고 '기쁘다 구주 오셨네' 부르면 돼요, 안 돼요? 돼요? 곧 크리스마스예요. 〈기쁘다 구주 오셨네〉 한 번 부르고 하자고요.

〈찬송가 115장〉 기쁘다 구주 오셨네

1. 기쁘다 구주 오셨네 만백성 맞아라
   온 교회여 다 일어나 다 찬양하여라
   다 찬양하여라 다 찬양 찬양하여라

2. 구세주 탄생했으니 다 찬양하여라
   이 세상의 만물들아 다 화답하여라
   다 화답하여라 다 화답 화답하여라

3. 온 세상 죄를 사하러 주 예수 오셨네
   죄와 슬픔 몰아내고 다 구원하시네
   다 구원하시네 다 구원 구원하시네

4. 은혜와 진리 되신 주 다 주관하시니
만국 백성 구주 앞에 다 경배하여라
다 경배하여라 다 경배 경배하여라

아멘. 성탄절 예배는 내일모레 수요일 날에 드립니다. 수요일 날. 수요일 날 성탄절 예배는 오늘 주일처럼 그대로 교회 와야 하는 거예요. 그대로요. 알았지요? 그런데 9시, 1부 예배는 안 해요. 11시만 해요. 11시. 11시 예배에 한꺼번에 하는데 그때 내가 성탄절에 대해서 자세히 설교할 테니까 기대하세요. 성탄절을 몰라요. 성탄절을 모르니까 성탄의 능력이 안 나타나는 거예요. 기대하시면서 삼 일을 기다려요. 알았죠?

아무리 못된 놈도 자기 엄마 아버지 생일날은 가요, 안 가요? 안 가요? 근데 내일모레 성탄절 안 오면 돼요, 안 돼요? 안 오는 놈은 뭐요? 사람도 아니지. 아니, 나도 어제요, 우리 장모님 생신 다녀왔어요. 우리 사모님의 엄마, 살아계셔요. 그래서 내가 어제 너무너무 힘들고 너무너무 피곤하고 눈이 막 감기는데도 어제 갔어요. 가서 밥 한 끼 먹고 왔는데 밥 먹다가 눈을 감으니까요, 나보고 빨리 가라 그래요. 빨리 집에 가라 그래요. 그래도 갔다 오긴 갔다 왔어요. 그러니까 여러분 예수님의 생일은요, 이건 더 중요한 거예요. 다 오셔야 해요. 알았죠?

그러면 두 번째, 왜 7대 명절이 나타났느냐? 이 세상을 창
조하신 하나님이 이 세상에 인간의 육체의 옷을 입고, 눈높
이를 사람과 맞추려고 하나님으로 오지 않고 인간의 몸을 뒤
집어쓰고, 사람과 눈높이를 맞추려고, 아멘, 그래서 오셔서
여러분과 저를 위하여 큰 일곱 가지의 구속사를 했어요. 일
곱 가지. 그게 뭐냐? 나는 이 땅에 와서 너희들을 위하여 이
렇게 죽으리라. 따라서 합니다. "죽으리라." 그게 유월절이
에요. 할렐루야! 따라서 합니다. "무덤에 있으리라." 예수님
은 3일 동안 아리마대의 무덤에 있으리라. 따라서 합니다.
"부활하시리라." 부활이에요, 부활. 따라서 합시다. "성령을
주시리라." 다시요. "재림 하시리라." 따라서 합시다. "알곡
과 쭉정이를 가리시리라." 다시요. "천년왕국을 주시리라."
이거 일곱 개를 집행하려고 예수님이 이 땅에 오신 거예요.
그러니까 예수님은 이 땅에 오시기 전에 벌써 이런 일을 할
것을 7대 명절을 통하여 이스라엘 백성들에게 예행연습을
시키시고 그 틀 위에 오셔서 그대로 이루셨어요. 날짜도 안
틀리고 이루셨어요. 날짜도 안 틀리고요. 유월절 날 죽으셨
어요. 무교절에 무덤에 계셨어요. 초실절 날 부활했어요. 또
성경 사도행전 2장 봐요. '오순절 날이 이미 이르매.' 날! 날!
날! 오순절 날 성령이 왔어요.

그럼, 여기 오순절까지 이 네 개가 다 주님이 날짜도 안 틀리고 다 이루었으면, 뒤의 세 개는 틀림없이 이루어 주신다! 사실 이거 보면요, 앞에 지나간 네 개 명절이 이루어지기가 더 어려운 거예요. 뒤에 있는 세 개는 더 쉬운 거예요. 제일 7대 명절 중에 이루어질 가능성이 없는 걸 보면요? 예수님이 유월절에 십자가에 죽는다? 이거는 뭐 죽는 의미가 여러분과 저하고 전혀 다르지만 그래도 십자가에 죽어 버리면 그야 뭐 흉내 낼 수 있지요. 제일 가능성이 없는 게 뭐냐? 부활입니다. 부활. 부활은요, 있을 수 없는 사건이에요. 인류 역사에 어떻게 부활을 하냐고요? 근데 이 부활을 주님은 이루셨잖아요? 그럼 나머지 뒤의 거는 이루어지는 것은 당연한 거예요. 믿어지십니까? 아멘. 두 손 들고 아멘.

예수님이 여러분과 저보고 무조건 믿으라고 하는 거 같지만, 안 그래요. 믿을 만한 충분한 이유를 우리에게 보여주셨어요. 예수님이 부활하는 것을 뭐, 사람들 모르게 숨어서 혼자 부활해서 하늘나라 갔나요? 아니고 공개적 부활입니다. 공개적 부활. 아멘. 로마의 군병들이 다 지켜보는 데서, 새벽에 무덤이 터지며 부활하는 것이, 공개적 부활이라고요. 아멘. 그 원수들까지도 예수님 부활에 대하여 확증을 했어요. 그리고 예수님 부활한 뒤에 40일 동안 이 땅에 부활체로 계셨어요. 더 이상 어떻게 보여줘요? 그때 제가 말씀드렸죠?

세계 역사가 중에 제1인자, 영국이 낳은 세계적 역사학자 아놀드 토인비는 예수 그리스도의 부활, 죽음, 무덤 사건을 역사적으로 증명할 수 있다고 했어요. 예수님 부활하신 것을 역사적으로 증명할 수 있다고 하는 것이 세계 역사가의 대표인 아놀드 토인비의 말입니다. 그러니까 사람이 이러한 것들을 확실히 알고도 예수님에 대하여 반응을 제대로 안 하는 것은 인간 책임이에요. 뭐, 그때부터 뭐, 누가 뭐라고 하겠어요? 예수님이 공개적으로 부활했는데요? 그와 같이 뒤의 명절도 틀림없이 이루어져요.

그다음 세 번째 보세요. 세 번째, 자, 세 번째는 여러분과 저에게 제일 좋은 사건이에요. 뭐냐? 이거는 신약 시대, 지금 우리 시대에, 성도들의, 여러분의 심령 속에 나타날 큰 일곱 가지의 복음의 축복이에요. 오늘 이 자리에 오신 여러분은 복 받으셨어요. 그러면 뭐냐? 유월절은 무슨 뜻이냐? 유월절은 주님이 십자가에 죽는데 우리 심령 속, 이거는 구원의 축복이에요. 사람 속에 유월절이 이루어지면 인간 최고의 축복인 구원의 역사가 일어나요. 구원보다 더 큰 축복은 없어요. 사람은 죽어요. 누구든지 죽어요. 안 죽는 사람 없어요. 그때 천국 가냐, 지옥 가냐, 둘 중 하나예요. 오늘 제3부 예배 나오신 분들은 다 가슴에 유월절이 이루어져서 그리스도의 보혈의 피가 덮어져서 한 사람도 지옥 가면 안 돼요. 백 프로 구

7대 명절의 축복을 받으라(상)

원받아야 해요. 아멘. 옆 사람 다 손잡고 해봐요. "우리는 구원을 받았습니다." 앞뒤로 해봐요. "오늘 죽어도 천당 갑니다." 확실해요? 진짜요?

그다음에 무덤이요, 무덤. 우리 시대의 무교절은 뭐냐? 예수님도 무덤에 들어간 것처럼 하나님은 유월절을 통하여 구원시켜 놓은 뒤에 꼭 우리에게 무교절의 체험을 시켜요. 무덤에다 집어넣어요. 따라 해보세요. "물질의 무덤, 자녀의 무덤, 질병의 무덤, 사업의 무덤." 왜 무덤에다 집어넣냐? 이유는 이 무교절의 무덤에, 우리를 환난과 고통 속에 집어넣어서 우리를 성화시키려고 해요. 우리를 초실절의 주인공 만들려고 해요. 그래서 요 무교절의 무덤을 잘 통과하고 합격한 사람에게만 하나님이 초실절의 축복을 줘요. 건너뛰는 거 없어요. 예를 들면, 유월절이 가슴에 안 온 사람에게는 환난도 안 와요. 그 사람한테 왜 환난이 와요? 유월절이 안 온 사람은 무교절의 고통도 안 와요. 왜? 그건 대상이 아니에요. 7대 명절은 건너뛰는 것이 없어요. 꼭 순서별로 오게 돼 있어요. 믿습니까?

II.
초실절의 세 가지 종류

1. 구약의 초실절

오늘은 이제 초실절인데, 오늘 말씀 잘 들으셔서 초실절의 주인공이 될지어다! 초실절은 예수 그리스도에게는 부활입니다. 부활. 그러니까 예수님을 부활의 첫 열매라 그래요. 구약시대 초실절은 이렇게 지켜요. 가을에 농사가 되어서 제일 먼저 익은 곡식, 제일 먼저 첫 물, 첫 곡식을 사람이 먹지 않고 이것을 제사장에게 하나님께 먼저 갖다 바쳐요. 이게 초실절이에요. 이게 무슨 뜻인가?

2. 부활의 첫 열매이신 예수

예수님은, 다시 고린도전서 15장 20절을 보세요, 우리 주님이 초실절을 완성했단 말이에요. 시작. '그러나 이제 그리스도께서 죽은 자 가운데서 다시 살아 잠자는 자들의 첫 열매가 되셨도다.'

초실절은, 첫 번째 초실절은 구약시대 이스라엘 백성들이 농사지어서 그것으로 하나님께 갖다 바친, 이게 초실절의 완성이에요. 그 시대는 초실절을 그렇게 지킨 거예요. 그러니까 사실 초실절의 진짜 뜻은 주님이 완성한 거예요. 부활한 것을 부활의 첫 열매라 그래요. 이해가 돼요? 그래서 요한복음 20장을 넘겨보세요. 요한복음 20장을 보시면, 예수님이 부활했을 때 여기 보면 뭐라고 돼 있느냐? 15절부터 한 번 읽어봐요. "15 예수께서 가라사대 여자여 어찌하여 울며 누구를 찾느냐 하시니 마리아는 그가 동산지기인 줄로 알고 가로되 주여 당신이 옮겨 갔거든 어디 두었는지 내게 이르소서 그리하면 내가 가져 가리이다 16 예수께서 마리아야 하시거늘 마리아가 돌이켜 히브리 말로 랍비여 하니 (이는 선생님이라) 17 예수께서 이르시되 나를 만지지 말라 내가 아직 아버지께로 올라가지 못하였노라."

이 말씀을 한 번 보세요. 예수님이 부활하셨을 때에 무덤을 찾아간 마리아가 처음 예수님을 보게 되었어요. 너무 반가워서 예수님을 만지려고, "선생님!"하고 딱 주님을 껴안으려고 너무 기뻐서 했더니, 예수님이 "마리아야, 내 몸에 손을 대지 말라." 그리고 뭐라 그러냐? "나를 만지지 말라. 내가 아직 아버지께로 올라가지 못하였노라." 이게 뭐냐? 주님이 부활하셔서 사람이 예수님 몸에 손을 댈 자격이 없는 거예요. 왜? 아버지께 올라가야 하는 게 뭐냐? 초실절입니다. 부활한 몸을 하나님께 먼저 초실절을 지켜야 되는 거예요. 그 후에 예수님은 몸을 만지라 그랬어요. 도마에게도 한번 손을 넣어보라고 그랬어요. 그 사이에 예수님은 초실절을 이루신 거예요. 그래서 성경이 이렇게 정확해요. 성경은 너무너무 신기해요. 할렐루야요?

3. 마지막 초실절

그래서 부활하신 이 자체가 초실절의 두 번째고, 초실절의 마지막 초실절이 있습니다. 마지막 초실절이 있어요. 이 마지막 초실절은 언제 이루어지느냐? 이게 부활인데, 마지막 초실절이 이렇게 이루어져요. 앞으로 예수님이 이 땅에 재림하실 때, 이 땅에 오실 때, 예수님 혼자 오는 게 아니고 죽은 영혼을 다 데리고 와요. 아멘. 죽은 영혼을 왜 데려오느냐? 천국 가 있는 영혼을 왜 데려오느냐?

사람의 형체가 세 가지라 그랬죠? 첫째, 육체의 인간. 따라서 합니다. "육체의 인간." 지금 여러분과 나란 말이에요. 이게 인간이 한 형체란 말이요. 그다음에 두 번째 인간은요, 영체의 인간이에요. 영체의 인간. 지금 죽어서 하늘나라 가 있는 사람은 육과 영이 분리된 상태예요. 그러니까 지금 영체로 하늘나라 가 있는 영체의 인간, 따라서 합니다, "영체의

7대 명절의 축복을 받으라(상)

인간," 영체의 인간은 요 상태로 계속 있는 것이 아니고, 지금 죽어서 천국 가 있는 사람은 주님이 재림할 때 다시 돌아와서 부활체로 바뀌어요. 부활체요. 부활이 일어난단 말입니다. 부활이요. 아멘. 요것이 최후의 초실절이에요.

데살로니가전서 4장 13절 한번 보시면 이렇게 일어날 마지막 초실절에 관해 바울이 기록하고 있어요. 이렇게 성경이 기록하고 있어요. '형제들아 자는 자들에 관하여는 너희가 알지 못함을 우리가 원치 아니하노니 이는 소망 없는 다른 이와 같이 슬퍼하지 않게 하려 함이라.' 이 말은 뭐냐? '형제들아 자는 자들에 관하여,' 이 자는 것은 낮잠이 아니고 육체의 잠이 아니라 죽은 죽음의 잠을 말하는 거예요. 여기서 '자는 자들'은 죽어서 하늘나라에 가 있는 사람입니다. '형제들아 자는 자들에 관하여는,' 죽어서 천국에 가 있는 사람들에 관하여는 '너희가 알지 못하기를 원치 아니하노니, 이는 소망 없는 다른 이와 같이 슬퍼하지 않게 하려 함이라.' 이게 장례식 때 읽는 성경입니다. 장례식 때요. 왜 죽고 난 뒤에 장례식에 슬퍼하지 말라고 하느냐? 그 이유는? 장례식 할 때 왜 슬퍼하지 말라고 하느냐? 14절 읽어보시면, '우리가 예수의 죽었다가 다시 사심을 믿을찐대 이와 같이 예수 안에서 자는 자들도 하나님이 저와 함께 데리고 오시리라.' 저와 함께 뭐 하시리라? 부활 사건이 앞에 남았으니까, 장례식 할 때 슬퍼하지 말라는 거예요. 아멘. 15절 말씀, 시작. '우리가 주의 말씀으로 너희에게 이것을 말하노니 주 강림하실 때까지 우리 살아남아 있는 자도 자는 자보다 결단코 앞서지 못하리라' 16절 시작. '주께서 호령과 천사장의 소리와 하나님의 나팔로 친히 하늘로 좇아 강림하시리니 그리스도 안에서 죽은 자들이 먼저 일어나고.' 그리스도 안에서 죽어서 천국 가 있는 자들이 먼저 일어나고. 17절 시작. '그 후에 우리 살아남은 자도 저희와 함께 구름 속으로 끌어올려 공중에서 주를 영접하게 하시리니 그리하여 우리가 항상 주와 함께 있으리라' 아멘.

Ⅲ.
최후의 초실절

1. 예수의 재림 때 최후의 초실절이 이루어진다

그러니까 초실절이 어떻게 이루어지느냐? 예수님이 이 땅에 재림하여 오시면? 예수님의 재림을 믿어요? 아니, 아까 앞에 다시 말했잖아요? 유월절, 따라서 합니다, "유월절, 무교절,

예수님이 부활한 초실절." 주님이 부활한 걸 보면 나중에 주님이 재림할 것은, 이거는 확정이란 말이에요. 사람이 부활이 어떻게 될 수 있냐고요? 그것도 죽었다가 잠깐 깨어났다가 금방 또 오 분 후에 또 죽는 것도 아니고, 완전히 영화로운 몸으로 부활한 거예요. 그 부활이 나머지 뒤의 모든 사건을 공증하는 거예요. 공증하는 겁니다. 주님의 재림을 믿어요? 안 믿으면 어쩌자고요? 안 믿으면 어쩌잔 얘기에요? 믿어요? 확실해요? 믿으세요. 자기 실력으로 못 믿으면, 아놀드 토인비가 말했어요, 예수가 부활한 걸 내가 학문적으로 입증할 수 있다고. 그 사람은 기독교인도 아니에요. 그런데도 그것만큼은 성경이 거짓말 아니라고 세상 사람이 딱 못 박아서 말했어요. 그런 말을 꼭 우리가 써먹을 필요는 없지만, 우리는 성령의 능력으로 믿어요.

그럼, 예수님이 이 땅에 재림하여 오실 때 어떤 일이 생기느냐? 보세요. 먼저 죽은 사람들이 부활을 먼저 해요. 그러면 "목사님, 2000년 전에 죽어서 무덤도 없고 뼈도 없고 가루도 없고 아무것도 없는데 어떻게 부활해요?" 성경은 무덤의 개념을 사람이 죽어서 땅에 묻히는 일대일 무덤 있지요? 이렇게만 말하는 게 아니에요. 성경은 이 지상에 있는 모든 땅 밑 전체를 다 무덤이라 그래요. 아멘. 그러니까 꼭 일대일 무덤 거기서만 부활하는 게 아니에요. '땅이 죽은 자를 토하여 내고, 바다도 그리하리니.' 바다에서 물에 빠져 죽은 사람도 있잖아요? 그래서 성경에 그것도 알고 바다도 토하여 내리니, 바다에서도 부활하리니.

그다음에 어떤 일이 생기느냐? 살아있는 사람 있죠? 그때까지 있고 예수 잘 믿고 유월절, 무교절, 초실절을 가슴에 이룬 사람, 그 사람이 주님이 재림할 때까지 살아있는 사람은 죽음의 과정을 안 거치고 살아있는 육체 상태에서 바로 부활해요. 우리가 살아있는 육체 상태 있죠? 지금 이 자체도 성경은 무덤이라 그래요. 우리가 육체 안에 거하는 이걸 무덤이라 그래요. 여기서 땅속에 들어가서 뭐, 살이 썩고 하는 죽음의 이 과정 없이 바로 홀연히 부활해요. 여러분도 재수 좋으면 거기 걸려들 수 있어요. 그러니까 열심히 운동하고 건강식품 잘 드시고 열심히 잘 건강 관리해서 예수님 재림할 때까지 사세요. 그래서 예수님 오시면 바로 자리에서 바로 부활하도록요. 그럼 장례식 비용도 안 들고 좋잖아요? 바로 부활하도록요. 이게 성경이에요. 믿어요? 〈하나님의 나팔소리〉에요. 손뼉 준비.

⟨찬송가 168장⟩ 하나님의 나팔 소리

1. 하나님의 나팔 소리 천지 진동할 때에
예수 영광 중에 구름 타시고
천사들을 세계 만국 모든 곳에 보내어
구원 얻은 성도들을 모으리

2. 무덤 속에 잠자던 자 그때 다시 일어나
영화로운 부활 승리 얻으리
주의 택한 모든 성도 구름 타고 올라가
공중에서 주의 얼굴 뵈오리

3. 주님 다시 오실 날을 우리 알 수 없으니
항상 기도하고 깨어 있어서
기쁨으로 보좌 앞에 우리 나가 서도록
그때까지 참고 기다리겠네

⟨후렴⟩ 나팔 불 때 나의 이름 나팔 불 때 나의 이름
나팔 불 때 나의 이름 부를 때에 잔치 참여하겠네

⟨주님의 손길⟩

1. 주님의 손길 생명빛 되네 눈먼 자 광명 찾았네
놀라운 손길 날 위로하네 빛으로 인도해
놀라운 은혜 나에게 주사 새 생명 받았네
놀라운 손길 나 찬양하네 영원토록 찬양해
오 주 그 놀라운 주 손길 오 주 은혜로운 주 손길

2. 주님의 말씀 능력이 되네 믿는 자 치료 받았네
   놀라운 말씀 날 치료하네 빛으로 인도해
   놀라운 은혜 나에게 주사 새 생명 받았네
   놀라운 손길 나 찬양하네 영원토록 찬양해
   오 주 그 놀라운 주 말씀 오 주 은혜로운 주 말씀

3. 주님의 보혈 속죄가 되네 갇힌 자 해방 되었네
   놀라운 보혈 날 구원하네 빛으로 인도해
   놀라운 은혜 나에게 주사 새 생명 받았네
   놀라운 손길 나 찬양하네 영원토록 찬양해
   오 주 그 놀라운 주 보혈 오 주 은혜로운 주 보혈

(후렴) 놀라운 은혜 나에게 주사 새 생명 받았네
   놀라운 손길 나 찬양하네 영원토록 찬양해

\<모든 만민들아\>

모든 만민들아 주를 찬양하여라
위대하신 우리 주님을
소리 높여 찬양해 우리 주 예수 찬양하라
찬미 주 할렐루야 찬미 주 할렐루야 할렐루야
찬미 주 할렐루야 찬미 주 할렐루야 할렐루야

<마지막 날에>

마지막 날에 내가 나의 영으로
모든 백성에게 부어 주리라
자녀들은 예언할 것이요 청년들은 환상을 보고
아비들은 꿈을 꾸리라 주의 영 임하면
자녀들은 예언할 것이요 청년들은 환상을 보고
아비들은 꿈을 꾸리라 주의 영 임하면
성령이여 임하소서 성령이여 우리에게 임하소서

<찬송가 427장> 내가 매일 기쁘게

1. 내가 매일 기쁘게 순례의 길 행함은
   주의 팔이 나를 안보함이요
   내가 주의 큰 복을 받는 참된 비결은
   주의 영이 함께 함이라

2. 전에 죄에 빠져서 평안함이 없을 때
   예수 십자가의 공로 힘입어
   그 발아래 엎드려 참된 평화 얻음은
   주의 영이 함께 함이라

3. 나와 동행하시고 모든 염려 아시니
   나는 숲의 새와 같이 기쁘다
   내가 기쁜 맘으로 주의 뜻을 행함은
   주의 영이 함께 함이라

4. 세상 모든 정욕과 나의 모든 욕망은
십자가에 이미 못을 박았네
어둔 밤이 지나고 무거운 짐 벗으니
주의 영이 함께 함이라

(후렴) 성령이 계시네 할렐루야 함께 하시네
좁은 길을 걸으며 밤낮 기뻐하는 것
주의 영이 함께 함이라

두 손을 높이 드시고, "주님, 성령을 부어주시옵소서. 나에게 강타하여 주세요. 7대 명절이 내 가슴속으로 들어오게 하여 주세요. 7대 명절이 내 속에 박히게 하여 주세요. 성령으로 밀어 넣어 주세요. 성령이여, 부어주세요." "주여!" 삼창하며 합심으로 기도하겠습니다.

"주 예수님, 성령을 부어주세요. 오순절 마가 다락방의 그 자리가 여기가 되게 하여 주세요. 주님 먼저 우리에게 말씀하셨습니다. 내가 이 자리를 그 자리로 만들어 주리라. 대한민국에 다시 한번 부어주세요. 한국 교회에 성령으로 다시 한번 부어주세요. 그 모든 불쏘시개를 우리 교회가 하게 하여 주세요. 사도행전 2장을 다시 한번 재현시킬 수 있도록 성령으로 강타하여 주세요. 모든 성도들 머리 위에 일대일로

7대 명절의 축복을 받으라(상)

오순절의 성령이 부어지게 하여 주시옵소서. 말로 예수 믿는 것 아닙니다. 생각으로 믿는 거 아닙니다. 체험적으로 믿게 하여 주세요. 내가 아무리 부인할래야 부인할 수 없는 확실한 증거와 체험을 부어주세요. 예수님 이름으로 기도 드리옵나이다. 아멘."

할렐루야. 박수로 하나님께 영광입니다. 옆 사람 다 손잡고 우리 악수하면서 다 앉겠습니다. "성령이 임하고 있습니다." 자, 앞뒤로 다시 합시다. "성령이 강타하고 있습니다." 아멘. 할렐루야. 우리 오순절 지금 아직 안 했는데, 성령이 먼저 한 박자 빨리 오시려고, 성령이 지금 오순절 빨리 오시려고 난리예요. 성령이 난리예요. 자꾸 오늘은 이상하게 강대상에 딱 서는데 자꾸 속에서 "그 자리가 되게 하리라. 사도행전 2장 오순절 자리가 그 자리가 되게 하리라," 오늘은 딱 와서 섰는데 자꾸 속에서부터 이 예언성의 말이 "그 자리가 되게 하리라," 성령이 급했어요. 성령님, 조금만 기다려요. 두 주 후에 할 테니까요. 오순절, 두 주 후에, 두 주 후에 할 테니까요.

하여튼 사랑제일교회 다니는 사람들은 말로 예수 믿는 거 아니에요. 이론으로 믿는 거 아니요. 그냥 일대일로, 자기가 고의적으로 안 믿으려고 애를 써도 안 될 만큼 성령이 일대일로 강타해요. 아멘. 자, 그러기 위해서는 오늘 초실절을 단단히 하시기를 바랍니다.

2. 부활의 영광이 다 다르다

최후의 초실절은, 따라서 합니다, "최후의 초실절," 최후의 초실절은 주님이 재림할 때 그때에 최후의 초실절이 일어나요. 일어나는데, 이제 죽은 자들이 먼저 부활하고, 살아있는 사람도 부활하는데, 이것을 사도바울이 더 자세하게 말해 놓은 곳이 어디냐? 고린도전서 15장 40절이에요. 그때 상황을 바울은 보게 되었어요. 한번 성경 넘겨보세요. 그날에 무슨 일이 일어날 것인가? 사도바울이 초실절을 자세하게 본 것이 있어요. 자, 그 앞에 38절부터 한 번 읽으시면, 시작. '하나님이 그 뜻대로 저에게 형체를 주시되 각 종자에게 형체를 주시느니라 육체는 다 같은 육체가 아니니 하나는 사람의 육체요 하나는 짐승의 육체요 하나는 새의 육체요 하나는 물고기의 육체라.' 40절을 잘 보시면, 시작. '하늘에 속한 형체도 있고 땅에 속한 형체도 있으나.'

자, 보세요. 잘 보세요. 사도바울이 이 초실절에 일어날 부활 사건, 부활 사건, 이제 알아들으셨죠? 주님이 재림할 때 일어날 부활 사건 말이에요. 그 부활 사건을 사도바울이 어디서 봤느냐? 사도바울은 이 성경을 쓸 때 이 땅에서 사람한테 배워서 쓴 게 아니에요. 구약 성경을 읽어보고 성경을 쓴 것이 아닙니다. 바울이 이 성경을 쓸 때는, 이 사도바울이, 사도 중의 바울이 사람이 죽어서 가는 천국을 바울이 먼저 간 거예요. 거기 가서 보고, 요즘 말로는 입신했단 말이에요. 아멘. 내가 7대 명절 요거 다 끝나면요 하늘나라 지옥을 가장 정확하게 본 권사님을 데려다가 토크로 질문해 가면서 내가 천국 지옥에 대해서 여러분이 가본 거만큼 홀딱 벗겨드릴 테니까요. 이거 설교 다 끝나면 그렇게 할 거예요. 아멘.

그래서 사도바울은 고린도후서 12장에 보면, 이렇게 성경에 말하고 있어요. 바울 사도가 어떻게 이런 성경을 알게 되었는가? 바울이 이런 걸 알게 된 이유예요. 고린도후서 12장 1절이요. 시작. "1 무익하나마 내가 부득불 자랑하노니 주의 환상과 계시를 말하리라 2 내가 그리스도 안에 있는 한 사람을 아노니 십사 년 전에 그가 셋째 하늘에 이끌려 간 자라 (그가 몸 안에 있었는지 몸 밖에 있었는지 나는 모르거니와 하나님은 아시느니라) 3 내가 이런 사람을 아노니 (그가 몸 안에 있었는지 몸 밖에 있었는지 나는 모르거니와 하나님은 아시느니라) 4 그가 낙원으로 이끌려 가서 말할 수 없는 말을 들었으니 사람이 가히 이르지 못할 말이로다."

이거 보세요. 이 사도바울이, 하도 바울은 겸손해서 자기가 하늘나라에 갔다 왔으면서도 사람들이 바울을 너무 지나치게 생각하니까, 사도행전에 보면, 사도바울이 하도 신령하고 대단하니까요. 왜? 손수건만 던져도 병이 나았거든요? 그러니까 사도바울 앞에 제사를 지내려고, 바울 앞에다가 음식을 놓고 제사를 지내려고 했어요. 사도바울이 옷을 찢고 "내가 이런 짓 하지 말라고 사도 했는데, 너희들이!" 그러니까 바울이 그렇게 대단한 거예요. 그러니까 바울이 자기 자신이 너무 높아지는 것을 방어하려고, 자기 말을 다른 사람의 말인 것처럼 "내가 어떤 사람을 하나 아는데 … " 하는 거예요. 알긴 뭐 알아요? 자기인데요. "아는데, 14년 전에 하늘나라를 갔다 왔는데 … " 14년 전에 어떤 사람이 그게 바로 바울 자신이에요. 자기 얘기를 이렇게 돌려서 하는 거예요. 나 같으면 그렇게 안 해요. "내가 봤더니!" 그러면서 나는 그냥 난리 나버려요. 근데 바울은 자기 얘기를 돌려서 해요. "그래, 가서 봤는데, 이 땅 말로 표현할 수 없는 것을 내가 보게 되었다." 바울이, 그 말이에요. 이 땅에서 언어로서는 한계점이 있다는 거예요. 언어로서 사람의 말이 한계점이, 표현의 한계점이 있는 거예요. 천국 지옥 보고 온 사람들이 이 땅에 와서 간증 집회시켜보면요, 말을 다 못 해요. 그냥 좋다는 소리밖에 못 해요. 언어의 한계점이 있단 말이에요.

　　　　　　　　　　　7대 명절의 축복을 받으라(상)

그래서 바울 사도가 거기 가서 봤더니, 한 인간을 보게 되었어요. 어떻게? 한 인간의 출발이 엄마 뱃속에서, 남자 여자가 결혼해서 엄마 뱃속에 애가 생기는 거예요. 열 달을 살다가 엄마 물주머니가 '나가!' 하고 딱 밀어내요. 그러면 이 땅에 제2의 모태에서 100년을 살아요. 100년 살더니, 사람이 요렇게 쪼그라져서 늙더니, 죽더라는 거예요. 죽더니, 육체는 땅속에 들어가고 영혼은 하늘나라 올라가더라는 거예요. 그 과정을 바울은 다 본 거예요. 천국에서 본 거예요. 올라가더니, 영혼이 다시 예수님 재림할 때 예수님이 영혼을 데리고 오더라는 거예요. 아멘.

오더니, 부활을 일으키는데 무덤에서부터 땅속에서 톡톡 튀어서 하늘에서 온 영과 땅에 있는 이 육체, 이것이 부활이 일어나는데 장면을 바울이 딱 봤더니, 아까 그랬죠? 이 땅의 말로 표현 못 한다고요? 그러니까 할 수 없이 이 땅에 이해되기 쉽도록 표현한 것은 뭐냐? 어떤 사람은 부활하는데, 부활의 상태가 사람마다 다 달라서, 어떤 사람은 해처럼 부활해요. 해처럼. 부활의 다양성입니다. 어떤 사람은 달처럼, 어떤 사람은 별처럼 부활해요. 근데 별도 크기가 같아요, 달라요? 그와 같이 별과 별의 영광이 다르며! 그러니까 모든 인간들의 부활 상태가 사람별로 한 사람도 같은 사람이 없고 다 다르더라! 이것을 하늘의 빛의 밝기를 가지고 비유로 설명한 거예요. 이 세상에서 그걸 말로 할 수 없으니까. 아멘.

그러니까 이 부활의 영광이 사람마다 다 다른데, 사랑제일 교회는 최고의 부활 하자! 진짜? 나도 이왕 부활할 거 같으면, 최고의 부활, 해의 부활 한번 해보기 원하시면 아멘. 두 손 들고 아멘. 아따 욕심은 더럽게 많다. 진짜요? 좋아요. 목표는 좋게 잡는 게 좋아요. 목표는 좋게 잡는데, 저도 해의 부활을 하려고 그래요. 나는 이건 양보할 수 없어요.

3. 더 나은 부활을 위해 우리를 단련시키시는 하나님

근데 문제는요, 해의 부활은요 순교자의 부활이에요. 순교자의 부활. 그러니까 우리가 예배 때마다 앞에 예배 찬송을 항상 〈순교자의 삶〉을 왜 부르는지 알아요? 인간의, 사람의 이 최후의 목표가 부활이에요, 부활. 여러분들은 이 세상에 살면서 "하나님이 나한테 말이야 왜 하나님이 나한테 돈도 안 주고, 애새끼도 또 잘 크게 안 하고, 왜 자꾸 이렇게 부정적 얘기, 다시 말해서 내가 원치 않은 일이 왜 자꾸 나에게 일어날까? 고통스러운 일이 왜 일어날까?" 오늘 요 말씀을 잘 들으세요. "아니, 나는 원치 않는데, 왜 자꾸 부도도 나고 말이야. 사업도 안 되고 말이야. 원치 않은 또 왜 암병이 와서 이거 나를 또 이렇게 힘들게 하고 말이야." 내가 원치 않

7대 명절의 축복을 받으라(상)

은 것들이 나한테 올 때가 있어요, 없어요? 있어요, 없어요? 그 원인에 대해서 말씀드릴게요.

하나님이 여러분과 저를 양육하는 최후의 목표는 이 땅이 아니에요. 부활이에요. 따라서 합니다. "부활." 그래서 이 사건이 부활에서 어떻게 영향력이 되느냐? 더 나은 부활을 만들기 위하여 하나님은 우리에게 공작을 해요. 아멘. 예를 들면, 보십시오, 내가 그렇게 무교절 설교를 했는데 무교절의 의미를 아직도 모른단 말이에요. 사람들이 무교절로부터 못 빠져나오는 거예요. 선악과를 토하여 내라, 따라서 해요, "토하여 내라," 이렇게 설교하는데도, 아직도 못 나오는 거예요. 그럴 때는 하나님이 그 사람에게 초실절의 축복, 예를 들어서, 이거는 다음 주에 하려고 그러지만, 물질이 부활하고, 돈도 많이 벌고, 애새끼 잘되고, 이러면요? 그 사람을 하나님이 저주하는 거예요. 그 사람을 축복하는 게 아니에요. 그 사람에게는 병을 줘야 해요. 병을요. 왜 병을 줘야 하느냐? 그 사람에게는 암병을 줘야 해요. 하나님이 아주 부도가 나게 해서 재산을 쫙 빨아버려야 해요. 왜 그러나? 그걸 통하여 하나님이 무교절 자아를 죽이고 완전히 이 무교절을 하나님이 완성 시키려고 그래요. 그래서 결국은 초실절의 주인공을 만들려고 그래요.

그러니까 이렇게 생각하면 돼요. 자, 핵심적인 전체를 정리하면, 여러분에게 일어나는 긍정적 얘기 있죠? 긍정적 얘기는 뭐냐? 좋은 얘기, 돈도 잘 벌리고, 애들도 잘 크고, 원하는 대로 다 잘되고, 긍정적 얘기. 그다음에 여러분이 원치 않는 부정적 얘기, 소극적 얘기, 안 되고, 돈도 다 날아가고, 병이 오고, 애새끼들도 그렇고. 이 긍정과 부정의 모든 사건들이 하나님의 관점에서는 부활과 딱 엮여 있어요. 부활과 관계를 딱 걸고 있어요. 아멘. 하나님은 여러분과 저보다 최후의 목적지를 더 잘 알고 있어요. 우리에게 가장 좋은 쪽으로 우리를 인도해요. 가장 좋은 쪽이 뭐냐? 우리에게 병을 주는 거예요. 목사님, 병 주는 게 왜 가장 좋은 거냐고요? 그 병에 가야 너는 해의 부활에 갈 수 있어요. 안 그러면, 너는 죽으면 어떤 부활 하냐, 이거예요.

7대 명절의 축복을 받으라(상)

Ⅳ.
영광스러운 부활과 부끄러운 부활

1. 천사처럼 영광스러운 부활

부활 중에는 아까 그랬죠? 하늘의 형체도 있고! 이건 천사의 모양이에요. 부활을 말할 때 주님은 항상 천사에 대한 얘기를 연관시켜서 말할 때가 많아요. 아멘. 주님이 이 땅 계실 때 어떤 바리새인이, 사두개인이 예수님께 시험을 하러 왔어요. 공격하려고, 말싸움하려고 왔어요. "예수님." "왜 그러냐?" "예수님은 사람이 죽으면 부활을 한다면서요?" "부활하지. 당연히 부활하지." 할렐루야. 그랬더니, 예수님을 올무에 빠뜨리려고 이렇게 예화를 들었어요. 예화가 아닌 사실인지 몰라요.

어떤 집에 일곱 아들이 있는데, 제일 큰 장남이 결혼을 해서 마누라를 얻었어요. 그런데 애를 못 낳고 죽어버렸어요. 죽으니까, 그러면 요즘 우리나라 같으면 그냥 죽으면 다른 데 시집가면 되잖아요? 이스라엘 나라는 불가능해요. 시동생이 데리고 살아야 해요. 시동생, 둘째 시동생이 형수를 데리고 살아서 형수의 뱃속에서 애가 나와야 해요. 나와야 둘째 시동생이 자기 장가를 가요. 그다음에 새 여자를 얻을 수 있어요. 양자 개념이 이스라엘 나라는 우리나라보다 백배 강해요. 이해가 되죠? 한국은 둘째가 애를 많이 낳아서 형이 자식이 없으면 형한테 그냥 호적을 떼어주잖아요? 이스라엘은 그게 아니고, 아예 형수를 데리고 살아야 해요. 아예. 그러니까 형이 애를 못 낳고 죽으면요, 동생이 더럽게 기분 나쁜 거예요. 왜? 처음부터 헌 거하고 살아야 하니까요.

그래서 형이 죽었단 말이에요. 동생이, 둘째 동생이 말이야 "아유, 형님! 왜 애도 안 낳고 죽어서 더럽게 말이야, 나는 새 장가도 못 가고 말이야 처음부터 중고하고 살아야 하고, 형수하고 말이야." 그 형수를 데리고 살았는데 둘째도 결혼식 끝나고 그다음 날 죽었어요. 또 애를 못 낳고요. 그러면 형수 방에 몇째가 들어가야 해요? 셋째가 들어갔는데, 셋째하고 결혼식 해서 또 죽었어요. 넷째하고 결혼시켰더니, 애 안 낳고 또 죽었어요. 계속 그렇게 해서 마지막 하나밖에 없어요. 일곱째 아들을 그 형수 방에 딱 넣었더니, 일곱째 아들도 죽었어요. 그러니까 이 여자는 잡아먹는 여자예요. 이 여자는 아주 잡아먹는 여자예요. 그러면서 예수님께 이렇게 말하는 거예요. "그렇게 됐을 때, 예수님이 부활한다고 그럴 때 한 여자가 일곱 형제들을 다 데리고 살았는데 그러면 이 여자는, 여자는 하나고 남편은 일곱인데 누구의 아내가 되겠습니까?" 이렇게 물었어요. "부활 때는 이 여자가 누구하고 살아야 합니까?" 이렇게 말했어요.

그럴 때 주님이 이렇게 대답한 거예요. "너희들이 성경도, 신령한 세계도 알지 못하므로 오해하였구나. 부활 때는 장가가고 시집가고 하는 것이 없다." 그러면서 천사와 같다고 그랬어요. 그러면 천사들은 시집 장가, 가요, 안 가요? 천사들은 중성이에요. 사람만 이 땅에 있을 때 남자 여자가 있지, 천국 가면 없어요. 천사처럼 중성이란 말입니다.

그러니까 부활을 할 때, 예수님이 천사의 얘기를 많이 했어요. 그러니까 여러분들은 최소한 부활할 때, 천사 이상으로 부활하십시오. 천사 이상으로 부활하세요. 옆 사람 다 손잡고, 이야기해 봐요. "천사 이상으로 부활합시다." 천사 이상으로 부활하잔 말이에요, 천사 이상으로. 아멘.

2. 짐승처럼 부끄러운 부활

그런데 또 한 가지 뭐냐 하면, 하늘의 형체도 있고! 하늘의 형체는 천사라 그랬어요. 대충 천사의 모형체예요. 아멘. 땅의 형체도 있으며! 땅의 형체는요, 짐승을 말하는 거예요. 한마디로 딱 바로 들어가면 뭐냐? 부활할 때 말이야 다 영광의 부활만 하는 게 아니고, 짐승같이 부활하는 사람도 있는 거예요. 원숭이 같이요. 그런 부활을 하면 돼요, 안 돼요? 이게 기가 막히는 거예요.

그러니까 여러분, 나는 한국의 기독교인들 보면요, 성경이 뭔지 몰라요. 왜? 목사님들이 설교를 안 해요. 목사님들이 인기 떨어질까 봐 말 안 해요. 목사님들이 이런 설교 하면 교회에서 쫓겨나 버려요. 장로님들이 쫓아내 버려요. 장로님들이 겁나거든요. 겁나니까 이런 설교 못 하게 하는 거예요. 장로님들이 겁난다고 쫓아낸다고요. 그러면 장로님들이 짐승같이 부활 안 하나요? 그러지 말고 박살 나고 깨어져서 회개하고 뒤집어져야지요. 아멘. 아니, 설교하는 사람을 못 하게 한다고 너한테 무슨 일이 일어나나요? 그러니까 여러분들은 속으면 안 돼요. 속지 말자! 이런 일이 여러분, 안 일어날 것 같죠?

성경은 보강공사가 있어요. 항상 성경은 한 절만 있는 게 아니에요. 그 절이 있으면 앞뒤 좌우 신구약에 꼭 보강공사가 따라요. 다니엘서 12장을 넘겨보세요. 이 안 좋은 부활에 대해서 여기 성경이 말하고 있어요. 12장 1절부터 한 번 읽어봐요. 시작. '그때에 네 민족을 호위하는 대군 미가엘이 일어날 것이요 또 환난이 있으리니 이는 개국 이래로 그때까지

7대 명절의 축복을 받으라(상)

없던 환난일 것이며 그때에 네 백성 중 무릇 책에 기록된 모든 자가 구원을 얻을 것이라' 2절 부활이요, 부활. 시작. '땅의 티끌 가운데서 자는 자 중에 많이 깨어 영생을 얻는 자도 있겠고.' 자는 자 중에는 죽음의 잠을 말해요. '죽은 사람이 깨어.' 깨어서 부활한다는 거예요. '영생을 얻는 자도.' 좋은 부활이란 말이에요, 좋은 부활. 아멘. '영생을 얻는 자도 있겠고.' 그다음 말을 들어봐요. 안 좋은 부활, 안 좋은 부활. 시작. '수욕을 받아서 무궁히 부끄러움을 입을 자도 있을 것이며.' 이거 보세요. 부끄러운 부활입니다.

그럼, 오늘 여러분들은 결단해야 해요. 영광의 부활할래요, 부끄러운 부활할래요? 영광의 부활에 들어가려면 최소한 이 세 가지 안에 들어가야 해요. 따라서 해봐요. "해의 부활, 달의 부활, 별의 부활." 최소한 이 세 가지 안에 들어가야 해요. 나머지 뒤의 부활은 다 부끄러운 부활입니다. 생긴 게 이상한 부활이에요.

잘 들어봐요. 지금 이 가운데서 여러분, 성도들, 잘 들어봐요. 지금 현재 육체, 여러분의 모양 있지요? 여러분의 얼굴만큼 현재 상태만큼도 부활 못 할 사람 많습니다. 현재 상태만큼도요. 현재 상태만큼이라도 부활하면 그래도 괜찮게요? 왜? 요즘은 하도 성형수술 해서 다 예쁘잖아요? 꿰매고, 찢고, 붙이고 해서 예수님이 천국 가면 못 알아본다고 그러잖아요? "너, 누구냐?" "어느 집사예요." "내가 이렇게 안 만들었는데." 그러니까 요즘은 다 이뻐요. 개성을 따라 찢고, 높이고, 그냥 실리콘 넣고, 지지고 해서요. 그런데 너의 그 아름다움을 부활 때까지 끌고 갈 수 있겠어요? 사실은 지금 현재 상태에서, 지금 여기 서정희 사모님이 요렇게 이쁜데도 요 상태로 가도 하늘나라 가면요 창피해서 못 살 정도가 돼 버려요. 그러니까 여러분들 가운데 여기 특별히 여자들 잘 들으세요. 남자들은 뭐, 생긴 거에 별 관심 없어요. 남자들은 뭐. 그런데 여자들, 잘 들어보세요. 근데 문제는 여러분이 부활 때 가서 현재 상태처럼 부활할 수 있냐? 내가 볼 때요, 여기에 태반은요, 부활 때 어떻게 하는지 알아요? 드라큘라처럼 보여요. 제일 얼굴이 못생긴 사람이 누구냐? 화상 환자예요, 화상 환자. 어릴 때 화상 입어서 전신 화상 얼굴 다 데여서 옛날에는 병원도 좋은 거 없었어요. 그냥 화상 입은 상태로 굳어져 버려요. 내가 그런 사람들에게 할 말이 하나 있어요. 뭐냐? 그래도 괜찮아! 30년이면 끝! 그래도 땅속에 들어가 썩으면 똑같고, 사모님처럼 이쁜 모델도 썩으면 똑같아요.

문제는 다시 한번 기회가 온다는 거예요. 다시 한번 기회가 언제냐? 영원히요. 그 상태로 영원히요. 이제 거기는 성형수술도 없어요. 거기는 성형수술도 없고, 이쁘게 만드는

7대 명절의 축복을 받으라(상)

화장품도 없어요. 그냥 한 번 딱 찍히면 그 상태로 영원히요. 이게 부활이에요. 아멘. 여러분과 저에게 한 번의 기회가 더 있어요. 찬스(chance)가 있어요. 잡으세요. 할렐루야. 옆 사람 다 손잡고 해봐요. "찬스를 잡읍시다." 아멘. 그러니까 내가 얼굴 못생기게 돼서 불평하지 마요. 잘생겼다고 이쁘다고 또 자랑하지 마요. 다음 기회에 부활할 때, 그 상태는 일 년, 백 년, 천 년이 아니라 그 상태로 영원이라니까요? 영원?

그래서 나는 해의 부활하려고요. 누구도 나를 이걸 막을 수 없어요. 난 타협할 수 없는 사건이에요. 나는요 이 성경을 너무너무 잘 알아요. 영의 세계를 잘 알아요. 그러니까 내가 자꾸 이렇게 말하는 것은요 내 말에 내가 얽혀서 안 하면 안 되도록 하기 위해서예요. 나는 최후를 순교하려고 각오하고 있어요. 나는 순교 해야 해요. 안 할 수가 없어요. 왜? 나는 너무 잘 알아요. '저 건너편 강 언덕에 아름다운 집 있도다 믿는 자만 그곳으로 가겠네.' 할렐루야. 여러분과 제가 머지 않아 저 황금문 들어가서요? 아멘. 불러 봐요. 한번 불러 봐요. 〈저 건너편 강 언덕에〉입니다.

그때 가서 승리해야 해요. 부활에서 승리해야 해요. 부활에서 거기서 대박 나야 해요. 대박 나야 해요. 아멘. 잘 들어야 해요. 오늘 말씀 너무너무 잘 들어야 하는 거예요. 속으면 안 되는 거예요. 속으면 안 돼요. 믿습니까? 그래서 인생 최고의 성공은 누구냐? 이 땅에서 누가 돈 많이 버느냐? 아니고. 이 땅에서 누가 권력을 잡았냐? 아니고. 이 땅에서 누가 자식을 잘 키웠느냐? 아니고. 인생 최고의 성공 실패의 마지막 심판은 부활에서 승리하는 거예요. 믿습니까? 믿습니까? 이 말은 사실이에요. 옆의 좌우 다 손잡고 해 봐요. "우리 모두 부활에서 승리합시다." 할렐루야. 〈저 건너편 강 언덕에〉입니다.

〈찬송가 226장〉 저 건너편 강 언덕에

1. 저 건너편 강 언덕에 아름다운 낙원 있네
   믿는 이만 그곳으로 가겠네
   저 황금문 들어가서 주님 함께 살리로다
   너와 날 위해 황금종 울린다

2. 은빛 바다 저 너머로 잠시 후에 천국 가서
   우리 죄와 모든 슬픔 잊겠네
   주 예수의 사랑 속에 영원토록 살리로다
   너와 날 위해 황금종 울린다

3. 우리 일생 다 지나고 주의 품에 편히 쉴 때
   나의 영혼 자유 함을 얻겠네
   괴로운 짐 모두 벗고 주와 함께 살리로다
   너와 날 위해 황금종 울린다

7대 명절의 축복을 받으라(상)

(후렴) 저 울리는 종소리와 천사들의 노랫소리
영광일세 할렐루야 기쁘다
빛나는 저 강 건너편 아름답고 영원한 곳
너와 날 위해 황금종 울린다

아멘! 내가 지금 완전히 성령에 사로잡혔어요. 지금 제가 요, 지금 완전히, 지금 현재 상태가 완전히 성령에 사로잡혔 어요. 우리 대박 납시다. 우리 부활에서, 부활로 승부하자고 요. 옆 사람 다 손잡고 해봐요. "부활로 승부합시다." 부활로 승부하자! 부활로 승부하자! 아멘.

V.
부활에서 승리하는 방법

1. 부활에서 승리하자

그럼 어떻게 우리가 부활로 승부할 것인가? 바울이 우리에 게 결론적으로 이렇게 말했어요. 유월절을 안 사람, 무교절을 안 사람, 그리고 초실절을 안 사람은 이렇게 승부하라고요. 41절, 고린도전서 15장 41절을 보면 이렇게 승부하라고 우리에게 바울이 말했어요. 바울은 사도 중의 사도입니다. 우리는 바울의 말을 귀 넘어 들으면 안 돼요. 41절부터 다시 한번 보세요. 시작! '해의 영광도 다르며 달의 영광도 다르며 별의 영광도 다른데 별과 별의 영광이 다르도다 죽은 자의 부활도 이와 같으니 썩을 것으로 심고 썩지 아니할 것으로 다시 살며 욕된 것으로 심고 영광스러운 것으로 다시 살며 약한 것으로 심고 강한 것으로 다시 살며 육의 몸으로 심고 신령한 몸으로 다시 사나니 육의 몸이 있은즉 또 신령한 몸이 있느니라.' 이 부활에 대해서 확실히 눈을 뜬 사람, 부활에 대해서 열린 사람은 알아요. '인간 최후 상태는 부활이구나!' 여러분, 열렸어요? 진짜요? 눈이 떠졌어요? 아멘. 우리 옆에 좌우에 손잡고 해요. "부활에서 승리합시다."

만약에 여러분이 이 땅에서 부분적인 성공, 부분적인 성취, 그거에 속아서 부활에서 밀리면요, 인간은요, 저주예요, 저주. 왜 여러분의 목자 전광훈 목사가 이렇게 사는지 알아요? 서정희 사모님이 저를 만나서 처음에는 말씀에 깨졌어요. 말씀에요. '어떻게 이 시대에 말씀이, 이런 말씀이, 전광훈 목사를 통하여 하나님이 토하여 냈나?' 그런데 사모님이 요즘 와선 나보고 그래요. 말씀에 깨졌는데 "나는 이제는 말씀 없어도 목사님한테 항복합니다." "왜요?" "목사님의 사는 삶을 보니까, 목사님의 집을 보니까요." 누가 이런 대형교회 목사가 저런 사택에 살겠냐, 이거예요. 그러니까 서정희 사모는 그래요. 다른 말 할 것 없이 한국 땅에서 뭐 서로 잘났다고 하는 목사님들, 뭐 강남의 대형교회 목사님들, 서로 잘났다고 큰소리쳐 봤자 소용없대요. 나보고 기죽지 말라고 사모님이 그래요. 왜? 사람이 말로는 따발 따발 할 수 있어도 삶은 거짓말을 못 한다는 거예요. 삶은요. 네가 진리를 알았어? 네가 진리를 진짜 알았냐고? 알았어? 알았으면 그따위로 살아? 네가 영계에 대해서 거인이야? 그러면 너, 그렇게 살아? 그러니까 전광훈 목사는 필요 없대요. 설교도 필요 없대요. 지금까지 살아온 삶의 전체가 자기의 영의 세계를 입증한다 이거예요. 내가 잘난 척했어요. 알았죠? 이건 내가 한 말이 아니고 서정희 사모님이 한 말이에요. 아멘.

그러면 보세요. 왜 전광훈 목사가, 난 무슨 뭐, 머리가 안 돌아가요? 더하기 빼기를 못 해요? 하나 더하기 하나는 둘, 나도 알아요. 나도요, 강남의 대형교회 목사님처럼 누릴 수 있어요. 얼마든지요. 나요, 나, 얼마든지 누릴 수 있어요. 나도 하와이에 집 살 수 있어요. 추우면 거기 가서 살고, 나, 얼마든지 할 수 있어요. 나는 그렇게 안 해요. 왜 안 하나? 나의 목표는 따로 있어요. 부활이에요. 나는 부활을 알기 때문에 더 나은 부활을 사모하는 거예요.

2. 모든 일을 부활과의 관계성에서 하자

사도바울이 이렇게 말해요. 부활을 아는 사람은 잘 들어라, 하고 이렇게 말하고 있어요. 41절부터 다시 한번 읽어봐요. 시작. '해의 영광도 다르며, 달의 영광도 다르며, 별의 영광 도 다른데, 별과 별의 영광이 다르도다.' 42절 시작. '죽은 자 의 부활도 이와 같으니.' 따라서 해봐요. '이와 같으니.' 그럼, 부활이 같다? 다르다? 다를 정도가 아니에요. 그다음에 죽은 자의 부활도 이와 같으니 해놓고 그다음에 한 말을 주목하세 요. 오늘은 이 말을 붙잡고 집에 가세요. 요 말을 가슴에 담 으세요. '썩을 것으로 심고.' 따라서 해봐요. "심고." 이 썩을 것으로 심는다는 것은 뭐냐? 이 땅의 모든 것은 다 썩어요. 사람의 육체도 썩고, 시간도 썩고, 존재도 썩고, 모든 전체는 다 썩는 거예요. 이 땅에 있는 모든 것은 다 썩어요.

그런데 여러분과 제가 이 땅에 살면서 이 땅에서 나를 통 하여 일어나는 모든 것이, 따라 해봐요, "존재," 따라서 합니 다, "긍정적인 것, 부정적인 것," 모든 것이에요, 모든 것. 예 를 들면, 긍정적이라 그러면 여러분이 돈을 많이 벌었다, 아 멘. 그것을 부활을 위하여 심으라는 거예요. 아멘. 시간이 많다, 부활을 위하여 심으라. 애들 교육을 시킨다, 부활을 위하여 심으라. 그러니까 오늘부터 여러분들은 사는 삶이 내일 이제 월요일 일하러 가는데, 똑같은 직장, 똑같은 일을 하러 가도, 내일부터 이 속에 가는 자세는 천지개벽이 일어나야 해요. 어제까지는 여러분, 직장에 왜 갔어요? 돈 벌러 갔지요? 근데 내일은 돈 벌러 가는 게 아니에요. 내일은 뭐냐? 돈 벌어서 나는 내 부활을 업(up) 시키려고! 모든 걸 부활과의 관계성으로 심으라 이거예요. 모든 것을 부활과의 관계성으로. 아멘? 어제까지는 여러분의 자식들을 다 공부시킨 이유가 뭐냐? 부모로서 당연히 육신의 정으로 하지요? 육신의 정으로. 그것만으로도 좋아요. 그러나 거기 머물지 말고! 내가 왜 내 자식을 공부시켰냐? 부활, 부활과 관계성을 갖게 하라! 당사자인 우리 자녀들도 더 부활이 좋게 되고 내가 우리 자녀를 키우는 이 행위까지도 내가 나중에 하나님께 상급이 되게 하라! 육신의 정으로 하면 상급이 없어요. 아멘. 그리고 또 다예요. 다. 전체 다입니다.

그러니까 앞으로 무슨 일이든 다입니다. 따라서 해봐요, "존재." 여러분이, 우리 자매님들이 내일 아빠가 출근할 때 등도 두들겨주고 넥타이 매주고 "잘 다녀와" 인사하죠? 옛날에는 부부간의 사랑으로 했어요. 그런데 내일 월요일부터는 어떻게 하나? 내가 이렇게 함으로 부활과 관계를 맺고 나는 우리 남편을 위하여 심는 거예요. 부활을 심는 거예요. 육신의 정으로 하면 상급이 없어요. "주님, 나 하기 싫지만, 내가 주님, 내가 주님의 부활을 바라보고, 내가 등 두들겨 드리나이다. 아버지 하나님! 목을 대라. 넥타이 매줄 테니까. 아버지여!" 요렇게 다 부활과 관계를 쓰는 거예요. 아멘. 택시 운전해가다가 다른 차가 창문을 열고, 어제도 보니까, 욕을 바가지로 해서 싸우더라고요. 둘 다 내리더니, 뭐라고, 뭐라고 그래요. 경찰이 와서 막 그러는데요? 우리에게는 그런 일이 일어나도, 욕바가지를 먹었다 해도 "할렐루야!" 해야 해요. 왜? 부활 때문에. 아멘.

그다음은 수동적인 거에 대해서입니다. 수동적인 거, 부정적인 거예요. 잘 들어요. 사람은 이 땅에서 모든 일이 수동적인 일, 능동적인 일, 두 가지가 일어나요. 다른 말로 좋은 사건, 나쁜 사건 이렇게 일어나요. '그러면 나한테 왜 안 좋은 일이 이렇게 일어날까? 교회에 가도, 교회에서 나를 씹기나 하고 말이야, 교회만 가면 말이야, 이게 왜 사람들이 나한테 욕을 할까?' 잘 들어 봐요. 그걸 욕으로 반격하면 안 돼요. 그렇게 할 때 바로 우리는 부활로 들어가야 해요. 그때, 딱 욕을 먹을 때, 이렇게 해야 해요. '아! 주님이 나를 해의 부활을 시키려고, 진짜로 내가 무교절의 찌꺼기에서 다 나왔는지, 주님이 나를 시험하는구나,' 그래야지, 욕한다고 씹는다고

7대 명절의 축복을 받으라(상)

같이 거기다 되받아쳐서 "아이고 미쳤구나. 너는 미쳤어," 이러면 돼요, 안 돼요? 안 돼요. 그러면요, 주님이 그래요. "너 그런 상태로는 부활 세게 못 해. 그러니까 너는 계속 무교절 더 해야 해. 내가 또 더 센 자를 붙여줄게. 더 강도 높은, 내가 황수넴의 할아버지를 붙여줄 테니까. 내가." 이래서 점점 더 강한 사람을 자꾸 갖다 붙여요. 왜? 하나님이 여러분과 저를 사랑한단 말이에요. 사랑해요, 안 해요? 사랑하는데, 여러분도 자녀 사랑하니까, 서울대학 넣으려고 그러지요? 주님도 우리를 부활 대학에서 특급대학에 넣으려고 그래요. 예를 들어서, 여러분을 억울한 것을 한번 딱 줘보고, 그거를 못 견뎌서 말이야, 이불을 뒤집어쓰고 3일을 앓고 그러면, 시누이한테 머리를 한번 뜯겼다고 해서 "으으!" 이렇게 해버리면, 주님이 그럴 거예요. "야, 내가 너에게 더 높은 부활을 시키려고 내가 너에게 그를 보냈는데 너는 계속 아직도 선악과로 반응하고 아담으로 반응하니?" 그래서 하나님이 점점 강도를 더 높여서 결국은요, 모든 이 소극적 내지는 부정적 일이 계속 일어나는 거예요. 왜? 하나님은 우리를 사랑하니까 부활을 업시키려고요. 아멘!

그러니까 이제 모든 일어난 일은 둘 중 하나입니다. 따라서 해봐요. "좋은 일, 나쁜 일." 모든 사건을 대하는 것을 부활에 염두에 두라고요. 이번에 안 좋은 일이 생길 때도 "이

때 내가 하나님께 감사하자." 미워하지 말고, 맞받아치지 말고, 누가 날 미워하고 씹고 하거든 그때 하나님께 합격을 해야 해요. "사랑해!" 이렇게요. "사랑해." 연습 한번 해 봐요. "사랑해." 안 되거든 집에서 연습을 많이 해요. 집에서 거울 앞에서 "주님, 오늘, 아버지, 재수 없는 그 여자 또 만날 텐데 어떡해요? 아버지 하나님. 아버지! 틀림없이 내 속에서 아담이 나갈 것 같은데. 아버지 하나님! 틀림없이 내 속에서 선악과가 튀어나올 것 같은데. 아버지 하나님! 그 여자 만나거든, 아버지 하나님, 연습부터 해놓겠습니다. 사랑해." 집에서 연습을 해놓으라고요. 목사님인들 왜 미워하는 사람이 없겠어요? 그러니까 우리가 원수를 대하고, 나를 상처 입힌 사람, 나를 씹는 사람을 어떻게 대하는가를 보면 그 사람의 부활 척도가 나타나요. 부활 척도. 여러분도 미움이 3초 이상은 가지 마요. 난 내년에 가서 2초로 당기려고요.

3. 더 나은 부활을 위하여 용서하자

이와 같이 여러분과 제가, 잘 들어봐요, 마지막 결론이에요, 잘 들어보세요. 여기 내가 있는데, 또 여기 한 사람, 다른 사람이 있잖아요? 이 사람으로부터 좋은 거만 나한테 오겠냐고요? 날 씹고 나쁜 거, 이렇게 오잖아요? 올 때 내가 말이나 이 사람의 표정이나 뭘 보고, '아, 저 사람이 날 씹는구나.' 이렇게 내 속에 미움을 딱 담으면요, 미움을 담는 즉시 그 공간, 그 자리는 사탄이 점령해요. 잘 들어야 해요. 잘 들어봐야 해요. 내가 삼분설 가르쳤죠? 따라서 해봐요. "영과 혼과 육체와." 사람의 구원받은 영은 이건 노-터치(no-touch)예요. 이거는 성령이 완전히 점령해요. 그러나 이 혼은요, 이 혼은 공동경비구역이에요. 공동경비구역. 다시 말해서 내가, 아무리 내가 신령한 경지에 가도 사람을 용서하지 않고, 용서하지 않는 마음을 딱 속에 갖는 순간, 그 자리는 사탄의 점령지예요. 그러니까 여러분, 오늘 이 자리에서는 용서하지 않는 사람이 한 명도 없기를 바랍니다. 누구를 위해서 용서하느냐? 내가 살기 위해서 용서해야 해요.

내가 오늘 2부 예배 설교 마치고 우리 집에 잠깐 들어가서 내가 너무 힘들어서 잠깐 5분 누워 있으면서도 용서에 대해서요, "아직도 주님, 내가 용서 못 한 사람 있나요? 기억나게 해주세요." 해서 쫙 스크린(screen)하고 다시 올라왔어요. 올라오니까, 봐요. "그 자리, 오순절의 자리를 만들어 주리라." 하나님이 딱 그러잖아요? 아멘. 내가 딱 스크린하고 왔어요. 아멘. 이렇게 용서하는 것은 너무너무 중요한 얘기예요. 그 마음속에 용서를 안 하고, 용서 안 하는 마음을 내가 딱 이 속에 갖는 순간 그 부분만큼은 사탄의 점령지역이에요. 그 부분만큼은 사탄이 나를 지배한다고요. 얼마나 끔찍스러워요? 그래서는 최고의 부활로 못 가요. 그러니까 연말이 되어서 여러분, 다 털어야 해요. 다 용서해야 해요. 용서하실래요? 용서 안 하는 사람은요, 최고의 부활에 못 가요. 아멘. 용서는 원칙을 따지는 게 아니에요. 뭐, "네가 잘했네, 못했네," 이게 아니에요. 용서는 그냥 일방적 용서예요. "네가 잘했네, 못했네" 따지기 전에 나는 무조건 용서해요. 아멘. 다시 한번 불러요.

〈내가 먼저 손 내밀지 못하고〉

1. 내가 먼저 손 내밀지 못하고
내가 먼저 용서하지 못하고
내가 먼저 웃음 주지 못하고
이렇게 머뭇거리고 있네
그가 먼저 손 내밀기 원했고
그가 먼저 용서하길 원했고
그가 먼저 웃어주길 원했네
나는 어찌 된 사람인가
오 간교한 나의 입술이여
오 더러운 나의 마음이여

2. 내가 먼저 섬겨주지 못하고
내가 먼저 이해하지 못하고
내가 먼저 높여주지 못하고
이렇게 고집부리고 있네
그가 먼저 섬겨주길 원했고

7대 명절의 축복을 받으라(상)

그가 먼저 이해하길 원했고
그가 먼저 높여주길 원했네
나는 어찌 된 사람인가
오 추악한 나의 육신이여
오 서글픈 나의 자존심이여

(후렴) 왜 나의 입은 사랑을 말하면서
왜 나의 입은 화해를 말하면서
왜 내가 먼저 져줄 수 없는가
왜 내가 먼저 손해 볼 수 없는가
오늘 나는 오늘 나는 주님 앞에서
몸 둘 바 모른 채 이렇게 흐느끼며 서있네
어찌할 수 없는 이 맘을 주님께 맡긴 채로

두 손 높이 들고 "주여" 삼창하며 기도해요. "주님! 용서합니다. 나, 아빠 용서합니다. 주님! 우리 아기엄마, 나, 용서합니다. 우리 애들, 나, 용서합니다. 나한테 나쁜 짓 한 그놈도 용서합니다. 주님, 용서할 수밖에 없어요. 주님 말씀 앞에 더 이상 내가 버틸 힘이 없습니다. 이유 따지지 말고, 난 용서하겠어요." "주여!" 삼창하며 기도하겠습니다. "주여, 주여, 주님."

12
—

초실절③
삶의 초실절

설교 일시 2013년 12월 29일(주일) 오전 11시

대   상 사랑제일교회 주일 3부 예배

성   경 에스겔 37:1-3

1 여호와께서 권능으로 내게 임하시고 그 신으로 나를 데리고 가서 골짜기 가운데 두셨는데 거기 뼈가 가득하더라

2 나를 그 뼈 사방으로 지나게 하시기로 본즉 그 골짜기 지면에 뼈가 심히 많고 아주 말랐더라

3 그가 내게 이르시되 인자야 이 뼈들이 능히 살겠느냐 하시기로 내가 대답하되 주 여호와여 주께서 아시나이다

Ⅰ.
선악과를 반납하자

1. 사명을 위하여 살자

우리는 누구를 만나든지 축복부터 먼저 합시다. 자, 하나님이 사람에게 큰 축복의 통로를 일곱 가지를 주었습니다. 유월절을 통하여 성령이 역사해요. 무교절의 영성이 따로 있어요. 이게 영성의 일곱 통로입니다. 일곱 통로. 초실절의 영이 따로 있어요. 그건 성령이 따로 있다는 게 아니라, 역사하는 각도가 달라요. 오순절, 오순절의 영이 따로 있어요. 이게 성령이 따로 있다는, 두 개가 아니고, 같은 성령이 역사하는 통로가 달라요. 아멘. 나팔절의 주인공이 될지어다. 속죄절의 주인공이 될지어다. 우리 다 장막절의 주인공이 됩시다.

왜 주셨냐? 하나님이 왜 일곱 개를 왜 주셨냐? 이 일곱 개를 주신 이유는 첫째는 구약 성도에게 주신 하나님의 축복이라 그랬어요. 구약 성도들은 이거 일곱 개를 그냥 형식적으로, 의식적으로 뜻도 모르고 하나님이 하라고 하니까 이 일곱 개의 틀을 붙잡고 있었다가 큰 축복을 받았어요. 사랑제일교회 모든 성도들이여, 이 7대 명절을 꼭 붙잡으세요. 내

것을 만드세요. 속으로 들어가세요. 체험하세요. 성령이 여러분을 덮어주실 것입니다.

두 번째 이것은 예수 그리스도가 오셔서 하실 큰 일곱 가지의 복음 사건입니다. 예수는 바로 이 세상을 창조하신 하나님이 사람으로 이 땅에 오신 그분입니다. 유월절은 "이렇게 죽으리라." 무교절은 "무덤에 있으리라". 초실절은 "부활하시리라." 오순절은 "성령을 부어 주시리라." 나팔절은 "재림하시리라." 속죄절은 "알곡과 쭉정이를 가리시리라." 장막절은 "천년왕국을 주시리라." 할렐루야! 그래서 우리 사랑제일교회 성도들은 이 일곱 개의 명절을 꼭 붙잡아야 해요. 믿습니까?

제일 중요한 세 번째는 신약 시대, 지금 이 시대 성도들의, 여러분들의 심령 속에, 우리의 심령 속에 나타날 큰 7대 축복이요. 유월절이 사람에게 임하면 인간 최고의 축복인 구원의 역사가 일어납니다. 구원이 가장 큰 축복입니다. 구원 이상의 축복은 없어요. 왜? 여러분과 나는 언젠가는 이 세상을 떠나야 하니까요.

아까 2부 예배 때 한동호 장로님과 황수넴 집사님이 왔는데, 어제 토요일 날 말이야 고속도로를 운전해 가다가 큰 사

　　　　　　　7대 명절의 축복을 받으라(상)

고가 났어요. 차가요, 이쪽 한 번 박고 중앙 분리대를 박고 삥 돌고 해서 차를 수리 못 할 만큼 되어 완전히 차를 폐차했어요. 그러면 사람이 죽어야 하거든요? 그런데 이 두 분이 차에서 내려와 보니까 하나도 다친 데가 없어요. 이건 주님의 기적이에요. 이게, 이게, 나는요, 그 말을 듣고 딱 기도하는데 '하나님이 살려주셨구나.' 했어요. 이 두 분은 하나님의 천사가 내려와서 딱 두 사람을 지킨 것 같아요. 차가 완전히 뭐 폐차 처분됐는데요. 알잖아요? 고속도로에서 왔다 갔다 탁탁 박아 한 바퀴 돌고 그러면 죽잖아요? 그거는 죽어요.

그러니까 언제 여러분과 제가 하나님의 호출을 받을지 몰라요. 주님이 호출하면 가야 하는 거예요. 여기서 여러분들이 지금 올해 한 해 동안 하나님께 호출을 안 받은 이유는 왜 안 받았냐? 안 받은 이유가 여러 가지예요. 첫째는 덜 익어서예요. 이 상태로 호출했다가는 이걸 천당 보내기도 골치 아프고 지옥 보내기도 골치 아프고 하나님이 아주 골치 아파서 덜 익어서 하나님이 안 불러 간 사람 있고요. 아멘. 또 하나는 뭐냐? 아직도 여러분을 통하여 하실 일이 있어요. 주님이 여러분을 통하여 하실 일이 있기 때문에, 여러분의 사명이 남아 있어서 하늘나라에 더 큰 면류관을 만들려고 하나님이 우리를 안 불러가셨다고요. 알았죠? 그러니까 여러분, 아직 나를 안 불러가신 하나님의 의도를 잘 깨달으시고 덜 익은 사람은 바싹 익기를 바랍니다. 바싹 익어야 해요. 바싹 익어야 해요. 할렐루야! 그리고 하나님의 사명을 위하여 주님 앞에 남은 사람들은 주님의 의도를 잘 생각하고 사명을 위하여 살자! 옆 사람 다 손잡고 해 봐요. "사명을 위하여 삽시다." 아멘. 할렐루야. 자, 〈지금까지 지내 온 것〉 다시 한번 불러봐요. 우리는 사명을 위해서 살아야 해요.

〈찬송가 460장〉 지금까지 지내 온 것

1. 지금까지 지내 온 것 주의 크신 은혜라
한이 없는 주의 사랑 어찌 이루 말하랴
자나 깨나 주의 손이 항상 살펴 주시고
모든 일을 주안에서 형통하게 하시네

2. 몸도 맘도 연약하나 새 힘 받아 살았네
물 붓듯이 부으시는 주의 은혜 족하다
사랑 없는 거리에나 험한 산길 헤맬 때
주의 손을 굳게 잡고 찬송하며 가리라

3. 주님 다시 뵈올 날이 날로 날로 다가와
무거운 짐 주께 맡겨 벗을 날도 멀잖네
나를 위해 예비하신 고향 집에 돌아가
아버지의 품 안에서 영원토록 살리라

2. 선악과를 반납하자

아멘, 유월절을 통하여 구원이 임한 사람은 하나님이 건너뛰
는 법이 없어요. 모두 이 무교절 속으로 집어넣어요. 무교절
은 뭐냐? 무덤입니다. 무덤이요. 따라서 합니다. "무덤." 그
럼 왜 하나님이 사람을 유월절을 통하여 구원시켜 놓은 뒤에
무교절의 무덤 속에 왜 집어넣냐? 왜 그러냐? 그냥 바로 초
실절 부활을 시키든지 뭐하든지 하지, 왜 여기다 집어넣냐?
내가 무교절에 대한 설교를 지금 여섯 주일째 하고 있어요.
여섯 주일이요. 그걸 왜 집어넣냐? 하나님은 사람을 유월절
을 통하여 구원시킨 뒤에 무교절에다 집어넣는데 다양한 무
교절을 하나님은 준비하고 있어요. 한번 따라서 해 봐요. "물
질의 무덤." 한번 들어가 봐요. 힘들어요. 하나님은 물질 가
지고 우리를 무덤에다 집어넣어 버려요. 따라서 합니다. "질
병의 무덤." 병 가지고 무덤 속에 집어넣어 버려요. 따라서
합시다. "가정의 무덤." 가정을 무덤 속으로 쓸어 넣어 버려
요. 한 번 들어가 봐요. 쉽게 못 나와요. 따라서 합니다. "자
녀의 무덤." 다시요. "사업의 무덤." 다양한 무덤 속으로 하나
님은 사람을 집어넣는다고요.

무덤 생활하는 그 기간도 사람마다 다 다르다 했어요. 요
나라는 사람은 물고기 뱃속에서 3일 했다고 그랬어요. 모세

는 미디안에서 40일 했다고 그랬어요. 전부 이게 고난의 기간이에요. 그리고 또 야곱은 밧단아람에서 21년 했다고 그랬어요. 이스라엘 백성들은 바벨론에 포로로 잡혀가서 장장 70년 했다고 그랬어요. 70년. 70년이면 뭐, 인생 다 가는 거지요.

그와 같이 오늘날도 성도들을 보면요, 이 무교절의 기간이 너무 길어요. 3일 만에 나오는 사람은 백에 하나, 천에 하나, 만에 하나 있고, 성도들이, 보면요, 대략 70년 무덤, 이 길을 선택을 한다고요. 사랑제일교회 성도들은 오늘 이 2013년 마지막 주일과 동시에, 아멘, 내 이 무교절 이제 마지막 말할 테니까, 한 사람도 여러분은 70년 코스 걸으면 안 돼요. 40년 코스 걸어도 안 돼요. 3일, 최소한 3일, 더 좋은 것은 이삭처럼 모리아 산에서 단번에 해야 해요. 따라서 합니다. "단번에." 이삭은 단번에 모리아 재단에 누웠다가 일어나니까 끝나버린 거예요. 우리 사랑제일교회 성도들이여, 오늘 이제 새해가 다가오는데, 이게 주일 마지막 예배예요. 아멘. 오늘 여기가 딱 단번에 무교절이 싹 정리돼야 해요. 이 무교절을 또 끌고 새해에 들어간다? 이거는 안 돼! 안 돼! 따라서 합니다. "주여, 그것은 안 돼요." 돼요, 안 돼요? 안 돼! 끝나야 하는 거예요. 아멘!

그러면 왜 하나님이 사람을 무교절 속에 넣냐? 그 이유를 제가 설명했죠? 무교절은 무덤이라 그랬죠? 무덤? 그 무덤은 누구 때문에 생겼냐 그럴 때 아담 때문에 생겼어요. 아담이요. 아담의 뭐 때문에? 선악과 때문에. 결국 무덤과 선악과는 깊은 연관성이 있는 거예요. 선악과가 뭐냐 그럴 때 선악과는 나무 열매임과 동시에 나무 열매 이상의 의미가 있어요. 그것은 뭐냐? 하나님이 먹지 말라 했거든요? 먹지 말라 했다면, 하나님의 뜻이란 말이에요. 따라서 합니다. "<u>뜻, 의지, 견해.</u>" 그 하나님의 뜻, 의지, 견해 앞에 자기의, 인간 자신의 독립된 뜻이에요, 독립된 뜻, 독립된 의지, 독립된 견해를 가지는 것, 이것이 선악과다, 이 말입니다.

3. 마지막 아담 예수, 선악과를 반납하러 오시다

그러니까 여러분과 저를 결국 무교절 속에 집어넣는 이유는 선악과 따먹을 때 생겨났던 인간 속에 있는 못된 성품, 따라 해봐요, "<u>뜻, 의지, 견해,</u>" 독립된 뜻, 의지, 견해를 하나님이 결국 받아내려고 하는 거예요.

그래서 아담의 대칭이 누구겠어요? 예수입니다. 예수님의 이름 중에 예수님을 마지막 아담이라고 해요. 예수와 아담을 대칭시켜 놨어요. 예수 그리스도가 마지막 아담이란 말이에요. 그 말은 뭐냐? 아담이 실수를 한 모든 실수를 예수님은 회복하러 오신 분이에요.

어떻게 회복하는가? 예수가 회복하는 거 봐요. 이 땅에 오시더니, 30년 동안 숨어 사시더니, 30세 되던 어느 날 우리 예수님이 요단강에서 세례 받더니, 서서히 서서히 가더니, 결국은 십자가를 향하여 가요. 십자가를 향하여. 십자가를 향하기 전에 겟세마네 들려서, 봐요, 그렇게 사람의 대표로 오신 예수, 완전한 하나님이며 완전한 사람이신 예수, 예수님 안에는 두 가지를 동시에 살고 계셔서, 사람과 하나님이 동시에 계신 예수, 이 예수님이 드디어 인류를 대표하여, 아담이 선악과의 대표라면, 예수님은 십자가의 대표예요. 예수님이 겟세마네 동산으로 향하여 가면서 마지막에 가서는 봐요. 얼굴에, 이마에 땀이 흐르는데, 그 땀이 핏방울 같더라 그랬어요. 그러면서 예수님 입에서 하는 말 들어봐요. 결국은 뜻에 관한 말을 해요.

"아버지여, 아버지여, 내 뜻대로 마옵시고, 아버지의 뜻대로 되기를 원하나이다." 아담이 먹은 선악과를 반납하러 온 예수입니다. 선악과를 반납하러 온 예수, 따라서 합니다. "<u>반납하러 온 예수.</u>"

오늘 이 가운데 여러분들도 이 선악과를 반납하세요. 그러면 무교절이 끝납니다. 옆 사람 다 손잡고 해봅시다. "뜻을 반납합시다." 앞뒤로, "의지를 반납합시다, 견해를 반납합시다." 아멘. 이것을 하나님은 반납받기 전에는 결코 무교절의 무덤에서 사람을 풀어주지 않는다!

Ⅱ.
선악과를 반납하면
성령의 능력을 부어주신다

어때요? 여러분이 인생을 살아보니까, 지난 1년도 살아보니까, 자기 마음대로 돼요, 안 돼요? 돼요? 자기 맘대로 돼요, 안 돼요? 만만치 않습니다. 이제 여러분, 깊은 신앙 없어도 이 정도는 알 거예요. '아, 이 세상이 내 뜻대로 되는 게 아니구나. 내 마음대로 안 되는구나.' 보이지 않는 어떤 힘이, 그게 무슨 기독교 신앙의 예수인지 하나님인지 성령인지 모르지만, 하여튼 나와 관계없는 어떤 힘이, 어떤 운명이 내 주위의 인생을 이렇게 나와 관계없이 몰고 간다고 하는 것을 이걸 눈치 못 챈 사람은 감각이 아주 둔한 사람이에요. 아주 그거는 멍한 멍순이, 멍돌이, 전부 다 멍한 인간들이에요. 눈치 못 챈 사람은, 아직도 못 깨달은 사람은 오늘 깨달으세요. 여러분이 영안이 어두워서 그렇지, 나를, 주위에 보이지 않는 힘이 나를 원치 않은 곳으로 데려가요. 원치 않은 곳으로요. 아멘. 그분이 바로 이 자리에서 여러분이 부르시는 주님이세요. 예수님이세요. 그런 예수님이 왜 사람을 원치 않은 무덤 속으로, 무덤 아랫목으로 처박냔 말이에요. '나보다 못한 인간들도 말이야 펄펄 뛰는데 왜, 왜, 나는 말이야 하나님이 왜 이렇게 무덤 속에, 무덤 아랫목에 갖다 나를 왜 처박으려고 하느냐,' 이거예요.

왜 그러냐고? 여러분을 이 상태로는 초실절을 줄 수가 없어요. 왜? 우리에게는 아직도 선악과의 많은 찌꺼기가 남아 있어서, 이 선악과를 하나님은 철저히 뽑아내려고 그래요. 이 말을 알아듣는 자는 복이 있어요. 선악과를 토하여 내세요. 반납하세요.

그런데 사람이 왜 선악과를 반납 안 하려고 그러냐? 선악과는 뜻, 견해, 의지란 말이에요. 이것이 인간 쪽에서는 자아를 대표하는 대표 기관이요. 내 쪽에서는 생명이요, 셀프-라이프(self-life)란 말이에요. 대표 기관, 인격의 대표 기관이라고요. 그런데 이것을 하나님 앞에 내려놓으라 이것을 반납

7대 명절의 축복을 받으라(상)

하라 그러면 나는 멘붕 상태에 빠져버려요. 멘붕 상태. '나는 뭐냐 말이야. 나는 뭐, 교회가 시킨 대로 다 하고, 성경이 시킨 대로 다 하고, 하나님 하자는 대로 다 하면 나는 그럼 뭐야? 난 인간도 아니잖아?' 사람이 이러한 박탈감을 느껴요.

그런데 무교절에서 나온 경험을 가진 사람들의 말을 들어보세요. 제 말을 들어보세요. 교회 나오면 여러분에게 뭐 하라, 뭐 하지 마라, 이런 말들이 많죠? 여기에 걸린 사람이 많아요. 그런데 우리가 나의 이 선악과를, 뜻, 견해, 의지를 하나님께 반납하면 우리는 그냥 공황 상태에 빠져서 죽을 것 같지만 안 그래요. 하나님은 거기에다가 성령의 능력을 부어줘요. 성령의 능력을요. 믿습니까?

중세에 경건주의자들이 있어요. 중세. 여러분, 고등학교 다닐 때 도덕책에 보면, 중세의 경건주의 뭐, 또 뭐, 수도원 운동, 이런 게 있잖아요? 우리나라의 도덕책에 나오는 국민윤리, 뭐, 그런 책에 나오는 것들이 다, 거의 다 그것이 기독교 사상 안에서 이루어진 내용이에요. 뭐, 공자, 맹자도 더러 몇 자는 있지만요. 근데 거기에 보면, 나도 옛날에 고등학교 다닐 때, 뭐 경건주의 무슨 뭐, 이런 것이 세상 책에 나와 있단 말이에요. 그게 애들 가르쳐봤자 몰라요. 그거는요, 기독교 문화권에서 일어난 내용이에요. 그걸 모르는 거예요. 무슨 말인지 설명을 해도 이해 못 해요. 수능시험 보려고 외워서 그냥 정답을 그냥 딱딱 딱 이렇게 써나갈 뿐이지요. 왜 그러냐? 그건 기독교 신앙을 완전히 소화하기 전에는 그 단어들이 이해가 안 되는 거예요. 경건주의가 뭔가? 금욕주의가 뭔가? 뭘 금욕주의라 하냐? 잘 들어보라고요.

금욕주의와 경건주의라 하는 것은요, 그걸 왜 전통적 신학에서 그걸 왜 인정하지 않고 부정적으로 처리하냐? 그것은 내가 깨끗하게 살려고 내가 나의 룰(rule)을 만든단 말이에요. 내가 흠이 없는 사람으로 살려고 자기의 계명을 만든단 말이에요. '나는 거짓말 안 한다. 오늘 절대 말실수 안 한다. 난 누구하고 다투지 않는다.' 해서 자기의 틀을 만들어 놓고 그것을 실천하려고, 자기가 자기의 힘으로 그것을 실천하려고 하다가 보니까 힘이 드는 거예요. 불교의 스님처럼 도를 닦으려니까 자기를 자학을 해야 해요. 자기를 쳐야 한단 말이에요. 힘들단 말이에요.

이거는 성경이 말하는 것이 아니라고요. 금욕주의, 자기를 통제하고 자기의 육체를 누르고 자기의 소욕을 억제하는 것, 성경은 그렇게 하라고 가르치지 않아요. 성경은 이렇게 가르쳐요. '나의 뜻, 의지, 견해를 하나님께 내려놓겠다, 반납하겠다.'는 결단만 딱 하면, 아멘, 그 모든 것을 성령이 채워 버

7대 명절의 축복을 받으라(상)

린다고요. 성령이 와서 나의 육체를 눌러주는 겁니다. 그러니까 더 좋은 능동적인 대책을 하나님의 성령이 부어 준단 말이에요.

더 실감 나는 얘기를 하면, 예를 들어서, 여기서 나는 술 없이 못 살겠다는 사람이 있다고 해봐요. "나는 술 없이 못 살아. 난 술을 못 끊어서 교회 못 나가. 왜? 하루라도 술 안 마시면 난 못 사니까." 그걸 누가 끊으라 소리 안 해요. 교회 오면서 술 먹으라고요. 이따 끝난 뒤에 바로 나가자마자 한잔해요. 아니 누가 담배 못 피우게 해요? 피우라고요. 담배, 얼마나 맛있어요, 담배? 연기가 아까워서 한꺼번에 못 뱉어요. 아까워서 한꺼번에 못 뿜어요. 그걸 말이야 교회 다니면 그거 못 하게 한다? 아니야! 하라고요. 이따 화장실에 가서 피워요. "아유, 한 시간 참느라고 혼났어." 하되 교회 와서 기도하세요. 따라서 합니다. "주여, 저 담배 안 피울 테니까 더 좋은 거 주세요." 그 순간 성령의 능력이 부어져요. 부어지면요, 담배보다 백배 천배 더 좋은 황홀경을 주세요. 담배 왜 피워요? 황홀경을 추구하려고 피우거든요. 술 왜 마셔요? 정신을 이렇게 알딸딸 요렇게 하려고 술 마시거든요. 고거의 백배 천배 더 좋은 짜릿짜릿한 엑스터시(ecstasy)가 성령으로 부어져요. 사람이 더 독한 술을 먹으면 시시한 술 안 마신다고 해요. 성령의 새 술을 마셔야 해요. 그래서 하나님은 능동적인 것으로 우리의 수동적인 것을 이기게 한단 말이에요.

그러니까 여러분이 무교절에서 '뜻, 의지, 견해, 이게 자기의 생명인데, 이걸 나는 내려놓고, 이걸 다 내려놓고, 성경에, 또 교회에서 목사님 말에 다 순종을 해서는 내가 어떻게 살까? 나는 뭐야?' 이러지 말란 말이에요. 그렇게 해 봐요. 훨씬 더 재미있어요. 더 큰 하늘의 능력이 부어져요. 아멘. <은혜가 풍성한 하나님은> 손뼉 준비.

<찬송가 178장> 은혜가 풍성한 하나님은

1. 은혜가 풍성한 하나님은 믿는 자 한 사람 한 사람
   어제나 오늘도 언제든지 변찮고 보호해 주시네

2. 정욕과 죄악에 물든 맘을 성령의 불길로 태우사
   정결케 하소서 태우소서 깨끗케 하여 주옵소서

3. 희생의 제물로 돌아가신 우리 주 예수님이시여
   구속의 은혜를 내리시사 오늘도 구원해 주소서

4. 주님의 깊으신 은혜만을 세상에 널리 전하리라
   하늘의 능력과 권세로써 오늘도 입혀 주옵소서

   (후렴) 주여 성령의 은사들을 오늘도 내리어 줍소서
   성령의 뜨거운 불길로서 오늘도 충만케 하소서

　　　　　　　　　7대 명절의 축복을 받으라(상)

아멘, 할렐루야. 오늘 다 선악과를 반납하세요. 선악과를 가지고 있으면 거기에 마귀가, 마귀가 붙어버려요. 뜻 견해 의지를 내가 붙잡고 있는 거기에 사탄이, 사탄이 붙어버린다고요. 아무리 나가라 그래봐요? 나가는가? 안 나가요. "마귀야, 나가라." 마귀와 선악과를 분리시켜서 나가라고 그러면 아무리 나가라 그래도 안 나가요. 선악과 내려놓으면 나가요. 당장 나가버려요. 따라서 합니다. "순종하리라" 이래 봐요. 사탄이 금방 나가요. 사탄이 다 나가버려요. 아멘. 두 손 들고 아멘. 어쨌든 오늘 이 시간 여러분들은 이제 이 시간부터 완전히 이 무교절의 무덤이 열려서 초실절의 역사의 출발이 일어나야 해요.

Ⅲ.
최후의 초실절

1. 예수의 부활과 최후의 초실절

초실절은 크게 세 가지로 옵니다. 첫째는 예수님의 초실절이에요. 이건 주님의 부활을 말합니다. 예수님의 부활이에요.

주님의 부활이 초실절에 대한 최초의 성취예요. 마리아가 부활한 예수님을 만지려고 할 때 못 만지게 했잖아요? 그때가 초실절입니다.

두 번째는 최후의 초실절입니다. 따라서 합니다, "최후의 초실절." 이것은 주님이 재림할 때 무덤이 터지며 우리가 부활하는 최후의 초실절이에요.

2. 최후의 초실절

1) 해의 부활, 달의 부활, 별의 부활

이 최후의 초실절이 인간의 마지막 초실절인데, 여기서 초실절은 크게 세 가지로 일어난다고 그랬어요. 따라서 합니다. "해의 부활, 달의 부활, 별의 부활." 우리는 어느 부활 해야 해요? 진짜요? 사람마다 부활이 다 달라요.

제가 계속 예고편을 날리고 있어요. 7대 명절 설교 다 끝나면 내가 하늘나라를 깊이 보고 오고 지옥을 깊이 보고 온 권사님을 모시고 내가 토크 한다고 했어요. 이건 일반적으로 보고 온 게 아니에요. 들어봐요. 양팔천대 권사님을 모시고 제가 토크로, 일방적으로 간증하는 게 아니라 제가 직접 물어가면서 하나하나를 제가 다 집고, 얼마나 실감 나는 일이

7대 명절의 축복을 받으라(상)

일어난다는 것을 제가 말씀드린다고 계속 광고하고 있어요. 아멘.

2) 하나님의 맞춤형 양육 : 부활을 위하여

그래서 하나님은 여러분과 저를 양육할 때 맞춤형으로 한다고요. 맞춤형. 여러분이 중고등학교 애들 공부시킬 때, 여러분이 다 벌써 머리 염두에 두고 대학 입시, 서울대 가느냐 어디 가느냐, 여기에다가 딱 걸고, 애들 공부시키지요? 그렇게 딱 맞춰놓고 하나님이 여러분과 저를 양육하는 것은 서울대가 목표가 아니에요. 하나님이 여러분과 저를 이끌어가는 지향점, 꼭짓점이 어디냐? 바로 마지막 최후의 초실절이에요. 다시 말해 부활입니다. 따라서 합니다. "부활." 부활에다가 딱 맞춰놓고 여러분과 저를 끌고 가는 거예요. 애한테 이렇게 했을 때 얘한테 부활이 더 유익하냐, 안 하냐? 얘한테 돈을 줬을 때, 이것이 부활에 더 유익할까, 안 할까? 걔에게 고난을 줬을 때, 이것이 부활에 도움이 될까, 안 될까? 하나님은 모든 전체를 부활에다 맞춰놓고, 사람을 거기에 맞게 끌어간단 말이에요. 이해가 돼요?

그러니까 하나님의 의도를 읽어내야 하는 거예요. 믿습니까? 우리는 이 세상에서 돈 벌고, 애들 공부시키고, 사업 확장하고 이런 것들이 목적이 되지만, 하나님은 아니라니까요? 하나님의 모든 양육은 인간을 부활의 컨셉에 집어넣어놓고, 부활에 딱 각을 맞춰놓고 이루어져요. 매일 일어나는 일, 매일 사람 만나는 일, 이 모든 환경, 이런 것들이 부활과의 관계성으로 일어나요. 믿습니까?

그래서 원수 마귀 사탄은 이 부활의 도를 말하는 걸 아주 싫어해요. 그래서 사도행전에 보면 바울을 돌로 치고 감옥에 가둘 때, 이 사람이 부활의 도를 전함을 용서할 수 없다고 그래요. 부활의 도를 전하는 것을 그렇게 마귀가 싫어해요. 부활의 도를요. 따라서 합니다. "부활의 도." 그러나 여러분과 저는 이것을 알아야 해요. 이걸 모르면 속는 거예요. 속으면 안 돼요. 우리는 다 부활 열차를 타야 해요. 믿습니까? 다 옆사람 손잡고 해봐요. "부활 열차를 탑시다." 아멘.

3) 부끄러운 부활을 하면 안 된다
사랑제일교회 성도들은 다 해의 부활을 해야 해요. 해의 부활. 다 해의 부활에 도전하자고요. 한 번밖에 살 수 없는 세상에서 뭐, 히쭈구리한 부활하면 돼요? 사실은 달의 부활, 별의 부활까지도 괜찮아요.

그러나 밑에 더 엄청난, 겁나는 부활이 있어요. 심판의 부활입니다. 다니엘서에 보면, 부끄러운 부활입니다. 따라서 합니다. "부끄러운 부활." 부끄러운 부활 가봐요. 부끄러운 부활이 어떤 사람들이에요? 하나님이 지옥에다 던지자니 유월절은 믿었기 때문에 지옥에 던질 수는 없어요. 천당에 넣자니 이게 골치 아파요. 그래서 할 수 없어 천당에 들어가라! 들어갔는데, 성경에 봐요, 예복이 없는 자라 그랬잖아요? 천국에 가서 세마포도 안 입고 홀딱 벗은 상태로 있어요. 부끄러워서 불러도 대답도 못 해요. "권사님!" "집사님!" "나, 그 사람 아니에요." "아니긴 뭐 아니야. 머리 들어 봐." 이런 상태로 영원히에요. 이런 상태로 영원히요. 그런 상태로 영원히가 부끄러운 부활이에요. 거기 가실래요? 안 가실래요? 그러면 똑바로 해야지요.

Ⅳ.
삶의 초실절

1. 삶의 부활 : 이 세상에서 맞이하는 초실절

1) 무교절을 통과하면 삶의 부활이 온다

그리고 이제 세 번째 부활이 뭐냐? 삶의 부활입니다. 삶의 부활, 따라서 합니다. "삶의 부활." 여러분과 저는 여기에 관심이 많은 거예요. 이 세상에서 초실절이 오기를 바라는 거예요. 물질의 부활, 자녀의 부활, 사업의 부활, 다 부활! 아멘. 이 세상에서 삶의 부활, 삶의 초실절 여기까지 갈지어다!

그것에 가기 위해서는 이 무교절에서 빨리 하나님께 합격을 해야 해요. '너는 이제 진짜로 다 선악과를 토하여 냈다.' 그래서 정말로 선악과를 토하여 냈는지 하나님이 우리를 찔러보려고 우리 주위에 사람들을 세워서 계속 우리를 찔러보는 거예요. 여러분과 제 주위에서 날 미워하는 사람, 날 씹는 사람, 욕하는 사람, 이런 사람이 내 주위에 일어날 때, 우리가 얼마나 기분 나빠요? 그때 내가 선악과로 반응하잖아요? 내가 선악과로 반응하면 주님이 계속 강도를 높여요. 계속 하나님이 그러한 유사한 일을 연타로 계속 갖다 때려버려요. 하나님 이길 사람 없어요. 절대 못 이겨요. 절대로. 깨달을지어다!

그러니까 지금, 이번 한 주일 살면서 여러분 앞에 부정적인 사건들이 많이 일어났죠? 부정적 사건? 뭐냐? 자녀, 가정, 돈, 사람들과 만나 접촉해서 기분 나쁜 일, 사람들이 이유도 없이 억울하게 나를 씹는 일, 이런 일이 많이 났죠? 그거요 하나도 그냥 일어난 일이 없어요. 전부 하나님의 통제하에서 이루어지는 거예요. 머리카락 하나도 하나님이 허락하지 아

7대 명절의 축복을 받으라(상)

니하면 일어나는 법이 없어요. 모든 것들이 다 하나님의 섬세한 통제하에서 이루어진다고요. 하나님의 허락 없이는 되는 법이 없어요.

그럼 왜 하나님이, 왜 그런 인간을 자꾸 내 옆에다 붙여요? 속상하게? 왜 그러냐고? 너 속의 선악과 찌꺼기를 꺼내려고 그래요. 그래서 내가 선악과로 반응하는가, 아니면 신의 성품인 예수로 반응하는가? 이것을 계속 하나님은 여러분과 저를 몰고 가는데, 여러분과 제가 선악과로 반응하면 계속 이 무교절의 기간이 길어져요. 이러한 사건들이 내게 다가올 때 나는 그것을 성령의 능력으로, 다시 말해서, 예수로 반응하자!

예수로 반응하면, 하나님이 더 이상 너에게는 무교절의 처방을 내릴 필요가 없어요. 너는 바로 초실절로 가요. 왜? 너는 요 상태로만 가면 해의 부활은 확실해요. 해의 부활이 확보되면 하나님은 더 이상 사람에게 수동적으로 무교절을 시킬 필요가 없어요. 바로 하나님이 부활시켜요. 물질도 부활시키고, 다 부활시킨단 말이에요. 아멘. 아멘. 두 손 들고 아멘.

에스겔 37장 1절 다시 한번 보세요. 삶의 초실절이 일어나야 해요. 1절부터 읽어요. 시작. "1 여호와께서 권능으로 내게 임하시고 그 신으로 나를 데리고 가서 골짜기 가운데 두

셨는데 거기 뼈가 가득하더라 2 나를 그 뼈 사방으로 지나게 하시기로 본즉 그 골짜기 지면에 뼈가 심히 많고 아주 말랐더라 3 그가 내게 이르시되 인자야 이 뼈들이 능히 살겠느냐 하시기로 내가 대답하되 주 여호와여 주께서 아시나이다.”

아멘. 이게 바로 이스라엘 백성들의 집단 무교절들을 말하는 거예요. 완전히 무덤 아랫목에 들어가 있는 상태를 말합니다. 그러다가 이제 11절을 보세요. 네가 본 이 무덤이 무슨 뜻이냐? 뼈가 가득한 무덤이 무슨 뜻이냐? '또 내게 이르시되 인자야 이 뼈들은 이스라엘 온 족속이라 그들이 이르기를 우리의 뼈들이 말랐고 우리의 소망이 없어졌으니 우리는 다 멸절되었다 하느니라'. 하나님이 바벨론의 삶 전체를 무덤으로 본 거예요. 그러나 12절 보세요. 12절 시작. '그러므로 너는 대언하여 그들에게 이르기를 주 여호와의 말씀에 내 백성들아 내가 너희 무덤을 열고 너희로 거기서 나오게 하고 이스라엘 땅으로 들어가게 하리라'. 13절 시작. '내 백성들아 내가 너희 무덤을 열고 너희로 거기서 나오게 한즉 너희가 나를 여호와인 줄 알리라'. 14절 시작. '내가 또 내 신을 너희 속에 두어 너희로 살게 하고'. 아멘. 할렐루야!

이제 이스라엘 백성들이 무덤에서 나오는 것처럼 우리도 삶의 초실절이 시작이 돼야 해요. 우리에게 부활의 일이 일

7대 명절의 축복을 받으라(상)

어나야 해요. 여러분, 새해에는 다 물질도 부활하세요. 물질
도 다 부활해야 해요. 초실절을 통하여 오는 삶의 부활은요,
이것은 그냥 물질이 부활할 때 일반적인 돈이 아니에요. 예
를 들면, 일 년에 돈을 10억, 20억을 벌었다, 이 정도가 아니
에요. 이 정도도 초실절이라고 볼 수 없어요. 초실절로 통하
여 부어지는 물질은요 천문학적으로 부어져요. 그런데 여러
분이 생각할 때 '나는 뭐, 재능이 있어? 나는 뭐. 나는 뭐가
있어? 뭐, 아무것도 없는데. 무슨 뭐, 내 물질이 부활할까?'
천만의 말씀이에요. 아멘. 하나님이요 로또 복권을 사서도
부활시켜요. 로또. 그것도 한 일 년 동안 정체됐던, 일 년 정
도 당첨 안 된 거 한꺼번에 되도록 해요. 하나님이 우리를 부
활시키려면 무섭게 부활시켜요. 그런 물질의 부활의 역사가
일어나기를 바랍니다. 두 손 들고 아멘. 할렐루야! '열려라
에바다'입니다. 손뼉 준비.

〈어두워진 세상 길을〉

1. 어두워진 세상 길을 주님 없이 걸어가다
나의 영혼 어두워졌네
어느 것이 길인지 어느 것이 진리인지
아무것도 알 수 없었네
주님 없이 살아가는 모든 삶 실패와 좌절뿐이네
사랑하는 나의 주님 내 영혼 눈을 뜨게 하소서

2. 아무것도 알 수 없고 아무것도 볼 수 없고
아무것도 들을 수 없네
세상에서 방황하며 이리저리 헤매일 때
사랑하는 주님 만났네
어두웠던 나의 눈이 열리고 막혔던 귀가 열렸네
답답했던 나의 마음 열리고 나의 영혼 살리네

(후렴) 열려라 에바다 열려라 눈을 뜨게 하소서
죄악으로 어두워진 나의 영혼을
나의 눈을 뜨게 하소서

2) 우리를 사랑하심으로 끝까지 포기하지 않는 하나님

아멘, 할렐루야! 우리 성도들! 이제 내가 7대 명절, 무교절, 초실절까지 왔는데, 내가 이걸 쫙 설교하면서 여러분을 요렇게 보니까, 여러분의 영적 상태는 여러분 자신보다 제가 더 잘 알아요. 이거는 마치 여러분, 자식을 키워보면 엄마가 의사보다 더 잘 아는 것과 같아요. 의사보다 애를 키우는 엄마가 자기 애의 상태를 더 잘 안다고요. 아멘 안 한 것들은 멍청한 인간들이에요. 그걸 모르냐고? 애를 가슴에 안고 키우면서, 벌써 '어? 우리 아기가 뭔가 좀 이상해졌구나.' 이걸 엄마가 먼저 알게 돼 있는 거예요. 의사보다요. 맞지요? 교회가 똑같아요. 제가 여러분의 목자요, 인도자예요. 여러분의 상태를 제가 더 잘 알아요. 그렇게 볼 때 제가 이 설교를 하면서 초실절로 가지만, 사실 내 마음에 침통함을 금할 길이 없어요. 왜? 우리 성도들이 이 무교절을 10 프로 정도밖에 못 알아들었어요. 아직도요. 지금 여러분이 제 말을 10 프로 정도밖에 못 알아들었다고요. 그러니까 이제 여러분들은 계속 인터넷에 들어가서 새로 보세요. 아, 어디에 내가 문제가 있다는 것을 여러분이 스스로 자기 자신이 정확히 찍어내야 해요. 아멘?

내가 대충 여러분이 자신을 점검하는 몇 가지 표를 알려 드릴게요. 자, 교회 오는데 말이야 주일날 예배 시간이 기다려지지 않는다? 예배 시간이 안 기다려진다? 너는 아직 무교절이에요. 아직 무교절에서 못 나와요. 예배 시간이 신경질이 난다? '아오! 더러워서 나 정말. 예배, 또 예배 왔어? 제기랄?' 너는 무교절 200년 해야 해요. 너는 무덤에서 못 나와요.

그다음에 목사님의 설교가 말이야 목사님 설교가, 말씀이 꿀같이 달지 않다? 교회 왔는데 목사님 말씀이 말이야 귀에 쏙쏙 안 들어온다? '저거는 목사님이 꼭 나 혼자 놓고 설교하는 거 같아. 야! 목사님이 오늘은 나 한 사람한테 설교했어. 다른 사람은 다 헛방이여. 나 일대일 설교 들었어.' 요렇게 되는 사람이 무교절에서 나와요. 고런 충동이 느껴져야 해요. 그 사람은 머지않아서 무교절의 무덤이 열려요. 근데 설교 시간에 고개 푹 숙이고 핸드폰 꺼내 가지고 툭툭 누르고, 이런 인간은요, 무교절을 영원 무궁히 해요. 못 나와요. 나올 거 같아요? 아이고, 하나님이 그렇게 만만한지 알아요? 하나님이 누구신데요. 하나님은 하나님이에요. 하나님은 하나님이요.

또 내가 알려 줄게요. 주일 날, 내가 아주 노골적으로 알려 줄게요, 주일 날 예배드리는데 앉는 자리가 자꾸 앞으로 당겨지는 사람은 무덤에서 나올 가능성이 있어요. 근데 주일날 예배 시간에 자꾸 뒤로 앉고 싶다? 그래서 중간, 중간에서 뒤로, 2층으로 올라갔다가, 나중에는 어딘지 없어졌어요. 이 사람은요 무덤에서 나오기가 힘들어요.

그다음에 주일날 목사님 설교를 들을 때 설교가 짜증스럽다? '왜 나를 까는 거야. 이거? 왜 나를?' '에잇! 난 이 교회 안 다녀. 갔더니 전광훈 목사가 순 강대상에서 설교도 아니야. 욕만 하고 앉았어.' 넌 영원히 무교절이요. 그러면 나를 피하여 다른 데 가지? 다른 데 간다고 하나님이 바뀌냐? 하나님이 바뀌냐고? 하나님이 결국은 너를 그 지점으로 또 데려가요.

예를 들어서, 십일조에 부딪혔어요. 십일조를 말할 때 기쁨으로 와야 해요. 십일조로 말할 때 기분이 떫다? 떫어요? 왜 떫어요? 누구를 위해서 하는 말인데 왜 떫냐고요? 그러

　　　　　　　　　　　　7대 명절의 축복을 받으라(상)

니까 하늘의 하나님이 우리를 무교절에서 꺼낼 때는요? 꺼낼 때 보면 성령이 초자연적인 역사를 이루어서 나의 뜻 의지 견해를 완전히 십자가에 못 박고, 주님의 의지 주님의 견해를 우리에게 부어주서서 우리를 꺼낸단 말입니다. 할렐루야! 두 손 들고 아멘. 따라 해봐요. "주여. 풀어주세요."

3) 삶의 초실절이 임한 사람의 특징

그리고 이 삶의 부활, 이것이 이루어질 때 되면요, 사람의 마음의 상태가 어떤 상태가 되냐? 자, 이게 이제 핵심적인 마지막 말이에요. 잘 들어보세요. 뭔 일이든지 하면 될 것 같아요. 이 속의 충동이 그냥 만만해요. 모든 일이 만만하게 보여버려요. 이 사람은 삶의 초실절이 시작된 겁니다. 지금 당장 돈은 안 벌려도 뭐든지 내가 하면, 과대망상 정도로, 내가 하면 뭐든지 된다는 자신감이 이 속에 일어나요. 어느 날부터 그렇게 돼요. 막 충동이 와요. 그냥 손만 대면 내가 하면 다 될 것 같다! 이런 사람은 삶의 현실에 초실절과 부활이 일어나려고 하는 시작이 이루어진 거예요. 시작이요. 믿습니까? 그런데 뭔 일을 보고 겁나지? 두려워하지? 그리고 자꾸 주저하죠? 이거는요 아직 삶의 초실절까지는 안 간 거예요.

목사님을 보세요. 목사님. 나를 보라고요. 나는요 모든 전체, 나에게 눈에 보이고 나하고 접촉되는 모든 일에 대해서는 내 속에 있는 영이, 내 속에 있는 영이 말이야, 봐요, 호랑이가 두 발을 들고, 소리를 지르고, 포효하는 것처럼 내 속에 있는 영이 그냥 막 소리쳐요! 어제 시청 앞에서 철도 노조 데모하는 거 TV에서 딱 보면요? 내 속에서 "저 인간들 내가 한 방에 해치워버린다," "저것들 두고 봐. 내가 한 칼에," 이렇게 내 속에 있는 영이 말이야 막 난리예요, 난리. 아멘. 이 대한민국이고 뭐고 이런 것에 대해서 내 속에 있는 영이 말이야 막 그냥 이렇게 해요. 이게 삶의 초실절이 이루어지는 씨가 임한 사람입니다. 알았어요?

여러분 속에 오늘부터 그런 일이 일어나라! 이 속의 충동이 자신만만하게 일어나요. 자신만만하게요. 초실절이 온 사람에게 그런 일이 일어나요. 자신만만하게. 히쭈구리 해서 말이야, 걸음 걷는 것도 어깨가 축 늘어져서 말이야, 그거는요 초실절 오려면 멀었어요. 초실절이 오는 사람은요 사도행전 2장 이후의 그런 기세가 나와야 하는 거예요. 초실절이 오는 사람은 당당하게 나온다고요. 그런 역사가 일어나야 해요. 아멘. 할렐루야!

2. 삶의 초실절이 임한 예 : 서현교회 정규만 장로

하나님은 여러분과 저에게 빨리 많은 초실절을 주시려고 그

7대 명절의 축복을 받으라(상)

래요. 물질도, 자녀도, 가정도, 사업도, 여러분이 하는 모든 일도요. 대구에 있었던 서현교회 정규만 장로님 같은 그런 분들이 제대로 이 땅에서 삶의 초실절을 경험하고 하늘나라 가신 분이에요. 이 삶의 초실절을 제대로 경험하는 사람이 많지 않다니까요? 결국 인생이 희생돼 버려요. 구원은 받아요. 천국 가요. 그런데 이 땅에서 초실절은 못 해요.

대구 서현교회 정규만 장로님 얘기를 다시 할 테니까 들어보라고요. 서울에는 영락교회가 한국을 대표하는 교회라고 하는 역사적 전통이 있어요. 그런데 대구에 가면 서현교회라고 있어요. 서현교회. 그 서현교회를 누가 지었느냐? 잘 들어봐요. 여기 있는 우리 교회 장로님들은 또 앞으로 장로 될 사람들은 최소한 조만식, 최소한 서현교회 장로 정규만, 아멘, 이 정도의 장로님들의 선을 도전하세요. 우리 사랑제일교회 장로님들은 그 정도로 안 하면 내가 자존심이 상해서 안 되겠어요. 우리 교회 장로님들은 그만큼 커야 해요.

정규만 장로님이라고 하는 분이 경상북도 구미 상모동에서 박정희 대통령, 박근혜 대통령 아버지, 박정희 대통령하고 교회 주일학교, 중고등부 동기예요. 박정희 대통령이 스물한 살까지 교회를 다녔어요. 스물한 살까지. 그런데 하루는 물을 들고 가다가 교회 마룻바닥에다 쟀어요. 깨는 것을 보고 전도사님이 귀퉁머리를 때렸어요. 박정희 대통령 스물한 살 때. 그때부터 교회 안 나갔어요. 그래도 박정희는 교회는 안 나가도 스물한 살까지 교회를 착하게 다녔기 때문에 사상적 DNA는 이 성경 DNA가 어릴 때 딱 잡혀 있는 거예요. 그래서 박정희 정신, "목표를 정하라, 그리고 기간을 정하라, 그리고 그것을 이룰 사람을 찾으라," 이렇게 미국 하버드 대학의 경영철학을 50년을 앞서갔어요. 하버드 대학의 경영철학이 별거도 아니에요. 지금 아이비리그의 경영철학이 이렇게 잡혔어요. 현재 모든 인간이 승리하기를 원하냐? 목표를 정하라! 따라서 해봐요. "목표를 정하라." 두 번째가 뭐냐? 그 목표를 이룰 사람을 찾으라. 이것을 이룰 사람이 있다는 거예요. 네 목표를 네가 꼭 이룰 필요가 없어요. 네가 목표를 정해 놓으면 그걸 이룰 사람이 지구상에 있다는 겁니다. 못 찾아서 그렇지 있다는 거예요. 따라서 해봐요. "있다." 잘 들어보라니까요. 일단 목표를 정하고! 목표 안 정하는 사람은 절대 안 돼요. 목표를 정하고! 그 목표를 이룰 사람이 한국에 없으면 외국에라도 있다는 거예요. 이 지구상에는 틀림없이 있다는 거예요. 여러분도 찾으세요. 그것을 이룰 사람이 있다는 거예요. 사람을 찾으라는 거죠. 그리고 세 번째가 뭐냐? 기간을 정하라! "언제까지 이걸 해내!" 기간을, 시간을 딱 정하는 거예요. "1년 이내 이걸 해내!" "경부 고속도로 1년 안에 끝내!" "김포공항 1년 내로 끝내!" 박정희 리더

십의 핵심이 뭐냐? 기간을 정해 놓고 기간에 못 이룬 사람은 "너는 나가. 너는 나가."

그가 어릴 때 교회를 다녔는데 그와 함께 교회를 다닌 동기 동창이 누구냐? 정규만 장로예요. 구미 상모교회에서 다녔어요. 거기서 어릴 때 신앙생활 하다가, 이 사람은 계속 신앙 생활 했어요. 그래서 이제 어릴 때부터 교회 다녔으니까 교회가 습관적이에요. 은혜는 못 받고 다녔어요.

그래서 정규만이 대구에 돈 벌러 나가서, 구미보다 대구가 크니까, 거기 가서 일하다가 서현교회 집사가 됐어요. 젊은 집사예요. 집사가 됐는데, 이게 완전히 가짜 집사예요. 오늘도 여기에 속한 사람들은 오늘 변화될지어다! 정규만이 처음부터 위대한 사람이 아니에요. 가짜 집사가 돼서 한 달에 두 번은 낚시를 하러 가요. 주일에 낚시하러요. 한 달에 두 번은 교회 와요. 그런데 집사예요. 그러니까 그 목사님이, 담임 목사님이 하루는 주일날 설교하다가 그랬어요. 그 목사님 아직도 살아 계세요. 할아버지예요. 구십 살이나 돼요. 할아버지인데, 캐나다에 계세요. 이 목사님이 꼭 전광훈 목사하고 똑같은 사람이에요. 아주 직설적인 사람이에요. 설교하다가 "정규만 집사, 일어나." 그래서 일어났어요. "너는 집사가 돼서 어떻게 주일날 낚시를 하러 가고. 한 주일은 어떻게 교회를 오고. 나가. 이 새끼야." 그러니까 정규만이 그 자리에서 벌떡 일어나서 성경을 들고 탁 목사님한테요 욕을 하면서 "잘 먹고, 잘 살아라. 이 목사야. 나간다." 그러면서 나갔어요. 그날로부터 정규만이 교회 안 다녀요. 교회 안 다닌단 말이에요. 그리고 이제는 한 달에 네 번 다 낚시를 하러 가요. 낚시를 하는데 목사님하고 한번 한판 붙고 낚시를 해보니 그날따라 고기가 더 잘 잡혀요. "목사님 거역하면 안 된다 그러더니 시온의 대로가 열렸네."

이게 서현교회 집회할 때 사진이에요. 목사님들만 3,500명이 모였을 거 같아요. 대구 경북 창조 이후로 최고로 많이 모였어요. 보세요. 통로에도 앉을 자리가 없잖아요? 내가 강대상에서 움직이는 이거밖에 없어요. 전체가 다 꽉 찼잖아요? 전부 다 평신도가 아니고 전부 이거 목회자, 사모님들, 선교사만 모인 거예요. 이게 서현교회예요. 저게 평수가요? 밑바닥이 400평이에요. 그러니까 동양 최고의 예배당이에요. 저걸 정규만이 지은 거예요. 1958년도에 지었어요. 동양에서 최고의, 일본 한국 중국 할 것 없이 동양에서 최고의 예배당이에요. 동양에서요. 아멘. 이제 우리가 내년에 우리도 한번 지어보자고요.

그런데 이 정규만이 이제는 교회 안 다녀버려요. 낚시하러 가서, 딱 낚시를 하는데, 그날따라 낚시 역사상 제일 큰 잉어를, 저 동촌에 큰 호숫가에 가서 낚시로 끌어올리는 데 한 시간 걸렸어요. 하도 커서요. 잉어를 1미터짜리 잡았어요. 1미터짜리.

그래서 그걸 잡아서 너무너무 좋아서 콧노래를 부르면서 왔어요. 이 정규만이 한의사란 말이에요? 한의사? 그래서 '이거는 그냥 먹을 수 없어.' 해서 한약을 지으려고요? 자기가 한의사니까 그걸 가마솥에다 끓였어요. 이 큰 잉어를 끓여서, 펄펄 끓여서, 가족들이 이제 다 그걸 보약으로 먹으려고 펄펄 끓이는데요? 정규만의 독생자, 기어 다니는 아들이 가마솥에 빠져서 죽어버렸어요. 죽은 거예요. 그냥 죽은 거예요.

여러분, 봐요. 하나님 앞에 지정의를 도전하고 주의 종을 거역하고 목사하고 붙어 싸우면 처음부터 안 되는 게 아니에요. 처음에는 더 잘 돼요. 요나가 다시스로 가는 배를 타니까 처음에는 풍랑이 더 좋아졌다고 그러잖아요? 애가 죽으니까요? 그래도 살 사람은, 정규만 같은 사람은, 잘 보세요. 어떤 악한 놈들은요? 하나님이 그렇게 징계를 하고 쳐도 못 깨달아요. 더 악해져요. 애가 딱 죽으니까요? 정규만이 그다음 주일날 교회를 왔어요. 와서 의자에 안 앉고 강대상에 밑에, 강대상 밑에 바닥에서 무릎을 꿇고 앉고, 두 손을 들고,

예배 내내 뭐라고 예배했는지 아세요? "하나님, 잘못했습니다." 두 번째는 뭐냐면, "목사님, 잘못했습니다. 내가 죽을죄를 지었습니다. 하나님, 나를 징계하는 방법이 이 방법밖에 없었습니까?" 통곡하고 울면 뒤에 있는 성도들이 다 따라 울어요. 그래서 예배 시간이 다 눈물바다가 되는 거예요. 매 주일 장로님이 와서 무릎 꿇고 울기 시작해요. 예배 시작하면 울어요. "하나님, 잘못했습니다. 목사님, 잘못했습니다." 계속 울면 성도들이 뒤에서 다 따라 울어요.

이게 정규만에게 전화위복이 일어났는데 회개하고 울고, 울고 하다가 성령의 능력이 임했어요. 임해서 정규만에게 뭔 일이 생겼냐? 신유의 능력이 왔어요. 신유의 능력, 병 고치는 능력이 왔는데, 한의사인데, 사람들이 오면, 환자들이 오면 물어봐요. "병 고치는 방법이 두 가지요. 하나는 내가 안수하면 병이 나요. 하나는 내가 지어주는 한약을 먹으면 낫는데, 한약을 지어주면 돈을 받아야 해요. 그런데 머리 갖다 대는 건 돈 안 받아요. 어느 방법으로 고칠래요?" 하고 물어요. 그러면 다 "나, 돈 안 내고 머리 갖다 댈게요." 그래서 장로님이 안수하면 병이 다 나아요.

나중에요 이 신유의 능력이 한약 속에 들어가서, 경동시장에 있는 한약 재료가 다 동이 났다 그래요. 왜? 한약을 다 지

7대 명절의 축복을 받으라(상)

어놓고 장로님이 안수해요. 한약에다가 안수하면 그 약을 끓여 먹는 사람은 무슨 병이든 관계없이 다 낫는 거예요. 심지어 간호사들이 하도 바빠서 환자한테 약을 바꿔줬는데도 다 나아요. 약을 바꿔줬는데도요. 그러니까 예를 들어서, 배 아프다는 사람에게 머리 아픈 데 먹는 한약을 줬는데도, 약을 바꿔 가져갔는데도 병이 다 나았어요. 신유의 능력으로요. 아침에 나가면 300명, 400명이 약 지으려고 줄을 서요. 그리고 나중에는 한약 재료가 다 동이 나서 약을 지을 수가 없어요. 그래서 들판에 있는 짚 있죠? 짚을 썰어서 짚에다가 안수하고 그걸 봉지에다 싸주면서 이걸 끓여 먹으라 그러면 다 나아버려요. 다요. 신유의 능력으로요. 그러니까 하루에 버는 돈이, 이게 초실절이란 말이에요, 버는 돈이 마대 포대로 하루에 한 포대예요. 그 당시에요. 우리도 한번 해보자! 여러분도 하루에 돈을 마대 포대로 벌어봐요. 이게 초실절이에요. 초실절의 물질은 그렇게 오는 거예요. 아멘. 그냥 하루에 마대 포대로 돈이 오니까, 저녁에 저녁밥 먹고 권사님, 부인 권사님하고 돈을 세다가 보면 새벽기도 시간이 돼버려요. 그날 번 돈을 다 못 세어서요. 이걸 바로 삶의 초실절이라고 하는 겁니다. 할렐루야요? 삶의 초실절! 이와 비슷한 경험이라도 우리 한번 하고 가자!

그래서 돈이 그냥 오는데 하루는 충동이 생겼어요. '하나님이 이 많은 물질을 내게 줄 때 왜 줄까? 왜 줄까? 나 잘 먹고, 잘 살라고 줄까? 아니다. 내가 최고의 예배당을 지으리라.' 해서 예배당을 지어요. 그때 400평 평수를 지을 우리나라 건축설계가가 없었어요. 하도 큰 건물이어서요. 그래서 이걸 미국 가서 설계도를 뽑아왔어요. 미국 가서 설계도를 만들어 와서 그리고 그 돌을, 경상도 대구인데도 나는 하나님의 성전에 시시한 돌 쓰지 않는다고 해서 전라도에 있는 환관 돌을 구해 왔어요. 그 당시 한국에서 환관 돌이 최고예요. 그 시대에 트럭이 어디 있어요? 그 시대에 차가 어디 있어요? 그 돈 비싼 차를 내서 돌 하나하나를 전라도 환관에서 차로 실어다가 대구에서 예배당을 지은 거예요. 그게 바로 서현교회에요. 이 서현교회를 이걸 딱 지어놓고 한 번도 예배당을 가득 채운 적이 없어요. 하도 예배당이 커서요. 그러다가 우리가 가서 청교도 집회하면서 아까 본 대로 이게 최초로 꽉 채운 거예요. 최초로, 예배당이 지어진 후로 최초로 채운 거예요. 할렐루야지!

그러니까 이 정규만 장로님이 저 성전을 지을 때 자기 혼자 헌금하면 교만해질까 봐 밤새도록 돈을 세어서 그 돈을 가지고 성도들 집집마다 다니면서 돈 100만 원씩을 묶어서 성도들 집에 던졌어요. 거기다 뭐라고 썼냐? '건축 헌금해 주세요.' 집집마다 건축 헌금을 던졌어요. 대단하지요? 그 신앙의 인격이 대단하죠? 던졌어요. 그러니까 아침에 일어나 보니까 집집마다 건축 헌금이 다 있는 거예요. 왜냐하면, 건축한다고 당회를 하고 제직회를 했더니, 다 안 한다 그래요. 돈 없다고요. 그랬더니 장로님이 "여러분이 할 만큼은 먼저 하세요. 나 혼자 예배당 열 개도 더 짓지만, 그렇게 하면 하나님께 영광이 안 되니까, 여러분도 최선을 다해서 하세요." 따라서 합니다. "하라." "여러분이 하고, 나머지 모자라는 것은 내가 다 하겠습니다." 그런데 성도들이 안 하는 거예요. 이 건축 헌금이 얼마나 축복의 통로인지 모르고요. 그러니까 정규만 장로님이 하도 답답하니까 자기 돈을 성도들 집에다 다 던졌어요. 건축 헌금하라고요. 성도들한테 돈을 나눠줬어요. 그런데도 아침에 일어나 마당에 떨어진 돈을 건축 헌금 안 하고 떼어먹은 여자들이 있대요. 그럼 돼요, 안 돼요? 안 돼! 이게 대구 서현교회에 유명한 얘기란 말이에요. 그 사람이 바로 삶의 초실절까지 간 거예요.

여러분, 한번 사람으로 태어나서 한번 여러분 속에서 뭐가 끓어오르지 않습니까? '나도 한번 하리라.' 따라서 합니다. "하리라." 한번 그 정도의 체험을 한번 해야죠. 아멘. 내가 이 정규만 장로님 이야기를 부흥회 다니면서 전국에서 몇 번 했더니, 정규만 장로님 첫 번째 아들이 죽었잖아요? 빠져 죽어서요? 그 후에 애들을 다섯 명 주셔서, 하나님은 회개하면 다 줘요, 또 그 아들이, 아들 장로님이 나한테 전화가 왔어요 "목사님 한번 만납시다." "왜?" 그러니까 "목사님이 전국에 다니며 우리 아버지를 그렇게 선전해 주신다고 해서요." 그 래서 내가 "선전하려고 하는 게 아니고, 하도 성도들이 꼴통 이라서 가르치려고 아버지를 내가 얘기한다." 그랬더니, 너 무 감사하다고, 우리 아버지 얘기를 해줘서 너무 감사하다 그래요.

우리도 한번 도전하자 이거예요. 그 정도로 한번 도전해 야 해요. 아멘. 두 손 높이 들어요. 선악과 토하여 내요. 한 번 따라 해봐요. "<u>하나님, 잘못했습니다. 목사님, 잘못했습니다. 하나님, 나를 징계하는 방법이 그거밖에 없었나요? 그거밖에 없었나요? 용서하여 주세요.</u>" 아멘. 이제 손 내려요. 그 기점이 바로 정규만에게는 초실절로 옮겨가는 결정적 순 간이 된 거예요. 사람이 결정적 순간이 있어야 하는 거예요. 오늘 여러분이 결정적 순간이 됐어요. 딱 마음에 결심해야 해요. 결심! 아멘, 아멘, 아멘. 그러면 드디어 우리에게 모든 이 초실절의 영광이 일어납니다. 따라서 합니다. "<u>물질의 부활.</u>" 따라서 합니다. "<u>자녀의 부활.</u>" 여러분, 자식들도 키워보 니까, 마음대로 돼요, 안 돼요? 안 돼요. 자식들 마음대로 안 됩니다. 하늘의 하나님의 손에 있어요. 따라서 합시다. "<u>가정의 부활.</u>" 따라서 합시다. "<u>몸의 부활.</u>" 모든 몸 아픈 거, 약한 거 싹 물러가라. 예수 이름으로 물러갈지어다. 할렐루야!
그러니까 우리는 3대 초실절의 주인공이 될 수 있는 거예요.

3. 초실절의 키워드 : "심자!"

그러니까 우리가 이제 이렇게 정리하자고요. 크게 정리하자
고요. 보세요. 지금 우리가 사는 삶의 현실 속에서 매일같이
일어나는 일 있죠? 나하고 접촉되는 일은 둘 중 하나에요. 하
나는 좋은 일이요, 좋은 일. 또 하나는 뭐냐? 기분 나쁜 일이
에요. 자, 둘 중 하나에요. 그러면 나한테 기분 나쁜 일이 생
긴다, 일이 생겼다, 생겼을 때 내가 이걸 어떻게 대하겠는가?
예를 들면, 누가 나를 미워한다든지, 누가 나를 씹는다든지,
비판한다든지 아니면 뭐, 나를 뭐, 때린다든지, 욕한다든지,
뭐, 등등 하여튼 뭐, 나쁜 일이 많잖아요? 뭐, 사기를 당했든
지, 뭐, 돈을 찢어먹었든지 이런 일이 생겼을 때 어떻게 하
겠냐? 이런 일이 딱 생길 때는 여러분이 이렇게 생각하세요.
'오 하나님이 나에게 부활을 위한 초실절을 위하여 심게 하
는구나.' 따라서 합니다. "심게 하는구나."

이 키워드(keyword)가요? 유월절의 키워드는 피입니다.
피. 따라서 합니다. "피." 피가 승부점입니다. 피를 아느냐 모
르느냐, 예수 피를 아느냐 모르느냐에 구원이 있고 없고입니

다. 지옥, 천국은 피에 있어요. 피. 따라서 합니다. "피."

무교절의 키워드는 뭐냐? 선악과예요. 선악과. 선악과를 내가 계속 붙잡고 있느냐 토하여 내느냐. 무교절의 키(key)는 선악과입니다. 아멘.

초실절의 키는 뭐냐? 초실절의 키는? 초실절은 무엇에 따라서 반응이 일어나는가? 고린도전서 15장 40절 읽어보세요. 자, 40절 한 목소리로 읽어봐요. 시작. '하늘에 속한 형체도 있고 땅에 속한 형체도 있으나 하늘에 속한 자의 영광이 따로 있고 땅에 속한 자의 영광이 따로 있으니 해의 영광도 다르며 달의 영광도 다르며 별의 영광도 다른데 별과 별의 영광이 다르도다.' 42절입니다. 42절을 초실절의 키워드로 붙잡으세요. 핵심적 단어예요. 핵심적 단어로 붙잡아요. 아멘. 따라서 합니다. "피." "선악과." 그다음 말을 잘 보세요. 42절 읽어봐요. 시작. '죽은 자의 부활도 이와 같으니 썩을 것으로 심고 썩지 아니할 것으로 다시 살며'. 43절 시작 '욕된 것으로 심고 영광스러운 것으로 다시 살며 약한 것으로 심고 강한 것으로 다시 살며'. 여기에서 키워드는 심는 거예요. 심는 거. 따라서 합니다. "심자." 부활은 심는 대로 반응해요.

초실절의 핵심 단어는 심는 거예요. 심는다고 할 때, 잘 보

7대 명절의 축복을 받으라(상)

라고요. 언제 심느냐? 모든 기회를 부활의 씨를 심는 기회로 삼아야 해요. 우선 다시 봐요. 나에게 안 좋은 일이 생겼어요. 안 좋은 일. 매일같이 안 좋은 일이 생겨요. 이 안 좋은 일이 생겼을 때, 내가 선악과로 반응을 해버리면 그 사람은 초실절이 안 일어나요. 예를 들어서, 저 사람이 날 미워한다, 그럴 때 나도 같이 미워해 봐요? 그 사람에게는 절대 초실절 안 와요. 아멘. 그럼 저 사람이 날 미워했어요. 부정적 일이 일어났어요. 그때 내가 어떻게 심어야 하냐? 나를 미워할 때 사랑으로 덮어버리라고요. 원수를 사랑하라고요. 나를 씹으면 씹는 사람에 대하여 축복을 하라고요. 이것이 바로 초실절이 일어나는 분기점이 돼요. 나를 씹는데 같이 씹어버리면요? 그 사람은 계속 무교절이에요. 삶의 초실절이 안 와요. 올 수가 없어요.

하나님은 이 과정을 모든 사람에게 다 적용시켜요. 애굽 땅에 내려간 요셉에게 그런 일이 없었어요? 다윗에게 그런 일이 없었어요? 아브라함에게 그런 일이 없었나요? 이 극단적인, 선악과를 반납받는 이런 일을 주님은 개인적으로 사건을 만들어서 이렇게 우리에게 다가오게 해요. 이때 우리가 초자연적인 신의 성품으로, 예수로 반응해야 해요. 따라서 합니다. "할렐루야." 왜 우리는 "할렐루야" 할 수 있냐? '아, 하나님이 이걸 통하여 나의 부활을 상승시키려고 하는구나.'

좋은 부활의 기회를 만들어야 해요. 좋은 부활의 기회로요. 따라서 합니다. "부활의 기회." 아멘.

잘 들으세요. 사람이 아직도 이 세상이 내 마음대로 될 수 있다고 생각하는 사람은 철이 안 든 인간입니다. 이 세상 마음대로 안 돼요. 만약에 내가 하나님의 이 7대 명절, 이 라인에서 내가 싫다고 해서 '에잇, 나는 그냥 유월절 통해서 구원만 받으면 돼. 부끄러운 구원 괜찮아. 까짓것 세마포도 못 입었어. 빤스도 못 입어서 나는 숨었어. 그래도 괜찮아. 지옥만 안 가면 돼.' 그러면 주님이 "그래? 너는 그럼 그렇게 해." 이렇게 주님이 풀어주면 사람이 이 땅에서 뭐, 재미있게 살고 자기 맘대로 살고 괜찮잖아요? 그러나 그러면 하나님이 아니지요. 애들이 공부하기 싫다고 해서 안 한다고 부모가 놔두면 그건 부모가 아니지요. 하나님은요 여러분과 제가 선택한다고 그렇게 안 하죠. 강권적으로 계속 밀어 넣어요. 하나님은 밀어 넣는단 말이에요. 아멘.

그다음에 나에게 좋은 일, 따라서 합니다, "좋은 일," 좋은 일로 나에게 다가올 때 잘 들으세요. 좋은 일이 다가올 때 그 모든 좋은 일을 부활의 기회에다 심으세요. 예를 들어서, 이번 주에 돈을 내가 1억을 벌었다, 돈 1억 벌었다 그러면 "와! 강원도의 땅값이 오른다는데?" 이거는 썩을 종자예요. 그건 몹쓸 인간입니다. '목사님이 교회를 짓는다고 선포하니까 하나님이 돈을 주시네.' 아멘! 이렇게 생각이 돼야 해요. 나는 이 복음을 위하여 살리라! 그러면요? 계속 좋은 일이 파도처럼 또 오고, 또 오고, 또 오고, 계속 와요. 심는 대로 역사하리라! 아멘! 한 번 좋은 일 온 걸로 끝나는 사람은 좋은 일을, 기회를 부활을 위하여 심지 않고 이걸 이 세상의 썩을 걸 위하여 심어서 그런 겁니다. 그러니까 좋은 일이 계속 안 일어나는 거예요.

아멘. 오늘 저녁부터 3일 동안 밤에만 간증 집회를 하는데요? 바로 여기에 대한 유명한 강사가 와요. 어떻게 심어야 하는가? 한국에 서정희 사모님같이 심는 데 초유의 심는 삶에 대하여 이 설교에 맞게 하나님이 강사를 보내주셨어요. 오늘 밤에 집회에 오세요. 큰 은혜 받습니다. 어떻게 심는 삶을 살아야 하는가? 우리도 다 재벌 될 수 있어요. 한번 해보자. 옆 사람 다 손잡고 해봐요. "한번 해봅시다. 심어봅시다." 아멘. 심어야지. 부활을 심고요. 여기 보면 '부활도 이와 같으니 썩을 것으로 심고.' 따라서 합니다. "심고." 이 땅의 모든 것은 다 썩을 거예요. 있다가 사라질 거예요. 사라질 것으로 심으라 이 말이에요. 썩지 아니할 것으로 다시 산다는 거예요. '욕된 것으로 심고.' 따라서 합니다, "심고." 모든 기회를, 능동적인 부정적인, 좋은 일 나쁜 일 전체를, 기회를, 우리는

좋은 일이 생겼다고 해서 좋아하고, 나쁜 일 생겼다고 히쭈
구리 해서 물에 빠진 생쥐처럼 히쭈구리 그러면 돼요, 안 돼
요? 모든 기회를 다 부활을 위하여 심자! "주님이 나에게 주
신 부활의 기회이다." 아멘. 〈호산나〉를 부르겠습니다.

〈호산나〉

1. 호산나 호산나 호산나 높은 곳에서
   호산나 호산나 호산나 높은 곳에서

2. 영광 영광 왕의 왕께 영광을
   영광 영광 왕의 왕께 영광을

(후렴) 주의 이름 높여 다 찬양하라 귀하신 주
나의 하나님 호산나 높이 외치세

두 손 높이 드시고, "주님, 나의 모든 기회를 부활의 기회로
삼겠습니다. 좋은 기회도 내게 고통스러운 기회도 좋은 일도
나쁜 일도 모든 기회는 하나님이 나에게 부활을 위하여 주신
기회입니다. 잊어버리지 않고 부활의 주를 붙잡게 하여 주시
고 심는 원리를 붙잡게 하여 주셔서 원수를 사랑하고 원수를
대적하지 말고 물질을 주시면 좋은 기회를 주시면 그 모든
것을 다 부활을 위한 기회로 삼게 하여 주세요. 성령이여, 나

의 오늘 이 결단을 붙잡아 주세요." "주여!" 삼창하며 기도하
겠습니다.

유월절 무교절 초실절 오순절 나팔절 속죄절 장막절

사탄 "아름다우므로 교만하여"
에스겔28:17

공중의 권세 잡은자
요 12:31,14:30
엡 2:2

말씀으로 창조됨
벧후 3:5~6

지구의 창조
사14:13~14

이세상신 고후 4:3~4

다니엘과
계시록

노아방주 1년10일
창7:11~13

유월절 출애굽
유다
BC.606

마카비스 주전 160

혼돈
공허
흑암
창1:2

반항시대

에녹

유혹

에덴

셋
가인
야벳

타락
-가죽옷

추방

홍수

바벨탑
시작

아브라함
-예루살렘 시작

이스라엘

바벨론
70년
포로생활

메데·파사
제국

헬라제국
알렉산더왕

BC.4

최초의 창조
창1:1

족장시대
(427년간)

애굽노예
(430)

느브갓네살
신상
단2:1~45

정금

은

메데·파사
BC.536~330

알렉

A

낙원

지옥음부
타락한 천사들이 갇히는 곳

무저갱
계 9:2, 20:1~4

지하세계

BC.600

사자 단7:1~4

곰
수양

표범
수염소

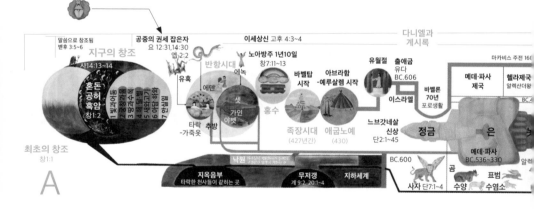

대제사장예수

낙원
예수와함께그리스도의
고후 12:1~4 엡 4:8~10

일곱교회

그리스도인의
휴거
요 14:3, 11:23
고전 5:1~4, 4:17
고전 15:51

공중재림

왕관
벧전 5:2~4
살전 2:19~20
딤후 1:8

그리스도의 심판대

상급과 보상
고후 5:10
엡 6:8
계 22:12

골 3:25
롬 11:10~12

어린양의 혼인잔치
계 19:7~9

백보좌 심판

행한대로 심판
계 20:11~15

"보라 새하늘과 새땅을"
벧후 3:13

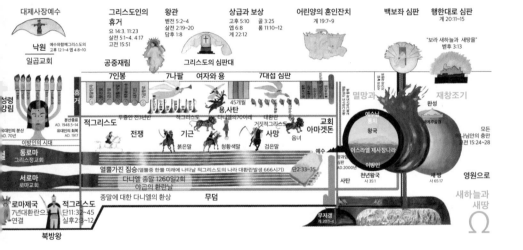

7인봉   7나팔   여자와 용   7대접 심판

멸망과

재창조기

완성

성령
강림

유대인의 분산
AD. 70년

분산종료
AD. 1948.5~14
유대인의 회복
AD. 1917

적그리스도

두려운 전3년반

적그리스도 다니엘의70이레

전쟁   기근   사망

대환란
거짓적그리스도

음녀

교회
아마겟돈

예수닉
통치
왕국

이스라엘 제사장나라

이방인

모든
하나님안의 충만
고전 15:24~28

이방인의 시대

동로마
그리스정교회

서로마
로마교회

붉은말   청황색말   검은말

예수

천년왕국
사 35:1

새땅
사 65:17

영원으로

로마제국
7년대환란으로
연결
실후2:3~12

적그리스도
단11:32~45

열불가진 짐승(열뿔중 한뿔 미래에 나타날 적그리스도의 나라 대환란발생 666시기)
다니엘 종말 1260일 2회
야곱의 환란날

종말에 대한 다니엘의 환상

단2:33~35

무덤

사탄

새하늘과
새땅
Ω

무저갱
계 20:1~4

북방왕

7대 명절의 축복을 받으라(상)

초판 발행 2024년 3월 25일
2쇄 발행 2024년 10월 7일

설교 전광훈
구성·편집 류금주
펴낸곳 주식회사 뉴퓨리턴

주소 서울특별시 성북구 장위로 40다길 19, 1층 106호(장위동)
대표전화 070-7432-6248
팩스 02-6280-6314
출판등록 제25100-2023-043호
이메일 info@newpuritan.kr

ISBN 979-11-986060-1-3 (03230)